中国法律思想

故事与观念·古代卷

刘星 著

增订版

GUANGXI NORMAL UNIVERSITY PRESS
广西师范大学出版社
·桂林·

中国法律思想：故事与观念. 古代卷
ZHONGGUO FALÜ SIXIANG: GUSHI YU GUANNIAN GUDAI JUAN

图书在版编目（CIP）数据

中国法律思想：故事与观念. 古代卷 / 刘星著. —
增订本. —桂林：广西师范大学出版社，2019.9
　ISBN 978-7-5598-2021-1

　Ⅰ. ①中… Ⅱ. ①刘… Ⅲ. ①法律－思想史－
中国－古代 Ⅳ. ①D909.2

　中国版本图书馆 CIP 数据核字（2019）第 166083 号

广西师范大学出版社出版发行

（广西桂林市五里店路 9 号　　邮政编码：541004）
　网址：http://www.bbtpress.com
出版人：张艺兵
全国新华书店经销
广西广大印务有限责任公司印刷
（桂林市临桂区秧塘工业园西城大道北侧广西师范大学出版社集团
有限公司创意产业园内　邮政编码：541199）
开本：880 mm × 1 240 mm　1/32
印张：15.5　　　　字数：310 千字
2019 年 9 月第 1 版　　　2019 年 9 月第 1 次印刷
定价：90.00 元

修订版序

　　《西方法律思想：传说与学说（增订版）》由广西师范大学出版社出版。本书可视为姊妹篇。在本书《序言》中，我提到，将中国古代法律思想和当代思想连接起来，寻找视域融合，既重要且有意思。而将中国和西方对照，经过"导论分析式"的相互映衬，可能更是有思考意义的。两本书的共同特点均在于，在保持学术品格的前提下，尽量贴近"乐趣阅读"的意向，以小见大，以微见宏，在"日常感受"的涓细中将思想推向深入。这不仅仅是寓教于乐，因为就法律而言，思想从来就和"日常感受"有着关联，往往在后者中被激发。故希望读者可以在轻松之际进入思想世界。

　　本书的其他设想、意图，《序言》已有交代，读者可参阅。

　　本书原书名《中国法律思想导论：故事与观念》。现稍作修改。

　　感谢刘峰先生持续不断的引荐。感谢广西师范大学出版社的厚爱，能在该社出版本书，至为荣幸。愿读者能在本书中获得益处。

刘　星

2017 年冬于北京

序　言

就法律思想的阐述和分析而言，本书侧重分析。关于中国法律思想，以往学者已有丰富而且成熟的梳理，但是分析可以更进一步，本书即为尝试。阐述伴随分析颇为重要，因为法律思想的研究尤其是为了法律思考，进而实现对法律现象的深入理解。

除分析的意义外，本书与以往的法律思想历史的叙述略有不同。首先，本书努力将思想和实践联系起来，尤为试图在现实经验个案基础上展开思想的解释和讨论，不纯粹从理论到理论。所以如此，因为笔者认为作为法律思想的话语和作为法律行动的实践——特别是具体微观法律活动的实践——是相互交织的，在相互交织关系的重建中，它们才能更为自我揭发，更为人理解。

其次，本书将历史中的中国法律思想和当代的中国法律思想结合起来，更为注重整体思想的空间结构，而非时序结构（当然不是完全忽略）。这是因为笔者认为尽管思想的"历史阶段不同"总是存在的，但各个法律思想的内在关联又是可以而且需要洞察的。无论历史的还是当下的，在法律语境中，它们总是可能互为映射，毕竟一旦进入法律问题之中，当不断需要丰富的理论支持法律观点的时候，历史的和当下的均可成为资源从而彼此激励、相互发明。

最后，本书努力挖掘作为研究对象的法律思想自身可能存在的但未明言表达的思路——隐含观念，并且使其对话。这是逻辑化的思想试验，尽管也许存在过度揣测甚至臆想的痕迹，但是对于法律问题的辨析仍有启发。就最后一点来说，将可能隐含的法律思想推演出来，或许可使人们预测性地注意复杂多样的法律现象的可能，以期更好地解决法律实践问题，尤其是冲突争议化法律实践问题的同情理解式的解决。因为复杂多样的潜在法律思想总有可能成为推动复杂多样法律现象的元素。

　　本书尽量修辞平易。平易的出发点在于使人更易阅读。阅读的便利一是可使他者快捷理解，二是可使他者增添参与思考的欲望。思考的目的在于交流，而交流的成功对于法律实践的顺利展开注定必要。

　　约十年前，本书曾以《中国法学初步》为名出版。现做些许修订，适当缩减增添，亦更为规范化。要感谢中山大学法学院博士研究生张华，她协助校对了本书绝大部分的注释，工作十分繁琐不易。另要感谢法律出版社刘彦沣编辑，当我提出此书在法律出版社出版是否合适时，她给予了肯定答复和鼓励，能在她的鼓励和帮助下不断出书，非常幸运，当然更是荣幸。

　　本书肯定会有讹误、错解，深望读者批评指正。

刘　星

2008 年 10 月于北京

目　录

修订版序　　　　　　　　　　　　　　　　　001

序　言　　　　　　　　　　　　　　　　　　001

导论：中国法律思想的出发点

001　《鹿洲公案》里的"兄弟争田"　　　　001
002　官·写在书本里的法　　　　　　　　004
003　赏与罚　　　　　　　　　　　　　　007
004　"大公无私"　　　　　　　　　　　　011
005　市场上的兔子（定分止争）　　　　　014
006　独角兽·"法"　　　　　　　　　　　018
007　《说文解字》　　　　　　　　　　　023
008　"法官"办"鹿"案·礼　　　　　　　026
009　乡里自治　　　　　　　　　　　　　032
010　规矩方圆　　　　　　　　　　　　　036
011　不同的追求　　　　　　　　　　　　043

第一章　严刑峻法

012　怕火不怕水　　　　　　　　　　　　047

013　《韩非子》论杀婴　　　　　　　　　050

014　人性恶・国家法　　　　　　　　　　052

015　从三万贯钱到十万贯钱　　　　　　　057

016　社会学的寓言：囚徒的困境　　　　　061

017　防微杜渐的法律功能　　　　　　　　063

018　国家法的清晰与"礼"的朦胧　　　　067

019　官人李维棠　　　　　　　　　　　　072

020　"以刑去刑"的境界　　　　　　　　079

021　罚当其罪　　　　　　　　　　　　　086

小　结　　　　　　　　　　　　　　　　091

第二章　教化为先

022　浪子回头　　　　　　　　　　　　　092

023　"风吹草动"：德教的功效　　　　　096

024　人有恻隐之心　　　　　　　　　　　105

025　人性善・国家法　　　　　　　　　　108

026　法家的尴尬：秦王朝的灭亡　　　　　111

027　仁义　　　　　　　　　　　　　　　114

028　刑，义的根本；义，暴的来源　　　　117

029　"槐树"刑罚的故事　　　　　　　　119

030　饮酒之礼・礼治・"防患于未然"　　122

031　学校的好风气·礼治的效率　　　　125

032　礼治·"熟人"和"陌生人"　　　　128

033　何谓善于奖赏？　　　　131

小　结　　　　133

第三章　刚柔相济

034　性相近·习相远　　　　135

035　"打一巴掌揉三揉"　　　　140

036　常备不懈　　　　143

037　董仲舒暗授《春秋》　　　　144

038　君王眼中的"孝顺"　　　　149

039　徐元庆案的"困惑"　　　　151

040　"礼"为本法为末·德主刑辅　　　　153

041　有嫁无婚·灵活解释法律　　　　158

042　为什么解释？　　　　162

043　法网的疏密·法律的原则性　　　　167

044　养马人的命　　　　172

小　结　　　　175

第四章　顺其自然

045　"你我的争议"　　　　177

046　"无为"的治理　　　　180

047　爱马·被马害　　　　184

048　法令数量与盗贼数量的正比例　　　　　188

049　法律的起源　　　　　191

050　礼：混乱的开始　　　　　193

051　无礼无法的境界　　　　　197

小　结　　　　　203

第五章　国家法律的天下

052　法家的追思　　　　　206

053　"以"法与"依"法治国　　　　　211

054　"抓阄、抽签"·"依法治国"　　　　　214

055　靠人与靠法·"法律机器"　　　　　217

056　国家危险的原因：一半务农一半坐吃　　　　　220

057　法律一元化的功能　　　　　225

058　法律的"内"和"外"·酒店的狗　　　　　229

059　明处·暗处　　　　　232

060　"腾云驾雾"·"权势"与"法"　　　　　238

061　国家法律的强制性·"硬规矩"和"软规矩"　　　　　240

062　法律职业　　　　　244

063　邓析之死·"讼棍"　　　　　247

小　结　　　　　251

第六章　"礼"或"民间法"的世界

064　苗人部落的传说　　　　　253

065 大义灭亲？ 255

066 家与国·忠孝难两全 262

067 父亲的权威 265

068 家族的小辈与长辈 267

069 "礼"·自然和谐与诗情画意 272

070 礼·吃饭·娶新娘 278

071 官司·和为贵 280

072 叔向与子产的通信·行为的仿效 285

073 习俗惯例式的民间法 291

074 奸污后的私了 295

075 愿望·"民间法"·"合理" 297

076 谁合理？ 301

077 "民间法"的同情理解·熟人 305

078 原有秩序·民间法的地方性 308

079 "陋习"·宽容的姿态 312

小　结 316

第七章　法与人

080 "名"与"实" 319

081 何为"士"？ 322

082 法律背后的"人" 327

083 "权力哪吒"和"权力菩萨"·法律职业独立的隐喻 331

084 为人·研习·礼法 336

085　此一时彼一时·分权制衡　　　　　　　342

086　何谓"贤人"？　　　　　　　　　　347

087　贤能与"平庸"之分：一种精英"法治"理论　351

小　结　　　　　　　　　　　　　　　358

第八章　天然秩序

088　秋冬斩首　　　　　　　　　　　　359

089　《礼记·月令》　　　　　　　　　　361

090　水流象征刑罚·"阴"与水　　　　　　365

091　天地和谐　　　　　　　　　　　　367

小　结　　　　　　　　　　　　　　　369

第九章　激进主义

092　"渡河的标记"　　　　　　　　　　370

093　远古的一场争论：法律改革　　　　　374

094　大鱼·小鱼·虾米　　　　　　　　379

095　理性的力量和意识形态"诡计"　　　　381

096　张居正的"新政"　　　　　　　　　383

097　外国"月亮"·移植法律　　　　　　389

098　共同的需求·现代化　　　　　　　　393

小　结　　　　　　　　　　　　　　　397

第十章　顺势而为

099　众人心·习俗　399

100　法律制度的形成　401

101　习俗的地方性·国情·"和奸"　405

102　是老婆还是妹妹?　413

103　保护"恶人"?　416

104　国家法律的"权利"·秋菊的困惑　418

105　乡土熟人社会·"情"　426

106　"可行性"·"钱会"里的中国国情　429

107　美法村的村政变迁·乡民的心态　433

108　反抗法律的现代性　437

　小　结　440

第十一章　第三种态度?

109　慎之又慎·渐变　443

110　税的减法·小房与大楼　445

111　"烹煎小鱼"　451

112　空间上的一分为二·法律　454

113　"缩小"的激进·"拆开"的激进与顺势而为　460

　小　结　463

参引文献

　　　　467

导论：中国法律思想的出发点

001　《鹿洲公案》里的"兄弟争田"

清朝雍正年间，官人蓝鼎元颇为擅长审案断狱。蓝官人字玉霖，号鹿洲，也许特别喜欢自己的"号"所以写了一本书——《鹿洲公案》。《鹿洲公案》记录了许多案子，这些案子里的"法官"正是蓝鼎元自己。

在中国农村，田地是最重要的，有句话说"土地是农民的命根子"。一个平民百姓叫陈智。他有两个儿子，长子称作阿明，次子称作阿定。不知什么原因，陈智去世很早，于是就留下七亩地给两个儿子。但是，为争七亩地两个儿子产生激烈矛盾。说来怪遗憾的，父亲还在世时阿明、阿定友爱、亲善，少年时一起读书，成人后一起耕地，即便各自结婚了也是相互关照。可父亲一"离开"，兄弟之情便淡漠了。这都缘于所谓"命根子"的田地。

开始，乡里的亲戚、族人都来劝解，说"你让一步，他让一步，不行？"两个儿子就是不听。不仅不听还将"你争我夺"闹到了官府。

在官府，阿明讲："这七亩田是父亲留给我的。"讲着便向知县蓝官人（即蓝鼎元）递上父亲亲笔手书，上面写着"百年之后田产归长孙"。但阿定也不含糊，说这些田是父亲留给他的，并拿出"临终口头遗嘱"来证明，还说有人可以旁证。蓝鼎元觉得案子有点棘手，但稍过片刻还是宣称："你们都说得不差，然而这意味着责任在你们的父亲。谁叫他不做出一个清楚的决定？我只好开棺问他！"兄弟两人听到这话立刻面面相觑，无地自容。接着蓝鼎元又是一通训斥："田产比起兄弟亲情实在是区区小事，为这等小事打官司值得吗？说来让人寒心，你两个都是各有两个儿子的人，将来你们各自的二子长大不像你两个那样争田就怪了！所以为了日后安宁，我只好防患于未然，让你们各自只养一个儿子。阿明是长兄，留下长子送走小的；阿定是弟弟，留下次子送走大的。这是决定。现在命令差役押送阿明的次子、阿定的长子去收容院，卖给乞丐做儿子。"

阿明、阿定一听慌了。阿明说："小民知罪了，愿将田产全部给予弟弟，永不计较。"而阿定也是"痛改前非"，说自己绝不接受田产，愿哥哥享有田产的每一尺每一寸。说完两人抱头痛哭。可是蓝鼎元仍然摆着架子，非说二人不是真心实意的，并宣称："即使你们有了这份心意，你们家里当妻子的那些人也会小肚鸡肠，绝不让人。所以你们先回去看看妻子的意思再说。三天后，衙门见。"

就在第二天，阿明的妻子郭氏和阿定的妻子林氏立即邀请族人头领陈德俊、陈朝义到了官府，要求和解。

而阿明、阿定两个人更是痛哭流涕，说："我两个真是罪该万死，不知天理情义，叫蓝大人费了仁爱之心。今日的确如梦初醒，追悔莫及。我们发誓，永远不争这份田产了，请准许我们将这份田产捐献给佛庙寺院。"可是蓝鼎元得势不饶人，大声说道："真是一对不孝之子！居然说出要将田产捐给和尚那些人，该用大板教训一番才是！做父亲的流血流汗，辛苦一辈子才留下了这份家当，你们兄弟二人鹬蚌相争，叫那些和尚渔翁得利，死者九泉之下能瞑目吗？照理说，做兄长的应该让弟弟，做弟弟的应该敬兄长，互让不行就要还给父亲。现在这田产只能作为祭奠你们父亲的资产，兄弟二人轮流收租祭祀，子子孙孙不得再起争端。这叫什么？一举多得！"

族人头领陈德俊、陈朝义听了这番话，频频点头称是。而阿明、阿定、郭氏和林氏听后也是感激涕零，"当堂七八拜致谢而去，兄弟妯娌相亲相爱……民间遂有言礼让者矣"[1]。

后来蓝鼎元乐不可支地总结道：这案子如果依着一般审判方法，就应该兄弟二人各打三十大板，将田地对半分开，三两句话了断即可；而现在费了不少周折，婆心苦口，但毕竟是效果显著。你看"此时兄弟妯娌友恭亲爱，岂三代以下风俗哉。必如此，吏治乃称循良"[2]。

1　蓝鼎元：《鹿洲公案》，收于刘俊文编、北京爱如生文化交流有限公司制作：《中国基本古籍库》，黄山书社2002年版，第24页。
2　蓝鼎元：《鹿洲公案》，第24页。上述案情全部细节，参见蓝鼎元：《鹿洲公案》，第22—24页。

002　官·写在书本里的法

可以这么讲，在"兄弟争田"一案里能够解读出许多中国法律话语的叙事。现在我们尝试解说第一个叙事。

阿明、阿定为争七亩田，最后来到了蓝鼎元坐镇的官府。为什么来到官府？为什么非要蓝鼎元给个"最后的说法"？显然，他们相信官府可以一语定乾坤。乡里民间有了纠纷，争议双方有时自己是无法解决的。在这种情况下只有靠第三方拿个主意，公平了断才能作数。而既然有了衙门官府，那就是再权威不过的象征了。他们深知这点。

此外，阿明、阿定来到官府知道要举出最结实、最确凿的证据，证明父亲有个真实的意思，要将七亩田留给自己，而不是对方。这就表明他们知道官府了断纠纷是依据说一不二的"硬规矩"，也就是我们现在所说的国家法律。在蓝鼎元那里，他也说依着一般审判方法就应该兄弟二人各打三十大板，将田地对半分开。这亦表明，蓝官人头脑里也有一个国家法律的概念。虽说蓝鼎元没有拿出具体的法律条文念一遍，但是，他知道，那才是含糊不得的官府规矩。官府规矩当然有这样的意思：一份财产如果谁都不能证明属于自己，则只好"一分为二"。

在这里我们就遇到了古人和今人时常围绕法律这一现象而产生的两个意念："官"和"书本里的法"。

说来，有一部古书名叫《管子》。里面曾讲，每年的正月初一百官都要上朝，听国君向全国发布法令，即"正月之朔，百吏在朝，君乃出令，布宪于国"[1]。然后，主要官吏都要在太史那里领取法令典籍，当再次上朝时在国君面前仔细研读每一条每一款。法令宣布后，太史处留底一份，其余逐一分发下去。主要官吏拿到了法令的正本还必须星夜兼程，将法令文本传给乡里民间的小官小吏，务必要使他们立刻知晓颁布了什么法律。否则，"谓之留令，罪死不赦"[2]。

接下来就是法令执行的问题。《管子》说，法令公布后必须当即执行，有不遵从的行为，"谓之不从令，罪死不赦"[3]。此外还要仔细检查各级官府里的法令文件，看看它们和太史官那里的留底版本是否一致，不一致的一经查出便要追究问罪。《管子》认定不论什么事情都要法令先行，正所谓"凡将举事，令必先出"[4]；而且办事不符合法令的，即使卓有成效，那也叫"专制，罪死不赦"[5]。概括来说，成文的规则规矩掌握在"官"的手里就叫作"法"了。[6]

另有一部古书《韩非子》。里面说得更明白了：法律就是写明在书本中的、放置于官府案台上的东西，即"法者，编著之图籍，设之于官府……"[7]

---

1 《管子》，房玄龄注，刘绩增注，上海古籍出版社1989年版，第17—18页。
2 《管子》，第18页。
3 《管子》，第18页。
4 《管子》，第18页。
5 《管子》，第18页。
6 见《管子》，第51页。
7 韩非：《韩非子》，阙名注，上海古籍出版社1989年版，第131页。

　　为什么法律和"官"有着密切联系？而且还要写在书本里？

　　可以看出，依照《管子》和《韩非子》的意思，官吏是替君王做事的，他们首先是遵从君王的意旨，而君王当然有自己的权势和强制的力量，所以一般官吏不得不服从。另外一般官吏自己也是狐假虎威，有君王撑腰，官吏当然在服从强制力量的时候又运用了强制的力量去震慑阿明、阿定那样的小民。这样，要使法律真正有作用就必须依靠蓝鼎元这一类的官员。于是法律就和"官"难分难解了。至于为什么要写在书本里，那是为了有案可查，免得阿明说阿明的，阿定说阿定的，使得规则毫无章法、混乱不堪，又方便小人之类的腐败官吏暗钻空子。

　　将法律和"官"联系在一起，又将其和书本中的规则联系在一处，是我们中国人长久以来尤为熟悉而且习以为常的法律观念。许多人觉得这是对法律现象恰如其分的描述。直到今天，打开各类讲述法律观念的书籍还可以看到大体类似的说法。有两本很权威的书就说：法律是由国家制定或认可的规范，而国家制定或认可，是说国家的立法机关或司法机关制定或认可。[1]另一具有同样权威的书也说：法律和国家权力有着不可分割的关系。[2]

　　"国家机关"是个现代用语，在古代差不多就是指"官府"，其内里的人物就是"官"了。说到国家权力，照样暗含着"官"的

---

[1]　沈宗灵等：《法理学》，高等教育出版社1994年版，第32页；张文显等：《法理学》，法律出版社1997年版，第56页。
[2]　孙国华等：《法理学》，法律出版社1995年版，第35页。

存在。制定，当然是指把规则放入书本中去。这就将法律和"官"
与书本中的规则联系在一起了。

003　赏与罚

讲"官"和讲"权力"，在某一方面，便是暗含官府可以对其
他人"赏"与"罚"。在"兄弟争田"的案子里蓝官人就说过：依
着一般审判方式，阿明、阿定应该各打三十大板。在我们看来，如果
真打了便叫"罚"。假如蓝官人见兄弟两个和好如初，故而一时兴起
宣布拿出银两若干以资鼓励，那么我们就会看到"赏"。这里涉及中
国法律话语的第二个叙事：法律的基本目的在于赏罚，尤其是罚。

古书《左传》曾记录春秋时期有人奉劝郑国国君郑庄公要这
样：凡事不能客气，要用刑罚来纠正邪恶，而邪恶所以四处蔓延
就是因为没有严厉的刑罚。[1]另一典籍《尹文子》说：法有四个等
级，其中一个就是指治理黎民百姓的法，它只要有奖赏刑罚之类的
东西就可告成。[2]《韩非子》说得更形象：为了制服老虎不去用笼
子，为了禁止奸邪不去用刑罚，这是尧舜那样的贤明帝王都感到为
难的事情；所以设置笼子不是为了防备老鼠之类的不足挂齿的弱小
动物，而是为了让那些势单力薄的人也能制伏老虎，制定法律不是
用来防备那些知书达礼的贤士，而是为了使才能平庸的君主也能震

1　《春秋左传正义》，杜预注，孔颖达等正义，上海古籍出版社1990年版，第82页。
2　尹文：《尹文子》，钱熙祚校，上海书店1954年版，第1页。

慑江湖大盗那类谋反分子。[1]古代人有时相信"赏"的特殊功用，所以，声言"赏一人而天下之为人臣莫敢失礼"[2]，而赏赐十分到位平民百姓就会随之自我教化，自我教化的结果就是根本不用"惩罚"这一办法了。[3]

这便不奇怪为什么《吕氏春秋》会一语中的："赏罚，法也。"[4]

一说"赏罚"，我们也许容易联想到它是否来自日常的"家庭用语"。在家里做父母的为了管教子女，嘴里总会提到"赏""罚"两字。子女小，不懂事，就算是长大了在父母的眼里也还是"稚嫩小子""黄毛丫头"。孩子做对了，父母便会给予小恩小惠（赏）；孩子做错了，父母就会拳脚相加，甚至不给饭吃（罚）。当然，"赏罚"是否真是来自家庭用语实在无从考证。但是有人说在中国尤其是古代的中国，国与家有着特别类似的结构，"以天下为一家"[5]，"国者，乡之本也；乡者，家之本也"[6]。另有人更为有趣地说：

提到我们的用字，这个"家"字可以说最能伸缩自如了。"家

1　见韩非：《韩非子》，第70页。

2　吕不韦：《吕氏春秋》，高诱注，毕沅校，上海古籍出版社1989年版，第108页。

3　见吕不韦：《吕氏春秋》，第108页。

4　吕不韦：《吕氏春秋》，第220页。

5　《礼记正义》，郑玄注，孔颖达等正义，上海古籍出版社1990年版，第430页。

6　《管子》，第15页。

里的"可以指自己的太太一个人，"家门"可以指伯叔侄子一大批，"自家人"可以包罗任何要拉入自己的圈子，表示亲热的人物。自家人的范围是因时因地可伸缩的，大到数不清，真是天下可成一家。[1]

所以，我们时常会听到古人提到官"为民父母"的那些话。比如，有古人讲天地是万物的父母，而君臣则是小民的父母[2]；能教会说的仁君"民之父母"[3]。孔子说："四方有败，必先知之，此之谓民之父母矣。"[4]而民国初年蔡元培先生也讲过："一家之中，父为家长……以是而推之于宗族，若乡党，以及国家。君为民之父，臣民为君之子……"[5]这样说来，从家庭用语的角度去看"赏罚"兴许是有趣的。

在这里，紧要的是国与家的某种类似使人们无形中感到法律规定赏罚是一种再自然不过的事情。既然父母赏罚子女是天经地义的，那么国家用法律赏罚臣民也就顺理成章。在"兄弟争田"的案子里，当阿明、阿定自悔不仁不义，说要将七亩地捐给寺庙时，蓝鼎元呈现怒色，说"居然要将父亲的辛苦财产捐给秃和尚，真该大板教训一番才是"，这分明表现了蓝鼎元那类官吏自认为像父母那

---

1 费孝通：《乡土中国》，三联书店1985年版，第23页。
2 孔安国：《尚书正义》，孔颖达等正义，中华书局1980年版，第364页。
3 《诗经全注》，褚斌杰注，人民文学出版社1986年版，第345页。
4 《礼记正义》，第858页。
5 蔡元培：《中国伦理学史》，东方出版社1996年版，第7页。

样惩罚兄弟两人一下没什么不应该，没什么不可以。蓝鼎元和阿明、阿定之间的位置关系，与父母和子女的关系，真有点相似。

　　还应注意这相似的背后更有一个重要的观念：法律是自上而下的统治工具。这便是"故法者，治之具也"[1]。在家里父母从来都是"居高临下"的，"统治"提不上，起码是"管教"。但无论怎样，子女对父母是"须仰视才见"。到了国家，百姓对法律及其背后的权力阶层也是"须仰视才见"。这是"家长主义"。如果再将"官"的观念和"赏罚"联系起来，更可以体会这里的观念何等重要。直到今时，我们许多人都以为"工具的说法"是理所当然的。有书讲：法律"首先是确认、保护和发展对统治阶级有利的社会关系和社会秩序的工具"[2]。另有书讲：

　　……法不单纯是调整的问题，还包括控制的问题……法所调控的对象是人们的行为，是社会关系。它与别的调控不同，其调控的主体是国家，调控的方法有三种，即允许为哪些行为、禁止为哪些行为、必须为哪些行为……法律在调控中不仅规定了行为模式，而且明确规定法律后果，既有制裁的后果，也有奖励的后果。[3]

1 刘安等编著：《淮南子》，高诱注，庄逵吉校，上海古籍出版社1989年版，第223页。
2 孙国华等：《法理学》，第96页。
3 李龙等：《法理学》，武汉大学出版社1996年版，第24—25页。

004 "大公无私"

现在可以提出一个问题：为何法律要成为一个统治工具？换个问法：为什么要让蓝鼎元那样的官人，去用赏罚的手段来管教阿明、阿定以及他们老婆那样的小民？这个问题很重要。

有些古人这般回答：不这样不行，因为国家里有个"公"与"私"的区分。法律是为了保护"公"的利益，而不是"私"的利益。保护"公"利益只能依靠强制的手段，因为"私"利益从来都是各不相同的，依了"私"利益就会天下失序："私义行则乱，公义行则治，故公私有分。"[1]而法律的首要功能便在于压抑私欲。[2]"夫立法以废私也，法令行而私道废矣。私者，所以乱法也。"[3]

至于在古人的眼里什么是"公"什么是"私"，我们读些故事、传说、文人文字之类的东西，再议。

典籍《吕氏春秋》说远古时代尧有十个儿子，但尧不将天下传给儿子而是传给舜，这是"公"；到了舜的年月舜有九个儿子，可舜偏偏不将天下传给儿子倒是传给禹，这也是"公"。[4]这古书还记载，春秋战国时期有个国君问大臣："南阳没有县令，谁可以去当县令？"大臣答：某某可以。国君又问大臣："这人不是你的仇

---

1 韩非：《韩非子》，第46页。
2 "法之功，莫大使私不行"。见慎到：《慎子》，钱熙祚校，上海书店1954年版，第7页。
3 韩非：《韩非子》，第143页。
4 吕不韦：《吕氏春秋》，第16页。

人吗？"大臣答："您是问谁能担当此任，而不是问谁是我的仇人。"国君说："答得真妙。"接着就用了那人当县令。一般百姓知道这事后都拍手叫好。过了一阵子，国君又问大臣："国家没有尉官，谁可出任？"大臣答：某某可出任。国君说："这人不是你的儿子吗？"大臣答："您问谁可出任尉官，没问谁是我的儿子。"国君又说："答得真不错。"便派这人做了尉官。一般百姓知道后依然好评如潮。这古书最后说大臣真"可谓公矣"。[1]

相传墨家学派有个人物住在秦国，其儿子不争气不说还杀了人。秦惠王对这墨家人物说："先生年纪大了，又没有别的儿子，此事就算了。我已下令不予追究。"但那人物非要"大公无私"，说"墨家的家法是'杀人者死，伤人者刑'，禁止杀人伤人，此乃天下之公理。大王虽说已下令饶了他，但我不能不执行墨家的家法"。说着说着他就杀了自己的儿子。《吕氏春秋》给出了一个评论：这是申明"大义……可谓公矣"[2]。

汉安帝时期有一冀州刺史叫苏章。苏章为人公私分明，从来以为朋友是朋友，公事归公事。其一朋友在清河做太守，做下不少伤天害理的事情。苏章知道了便琢磨先私后公，将朋友最后"以公了断"。一日朋友请客，酒席之间两人畅叙平生友谊并且时而潸然泪下，可朋友依然不明日后的命运，"私"心膨胀，居然说出"人皆有一天，我独有二天"的言语，意思是苏章可对他网开一面。苏章

---

1 吕不韦：《吕氏春秋》，第16页。
2 吕不韦：《吕氏春秋》，第16页。

只好言明："今昔苏儒文与故人饮者，私恩也；明日冀州刺史案事者，公法也。"[1]果不其然，第二天一到，苏章将这朋友拿下在官府治罪结案，让"州境肃然"。[2]这故事是将墨家杀子传说的意义从亲情移到了友情。

有趣的是《韩非子》另写道：前人造字的时候特别将围着自我转来转去地做事说话叫作"私"，将有意把自我开放的言行举止叫作"公"；"公"和"私"从一开始就是水火不相容的，它们代表了两种利益。[3]而《慎子》直接说：法律是为了叫人们的行为整齐划一，这是天下共同的利益；兄弟骨肉可以受刑，亲族戚属可以残灭，但法律却是不能含糊退缩的。[4]《管子》说得更明白："夫法者，上之所以一民使下也；私者，下之所以侵法乱主也。"[5]

由此来看，"兄弟争田"案子涉及了中国法律话语的第三个叙事，这便是强调法律是为了"公"的，而不是为了"私"的。阿明、阿定因争田告到了官府，蓝官人当然不能不管。可蓝官人说你兄弟二人太不明白事理，因这区区几亩地彼此大动肝火，本应三十大板伺候。这言下的意思之一是说：如果人人都这样争来争去，哪有乡里民间的"和谐安定"？乡里民间的"和谐安定"正是一个秩

1　司马光编著：《资治通鉴》（4），胡三省音注，"标点资治通鉴小组"校点，中华书局1956年版，第1695页。

2　司马光编著：《资治通鉴》（4），第1695页。

3　韩非：《韩非子》，第155页。

4　"法者，所以齐天下之动，至公大定之制也……骨肉可刑，亲戚可灭，至法不可阙也。"见慎到：《慎子》，第13页。

5　《管子》，第145页。

序，而秩序就是"公"。所以，法律做到了"大公无私"，那么"民安而国治"。[1]

当今的中国人也喜欢讲法律是为了"公"。有书称："法是由统治阶级的共同利益所决定的，而统治阶级内部各个个人与这种共同利益相冲突的个人利益，是被'舍弃'的。"[2]

005　市场上的兔子（定分止争）

当然，有人可能以为，阿明、阿定最初来到蓝官人的衙门并不是为了"和谐安定"，或说为了"公"的目的。他们只想要官府裁断那七亩地的归属。假如蓝官人认定田地应该归阿明或者阿定，那么，这就满足了其个人的利益。如此看来，官府的法律判决倒不一定是为了"公"。有时那还是为了个人的权利，或曰"私"。

不错。但是要注意，中国法律话语尤其古人的法律话语，讲个人的所有权总是为了从侧面来讲"公"的问题。而且实际上更准确来说，其中的观念并不是指现代西方人理解的那类纯粹的个人权利，而是指人与人之间必须"定分止争"。蓝官人说过，阿明、阿定不要争来争去。这么说，不是因为蓝官人认为阿明、阿定各有各的个人权利，而是因为他认为，争来争去对大家谁都没有好处，而且乡里民间还会乱了。所以为了防止纠纷，才需确定应该给谁七亩

1　韩非：《韩非子》，第13页。
2　孙国华等：《法理学》，第88页。

地。这种观念的深处是"防乱"两字。

当然，到了这里又涉及"兄弟争田"中的另一个中国法律话语的叙事：法律的直接作用之一是定分止争，正所谓"律者所以定分止争也"[1]。

看两个有关"市场上的兔子"的讲法。

《慎子》讲，如果一只兔子在大街上乱跑，肯定会有一大群人在后面追赶，谁都想抓住兔子，归己落袋。这群人当然包含了贪得无厌者。不过人们不会对此说三道四，因为兔子到底是谁的并不清楚。反过来在集市上就有所不同，那里的兔子满目皆是，不仅没人去抓，而且没人去看（想买兔子的人当然例外），许多人甚至觉得看一眼都是白费力气。这是什么缘故？显然，不是因为人们不想要兔子而是因为兔子已经有"主人"了。所以，就是再贪婪的人也不想去你争我夺。[2]《商君书》里也讲：野兔奔跑，百人追赶，不是因为野兔可分为一百份，而是因为"名分"说不清；而卖兔子的人充满集市，盗贼到底不敢动手，因为"名分"一清二楚。所以，如果法律不讲兔子是谁的，别说一般人，就像尧、舜、禹、汤那样的圣人照样如奔马一样追着兔子跑。[3]

在《尹文子》这本古书里，记录了一个古人的类似说法。那古人说，天下有才智、有能力的人没有一个愿意待在家里的，不会因

1　《管子》，第161页。

2　见慎到：《慎子》，第9页。

3　见商鞅：《商君书》，严万理校，中华书局1954年版，第43页。

为"老婆孩子热炕头"就心满意足；他们一定要不辞辛劳直奔诸侯的朝廷，求得一官半职。为什么？因为有利益在引诱着，而且自己的"名分"不清。相反，已经在诸侯朝廷上做官的人却都希望自己能做卿大夫就成了，并没有欲望超越本分去做诸侯，这是因为"名分"已定，利益也得到了大致的满足。[1]

　　自然，我们会认为，事实上做卿大夫的也想最后成为诸侯，因此那古人只是讲对了一半。可是无论怎样，"名分"定下来了总会有个约束机制在那里发挥作用，让已经做官的人规矩一些，这也是真的。难怪《荀子》就说，法律禁止捡拾别人遗失的东西，这是憎恶人们习惯于贪得非分的东西。所以，说清这是你的、那是他的，人人都会相安无事，而不说清楚，就是只有一妻一妾的家庭也会纷乱不安——"无分义，则一妻一妾而乱"[2]。

　　到了民国初年，梁漱溟也讲：

　　"法律"这东西怎么讲？它就是要把这个权那个权规划订定明白。比如说：我能如何，你能如何，我不能如何，你不能如何，把这些弄明白，划分得清清楚楚，这便是"法律"。有了法律，彼此之间再有什么交涉，有什么纠纷冲突，便一概归法律解决了……[3]

1　尹文：《尹文子》，第27页。
2　荀况：《荀子》，杨倞注，上海古籍出版社1989年版，第163页。
3　梁漱溟：《梁漱溟全集（第1卷）》，山东人民出版社1989年版，第655页。

这里还有另外一个问题。定分止争不仅是就阿明、阿定之间的民事纠纷而言的，有时，它还是"刑事"问题的出发点。这是讲，如果蓝官人判决七亩田归阿明所有，定了分，可阿定事后依然想方设法强占土地，并且这么做了，那么蓝官人就要给阿定治罪惩罚。在《列子》里可以看到一个有趣的关于"偷盗"的故事，讲的就是这个意思。

春秋战国那个时期，齐国有一世族，人称国氏，特别富有。宋国有一世族，人称向氏，特别穷困。一天，向氏家族的一个人专门来到齐国向国氏请教发财的诀窍，国氏的人说："我的方法就是'偷盗'。头一年偷时仅仅够一年用的。第二年偷时有点富了。第三年再偷时已经十分富裕了。从这以后，就连本乡本土的穷人都要靠我来施舍救济。"向氏家族的那个人一听异常兴奋。但是，他并不知道国氏的人到底偷了什么东西，只是认为"偷"肯定就是一般所讲的"偷"。于是，他爬墙打洞，眼到之处手到之处无所不偷，岂料没过多久便被官人拿捕，不仅关了数日，而且自己本身已有的财产也被充公。

向氏的人想不明白：为什么国氏的人偷了东西不仅富了，而且"安然无恙"？他觉得，一定是国氏的人捉弄他，没教"偷"的真正方法，接着便去国氏家里大吵大闹。国氏的人问："你是怎样偷盗的？"向氏的人将自己偷盗的情况一一描述。国氏的人说："咳！这种偷法大错特错了。告诉你吧，我是偷天的寒暑冷热，地的肥沃宝藏，来使禾苗百谷生长，来收割各种作物，并且建造了我的围墙，盖起了我的房屋。我得到的飞禽走兽、虾蟹鱼鳖，没有不是'偷'的'盗'的。不过，你应当晓得，禾苗百谷、树木泥土、禽兽鱼鳖都是自然的产物。它们根本不是个人所有的财物。偷它们能出事吗？能犯罪吗？至于金银珠宝、珍品古玩、粮食钱财，那是别人自家的财产，偷这些东西不犯罪就怪了！"[1]

　　向氏的人是否太愚蠢我们且不去管。这里，我们只应注意国氏的人讲到了有些财物是别人自家的，偷了就会犯罪，这便是说有些东西"已定分"，定分之后还去侵犯，就该受到惩处。而那些没有"定了分"的自然之物就没有这个问题。所以，中国法律话语讲"定分止争"，既想说明"你应有我应有"的问题，又想说明"你不得偷我的"的问题。正像今人所抽象地说的那样："法是对已有的或可能有的权利义务关系的认可。"[2]

006　独角兽·"法"

　　定分止争是讲法律的一个重要作用。可是，确定了"名分"照样会有纠纷和犯罪。应该这么说，阿明、阿定争的那七亩地本来是有"名分"的，但兄弟两个还是争了起来。争了起来而且闹到了官府，蓝官人于是就要做出一个裁决。做出裁决依据什么？首先是法律，其次还有证据。所以阿明、阿定一进官府，便争先恐后地推出

1　《列子》，张湛注，殷敬顺释文，中华书局1954年版，第10页。
2　孙国华等：《法理学》，第50页。

自己的证据。阿明说自己有父亲的亲笔手书，阿定说自己有证人证明父亲说过的话。对此，蓝官人就要断定是非曲直，而且要有根有据地公平断定。

这里涉及中国法律话语的又一个叙事：法律是公正平直的。

在《墨子》这本史书里，讲述了一个动物断案的故事。故事说到，齐国有两个做官的因为一点小事打起官司。这官司本来不太复杂，可是不知何故一打就是三年光景，让断案的官吏始终没有办法裁断是非。齐庄公听说后十分不悦，一气之下考虑将两个臣子杀掉定案。但是他也犹豫，担心都杀了会冤枉其中一个好人。过了几日他想，还是将两人放了结案，可又担心这一放会放掉了恶人。最后齐庄公命令别人牵一头羊过来，对两人说：我现在把羊杀了，将羊血洒在神坛前的一条小沟里，你们二人就在神坛前老老实实地念自己的誓词，不得说谎，否则死羊会有所表现的。两人答应了。当第一个人念完了自己的誓词，一切照旧，什么事都没发生。但是当第二个人念誓词念到一半时，死羊突然跃起，用自己的角将其当场刺死。案子审结。[1]

这种断案方式在今天看来是莫名其妙的。死羊突然跃起将人刺死也是不可信的。就算死羊可以跃起刺人，有人也肯定会说：谁能知道这死羊究竟刺死了好人还是恶人？说不准死者正是冤枉的。所以，齐庄公用死羊来审断案子不过是无可奈何地用这来为自己找个

1　墨翟：《墨子》，毕沅校注，上海书店1986年版，第144页。

不是断案理由的断案理由。但是，在这里重要的不是案子结得是否准确无误，而是古人相信，像羊那样的动物可以判断"誓词讼词"的真伪。

　　说起羊这类动物去断案的事情，有人就会想到以往古人经常提到的一个动物的名字："独角兽"。有意思的是，"独角兽"这个动物符号在中国古代象征着法官的法律审判。

　　汉代王充，写就《论衡》。里面说：有一种很像羊的独角动物，本性就知道谁是有罪的，在尧舜时代，著名的大法官皋陶审案子时，只要遇到特别棘手的疑难怪案就牵独角羊过来，叫它来断定谁是有罪的，而独角羊对有罪的人就用角去触，对无罪的人则毫无反应，因此十分公正。[1] 当然，《论衡》是一本不信鬼神的书，对所谓的羊类"独角兽"能否真的刺中有罪之人将信将疑。它说，皋陶用"独角兽"来断案，为的是叫别人害怕而不犯罪，叫"受罪之家，没齿无怨言也"[2]。

　　刚才讲过的齐庄公审案的故事，其发生的地方就是今天的山东一带。而这个地方恰巧是尧舜时代大法官皋陶的故乡。古人一提法律的公正审判就讲这个皋陶，就讲像羊的那个"独角兽"。

　　不过"独角兽"到底是不是羊那样的动物，古人似乎各说不一。有人讲"独角兽"其实是像牛那样的动物，"独角兽"头上的

1　王充：《论衡》，上海古籍出版社1990年版，第171页。
2　王充：《论衡》，第171页。

角"似山牛一角"[1]。有人讲那怪兽既像牛也像熊，这就是"如牛，
一角，毛青，四足似熊"，它见人相互争执时就会用角去顶刺不对
的人，换句话说，"见人斗则触不直"[2]。还有人说"独角兽"像
鹿，另有人讲像麒麟……

　　不管是什么动物，反正古人都以为"独角兽"正是用来判断是
非曲直的。

　　有点奇妙的是，"独角兽"在西方文化中也是一个具有象征意
义的动物符号。有人告诉我们：

　　　　"独角兽"是西方神话传说中的一种动物，它像马，或小羊，
　　额头上有一只美丽的独角。这一形象最早出现于美索不达米亚平原
　　的绘画中。[3]

　　有一位意大利学者讲，欧洲人总是相信存在着一种叫作"独角
兽"（unicorn）的动物，它看上去像一只独角白马，性情温顺。但
是经过多次周游西方世界后，欧洲人认为"独角兽"不大可能生活
在西方，它倒是应该生活在一个奇特的异国。当年，马可·波罗游
历中国时，就相信它在中国才应有个"家乡"。可是，马可·波罗

1　许慎：《说文解字》，徐铉校订，中华书局1963年版，第202页。
2　段玉裁称，此句来自《神异经》。见许慎：《说文解字注》，段玉裁注，上海古籍出
版社1981年版，第469页。
3　乐黛云：《序言》，载乐黛云、勒·比松主编：《独角兽与龙》，北京大学出版社
1995年版，第1页。

在中国最终没有发现"独角兽"的踪迹。只是在回国的途中，他在爪哇岛那一带看到了生活在水中的一种像"独角兽"的动物。这种动物后来经辨认不过是今天被叫作犀牛的一种独角动物。[1]

被叫作"独角兽"的动物，后来，"在西方一直是幸福和圆满的象征"[2]。

说到西方人对"独角兽"也是津津乐道，可能说得远了。而且西方人以为那动物表达的不是法律而是"幸福"的意思。不过，在此对比一下，兴许还是有意思的，毕竟西方人也谈法律的公正平直，但是不以动物来表达这里的公正平直。当然，另有一点也是应该知道的。这就是美国费城一位雕塑家1962年铸造了一个"独角兽"的青铜像。这个青铜像放在了美国宾夕法尼亚大学法学院。有人在青铜像上刻上文字，说这就是在古代中国的可以辨别罪恶与无辜的"独角兽"，还说皋陶审案的时候牵来的正是这个动物。[3] 显然，这是告诉美国法学院的学生，在其他文化中"独角兽"又有了法律上的公正平直的意思。

现在，我们回过头来再看它在中国的独特意义。在中国古文中"法"字最初有个特别的写法，即在三点水的右边不是一个"去"字，而是一个"廌"字底下加个"去"字。而"廌"字指的就是

1　埃科：《他们寻找独角兽》，载乐黛云、勒·比松主编：《独角兽与龙》，北京大学出版社1995年版，第2—3页。
2　乐黛云：《序言》，载乐黛云、勒·比松主编：《独角兽与龙》，第1页。
3　布迪、莫里斯：《中华帝国的法律》，朱勇译，梁治平校，江苏人民出版社1995年版，第459页。

"独角兽"那类动物。这般看来，"法"字本身就和"独角兽"的隐喻有着密切联系。有时古人说"法"就会想到"独角兽"，说"独角兽"就会想到"法"，讲到"法"还会想到"独角兽"公正平直地断定是非的传说。

可以这么认为，"独角兽"见着不对的人或有罪的人就会"公正地"用角去顶触。而"法"字和这个看法有个"联想"的关系。这显然是话语环流的一个侧面。由此在中国法律话语里，法律的一个意思便在于公正平直。

007　《说文解字》

刚才提到，在某些人看来"独角兽"头上的角"似山牛一角"。这种看法和东汉一个叫作许慎的文人有着密切联系。"似山牛一角"一说就见于他写的《说文解字》。但是，从中国法律话语的角度来讲，《说文解字》里的另一段话更为重要：法律可谓"刑也，平之如水，从水"[1]。"平之如水"当然是指"公平无私"的意思。"刑也"是什么意思？那是指"刑罚"的意思，大体而言就是指今天法律的一种——刑法。

无巧不成书，在中国人记载的历史中最早的几部用文字写下的法律差不多都带有"刑"字，或者基本内容都与"刑"有关。像春

---

1 许慎：《说文解字》，第202页。

秋战国时期郑国人拟就的"刑书"、晋国人建造的"刑鼎"（将法律文字刻在鼎上），就带有"刑"字。而稍后的魏国人李愧编纂出了一部有名的成文法典——《法经》，里面分为六篇："一盗法、二贼法、三囚法、四捕法、五杂法、六具法。"[1]这六篇的内容，差不多都和"刑"有关，因为其中就有"盗""贼""囚""捕"这几个字。

　　如果说得更早一点，《左传》则记述了以"禹刑"来统称夏朝法律的故事。将夏朝的法律叫"禹刑"是为了纪念"大禹治水"传说中的禹这个杰出祖先。但是，它的出现毕竟是为了镇压和惩罚，这便有了"夏有乱政，而作禹刑"的讲法。[2]西汉有人说夏朝的法律总数没多少，可刑罚至少不下3000条。[3]而东汉的郑玄为《周礼》做注解时更精细地讲，夏代的法律里面有死刑200条，毁坏生殖器500条，凿去膝盖骨300条，割掉鼻子1000条，在犯人脸上或额上刺刻并涂墨1000条，加起来正好是3000条。[4]至于"禹刑"是否真有这般残酷，充满了刑罚，而且刑罚数目恰在3000左右，则不得而知。但是它基本上属于刑法那一类的法律倒是无可置疑的。

　　将"法"的意思和"刑"的意思联系在一起是古人法律观念的一个潜意识，正如美国汉学家费正清所说，中国古代"很少甚至没

1　长孙无忌等：《唐律疏议》，刘俊文点校本，中华书局1983年版，第1页。
2　《春秋左传正义》，第750页。
3　长孙无忌等：《唐律疏义》，第12页。
4　《周礼注疏》，郑玄注，贾公彦疏，上海古籍出版社1990年版，第538页。

有发展出民法保护公民；法律大部分是行政性和刑事的，是民众避之犹恐不及的东西"[1]；也像梁启超所说的那样："古代所谓法，殆与刑罚同一意义。"[2]梁启超解释说，古代社会里的政治，除了"祭祀斗争"，最重要的莫过于对簿公堂了，而那时并没有什么所有权的制度，婚姻那类事情也是随着习惯，所以民事官司少得可怜，刑事官司比比皆是，对于"法"也只有这样认识了。[3]有意思的是，作为民国初年著名学者的梁氏最后也不知不觉地接受了这个潜意识，鬼使神差地断言："对于破坏社会秩序者，用威力加以制裁，即法之所由起也。"[4]

在这里，重要的是"法即刑、刑即法"的观念大致成为中国传统法律话语的一个重要思路。虽然在后来的法律观念中没人再去这么坚持这些字词，可在各种各样的论说中却暗暗现出了这个意思。比如，许多人都讲法律就是强制性的东西，它和道德不同，道德是"温良恭俭让"，而且凡事都以"苦口婆心"为能事，而法律就是板着面孔威吓，触犯了它只能是遭遇残酷的结果。有书讲："法律规范是有国家强制力保障的规范。这是法律规范区别于其他社会规范、技术规范的重大特点……一种规范如果没有国家强制力的保证，如果违反了这种规范可以不受国家法律的制裁，那么这种规范

1　高道蕴：《导言》，载高道蕴、高鸿钧、贺卫方编：《美国学者论中国法律传统》，中国政法大学出版社1994年版，第2—3页。

2　梁启超：《先秦政治思想史》，东方出版社1996年版，第56页。

3　梁启超：《先秦政治思想史》，第56—57页。

4　梁启超：《先秦政治思想史》，第57页。

就不是法律规范。"[1]另有书类似地说："法是由国家强制力保证实施的，尽管不同性质的法，保障其实施的国家强制力的性质、目的和范围不同。任何法想要成其为法和继续是法，国家必须对违法行为实施制裁。"[2]

讲法律的强制性，是说法律的基本特点正在于暴力的恐吓，谁不服从便会遭遇恶果。看上去这里的意识似乎和"刑"的观念有着千丝万缕的联系。

回到蓝鼎元审理的"兄弟争田"案。在这案里虽然案子本身是个争田的民事纠纷，可是蓝官人还是在头脑里想着：照过去的规矩，这类案子应该对阿明、阿定各打三十大板，然后将田切开一半分给二人结案。这想法意味着蓝官人已经将法律审判视作不折不扣的强制"工作"。换句话说，既然案子到了官府，官人就要威风凛凛，显示法律的强制威严。这自然是"法即刑"的观念暗中操纵的结果。

谈到此处，我们可以看到中国法律话语的又一个叙事："刑"是"法"的一个缩影，而"法"则是"刑"的繁衍产品。

008　"法官"办"鹿"案·礼

"法"的观念和"刑"的观念有一种密切的关系，这是中国法

1　孙国华等：《法理学》，第50页。
2　沈宗灵等：《法理学》，第34页。

律话语的重要叙事。可在"兄弟争田"案里读者会发觉，蓝官人最后还是以"和为贵"的方式解决了纠纷。他本可以用"刑"的观念来审断案子，但是没有这样做。他说，阿明、阿定因为七亩地的区区小事打官司真是得不偿失，田产无论如何都不能和兄弟之情相比。言外之意是说人活在世上最重要的不是什么钱财，而是情义。蓝官人还婆心苦口，要兄弟两人好好想想如果自己的孩子因为财产而大闹一场，那么他们会做何感想。后来兄弟两人真是你谦我让，使案子结得圆满和谐。最终蓝官人自己也是自鸣得意，相信这样才能叫百姓静心守法。另外要注意，在断案的过程中蓝官人又说了：做哥哥的应该让弟弟，而做弟弟的应该敬哥哥。这意思是讲"上下关系"也要摆正才是。

为什么蓝官人会如此了断案子？为什么本可以快刀斩乱麻，他却偏要给自己找一堆"婆婆妈妈"的事来做？有人会讲，这是少见的"父母官"，为人负责。不过这样看问题有点简单了。其实这里涉及中国法律话语的一个独特叙事：法律应该寻求一种社会原有的和睦与秩序。

说起"和睦"，从远古时期开始人们办案就对它情有独钟。《列子》里讲过一个"法官"（古代判案的人不叫法官，这里只是借用一下这词）办"鹿"案的故事，谈的正是这个问题。那故事说春秋战国时期郑国有个人到野外去砍柴，砍着砍着发现了一只惊慌乱跑的鹿，经过三下两下的"收拾"便把鹿打死了。可他得了一只鹿又怕别人看见，于是就将鹿藏在了一个没水的池塘里，用芭蕉叶盖上。由于太激动太兴奋（恐怕是鹿挺难得到的缘故），没过多长时间自己居然忘掉了将鹿藏在哪里。这一忘不要紧，搞得他认为打死鹿和藏鹿都是自己的一场梦，一边走一边不断地念叨这事情。巧的是旁边有人听到了，那旁人便循着他念叨的线索把鹿扛走了。

第二个得鹿的人回到家对自己老婆说："太妙了！今天遇到一个柴夫，他说梦见了一只鹿却不晓得到底藏在哪里，好像是这里或那里的。我依照他说的意思真找到了一只鹿。"但是老婆是个精明人，说："你要分清楚，是你梦见柴夫打死了鹿，还是真有那柴夫在说梦话。现在的紧要之处在于：你真得了一只鹿，可那是不是你的梦变成了现实？要知道如果是你梦见的，那么鹿是你的，如果真有个柴夫则鹿可就是柴夫的。打起官司这是十分关键的事。"当丈夫的没有更多的鬼心眼，故而说："反正这鹿在我手里，谁在做梦又有什么紧要的？"

再说那柴夫丢了鹿当然心里很是不平衡，回到家里左思右想，认准自己没有做梦，的的确确打死了一只鹿。想完他就睡觉了。岂料睡着睡着柴夫真的做起了梦，梦见了藏鹿的确切地方，而且梦见了他认识的一个人——即将鹿扛回家的那个人——现在正将鹿放在那人自己家里。第二天按照梦中线索，柴夫很快地到那人家里找到了鹿。于是两人立即你争我夺起来。

这一争便来到了"法官"面前。法官说："柴夫，你的确打死了一只鹿，可后来又是凭梦中线索找到了那人，怎能说明那人手里的鹿一定是你打死的鹿？至于你（即家里放着鹿的人），你老婆说你是梦见柴夫打死鹿的，故而找到了鹿，可你自己却说可能是梦见的也可能是听见的，如此怎能证明鹿一定是你的？我看算了吧，鹿一人一半！大家低头不见抬头见，以后还需彼此照应，和和气气比什么不强？"于是鹿便被割开了。[1]

在今人看来，"鹿"案里的"法官"与其说是"和睦"结案，不如说是"和稀泥"，哪能这般"模糊"断案？但是古人有时却以为，法律审判的目的并不在审判本身，而在审判之外。这之外，固然有个"公正平直"的追求，可也有个"和睦相处"的重要。而且更需得到的正是"和睦"。其实就在当下的某些国人看来，古人的想法也不是一无是处。"理想的社会必定是人民无争的社会；争讼乃是绝对无益的事情；政府的职责以及法律的使命不是要协调纷争，而是要彻底地消灭纷争。"[2]

中国人讲"和睦"，不免要讲到社会的原有秩序。这弦外之音是讲国家法律是人强加给社会的，而社会本身自然而然就会形成一种特有的和谐规矩。比如，在家里，父母生养子女，兄姐照顾弟妹，而待子女长大父母衰老，弟妹强壮兄姐力微，子女又要赡养父母弟妹又要扶助兄姐，这之间便会逐渐形成一种自然的家庭规矩：父母兄姐要爱护子女弟妹，子女弟妹要尊敬父母兄姐。假如不是这样，家庭关系乃至生存恐怕是难以想象的。走出家门就是亲

1　《列子》，第36页。
2　梁治平：《寻求自然秩序中的和谐——中国传统法律文化研究》，中国政法大学出版社1997年版，第217页。

戚家族了，在亲戚家族间同样有个长幼之分、互敬互爱和彼此帮助的问题，否则真是无法共同对付异族外邦。再往外走就到了邻里乡里，而推而广之，就到了社会……总之，我们就看到了"家法家规""宗法族规""乡俗民约"之类的规则规矩。

不过，谈到自然的和谐规矩我们更容易想到这个词：礼。

"礼"究竟是什么，我们按下不表，将其看作一类日常行为举止的社会规矩即可，像"见人要点头""请客要敬酒""走路要让人"之类的规矩，就是一些"礼"了。它是中国人自古以来的一个"专利"。有学者讲：

其实，礼与法都是行为规范，同为社会约束，其分别不在形式上，也不在强制力之大小。从形式上来看，成文与否并非决定的条件，法律不一定成文，礼亦可为成文……礼亦未尝不可以法律制裁来维持、来推行，而无损其为礼。[1]

《管子》里也提到了类似的想法，说"法者天下之仪也，所以决疑而明是非也"[2]，而"法出于礼"[3]。前句话里的"仪"字说的是仪表那类东西，而仪表就是"礼"所要表现的一个方面。《荀

---

[1] 瞿同祖：《中国法律与中国社会》，中华书局1981年版，第321页。

[2] 《管子》，第163页。

[3] 《管子》，第45页。

子》也是大谈"礼"十分重要，"《礼》者，法之大分"[1]。《荀子》的意思是说"礼"是法律的基本原则。

在这些想法之中，国家法律根本不能离开"礼"这样的社会规矩。

用人们现在熟悉的话来讲，在阿明、阿定生活的社会圈子里已经自然而然地形成了一些对人有益的社会规矩，它们是蓝官人手里的国家法的基础。国家法在制定的时候不能不顾及"礼"那样的规矩，执行的时候也是如此。有时正应该以礼来"定亲疏、决嫌疑、别异同、明是非"[2]，甚至"分争辨讼，非礼不决"[3]。因为，"礼"到底是原有的社会秩序，它和原有的"和谐"相辅相成；而这些恰是国家法律"生长"依赖的土壤条件。

国人看法律有时像蓝官人那样，内心里离不开"礼"这个概念，也离不开对"和谐"的期待。所以要是换了别人来审"兄弟争田"的案子，大体同样会提"阿明要让弟弟""阿定要敬哥哥"，以及"兄弟之情如何如何"之类的话。不论怎样，兄弟两人争田就是破了家庭亲属的兄弟之"礼"，坏了邻里乡里的自然"和睦"。而"礼"那样的自然而然形成的秩序加上"和睦"那样的自然情调，是社会不可忘掉的。

"追求和睦"的法律话语源远流长。

1　荀况：《荀子》，第8页。
2　《礼记正义》，第15页。
3　《礼记正义》，第15页。

009　乡里自治

说起原有的社会秩序我们可能会大致接受这样一个看法：在国家法出现之前，阿明、阿定那样的乡里民间依靠的是自然规矩，后来国家法"出世"了，民间规矩似乎退却了。但是实际上即便是出现了国家法和蓝官人坐镇的官府，阿明、阿定有时照样会依"习俗"办事。你看，在"兄弟争田"的案子里出现过两个族人头领抛头露面，他们是陈德俊、陈朝义。这两人就是"习俗"秩序的掌管符号。当蓝官人对兄弟两人说回家和自己老婆谈妥之后再来官府，兄弟两人和老婆谈完，则是首先去见陈德俊和陈朝义，最后还把两"头人"也请到了蓝官人的衙门，仿佛两头人的作用绝不亚于蓝官人。即便是案子最后了结了，蓝官人也特别注意两头人的"点头称是"。

这里，便涉及了人们不易觉察的中国法律话语的又一叙事：小心对待乡里的秩序权威。

现代初学法律的学子容易认为，官府衙门的国家法律可以并且应该"一统到底"，大凡国家的各个角落均应对它的法律"唯令是从"。可是，阿明、阿定生活的那个中国社会是个特大的社会，不论古代还是今日，类似的乡村又从来都是星罗棋布的。正如梁启超所说，"中国国家，积乡而成"[1]。甚至像古人也说过的，"乡与朝争治"[2]。在这样的乡村里官府法律是否可以畅通无阻？是否可

1　梁启超：《先秦政治思想史》，第224页。
2　《管子》，第14页。

以横扫在城镇人——相对农村而言——看来纯属"陋习"的乡规民约？以及是否可以叫蓝鼎元那样的国家官吏符号的作用彻底顶替陈德俊和陈朝义那样的民间权威符号的作用？

有人说，可以；有人说，困难。

应该说大致来看是比较困难的。而假如困难，就只好小心对待乡村的秩序权威了。

学者费孝通写过一本书叫《乡土中国》。在那书里费孝通把"权力"类型一分为三："横暴权力""同意权力""教化权力"。他讲："横暴权力"是指那种利用暴力进行自上而下的、不民主的、威吓性帝国式统治的力量；"同意权力"是指那些依赖黎民百姓默认、契约、退让而形成的力量；[1]"教化权力"则是指经由社会文化传统的潜流"暗中支配"而形成的有点像是"爸爸式"的力量。[2]显然，依照这三个概念，官府的法律和蓝鼎元之类的官人是比较容易和"横暴权力"联系在一起的，而"乡规民约"和陈德俊与陈朝义之类的族人头领倒是和后两种权力容易联系在一起。

费孝通提醒说，应该特别注意中国传统农业经济的"产出"能力，这能力可不足以提供横暴式权力政治所需的大量人力、物力的资源，所以不奇怪，时常能看到某些封建帝王着迷于"无为而治"以平天下，让阿明、阿定、陈德俊和陈朝义居住的乡土社会去用自己的社区契约和教化维护社会平衡，这就使我们中国社会的"长老

1　见费孝通：《乡土中国》，第61页。
2　见费孝通：《乡土中国》，第65、68页。

统治"层出不穷。[1] 德国社会学家韦伯（Max Weber）也早说过，中国长老掌管的村庙"对小事有审判权……只有在事关国家利益时，政府才插手。受到民众信赖的正是这种公堂，而不是国家司法当局"[2]。

大致来说，陈德俊和陈朝义之类的民间权威在阿明、阿定的乡里扮演着一个重要的管理角色，可以将其说成"里长，里之仁人……乡长，乡之仁人"[3]。这是讲：

民间权威生长于地方"草根社会"，他们对这种社会的需求和政治反应十分敏感，并且他们的利益与"草根社会"一致，表述问题的方式无异，从而易于被接受为地方利益的代言人。在家族社区内部，他们几乎可以说是"公众意见"的传播媒介。[4]

更为有趣的是，二陈式的民间权威还有一个中介作用。有时，在阿明、阿定的乡村，蓝鼎元那样的官府权威恰恰需要通过二陈之类的"头领"来左右阿明、阿定，因为"头领"的作用发挥更容易将他们的纠纷处理得圆满顺利，更容易让阿明、阿定的乡里民间和谐太平、利益相融。"乡长之所是，必皆是之；乡长之所非，必皆非之。去若不善言，学乡长之善言；去若不善行，学乡长之善

1　见费孝通：《乡土中国》，第68页。

2　韦伯：《儒教与道教》，王容芬译，商务印书馆1995年版，第146页。

3　墨翟：《墨子》，第45页。

4　王铭铭：《村落视野中的家族、国家与社会——福建美法村的社区史》，载王铭铭、王斯福主编：《乡土社会的秩序、公正与权威》，中国政法大学出版社1997年版，第94页。

行……乡长惟能壹同乡之义，是以乡治也。"[1]这样，就可说"民间权威填补了正规的权威中心和社区中的家户之间的空间"[2]。

小心对待乡村的秩序权威，表达了一个深层的法律意涵：蓝官人的官府法律和陈德俊、陈朝义的秩序权威隐喻的乡规民约彼此有着千丝万缕的互动关系。前者"借道"于后者，而后者有时则依赖前者，于是最好是对"法"这个字做出宽松的理解，视其为既包括了"国家法"，也包括了"民间法"。

这个深层的法律话语也还另有意蕴：中国的法律语境是独特的，人们使用"法"字也是多变的，"家法""宗法""族法""习惯法"等无一不是时常出现在人们的言谈话语之中的，硬给"法律"一词定个内涵，说它只是国家法律的别名，似乎是种过时的本质主义；"法律"一词像其他各个字词一样有个语境的问题，在不同地方总会有个不同的意思，对它"宽宏大量"一些便可使我们看到更多的"语词用法"，以及语词用法背后的观念企图，从而观察到更加丰富多彩的众多中国人心目中的"中国法律"的现实。

当然，"宽宏大量"，最终是因为，"国家法"和"民间法"毕竟总是糅和在一起的，尤其在中国的传统社会可发现，"政府和民间有一个共识，即'国有定法，家有定法'，而且对于家族本身而言，家的定法是人们首先必须诉诸的，在家法之后才有国法。在

1　墨翟：《墨子》，第22页。
2　王铭铭：《村落视野中的家族、国家与社会——福建美法村的社区史》，载王铭铭、王斯福主编：《乡土社会的秩序、公正与权威》，第94页。

民间推行宗法制度的行为，当然是政府控制社会的手段"[1]。也正像今天有学者所说的：

> ……在中国古代社会，国家法不但不是全部社会秩序的基础，甚至也不包括当时和后来其他一些社会的法律中最重要的部分。当然这并不意味着某种"秩序真空"的存在。社会不能够容忍无序或至少不能容忍长期的无序，结果是，在国家法所不及和不足的地方，生长出另一种秩序，另一种法律。这里可以先概括地称之为"民间法"。[2]

同时，在"国家法"的旁边有着蓝鼎元那类官人，在"民间法"的旁边有陈德俊和陈朝义之类的族人头领；这官人和族人头领都是秩序权威的一些符号。就是说：不仅要从蓝官人的身上去看"法"，而且要从二陈的身上和背后去看"法"。无论怎样，他们终究表现了不同的、但息息相关的法律权威。

010　规矩方圆

从陈德俊和陈朝义那类乡村的秩序权威去看"法"，已经和今

1　王铭铭：《村落视野中的家族、国家与社会——福建美法村的社区史》，载王铭铭、王斯福主编：《乡土社会的秩序、公正与权威》，第100页。
2　梁治平：《清代习惯法：社会与国家》，中国政法大学出版社1996年版，第31—32页。

天大多数法学家思考"法"的方式大有出入。但是，这种话语姿态肯定是有意义的。对待中国的法律文化，如果只注意蓝鼎元的官府衙门，而对二陈这样的乡间头领视而不见，也许就会一叶障目、不见泰山，甚至根本不得要领。中国的乡里民间的地域太广阔了，其法律文化因而也太独特了。

不过虽说要从官府和民间头人两个权威的角度去看法律，然而，两类权威背后的法律秩序总还有个共同之处：都在显露"规矩方圆"。像阿明阿定来到蓝鼎元的官府，拿出证据声言七亩地是属于自己的，这就表明兄弟两人知道官府里有个标准：想要主张什么就要证明什么。这标准自然是规矩方圆。而兄弟两家找了陈德俊和陈朝义两头领，并拉两头领一起来到官府，接着蓝鼎元说到兄弟之情如何重要、乡里和谐如何紧要，这也表明两头领和兄弟两家也面对了一个标准：义重利轻。这标准同样是规矩方圆。

这样，我们便要看到中国法律话语的又一个叙事，即法律是人们说什么、做什么的规矩方圆。

一提规矩方圆我们不免会想到一些语词："秤""规尺""标线""墨绳"等等。这些都是描述日常生活里打工做事所用的"标准"的语汇。不错，想要知道房子墙面抹灰是否平整就要用标线测量；想要知道一担米是否足斤足两就要用秤来称一下；想要知道木头锯得是否方正就要用墨绳来划比；而想要知道自家种的树木是否已经成材，就要用规尺估算……

中国人讲法律思想时常喜用这些词汇。

《墨子》说："百工为方以矩，为圆以规，直以绳……故百工从事，皆有法所度。"[1]《孟子》说："不以规矩不能成方圆。"[2]而《慎子》讲，大禹是非常聪明的，但是如果把秤砣扔掉他照样不能辨别一钱一两的重量。反过来，如果有了天平，一丝一毫那样的差错也不会出现，别说大禹的智慧，就是以一般人的水平也能辨别清晰。所以，拿出秤和天平，在轻重上就不会受人欺骗；挥舞规尺标线，在长短上就不会有所偏差；立下法令制度，在欺诈作伪上恶人就无法施展伎俩。于是，凡事断于法律这一规矩肯定是正确的。[3]

和这类讲法相似，《管子》也以为规矩那些"标准"是用来矫正事物的方与圆的。它讲，人灵巧，可有时就是比不上粗笨的规矩有用，因此"虽有巧目利手，不如拙规矩之正方圆也。故巧者能生规矩，不能废规矩而正方圆。虽圣人能生法，不能废法而治国。故虽有明智高行，背法而治，是废规矩而正方圆也"[4]。结论就是"法律政令者，吏民规矩绳墨也"[5]。

《商君书》还进一步说明为什么法律可以比作那些"规矩标准"：它们看得见、摸得着。《商君书》说，只要是有所作为的国王君主都会设置"秤"和"尺"，到了战国时期同样如此。为什么？因为它们太标准明确了。如果舍弃秤来判断轻重，丢掉尺来猜

1　墨翟：《墨子》，第11页。

2　《孟子注疏》，赵岐注，孙奭疏，北京大学出版社1999年版，第185页。

3　慎到：《慎子·逸文》，第7页。

4　《管子》，第59页。

5　《管子》，第161页。

测长短，就算估计得"丝丝入扣"，那些生意人也不会这样做的，毕竟，那样判断猜测并非一定可靠。所以，法律"释权衡而断轻重"[1]。后来到了唐朝时期，性格刚直的魏徵也跟着说，凭着自我感觉甚至喜怒哀乐来判断是非，就是"舍准绳以正曲直，弃权衡而定轻重"[2]。当然，这里的"权衡"不是"思虑比较""瞻前顾后"的意思，而是指"尺度""秤"一类的东西。

有人兴许会问：为什么用来描绘法律的"秤""规尺""标线""墨绳"这些词汇总是出自做小生意的商人、一般建屋造房的工匠和帮人打制家具的木匠等平民百姓的日常用语之中，而他们又是社会地位绝对不高的辛苦一族？

这是一个有趣的枝节问题。

我尝试着来解释一下这个问题。首先，应该注意，那些词汇大致来说表达了"标准""尺度"这样一些意思。无论用在哪里，"标准""尺度"都有个一致性，不会因时因地因人而有所变化。一杆秤在春秋战国年月是测量重量的工具，在五代十国也是测量重量的工具；用在称柴米上是一个结果，用在称油盐上也是同样的结果；让男的来称是一个秤法，让女的来称也是同样的称法。称量显然不会因为时过境迁、柴米油盐的不同，或者男女有别，而出现异样的结果。像绳墨、标尺等，无一例外。这便是"标准""尺度"的独特之处，自有"硬性"和"不可商量性"暗藏其中。

---

1 商鞅：《商君书》，第25页。
2 吴兢编著：《贞观政要》，岳麓书社2000年版，第184页。

接下来要注意辛苦一族的实际生活。如果是做生意，没有"一准"的秤，凡秤说变就变，那么生意人就会担惊受怕、不知所措。生意的往来以至生活的基础便会大受影响。建屋造房用的标尺、伐树锯木用的绳墨在这些方面也是如此。所以，地位不高的辛苦一族以及其他平民百姓，特别依赖这些"标准"和"尺度"而过活。即便是像古代中国这样的传统农业社会，照样离不开"标准"和"尺度"。农民需要交换、建房、划地和裁木，在交换的时候便是一个准生意人，在建房的时候，便是一个准工匠，而在划地裁木的时候，便像一个使用墨绳的木匠……显然，所有这些下层黎民是社会稳定的基础。《淮南子》以为，用秤来称东西自然不会因人有私心而改变了称量的结果，所以，那是公平的标准；而用墨绳来比画东西，同样不会因人有私心而"搅乱"了曲直的结果，所以，那是正直的准则。社会依此便不会失去民心。[1] 这就随了《韩非子》的说法："……悬衡而知平，设规而知圆，万全之道也"[2]；也随了《孟子》的说法："民为贵，社稷次之，君为轻。"[3]

另一方面，也许就像一位外国汉学家所讲的，在中国"许多用标准度量词语描述法律的隐喻，诸如标线或秤杆等，都反映了工匠和商人的语言，而这些人在正统……等级中地位较低，但作为商

---

1 刘安等编著：《淮南子》，第88—91页。

2 韩非：《韩非子》，第46页。

3 《孟子注疏》，第387页。

人，在整个帝国各时期都具有重要的真实权力"[1]。

如此说来，用那些来自辛苦一族的"秤""规尺""标线""墨绳"一类的词汇去描绘法律，可能正在于想到要让社会上下都有个"标准"和"尺度"，让人们的行为规范有个不可灵变的一致性，从而使社会踏实稳定、方寸不乱，也叫商人这个实力阶层无法挑刺。其实，《慎子》《管子》《商君书》那些古书不厌其烦地使用这些语汇，正想深一层地说明法律的普遍性和法律面前人人平等——当然君王除外——的意思，并以此说明社会如何依赖这一点。"圣人之为国……一刑……"，而"所谓一刑者，刑无等级，自卿相、将军以至大夫、庶人，有不从王令、犯国禁、乱上制者，罪死不赦"。[2]

这种解释兴许不会太过附会牵强。如果这样，我们便会发觉法律观念实际又和利益、需求、权力等联系在一起了。

现在，再说"规矩方圆"在国家法之外的民间法或"礼"那样的规则之中的意义。

古籍《礼记》讲，"礼"对于治理国家可是再重要不过了，犹如"衡之于轻重也，绳墨之于曲直也，规矩之于方圆也"[3]。而如果把秤悬挂起来轻重就一望可知，把墨线拉扯起来曲直就一目了

1　高道蕴：《中国早期的法治思想？》，载高道蕴、高鸿钧、贺卫方编：《美国学者论中国法律传统》，中国政法大学出版社1994年版，第252页。

2　商鞅：《商君书》，第29页。

3　《礼记正义》，第844页。

然，把圆规尺子树立起来方圆就毫不模糊，所以，自然所有世事都要"隆礼，由礼"[1]。《荀子》也有类似的见解，说国家没有了"礼"就会全部乱了起来，"礼"是用来治理国家的，这就像"衡之于轻重也，犹绳墨之于曲直也，犹规矩之于方圆也"[2]。至于"衡"，也就是我们现在说的"秤"。

　　一说"礼"这类原有的社会规矩，对其略知一二的人都会讲，那可是不讲平等的一个有关人际关系的规范，既然是这样，即使"秤""标尺"那些词来自打工的辛苦一族，也不意味着使用它们的古书必定在鼓吹法律的平等性，起码《礼记》和《荀子》就不这样。

　　的确如此。不过那些词到底还是和生意人、工匠和木匠之类的一班人有着联系。这些人之中也有师徒，或者师兄、师弟、师姐和师妹的关系。在这些关系中，无论怎样都存在上下尊卑、先后有别的"礼"的规矩。只是这里强调的不是上下平等的"标准"和"尺度"，而是左右平等以及上下尊卑、先后有别的"标准"和"尺度"。所以，《礼记》和《荀子》用那些词依然是想说明：像"礼"之类的规则还是具有普遍性的，尽管不平等。

　　说到这里我们可以回到主题上，概括一下中国法律话语的这个叙事：法律是一种标准或尺度，至少具有一种普遍性，不论是正规的国家法还是自然形成的民间法或习惯法，都有这类特性。法律是

1　《礼记正义》，第844页。
2　荀况：《荀子》，第64页。

一种规矩方圆。

011　不同的追求

　　蓝鼎元描述的"兄弟争田"一案的审理过程是个很有意思的"社会文本"，寓意丰富。在前面，笔者试图用一种类似法律社会学的轻松方式来解读其中显现的中国法律话语若干叙事。其实，在中国的正史典籍、野史传说、文学作品、学人论著等"文字文本"里，相似的"社会文本"时常可见。就算是在今天，情况也依然如此。从中，我们都能发现相似或者更多更有意思的话语叙事。如果我们认为法律话语和法的实践总是互为影响、互为参照的，那么通过法律话语来理解"兄弟争田"案里的法的实践过程是重要的，而反过来通过后者去理解前者也是重要的。

　　蓝鼎元是个官人，阿明、阿定既是小民又是案子里的当事人，陈德俊和陈朝义则是族人头领，他们是不同的社会角色。当然我们还看到了阿明的和阿定的老婆、没有正式"出场"的证人……这些人也是不同的社会角色。在这些角色构成的社会里，当发生了纠纷，自然就需要某种东西来解决纠纷，而解决的过程本身有时又是复杂的。复杂表明参与其中的不同社会角色有时显露了不同的法律观念，甚至在同一角色身上都能看到不同的法律观念。这些观念都是暗中操纵社会角色的"隐身"话语。

　　像蓝官人，大致认为应该在阿明、阿定之间好好调解一番。他相信，民间的和和气气的小日子氛围要比确定田产到底归谁所有的硬判决来得更为重要。无论如何，阿明、阿定是亲兄弟，在范围有限、人口不多、乡民流动几乎为零的邻里农村，两人终归要继续生活在一起，总要低头不见抬头见，既然如此为什么不应"和平地"解决纠纷？即使看上去这有"和稀泥"之嫌。相反，如果确定田产归其中一人所有，而最终导致日后两人永远记恨以至兄弟两家世代怨仇，那岂不属于"得不偿失"？但是蓝官人还知道衙门官府里的硬规矩：两人各打三十大板然后田产对半分。他清楚，这是国家的法律规则。

像阿明、阿定两人，开始非要争个证据上的"我强你弱"，他们知道官府断案是以证据的证明为规矩的，这是国家法律。可是，经过蓝官人的婆心苦口，兄弟两人最后倒认为真正的规矩不是证据上的谁强谁弱，而是邻里乡间的和睦相处，仿佛国家法的证据规矩远不如民间习俗的"和谐"规矩来得重要。蓝官人的"调教"不仅使兄弟两人改变了对田产的争夺态度，而且使其改变了自身的法律观念。

而陈德俊和陈朝义二位族人头领对蓝官人的成功调解也是点头称是，但是，可以看出，他们并不否认蓝官人代表了官府衙门的正式法律权威。

……

在前面，从"兄弟争田"一案引申，我们还提到了"大公无私""定分止争""赏与罚""公正平直"等法律话语的叙事。实际上，这些法律话语的叙事放在我们通常认为的理论学说之中恰好是中国法律思想的思绪起点。从这些思绪起点出发就可以"人为地"建立编织思路繁多、观念复杂的法律论说。

此外，也应注意，这些法律话语的叙事显示了社会角色在法律实践中对法律价值的不同追求。可以发现，面对"兄弟争田"，假如认为"书本里的官府法"是地道的唯一的法律根据，就会倾向于赞同国家大一统的帝国式的统治方式，毕竟这种"官府法"是自上而下的、一统到底的；假如认为"大公无私"是首要的法律本色，就会思考如何张扬社会的或一个阶层的"大"利益，而漠视小群体或个人的"小"利益；假如认为"定分止争"是法律的根本所在，就会喜欢"画地为牢式"的蛋糕切分，把个人的所有所得尽量说清道明；假如认为"赏罚"是法律的独特功能，就会居高临下地"俯视"地位低下的官吏和百姓，将其当作实现立法者目的的单纯手段和工具；假如认为"公正平直"是法律的最终目的，就会坚持在所有人面前"一杯水端平"，认为不得有歧视或特权；而假如认为邻里乡间的民间规矩也是一种"法"，就会相信国家法和民间法都是重要的，有时就会相信国家挥舞"官府法"压抑民间法是不会有效果的，也是没有益处的……

因此，那些法律话语的叙事自然又会走向不同的实践目的。实际上，在蓝鼎元的"兄弟争田"的案子里，在那些不同社会角色的背后，我们的确发现了多种试图左右案子判决的法律话语。这些话语暗中都想让案子的解决顺从自己暗含的价值选择，而它们无形中又是默默地不自觉地融汇了成文的法律论说。借用法国哲学家福柯的话来说，这是"权力话语"的功能。

其实，中国法律话语是在实践之中孕育的，是在类似"兄弟争田"那样的纠纷之中以及其他法律现实中冶炼的，正是从那类案子的"活动"之中，吸取养分、精雕细凿；反过来它又想在实践中一显身手，渗入社会，并不知不觉地在各类社会角色的头脑中砌筑法律思想的"意识形态"。其中的各种叙事最终都想在由蓝鼎元、阿明、阿定、郭氏、林氏、陈德俊和陈朝义等社会角色构成的法律争议的语境中，树立自己，压抑他者；或者反之，彼此同谋。

中国法律话语也是在社会意识形态的多种意念环流中熔铸的。正如笔者在"兄弟争田"中分析的那样，它们在实践的背景中，理解、分析、干预、主张，并与实践中的诸如政治、道德之类的话语意念相贯相通，从而帮助社会角色实现自己的利益、愿望和意志。这是更为根本的。

第一章　严刑峻法

前面第 003 小节描述过，蓝鼎元在审案时不时地大声训斥阿明、阿定，而且自认为："依着一般规矩，兄弟二人应该各打三十大板，然后再分田产了结案子。"这表明蓝鼎元认定法律的重要功能之一在于"罚"。既然想到了"罚"，那么接下来的思路就容易走向"严刑峻法"。大致而言，中国法律思想的某些理论是有这么一个倾向。

012　怕火不怕水

说到"严刑峻法"我们先讲一个"怕火不怕水"的传说。

《左传》记载，春秋时代郑国有一个宰相叫子产。子产虽说为人宽厚，可对人倒是别有一番认识，在病危之际对继任者子大叔讲过一段"人怕火不怕水"的经验分析。他说："……夫火烈，民望而畏之，故鲜死焉。水懦弱，民狎而玩之，故多死焉。"[1]子产提醒子大叔注意：运用法律必须看透这一点，广施仁政固然重要，但是

---

[1]《春秋左传正义》，第861页。

某些情况下那太不实际了，将法律规定得比较严厉一定会事半功倍。

　　说来有意思，子大叔生性厚道，只喜欢"胡萝卜"而不喜欢"大棒"，对严刑峻法敬而远之，日日鼓吹仁爱。也许他老是记着邻国一位保守贵族叔向写给子产的一段话："昔先王议事以制，不为刑辟，惧民之有争心也。犹不可禁御，是故闲之以义，纠之以政，行之以礼，守之以信，奉之以仁。"[1]

　　岂料后来的世道还真是应了子产的感觉。郑国盗贼日益猖獗，终于搅得国无宁日。子大叔这才追悔莫及，随即在刑律中规定严刑，好不容易最后才有了一点社会稳定。就连孔子后来知道了子大叔改变想法这件事也是十分赞赏。他评论说：子大叔为政宽柔，百姓容易对其不以为然，而出现了有人吃硬不吃软的时候就只有用重刑了。[2]

　　《韩非子》对此传说也有记载。[3]不过《韩非子》仍嫌《左传》里的传说不能彻底说明问题，故而又提到了一个传说。这传说讲在春秋战国时期的赵国上党地区，有一个姓董的郡守。董郡守一日巡视到石邑（今河北省石家庄市鹿泉区西南），看到一条很深的山涧，陡峭似墙壁，几十丈深，于是就问当地人："有没有精神、身体都很正常的成年人掉下去过？"当地人回答："当然没有。"董郡守又问："有没有小孩、瞎子、聋子或疯子掉下去过？"当地人

1　《春秋左传正义》，第749页。

2　《春秋左传正义》，第861页。

3　韩非：《韩非子》，第73页。

说："也没见过。"董郡守接着又问："那么有没有牛、马、狗、猪之类的牲畜掉下去过?"当地人笑着答:"还是没见过。"董郡守感慨地说:"我能治理好上党地区了。假如我的法令严惩不赦,叫人们如同掉进深涧这样必死无疑,那么还有谁敢轻举妄动、恣肆犯罪?!"[1]

显然,《韩非子》是想借董郡守的口吻来讲:既然牲畜都怕死,那就不用说人了;并以此来进一步说明"怕火不怕水"的道理。

在《韩非子》里还能看到孔子和学生子贡的一段讨论刑罚的对话,通过对话,孔子这位大家似乎表现得更加赞同"怕火不怕水"的观点。原来,商朝的法律十分严酷,连在大路上倒灰的人都要处以重刑,子贡觉得这太过分了,不好理解,便向孔子请教。孔子说:这是知道治国的方法。你想,在大路上倒灰一定会扬起灰尘遮蔽人的眼睛,而遮蔽了人的眼睛人们就一定会发怒,发怒了便会相互争斗,争斗的结果就是家族相互残害、社会土崩瓦解;而有了重刑人们就会害怕,因而不会倒灰了,家族社会都会安然无恙。[2]

其实这些说法都想说明一个问题:人天生就怕火,有了这么一个规律就可以将法律规定得"残酷无情",从而使人畏惧,使社会安稳有序。

---

1 韩非:《韩非子》,第76—77页。
2 韩非:《韩非子》,第77页。

013　《韩非子》论杀婴

那么人"怕火"这个规律是否意味着在火一样的东西面前人就肯定不会轻举妄动了？不一定。《韩非子》说，蚕就像毛虫，鳝鱼就像蛇，本来人看见了毛虫就会汗毛悚立，看见了蛇就心惊肉跳。但是"……妇人拾蚕，渔人握鳝，利之所在，则忘其所恶"[1]。当然，针对《韩非子》的比喻我们可以说，妇人捡蚕一方面有利益的诱惑，另一方面也知道蚕毕竟不是毛虫；而渔人抓鳝也是一方面有利益的缘故，另一方面又知道鳝不会像蛇那样咬人。所以《韩非子》说的可不是恰如其分，甚至说其比喻可能有点不恰当，但那是枝节问题。重要的是它提醒人们注意，的确可以发现有人在火一样的东西面前依然铤而走险。其实，《韩非子》可以这么讲：即便是面对毛虫和蛇，只要它们能够带来足够的利益，有人同样可以"知难而进"，否则就不能解释为什么可以发现用毛虫做鸟食的养鸟人、卖蛇的小贩子。

在这里我们就接触到了另一个观念：只要是人就会两害相权取其轻，两利相权取其重。《商君书》说："民之生，度而取长，称而取重，权而索利。"[2]《淮南子》也说，如果丢失羊而获得牛，人们就会认为丢东西是件好事，如果砍断手指可以保住脑袋，人们就会觉得伤残身体不是一件坏事，"故人之情，于利之中则争取大

---

1 韩非：《韩非子》，第80页。
2 商鞅：《商君书》，第14页。

焉，于害之中则争取小焉"[1]。

《韩非子》用了许多例子来说明人的背后有个利益驱动。它讲，越王勾践爱护平民百姓可不是真的爱护他们，而是为了打仗之时能够充分地利用他们。医生在必要时会用嘴去吸病人的伤口，将浓血含在口里，可那不是因为与病人有骨肉之亲或有怜悯之心，而是因为病人会掏钱给他。打造棺材的木匠希望别人早点丧命，这也不是因为木匠心里狠毒，而是因为别人不死棺材也就卖不出去了，正是"人不死则棺不卖，情非憎人也，利在人之死也"。[2]

重要的是，《韩非子》不仅认定一般人之间的关系背后有个利益驱动的问题，而且认定亲人之间也概莫能外。它说，父母对于孩子就是喜欢男的厌恶女的，生了男孩相互祝贺，生了女孩杀掉了事。而孩子本来都是出自父母怀抱的，父母也心疼孩子，但是父母还是要庆贺男的杀掉女的，这便是因为男孩可以带来长久的利益好处，而女孩则未必有这等效果。[3]利益是什么？答案是男子既能给双亲养老送终，又可以引来大笔嫁妆。女子正好相反，不能赡养双亲反过来双亲还要贴上一笔嫁妆，养女无利可图。1975 年才出土的《睡虎地秦墓竹简·法律答问》似乎表明《韩非子》不是信口开河。《竹简》提到当年秦朝百姓杀婴的事件随处可见。杀婴的动机可以说是"不欲其生"，生存出现了问题。

---

1 刘安等编著：《淮南子》，第175页。
2 韩非：《韩非子》，第42页。
3 韩非：《韩非子》，第144页。

说到杀女婴，可见利益的诱惑非常重要。

如果人人都是两利相权取其重，两害相权取其轻，甚至见利而忘掉其他，那么对人的刑罚就应该是大大超过他所得到的利益。在这里就不仅是要考虑"残酷无情"的问题，而且要考虑怎样才会比"残酷无情"还严厉。不这样就不能制止人们为利益而"赴汤蹈火"，"夫以重止者，未必以轻止也；以轻止者，必以重止矣"[1]。

014 人性恶·国家法

为什么人会"怕火不怕水"？为什么他可以为利益而"赴汤蹈火"？这涉及对人性的基本认识。

《商君书》告诉我们，人的本性就是饿了要吃食物，累了需要休息，痛苦不堪时必定去追求快乐，受人羞辱时必定去追求荣耀。这是人之常情。为了追逐利益没有不抛弃礼仪的，为了功名成就没有不"心怀鬼胎"的。可以注意，那些盗贼斗胆冒犯国家的法令，抛弃臣民的本分，弄得名声败坏、生命危险，可他们依然盗窃不止。原因是什么？利。那些所谓的高雅闲士，吃不饱、穿不暖，又折磨自己的意志、劳累自己的四肢、损伤自己的五脏，这样不算反而还摆出一副满不在乎的样子，这在旁人看来有些不可思议，可他们却偏要这样做。为了什么？名。所以，哪里有利有名人们就冲向

---

1 韩非：《韩非子》，第145页。

哪里，一般臣民书生就是"生则计利，死则虑名"[1]。这些都是人之本性决定的。

读书人在《商君书》里是被看贬的，这让读书人确实感到有些不自在。可是自命高雅的读书人有时正是为了名利，而"衣带渐宽终不悔，为伊消得人憔悴"。当然这是题外话。

《管子》有时也认定人生来便是"趋利避害"的，因此"商人通贾，倍道兼行，夜以续日，千里而不远者，利在前也。渔人之入海，深海万仞，就波逆流乘危百里宿夜不出者，利在水也"[2]。《吕氏春秋》持有同样看法，说道："人之情，欲寿而恶夭，欲安而恶危，欲荣而恶辱，欲逸而恶劳。"[3]换句话说，"人情欲生而恶死，欲荣而恶辱"[4]。

大致来讲，说"人生来如何如何""人性本身如何如何"便是鼓吹一种"人的本质"理论。在中国法律思想中，相当一部分言说已经断定人的本质不可救药，人的所作所为没有不是性恶决定的，即便是做好事也是迂回为了自己。如果人的本质如此糟糕，那么主张严刑峻法便容易成为顺理成章的事情。这就是我们可以发现许多人坚信严刑峻法"卓有成效"的一个重要原因。"夫民之性，喜其乱而不亲其法……严刑，则民亲其法。"[5]《淮南子》不客气地说：

---

1 商鞅：《商君书》，第13页。

2 《管子》，第164页。

3 吕不韦：《吕氏春秋》，第42页。

4 吕不韦：《吕氏春秋》，第60页。

5 韩非：《韩非子》，第164页。

"夫民之好善乐正，不待禁诛而自中法度者，万无一也。"[1]晋代刘颂断言："今为徒者，类性元恶不轨之族也"，"不刑，则罪所禁也"。[2]

不过，中国法律思想讲人性恶同某些西方理论略有区别。某些西方理论的人性恶观念来自基督教的原罪说。原罪说是指，人类的祖先亚当和夏娃相互结合在一起，是因为夏娃被蛇诱惑偷吃了禁果。这是一个不小的犯罪行为。有了这个犯罪才出现了源源不断的人类。于是，人生下来就没有"清白"的。根据这个说法，不用看人的行为举止就可断定他是"恶劣"的。中国法律思想则是来自日常的观察。它看到总是有些"贪得无厌"、欲望无穷的人游荡于街巷，出没于乡里。自然，见多了这些人就容易得出人性不可靠的结论。中国法律思想基本是以这种不太精确的不完全归纳来说人性恶的。

此外，说人性恶，通常是指人"贪得无厌"、欲望无穷。但是人有这等嗜好是不是就可以说为"性恶"的？这是个复杂问题。中国法律思想没有花太多笔墨谈论个中道理。笔者倒以为如果是为利己而损人，或在表现欲望时行为不检、品行不端，那么就可以如此大加鞭挞了。而不断地为名利去奔忙，假如没有伤害别人，兴许不是一件坏事。当然，在中国法律思想里似乎没有出现太多的关于"性恶"的明确字词去描述人的七情六欲。可是主张严刑峻法，

1　刘安等编著：《淮南子》，第96页。
2　房玄龄等：《晋书》，中华书局1987年版，第932页。

用它来对付人之"欲望",等于在咬定人是"性恶"的。这里想指出的是,用国家法对付人性恶可能先要看一下人性到底是不是"恶",或者先要琢磨一下后面这句话的意思:"所谓'自私',为自己打算,怎样打算法却还是由社会上学来的。问题不是在要的本身,而是在要什么的内容。这内容是文化所决定的。"[1]

另有两个问题也需说明:

第一,认为人的本质实在糟糕透顶,的确容易倾向于主张严刑峻法,就像近人胡适说的:"性恶论的自然结果,当主张用严刑重罚来制裁人的天性。"[2]可这不是必然的思路。我们现在假设人性就在于追逐欲望故而糟糕透顶,来看看是否另有理论。孔子也曾大谈"欲望"之类的人性,他说:"饮食男女,人之大欲存焉。死亡贫苦,人之大恶存焉。故欲恶者,心之大端也。"[3]但是孔子有时喜好"大棒"式的严刑峻法(见前第012小节),有时却喜好具有潜移默化作用的世俗"习惯法"——礼。这样,"尚辞让,去争夺,舍礼何以治"[4]这句话,就成为他的一个口头禅。这表明只要认为人不是死不改悔,无论他本性如何阴暗,也依然可以将严刑峻法放在一边。

第二,如果认准严刑峻法是灵验的惩治手段,那么,便容易倒

1 费孝通:《乡土中国》,第86页。
2 胡适:《中国哲学史大纲》,上海古籍出版社1997年版,第231页。
3 《礼记》,钱兴奇等注,岳麓书社2001年版,第306页。
4 《礼记》,第306页。

过来认为一切犯罪都是来自人性恶的。可是孔子又说过，"约斯盗"[1]，即"人穷了也会去当盗贼"。《淮南子》提过："夫饥寒并至，能不犯法干诛者，古今之未闻也。"[2]梁漱溟在1922年也说过，"私产是引诱或逼迫人堕落的根源……"[3]，他还特别向人们讲述了这样一番经历：

> 记得有一次在街上看见两个巡警，用白绳牵着一个小偷走，我看了非常的愤怒，以为这全是私产制度的罪恶，与他何干，愈想愈气，直欲夺而释之，这时候，我觉得是做人最真实的时候。[4]

这里梁漱溟可能有点意气用事了，那小偷也许就是一个不折不扣的盗贼。不过梁氏的说法也的确提醒人们要注意，有些小偷偷窃真是生活所迫。笔者在这里想要说明的是，讲"穷了就去盗"，或者讲"私产制度是犯罪的原因"，都是从侧面讲犯罪有时不一定来自人性恶。假如有些犯罪的确和性恶没有关系，或者不是人自己的头脑恶劣所致，如此再用严刑峻法予以惩罚恐怕就会事倍功半，甚至事与愿违。比如，人穷了没有饭吃又无法找到其他途径去寻生活出路，不得已而偷了东西，于是被处死刑，这样有时不仅不会震慑

1　《礼记》，第677页。
2　刘安等编著：《淮南子》，第121页。
3　梁漱溟：《梁漱溟全集（第4卷）》，山东人民出版社1991年版，第668页。
4　梁漱溟：《梁漱溟全集（第4卷）》，第668—669页。

盗窃，而且可能将人逼得无路可走最终揭竿而起。在后面第 026 小节，我们要讲的秦朝如何灭亡，便和这里讲的道理有关。其实，不谨慎不节制地滥用刑罚，其结果也许就是事与愿违。不能顺着"严刑峻法"的想法，转过来坚称犯罪来自人的头脑念恶。

这里的道理显然不像《韩非子》想象的那样：

山者大，故人顺之；垤微小，故人易之也。今轻刑罚，民必易之……是故轻罪者，民之垤也。是以轻罪之为民道也，非乱国也，则设民陷也，此则可谓伤民矣！[1]

也不像《管子》所说的：

惠者，多赦者也，先易而后难，久而不胜其祸；法者先难而后易，久而不胜其福。故惠者，民之仇雠也；法者，民之父母也。[2]

015　从三万贯钱到十万贯钱

在中国法律思想的某些理论中，贬低人性与青睐重刑有着密切联系，反之亦然。于是有关国家法的观念带有了浓厚的"强制惩罚"的色彩，以至有人将整个国家法律看作了震慑的工具。但是，

1 韩非：《韩非子》，第145页。
2 《管子》，第57页。

即使这般看待国家的法律，仍有一个颇为微妙的小问题尚需琢磨：如果国家法特别依赖蓝鼎元那样的官吏操持掌管、执行运用，那么，在这样的官人也是性恶——说人性恶当然意味着官人也是性恶的——的条件下，如何放心性恶的人（官人）去惩罚性恶的人（小民）？

先看一个故事——从三万贯钱到十万贯钱。

这故事载于古籍《幽闲鼓吹》，讲的是大唐时期张延赏的一段经历。张延赏为朝廷命官，任节度使，官职可谓十分显赫，当年"安史之乱"的主角安禄山谋逆时官职也不过如此。一天，张延赏过问一个案子。该案牵涉许多无辜，冤情甚大，而且审理一拖再拖。他东问西查方知原来不少无形之手想暗中左右。张延赏知道实情后，开始时非常气愤，命令下级主审官十日内迅速判决。

有意思的是第二天张府案头上有个小帖子，上面写着：送钱三万贯，请别再过问该案。张延赏读后怒发冲冠，即刻叫来办案人员，大声喊道："案子结得愈快愈好！"可巧的是第三天案头上又来了一个帖子，上面印着五个金字：送钱五万贯。张大人看后更为气愤，遂命手下两日内宣判。

谁知到了第四天案头上又躺着一个帖子，数额让人口瞪目呆：送钱十万贯！这回戏剧性的情节出现了。张延赏无论如何不能"站"起来。他不仅没有生气反而自言自语道："十万贯钱可以通神。哪有不能挽回的事呢？我也应该知道不停止追究有麻烦啊！"随后对手下喊了声：你们看着办吧！

案子结果可想而知。

　　这故事说来尖刻。可是有办法吗？人是社会决定的，"条件"变了人能不变？不过这里笔者欲指出，像张延赏这样的官人都是开始还能拒"钱"于千里之外，后来终于无法"站"起来，何况其他意志更为脆弱的官人？显然，强调人性恶就没有理由回避一般官人也性恶的问题。

　　某些古书对这点是明晓的。《商君书》曰："今恃多官众吏，官立丞、监。夫置丞立监者，且以禁人之为利也，而丞监亦欲为利，则何以相禁？"[1]《韩非子》说，治理国家自然是"不求清洁之吏"[2]。

　　有一传说十分有趣，是讲就算看上去"一片赤诚""鞠躬尽瘁，死而后已"的那些官吏，也应对其防一手，因为那些人最终也是居心叵测，像猢狲一样树倒而四散。春秋时期齐国重臣管仲病危，齐桓公着急地问："你这样病重，如果有个三长两短那么我该如何？你最好告诉我一些要紧的事，我先办了。"管仲说："您不问我原本也是要告诉您的。您先要将三个人除掉。他们是竖牙、易牙和开方。竖牙是管理宫内的要官，知您喜爱女色而且生性嫉妒，故而将自己阉割以表忠心。可是，根据人之常情，没人不爱惜自己身体的，自己尚且这般摧残自己，何谈能爱君主？！易牙主管宫内吃喝，知您没尝过但又想尝一下人肉，便把自己儿子的头蒸了献给您。按照骨肉亲情的道理，没人不爱自己儿子的，现在自己连儿子

---

1 商鞅：《商君书》，第39页。

2 韩非：《韩非子》，第148页。

都杀、蒸，别说爱君主了！开方伺奉您十五年有余，他母亲不过住在临近的卫国，几天路程就到，可他一天都不回去，长期做官抛弃母亲。像这样连母亲都不爱的人怎能爱君主?！"但是，齐桓公对管仲的话将信将疑，毕竟觉得那三人是难得的忠臣。然而最后管仲的话果真应验了。管仲死后桓公没对三人"下手"。而待"……桓公死，虫出尸不葬"[1]，居然三人无一问津。当然，历史到底如何就不得而知了。

讲来，古人提到这类传说是有意强调张延赏、竖牙、易牙和开方之类的官人无一不是暗藏的"利己分子"，对其也要细心提防。

到了这里可以看出，鉴于一般官吏在人性上也是靠不住的，因而严刑峻法不仅要瞄向黎民百姓，而且要对准中小官吏甚至"朝廷大臣"，即使他们表面上看去"忠心耿耿"。正如一位美国汉学家总结的，中国法律思想里的一部分理论特别着迷这一点：

人根本上是自私的，因此，仅仅通过道德说教不可能使人成为利他主义者。国家只能根据人的自私本性，在兼顾人的一己私利的基础上，驱使其从事有利于国家的行为。所以，贤明的君主建立起明确的赏罚制度。这种赏罚制度对于在政府机构中任职的官吏来说，尤其重要……职守有缺，或者滥用职权者，受罚。[2]

---

1 韩非：《韩非子》，第120页。
2 布迪、莫里斯：《中华帝国的法律》，第17页。

接下来的结论当然就是"生来利他主义的人数量极少，而绝大多数人皆是利己主义者，因此，严厉的刑罚是必要的。制定法律，主要是针对大多利己主义者，而不是针对并不重要的利他主义者"[1]。

可是，人性恶的说法，讲的是所有人都有"邪恶之心"。这般讲法怎能将帝王之类的统治者、制定严刑峻法的那些人和讲人性恶的那个人剔除出去？帝王或其他一类的统治者也都是利欲熏心，制定严刑峻法的人也是自私自利，而讲人性恶的人更是出于"邪恶动机"来讲人性恶，如此怎能相信他们的所做所说？即便可以说少数人是利他主义的，怎能断定这三类人就是属于这些少数人？这些问题十分敏感而有趣。中国法律思想的多数理论尤其是古代的多数法律话语，对此只字不提。倒是另有少数学说羞羞答答地暗示了如何看待这些问题。我们留待后面第 034 小节，再来论说。

016　社会学的寓言：囚徒的困境

讲起人性恶的话题，可以看看现代社会学或说经济学里的一个有趣寓言：囚徒困境（prisoner's dilemma）。它说，有两个同谋嫌疑犯现在被人逮住并且被分别隔离审问。审问者对他们宣布：如实招供的，从轻处理；拒不坦白的或者被另一个囚徒供出来的，从重处罚。现在的境遇很有意思。因为，显然两个囚徒均面临着一个招

---

1 布迪、莫里斯：《中华帝国的法律》，第16—17页。

与不招都是不妙的两难困境：招的话要被判刑，虽说刑罚可能会轻一点；不招的话被另一个供出来，结果可能更糟。于是权衡下来，两人都会觉得还是招供损失小。结果两人尽力相互揭发，接着俱被判罪坐牢，此正中审问者下怀。其实，两个囚徒是有办法摆脱两难困境的，这便是两人都不招，结果可能谁都可以不被定罪。但是这个策略特别有赖于两人的合作，有赖于两人事先有个"攻守同盟"的规矩。假如一方不守"规矩"，结果必然是两败俱伤。

注意，这个寓言可没教唆罪犯逃脱法律惩罚的意思，其实也没有多少这样的实际意义。在社会学和经济学里，它仅仅是博弈论（game theory）的一个经典模型，时常用来解释社会经济关系中人们的合作互助现象。它形象地说明，一个圈子的成员假如没有合作的意识，每个人都从自己的角度患得患失，到头来只能是每个人的结果更糟。比如饭馆聚餐，大家说好均摊开销，如果没有事先"商量"，则自认为聪明的人就会琢磨："既然均摊，我为何不挑贵菜点呢？"而别人也会这样琢磨。结果聚餐价格反而提高了。

回到中国法律思想。对此基于人性自私而出现的"囚徒困境"，古人早已有所觉察，只是没有明确说明。而且，就像寓言里提到的审判者一样，古人也提到了君王如何可以利用类似的困境。

《商君书》讲："……夫利异而害不同者，先王所以为保也……夫事合而利异者，先王所以为端也。"[1]《商君书》还提到

---

[1] 商鞅：《商君书》，第39—40页。

过一个有点蹩脚的比喻：让养马的和养鸟的官吏互相监督一点作用都没有，因为，不仅他们做的事一样，而且利益也大体一致；假如马可以说话，那么养马官和养鸟官就无法掩盖自己的罪恶了，这是因为马、鸟和这两类小官之间"利异也"。[1] 之所以"利异也"，《商君书》无下文。我想，可能是因为马、鸟稍有"不听话"就会遭到虐待。

可以断定，古人议论官吏之间、小民之间的利益矛盾，显然是无意之中将官民看作"囚徒困境"中的囚徒，看作餐馆里均摊开销而又彼此算计的食客，并且希望君王一类的统治者去当"囚徒困境"中的审问者，或者去当餐馆里的店主。这些议论接下去的意图，是说明在适用严刑峻法的同时要充分巧用人们之间的利益冲突。

再说到法律问题，可以看出，这个思路无疑是将法律视为帝王统治者的精妙利器，而且是在回避帝王统治者也有性恶问题的情况下断定法律定是最好的治国工具。

017 防微杜渐的法律功能

上一小节，提到了有关"囚徒困境"的寓言。在这个寓言中囚徒是在被抓后面对审问者而遇到了两难选择。中国法律思想的一部分理论，恰恰是以类似的问题来思考如何对付实际生活中的囚徒。

---

1 商鞅：《商君书》，第40页。

但是，囚徒违法后，审问者要对付，违法前，是否也有对付的问题？

其实，利用囚徒的困境来巧用严刑峻法，不仅是要事后审问和惩罚，而且是要事先提醒和告诫。人性恶的思路自然蕴涵着人人都是潜在的囚徒的结论。于是，法律就有而且应该具有防微杜渐的功能。这叫"禁奸于未萌"[1]。囚徒被审问和惩罚了，将这公布于众，潜在的囚徒有时便会犹豫甚至"悬崖勒马"。但是，"防微杜渐"还有另一方面的意思，这就是《老子》所说的"其安易持，其未兆易谋"[2]。

严刑峻法的作用是"惩戒"，也是"预防"。

人们时常以为，犹如医生看病下药一样，法律正是治疗社会的疾病。古籍《潜夫论》讲，大凡为人治病定要先知脉象的虚实，找出邪气郁结的所在，然后再开药方，这才能使疾病痊愈而寿命延长。而治理国家定要先知百姓祸乱的起因，然后想方设法去防治，这才能使奸邪难以当道，让国家长治久安。[3]现在我们举个医生的传说，来看法律的"防微杜渐"。

春秋战国时期，名医扁鹊奉召去给一个君王看病。经过对君王一番细心观察，扁鹊说："大王您有病了，不过这病还小，尚在皮肤表面，及时治疗就没问题了。要是不治，病情恐怕会加重。"谁知那君王非说自己没病，待扁鹊走后还讲了一番挖苦的话："医生

1　韩非：《韩非子》，第164页。

2　老子：《老子》，王弼、张湛注，上海古籍出版社1989年版，第16页。

3　王符：《潜夫论》，汪继培笺，上海古籍出版社1978年版，第202页。

就是喜欢医治没病的人，用这来显示自己的医术高明！”过了十天，扁鹊又见到这个君王，语重心长地讲："大王，您的病已从皮肤下到肌肉了，再不治就会后果严重。"君王一听心里十分不悦，二话不说扭头就走。又过十天，扁鹊再次奉召进宫，见到君王依然恳切地说："您的病已经到了肠胃里面，不治疗您会追悔莫及的！"君王听了还是一脸黑相，不理扁鹊。又是十天过去了，扁鹊发现这个君王已是不可救药，所以刚一见面转身就跑。君王立即派人追赶，问扁鹊何故见面就跑。扁鹊说："病入膏肓，没法治了！病在皮肤表面，用药熏洗还行；病入肌肉里面，来两下针灸也能解决问题；病到了肠胃，用汤药仍可以整治；可是病侵入了骨髓那就没有任何办法了。现在，大王的病已经侵入了骨髓，我只好见面就跑。"话说日子又过了五天，君王已是全身痛苦不堪，于是派人四处寻找扁鹊，可扁鹊早已逃往秦国。君王毙命。[1]

《韩非子》对此传说颇感兴趣。就其道理它有一番议论："故良医之治病也，攻之于腠理。此皆争之于小者也。夫事之祸福亦有腠理之地，故曰'圣人早从事焉'"[2]；另一方面，这也如同"千丈之堤以蝼蚁之穴溃，百尺之物以突隙之烟焚。是以白圭之行堤也塞其穴，丈人之慎火也涂其隙"[3]。

讲来讲去，在这里，法律的"防微杜渐"是说不仅要对已见到

---

1 韩非：《韩非子》，第56页。

2 韩非：《韩非子》，第56页。

3 韩非：《韩非子》，第56页。

的大罪小罪给予惩戒，而且要想到可能出现的犯罪萌芽，及早用重刑威胁震慑。人都是趋利避害的，不仅有时会暴露"贼胆"，而且有时会暗藏"贼心"。"贼胆"来自"贼心"，因而在某些情况下震住了"贼心"，也就无从谈起"贼胆"。《管子》对此似乎早有高论：上上策就是事先用法律"提醒"小官平民的行为举止，中上策才是"失而能追之"，也即事后运用法去惩罚。[1]

现在，我们深入一下思考。

虽说《韩非子》喜论"防微杜渐"，但是它又提过一个事例，那事例看上去好像说明"防微杜渐"作用不大。事例讲战国时的楚国有一条河，叫丽水河，盛产金子。楚国已经颁布法令不得私自采金，否则立即在闹市分尸示众。说来这法令够重的，而且已经颁布，应有防微杜渐的功能。然而私自采金者有增无减，就算是分尸者血流成河他们照旧无所畏惧。《韩非子》想，对大罪的处罚没有比闹市分尸更为严厉的了，但勇往直前的人还是不断，其中奥妙必定在于"不一定被抓住"，"知必死，则天下不为也"。[2]

这事例有两种读法。其一，如果利益太为诱人而且只是可能遭到不幸，那么，在这类情况下重刑法律也就谈不上"防微杜渐"了。反过来，利益不是特别诱人而且可能"偷鸡不成"，那么，法律就可以"压"犯罪于萌芽之中。说到这点，可以认为"防微杜渐"的设想有时并不乐观。然而令人不解的是，既然已经发现这个

1　见《管子》，第57页。

2　韩非：《韩非子》，第77—78页。

事例就应得出这个不温不火甚至与自己观点略有相左的结论，而《韩非子》，硬是没有仔细考虑过这些。不知原因何在。

其二，为什么为了禁止私自采金非要单独采用闹市分尸的酷刑？不能用些其他的办法，比如劝导、禁止私下黄金交易……与之配合？《韩非子》一类的法家文本，坚持使用酷刑这一种方法，断定其他方法收效甚微。倒是今人已经明白了其中的道理，主张"综合治理"。尽管"综合治理"的效果难说一定显著，但其高明一些则是肯定的。此外，韩非说到"知必死，则天下不为也"，可是在犯罪者那一边几乎从来都认为"死仅仅是可能的"。如此讲来，再说"知必死，则天下不为也"也就没有什么重要意义了。恰是回过头来还要想想，如何使犯罪者在各方面明白其他才是。

018 国家法的清晰与"礼"的朦胧

主张严刑峻法自然暗含了"防微杜渐"的意思。可是，真要实现"防微杜渐"就应让法律清晰明白。当人们打开法律的"文字文本"，看到了其中已有明确的"提醒"，法律才能自然起到"防微杜渐"的作用。这是中国法律思想部分理论设想的一个情形。假如我们认为，从严刑峻法到"防微杜渐"，从"防微杜渐"再到法律文字的"清晰明白"，其中具有内在的逻辑理路，那么竭力宣扬国家法也许就是一个当然的结论。

其实，谈到国家法我们不免要将它和"礼"那样的习惯法相提并论。毕竟，在中国的法律思想语境尤其是古代的法律思想语境中，在国家法的旁边乃至内部，都有"礼"的影子或干预。可是两者又是不同的。这种不同有人说是前者清晰后者朦胧。

　　不难理解，国家法通常来说就是写在本本里的官府法。就像前面第 002 小节所提过的《管子》的讲法，国家法存在制定、宣布和记录的过程，然后由人颁布传送下去，并且在官吏之中人手一册。如此说来国家法的一条一款都是一目了然的。在今天的法律思想看来这叫法律的明确性和公开性。有书说，法律是由"国家制定或认可的"[1]，另有书讲，立法的方式大体便是制定或认可。[2] 这便是告诉我们国家法的特征之一在于有案可稽。

　　而讲到"礼"就不同了。即使能将"礼"的内容大体说出来，人们有时也不易知道它的具体细节，毕竟它主要是在"行为举止"之中的。而且真做起来，有时"礼"就是朦胧的，查起来就要没完没了地观察"样板人"的一举一动，显然不如查看白纸黑字来得简捷容易。《管子》说："上下有义，贵贱有分，长幼有等，贫富有度，凡此八者礼之经也。"[3] 可是，什么是"义"？什么是"分""等""度"？这些似乎只能意会不能言传。《荀子》讲："贵贵尊尊贤贤老老长长，义之伦也。行之得其节，礼之序也。"[4]

---

1 孙国华等：《法理学教程》，中国人民大学出版社1994年版，第50页。
2 李龙等：《法理学》，第249页。
3 《管子》，第37页。
4 荀况：《荀子》，第155页。

然而什么是"贵""尊""老"？什么是"伦"？这些也是朦胧不清的。就连《礼记》都说：礼"其数可陈也，其义难知也"[1]。不奇怪有学者这般解释：

　　礼既是富于差异性，因人而异的，所以贵有贵之礼，贱有贱之礼，尊有尊之礼，卑有卑之礼，长有长之礼，幼有幼之礼，礼仪三百，繁杂万分，不是可以茫然随意运用的。每个人必须按着自己的社会地位去抉择相当的礼，合乎这个条件的为礼，否则便为非礼。[2]

　　竭力主张国家法的法律思想对"礼"总是颇有微词。因为"礼"有朦胧之感，做起来也是不易拿捏，这当然使君王号令天下有所不便。而想要"防微杜渐"就要号令方便，要号令方便自然就会喜欢国家法的一套操作方式，那套方式既节约时间，又节省人力资源，毕竟无须众多礼仪"卫道士"白天黑夜四处游说。在中国古代，那些坚决提倡国家法的人士大致被叫作"法家"。法家历来都相信：

　　稳定的政府要以法律为其基础，因为具有确定性并且向全社会公开的法律，是用以度量个人行为的精确手段。依靠"礼"建立起来的政府就做不到这一点，因为"礼"是不成文的，在使用上各有

1　《礼记》，第353页。
2　瞿同祖：《中国法律与中国社会》，第276页。

区别，而且对其解释也具有很大的任意性。[1]

西汉汉昭帝年间，在出名的"盐铁会议"上，法家观念的倡导者桑弘羊特别讥讽了孔子重"礼"的思想。他说，当初鲁国君王将孔子赶出鲁国，绝不任用，就是因为孔子日日都将"礼仪"挂在嘴角，而"礼"又是模棱两可、繁琐不堪的，更不用说迂腐过时了，所以"迂时而不要也"。[2]

在法家的观念中，国家法清楚、明白，即便有人想钻规矩的空子也是障碍重重、绝不方便。《韩非子》讲过一个故事，里面说当年春秋战国时期的楚国，有国家法规定：大凡进宫的群臣大夫诸公子的车子不能进到宫廷的第二道门茆门，否则，看门官可以强行阻拦，直至砸车打马，而坐车驾车人也要受罚。一天，太子想要见驾，可是老天下雨，宫廷院里四处积水，太子没办法下车徒步走进宫内，便将车驾驶到茆门。到了茆门，看门官决不含糊，举起兵器便砸车打马，片刻车毁马亡。太子十分气愤，见到楚王说："今天下雨，庭院积水，不得已我才驾车到茆门。看门官太不讲情理，硬说我是非法的，还将车砸毁、马杀掉，太放肆了。父王您一定要惩罚他！"楚王却说："这看门官不错。有国家法他就严格执行，就算是太子出现了也决不奉承巴结，绝对是个忠臣。加官晋爵！"[3]

---

1 布迪、莫里斯：《中华帝国的法律》，第17页。
2 桓宽：《盐铁论》，张之象注，上海书店1986年版，第31页。
3 韩非：《韩非子》，第110页。

当然到了最后，楚王还是悄悄地将后门打开，叫太子快出去，顺便丢给他一句："以后别再犯这样的错误。"[1]

这故事讲到结尾，显露了楚王到底还是不愿为法律而处罚自己的儿子。但是有了国家法的白纸黑字，做国王的即便想掩错护短、有所遮拦，也无法公然破坏规矩，只好用后门"暗放一马"。《韩非子》是法家的经典文本，里面只要讲到国家法律几乎无一不是盛赞其所具有的明确性、公开性，以及这些特点带来的简捷方便和公正平直。显然，尽管国家法是楚王那样的君主的手中工具，但是，把它写出来讲出去，人人就都知道了，这种情况下，试图取巧者也只能是步履维艰。对君王来说同样如此。

法家有时有点这个意思。

这里还有另一个道理需要讲一下。像礼那样的习惯规矩本来是很有作用的，它在社会中自然地调节人们的言谈举止。但是，那些规矩毕竟有些不方便，一来像前面说的它们总是不清不楚，人们有时不太容易"照此办理"，发生了纠纷倒更容易公说公的婆说婆的，导致无休止的争论。二来习惯规矩既然是自然调节，于是有了纠纷之时就不易产生一个果断的权威断定谁是谁非，即便找到一个推举第三方来裁决的办法，也会在裁决之后不易强制执行裁决。其实，这也正是人们久而久之发展出一套国家法的历史缘由之一。国家法，一是清楚明确，二是权威果断，三是执行起来绝对不会犹豫

---

1 韩非：《韩非子》，第110页。

不决。有这三种方便之处，人们青睐国家法也是情理之中了。

而再回到"防微杜渐"的方法的问题上，白纸黑字的国家法当然是个方便的首选对象。

019 官人李维棠

前一小节，讲到了国家法的明确清晰。法律一旦明确清晰，人们就容易知道该做什么不做什么，也容易知道别人做了什么是对还是错。这是中国法律思想的一个想法。相对而言，为了实现"防微杜渐"，"礼"那样的习惯规矩比起国家法的效果兴许的确显得差一些。

为了说明国家法律的明确性以及其所具有的特点，我们借用了《韩非子》里有关楚王宫看门官的一个故事。看门官最后"加官晋爵"了，但是太子并未受罚。这可说是"王子犯法不与庶民同罪"的一个例子。在中国历史中，这类例子可能俯拾即是。我们总会发觉，国人——包括那些法家——从古到今，再如何大讲法律的明确与公开，"皇亲国戚"也时常漏在法网之外，这是见怪不怪的事情。个中原因读者应该知道。

不过，"王子难与庶民同罪"不意味着"官人不与庶民同罪"，也不意味着官人可与王子享有同样的"豁免"权利。前面第 015 小节说过，中国法律思想中的一些理论极力揭露人性的脆弱甚至自私邪恶，认为一般官吏和平民百姓都是利欲缠身，所以，国家法律的利刃不仅指向了小民，而且对准了官人。东汉人王符写了《潜夫论》，其中就讲世道衰亡莫不根源于一般官吏和朝中大臣的道德败坏，因此，国家法律绝对不可"心慈手软"。就平民百姓来说，"……凡欲变风改俗者，其行赏罚者也，必使足惊心破胆，民乃易视"[1]，而对所有官人来说，"……刺史、守相，率多怠慢，违背法律"，所以，"法令赏罚者，诚治乱之枢机也，不可不严行也"。[2]《韩非子》也早说过："法不阿贵，绳不挠曲……刑过不避大臣。"[3] 说起来，这也算是一类"法律面前人人平等"的观念，虽然和西方人的同类观念不太一样。西方人说君王、官人和百姓都要在法律面前平等，那有时是因为西方人相信人在上帝面前是平等的。

看个与此有关的真实案子。

清朝乾隆年间，有个县官叫李维棠。李维棠原是读书人，年轻时就特别勤奋好学。多年过后功夫不负有心人，他圆了"学而优则仕"的梦。中了举人不说又当了县官。李官人的身上确有许多读书人的韧劲和优点，可是缺点也非常令人咂舌：一是好色，二是贪钱。当然缺点是做官以后出现的。也许苦读书的人憋久了，一上官场就容易出这毛病。

李官人托人买了一个丫环。丫环虽然年纪轻轻，但是绝对不漂亮，所以一直没让他打起精神来。不过丫环有个妈妈叫杨恳娘，这

1　王符：《潜夫论》，第245页。

2　王符：《潜夫论》，第244页。

3　韩非：《韩非子》，第15页。

人倒是异常艳丽，年纪已经过了三十岁，依然楚楚动人，过段时间就来探望女儿。李维棠盯上了这个杨恩娘，常常借机不断"性骚扰"，日子久了杨恩娘也没顶住，两人终于往来成奸。李官人还特别缺德，不仅自己"占"着这个妇人享用，而且为了赚钱将她"出租"给别人让她卖淫，自己从中抽水。

做了这些伤风败俗的事情不算，李维棠还干了骗钱的勾当。有一个年轻人叫杨拔英，年方十五便已练得一身好功夫，可惜染上了嗜赌的恶习。不知何故，也许是由于臭味相投，李官人同样好赌，李官人最后认识了这个杨拔英。其实单单是赌也就罢了。可这李维棠再次缺德到了极点，居然找了一个日子暗下圈套，用酒灌醉杨拔英后立即开设赌局，几轮过后杨拔英已经输得一塌糊涂。等到酒醒之后，在李官人的逼迫下，杨拔英只得写下赌债欠条，计算出来连本带息非常之多。

恶有恶报，不久东窗事发。李维棠到底被拿办了。根据大清例律，此官被革了职，另被判头戴枷板示众两个月，后来还被流放到四千里之远的边远地区。[1]有这类违法劣迹的一般平民也是不少的，处罚也是大体同样。只是在这里我们清楚地看到了一个例子：一般官人和平民一样在国家法律面前并无逃避惩罚的特权。

中国法律思想的某些理论，像法家的学说，最为赞赏这类"法律面前平等处罚"的事情。正所谓"不别亲疏、不殊贵贱，一断于

---

1 见祝庆祺、鲍书芸：《刑案汇览》，北京古籍出版社2000年版，第22—23页。

法"[1]。这种赞赏，有时在法律的实际应用中，甚至导致不顾官人是否"主观恶劣"，只要官人违反了法律规矩，都要被革职处罚。这让人觉得这类学说似乎有"用力过猛"之嫌。

比如，大清道光年间有个县令叫章雷。作为一县之官章雷可说是"鞠躬尽瘁"。但是一个偶然的轿夫失职事件竟然使他也丢掉了乌纱帽。原来，一个祭祀的日子，章雷乘轿子去孔庙参拜，因为下着大雨，轿夫刘遇时和潘友又瞧见庙门外一片积水，无法落轿，致使轿子被抬进了庙里边。到了里边章雷才出轿。不妙的是依照礼仪规矩祭祀官员必须在庙门口下轿，而且大清例律规定了"违制律"，也即违反了礼制就要杖一百、革职。说来有些冤枉，当时轿子被抬到庙门口时章雷已经喊叫停轿，只是因为雨下得太大两轿夫无法听到，轿子才被抬进了庙里。不论怎样章雷和轿夫一样都被罚了。[2]

这个例子容易使人联想到人们习惯说的一句讽刺之言：把所有中小官吏一字派开，如果全部革职、逐个惩罚，当然会出现冤情错案，但是，如果隔一个办一个必定又会出现漏网之鱼……

言归正传。就像前面说的，强调"防微杜渐"便容易将注意力集中在国家法律的明确清晰的特点上。在中国的某些法律思想看来，人性是恶的，而且国家法律是帝王君主手中的统治利器，于是，关注国家法律的明确清晰就容易进一步导致对一般官人和平民

---

1 司马迁：《史记》，太史公自序，中华书局1959年版，第3291页。
2 祝庆祺、鲍书芸：《刑案汇览》，第391—392页。

百姓"一刀切齐"的观念，即"治法明，则官无邪"[1]，"法平，则吏无奸"[2]。这也是中国部分法律思想主张"法律面前官民平等"的一个思路。到这里，自然就没有了"礼不下庶人，刑不上大夫"[3]思想的地位。

不过话得说回来，这里的问题可能不像法家想象得那样简单："法平则吏无奸。"战国时期孟子曾和齐宣王有一段精妙的对话，对话涉及了一些紧要的方面。这些方面不想到可能是不行的。先看一下对话再说。

孟子问齐宣王："您有一些臣子去楚国游山玩水，走前把自己的妻小托付给朋友照看，只说再见就走了。但是等从楚国回来时他们才发现自己的妻子儿女在忍饥受冻。您说对这样的人该怎么办？"

齐宣王说："还用问？不和他交往！"

孟子又问："专司刑法的官员不能有效地管理处置自己的手下该怎么办？"

齐宣王想都没想，答："撤职查办！"

孟子绕了一下又问："整个国家一片混乱了又该怎么办？"

齐宣王这时"顾左右而言他"，不知如何是好。[4]

1　商鞅：《商君书》，第18页。

2　商鞅：《商君书》，第22。

3　《礼记》，第27页。

4　《孟子注疏》，第50页。

显然，孟子的提问十分机巧。其言外之意是想说明假如所有官吏都不遵守法律了，或者大部分的官吏都对抗法律了，国家法律也就无从谈起，也就根本谈不上再去惩罚贪官污吏。我们把这里的紧要方面分为两个层次来说：

第一，法家总是以为，对一般官吏和平民百姓在法律上"一刀切齐"是君王统治的有效手段。可是，国家权力的顶端或说背后也不过是君王等"一小部分人"。而且，权力真正发挥作用必须依赖一部分的官人，而这部分官人恰恰又是法家所说的法律所瞄向的一般官吏。怎么办？能不能对他们也是"铁面无私"？也许不能。其实，对他们好像只能依赖，不能惩罚，尤其是不能采用严刑峻法。否则国家权力的支柱就没有了。举个例子。明朝时期，太祖朱元璋为监视对付一般官吏特别设立了"检校"这一职务和"锦衣卫"这一机构，如果对"检校"和"锦衣卫"也是监视对付，甚至严刑峻法，那么，谈何对其他一般官吏的监视对付？这是一个"政治技术"的紧要方面。

第二，在法律上，也有个"支柱"的问题。国家法律的颁布就算是依赖君王等一小部分人，可它的执行却要依赖一部分官人，比如今天所说的法官、检察官和警官。没有这部分官人，国家法律就是一纸具文。法家没有过多思考，以为这部分人也是法律所要对付的，因为他们也是一般官吏，于是只要他们违法了就要被一个一个地照章查办。但是，真要这般不断地干下去，国家法律只能是徒有虚名。因为，没人支撑国家法律的运行了。这是齐宣王"顾左右而言他"的一个缘故，也是一个"法理技术"的紧要方面。

　　我们兴许会想，孟子的提问在理论上是有意思的，可在实践中没有多大意义。毕竟总有一部分"关键性"的官人不会不遵守法律。但是，要注意，历史上还是出现过"官人内部倒戈"，从而使国家法律"失灵"的事件。像在公元755年，当安禄山以"清君侧"为名起兵闹事，直逼得大唐皇帝西行逃往四川的时候，我们就看到了皇帝身边的"关键性"官人在马嵬驿一带硬是要求皇帝立即缢死杨贵妃，否则绝不听命，以至于皇帝一言九鼎的威严荡然无存，更不用说国家法律了。而早在春秋时代，齐景公曾命令执掌财物的官吏分发赏钱，可这官吏硬是不服从，景公命令刑官去惩罚财官，而刑官也是不服从，最后景公没有任何办法。[1] 所以，孟子的提问一定有意义，而且还有更深的意蕴，它足以叫人反省有关国家法律的一般观念，尤其是法家所说的那一套。这里暂且给出一段瞿同祖先生的议论，供读者略微思索一下：

　　　　法家所以为儒家所排斥（也可以说为贵族所排斥），便是因为他们主张法律平等主义。商君（即商鞅——笔者注）所以积怨蓄祸，为宗室、贵戚所怨望，终不免于车裂之惨，便是因为他实行了法家平等的主张，刑太子傅公子虔，黥太子师公孙贾，后又劓公子虔，公子虔因失去鼻子，愧于见人，杜门八年不出，这种奇耻大

1　《晏子春秋》，孙星衍、黄以周校，上海古籍出版社1989年版，第5页。

辱，自非贵族所能容忍……春秋时代，贵族确无受刑者，商君独破其例，难怪为全体贵族所深恶痛绝，若遵照当时的习惯，将公子虔、公孙贾放逐出境，甚至赐死，或将他们杀死，我想事态便不会这般严重，结恨也不至如此之深。[1]

那么，这是不是意味着在法律上使官民平等或者"一刀切齐"的想法太过天真？是不是舍此别无出路？在后面第 084 小节笔者再来回答这些问题。

020　"以刑去刑"的境界

在前面几小节，我们谈到了人性恶的问题，说了"防微杜渐""法律明确""官民平等"的问题。这些都是围绕着一个中心议题来展开：严刑峻法。中国法律思想的一些理论最为喜欢严刑峻法这个手段。但是，这可不表明它们特别嗜血成性、酷迷杀戮。其实，它们喜谈严刑峻法的目的在于，最后抛弃刑罚这个"恶魔"，如《商君书》所说：

行罚，重其轻者，轻其重者——轻者不至，重者不来。此谓以刑去刑，刑去事成；罪重刑轻，刑至事生，此谓以刑致刑。[2]

---

1 瞿同祖：《中国法律与中国社会》，第204页。
2 商鞅：《商君书》，第24页。

那么真能实现"以刑去刑"，或曰用刑罚来消除刑罚吗？有些理论以为当然可以。

先说它们的第一个理由。人是性恶的，也就是贪图利益厌恶痛苦。贪图利益显然包含了喜欢赏赐，而厌恶痛苦显然包含了害怕刑罚。有了这么一个规律就可以采用这样一个方法：少赏多罚。为什么？因为奖赏少一点惩罚多一点，就会更显奖赏的"金贵"，更让一般官员和平民百姓觉得奖赏来之不易，于是他们就会反过来更加厌恶惩罚、逃避惩罚，而去追逐奖赏。所以，大刑备用，外加一点小恩赐，就会奇妙地最后不用刑罚了。"罚重爵尊，赏轻刑威"，"……刑多则赏重，赏少则刑重"，这样，"重轻刑去，常官则治"。[1]

再说第二个理由。人是贪图利益的，可又特别会考虑得失。这也是一个可以利用的规律。《韩非子》讲，贪心的盗贼不会到悬崖陡峭的深涧里去采金子，金子当然值钱，但是如果到那里去采，自身性命就不能保全。盗贼再贪财还是知道冒这个险太不值得，即"……贪盗不赴溪而掇金，则身不全"[2]。所以，如果是对付小偷，就可以将刑罚的"价码"加重，比如偷一两白银就将其右手或左手砍掉，这样，在小偷的眼里偷一两白银就不值得了。显然，用今天的经济学术语来说，刑罚就是犯罪的成本，加大了成本，谁还会愚蠢地以"多投入"获得"少产出"？推而广之，将所有刑罚加重就等于是增加了所有犯罪的成本，最后的结果只会是犯罪"萎缩"

---

1 商鞅：《商君书》，第11—12页。
2 韩非：《韩非子》，第69页。

了，刑罚没用了。在前面第 012 小节我们大致说过这点。

这两个理由在理论上听起来好像说得通，可是在实践中有没有成功的例子？《商君书》断言：有。它告诉我们，春秋时期的晋国有个晋文公，他就用严刑成功地叫晋国上下服服帖帖，最后不用刑罚了。那是讲，一次晋文公在宫里召集百官开会，规定了到会时间，但是有个叫颠颉的大臣没太在意，居然迟到。负责点名的官吏问晋文公如何处置，晋文公毫不犹豫地说："依照法令斩！"执法官立即腰斩颠颉。左右文武百官霎时目瞪口呆，暗自嘀咕："像颠颉这样的宠臣都被腰斩示众，何况我等！"从此果然全国上下规规矩矩。对此《商君书》概括了一个结论："假道重轻于颠颉之脊而晋国治。"[1] 所以，理想的刑罚最后也就可以达到"无刑也"[2]。另有《淮南子》也替法家说过一例。例子是讲战国时期齐威王曾抓住无盐县令弄虚作假，谎报政绩，从而重刑处罚。原来，无盐地区已经土地荒芜，粮仓空虚，牢狱更是犯人盈满。可县令还说该地区一片丰收景象，而且人人弃恶从善。后来，齐威王派人暗中察访，才知县令欺君瞒上。接着齐威王就用大鼎烧油，烹杀了无盐县令。结果是"齐以此三十二岁道路不拾遗"[3]。这两个例子可说是"以刑去刑"的第三个理由。当然，就《淮南子》而言，它并非赞同"以刑去刑"。

---

1 商鞅：《商君书》，第29页。
2 商鞅：《商君书》，第30页。
3 刘安等编著：《淮南子》，第147页。

在中国法律思想中"以刑去刑"的观念十分重要，值得多说两句。

前面两个理由，无非是指"一个核心""两个基础"。"一个核心"是讲人心都是贪婪无度的，"两个基础"是讲人又都会"两利相权取其大""两害相权取其轻"。这正是《韩非子》所提到过的："……欲利者必恶害，害者，利之反也。"[1]对这些，许多法律学问给予了默认。可是，在中国法律思想的另外一些理论看来，从这"核心"和"基础"出发倒不一定可以推出严刑峻法的必要性或者"以刑去刑"的结论。前面第014小节提到的孔子的看法，就是否认可以推出严刑峻法必要性的一例。

再有《淮南子》还说，重刑是一类乱世治国的方法，它兴许不会"立竿见影"。因为，严刑一是把标准定得太高，对不能"达标"的人强行判罪；二是叫人去做许多不大可能完成的事情，对不能"胜任"者强硬惩罚；三是规定的事情难上加难，让人做起来好比登天，反过来又诛罚不敢做的人，这样的结果只能是"逼迫"本性嗜好算计的官人弄虚作假、从事邪行，以此来欺上瞒下，而叫"势利眼"的一般百姓更加"狡兔三窟"、善于躲藏。所以，"……虽峭法严刑不能禁其奸"[2]，到时用重刑不是，不用重刑也不是，何谈"以刑去刑"？

这意思不外是暗示严刑峻法虽然可以震慑人的"算计"本能，

---

1 韩非：《韩非子》，第145页。

2 刘安等编著：《淮南子》，第119页。

但也可以让它"精益求精"。性恶的人不仅害怕惩罚，而且会想方设法逃避惩罚。在某些情况下甚至会出现罚得越重，逃避方法越炉火纯青的奇妙结局。这就表明重刑有时没有效果。对这点，《吕氏春秋》写得就生动了：拿臭鱼来驱赶苍蝇，苍蝇就会飞聚而来，"屡禁不止"，显然这是用招引它的方法去驱赶它，所以"桀、纣以去之之道致之也，罚虽重，刑虽严，何益？"[1]如此说来，想用刑罚来消除刑罚有些天真了。

在前面第 014 小节，我们提到过《管子》的一个看法：对一般百姓采取宽松赦免的政策用处不大，法律严明才是"为民父母"。这表明《管子》有时喜欢严刑峻法。但是，《管子》还讲过这样的话："夫民富则不可以禄使也，贫则不可以罚威也。法令之不行，万民之不治，贫富之不齐也。"[2]所以，反过来就应想到这样的见解："凡治国之道，必先富民。民富则易治也，民贫则难治也。"[3]《管子》相信，富裕了就会安居乐业，安居乐业才会畏惧刑罚。[4]按照这样一个思路，显然不是"以刑才能去刑"，而是"以富才能去刑"了。

《淮南子》和《吕氏春秋》讲的是"技术"问题，而《管子》讲的是"社会"问题。从这两方面都可以理出反对"以刑去刑"的

1 吕不韦：《吕氏春秋》，第23页。
2 《管子》，第202页。
3 《管子》，第149页。
4 《管子》，第149页。

想法。

现在，我们试着从《管子》的看法那里发挥一下，看看可以得出什么进一步的结论。

《管子》认为，人太穷了刑罚自然也就不会灵验。如果真是这样我们就会想到这个问题：有时人就是太穷了，穷了还要犯罪，这时应该怎么办？《管子》对此似乎没有多想，只是在其他地方笼统地讲了一句"行令在乎严刑"[1]。显然，我们不能认为不灵验就不罚了，或者不谈这个问题。从古到今国家法律对"穷人"的犯罪从未客气过，而且人们总是认为无论如何刑罚是不能丢掉的。因此，罚是要罚，问题却在于怎样去惩罚。假如我们手里有一个充满气的气球，而我们又想让气放出，不希望它那样"紧张"，那么，用手使劲挤压，结果就会让球更为"紧张"，最后"爆炸"崩手，相反，用针头轻轻扎下，气就会慢慢释放完毕。在这里，犯罪的"穷人"有时就像"紧张"的气球，而使用重刑就是用挤压的方法去逼迫，结果就可能会出现"爆炸"——造反。所以，轻罪轻罚，不弄成只要小偷小窃就砍头砍手，或者偶尔重罪轻罚、有罪不罚，这些方法有时正是用针慢慢释放"穷气"。毕竟，"穷人"犯罪有时是出于生活所迫，令其不能生活而又无处撒气，结局就是不妙的。讲到此处我们就可得出一个进一步的结论：有时罚当其罪，或者重罪轻罚、有罪不罚，也能达到"去刑"的目的。

---

1 《管子》，第53页。

　　至于前面《商君书》提到的晋文公"以刑去刑"，以及《淮南子》提到的齐威王烹杀止邪的成功例子，别人也可以找出一些与此相反的失败例子。像后面第 026 小节讨论的秦王朝灭亡的例子，正可以用来说明"以刑去刑"的失败。西汉陆贾说过，秦朝就是以刑罚为巢，"故有覆巢破卵之患"[1]。

　　鼓吹"以刑去刑"，是想表明严刑峻法不过是个手段。中国法律思想中的法家理论还时常不厌其烦地为严刑峻法左右遮掩，唯恐他人产生误解，说它是"以杀为快"。《慎子》讲，国家法律虽然十分残忍，但是"不可不行"。[2]而《韩非子》也是这般想象："故法之为道，前苦而长利；仁之为道，偷乐而后穷。圣人权其轻重，出其大利，故用法之相忍，而弃仁人之相怜也。"[3]《韩非子》还用一般治家的道理来表明这里意思的真切。它说，观察一下就可以知道：大凡平时忍饥挨饿、吃苦耐劳、相互激励的家庭，遇到天灾人祸，依然可以渡过难关，温饱从来不成问题；而平时丰衣足食、安逸享乐、相互爱怜的家庭，别讲人祸，就是一点自然灾害带来的年成不好都会使其出现嫁妻卖子的悲凉。[4]所以，治国用重刑，绝对就像严格治家一样，先狠而后柔，先苦而后甜。

　　但是，假如像前面分析的，从人性恶的前提出发，不一定非得

1　陆贾：《新语》，上海书店1986年版，第5页。

2　慎到：《慎子》，第2页。

3　韩非：《韩非子》，第145页。

4　韩非：《韩非子》，第145页。

出严刑峻法甚至"以刑去刑"的推论，那么，从关心"长远之利"显然也无法必然得出这样的推论。

深化一下以上的分析：

《商君书》《韩非子》认定人性是利欲熏心的，《淮南子》《吕氏春秋》和《管子》也大体上以为人性没有可赞扬的地方。读者既可以夸说这是"英雄所见略同"；也可以站在"维护人的尊严"的立场上贬说这是"臭味相投"，因为它们这样"作践"人自己的本性。然而，从另一个角度来看，我们到底可以发现，即使是同一个人性学说的基本前提，也能够引出不同的推论和话语。法律思想的理论是在解说千奇百怪的法律实践和人的生活，而这两样都可以为人提供不同甚至相反的推论根据。只要仔细观察和发挥想象，就能够开出多彩多样的法律思想的思路清单，得出"第一只眼""第二只眼""第三只眼"，以至更多只眼的角度和视域。法律思想的学说就是这样奇妙、多样……

021　罚当其罪

前一小节简略分析过，罚当其罪或者重罪轻罚、轻罪不罚，也有可能实现"去刑"的目的。中国法律思想的一些理论正是这样主张的。现在我们先讲个传说，然后仔细考究一下其中的"罚当其罪"的道理。

要讲的传说《韩非子》一书记载过。这传说讲，孔子做春秋时期卫国的相国时其弟子子皋任刑狱官。一次，子皋执法，砍掉了一个人的脚并罚这个人做了城门的看守。此事没过多久，另有人暗地里在卫国国君那里给孔子栽赃，说孔子图谋犯上作乱。卫国国君相信了，并于一日派人四处捉拿孔子及其弟子。那天，孔子和一些弟子先逃出了城门。子皋逃得慢，到城门口时卫兵已经赶到。危急时刻，被砍脚的人突然出现，带子皋躲进城门边自己的住家内。子皋可说是"大难不死"。半夜，子皋迷惑地问被砍脚的人："我为维护卫国法令而执法严厉，砍了你的脚，现在正是你报仇雪恨的时候，为什么你却偏要将我藏起？"被砍脚的人说："我被砍脚，那是罪有应得，属于没有办法的事情。不过在治罪的过程中您反复推敲法令，为我说话，并希望我能免于刑罚，这些情况我都知道。而且在执行判决的时候您还焦虑不安、心里不悦，这些又表现在了您的脸上，我也瞧见了。我明白您不是徇私枉法袒护我才如此，而是出于天生仁爱之心才这样。我记得这一切。所以隐藏解救您正是要报答您的恩德。"[1]

《韩非子》记载这个传说，是否出于表明严刑峻法可以令人心服口服的目的，这就不得而知了，因为前后不见有何高谈阔论。当然，通读一下《韩非子》，会发现这是极为可能的。

但是，传说中的主角又是孔子的弟子子皋，而且孔子和弟子历来都是大讲仁义，较少鼓吹严刑峻法的。所以，解读这个传说似乎

---

1 见《韩非子》，第99页。

应该顺着"仁义＋刑罚"的意思来推敲。兴许正是因为子皋在刑罚之上撒了些"仁义"的光环，我们才读到了被砍脚人的肺腑之言。如果的确如此，那么"仁义"之下的刑罚除了希望罪犯悔过自新之外，自有一番"罚当其罪"甚至"明德慎罚"[1]的意思。

"罚当其罪"，在今日法律思想的语汇中演变成了"罪刑相适应"，或曰"罪刑等价"。解释起来就是一个小偷窃得一元钱应有"一元钱"的罚法，窃得上千元应有"上千元"的罚法，而大盗窃取了百万元应有"百万元"的罚法。仔细说来，"罚当其罪"是难以一一对应、"丝丝入扣"的，毕竟，犯罪的方式和程度千奇百怪，而刑罚的方式和程度终有定数。单是偷窃的钱财数目等级就可以是成千上万，而刑罚最多也只是个极刑而已。但是，"罚当其罪"是个理想目标。它想表明：无论怎样，不能为了彻底消灭盗窃就对偷一元钱的小偷适用极刑。

今人谈论"罚当其罪"，有个"公平"的观念暗中作用。这是讲我们认为偷一元钱要有"一元钱"的罚法，偷上千元要有"上千元"的罚法，那是因为我们发觉，只有这样才是"公平"的。否则我们就会感到，对上千元的窃贼的刑罚反倒要比一元钱的窃贼的刑罚轻了。而该重的反而轻了就没有公平可言。这个观念，有点受到古人"刑也，平之如水，从水"[2]的观念的影响，但更多来自西方人的法律话语的传播。

1　孔安国：《尚书正义》，第481页。

2　许慎：《说文解字》，第202页。见前第007小节。

古人论证"罚当其罪",除"平之如水"之外还有其他重要途径。《尹文子》说,滥用酷刑就没人害怕刑罚了,因为反正都是处死,如此谈何害怕和恐惧?而且日子久了更没人会认真对待国家法律的严刑威势。所以,刑罚适当,把住要害,关键时刻或者必要之处大刑到位,一般罪犯才会担惊受怕。人怕死了更会觉得"活"与"生"是珍贵的,觉得这些珍贵,国家刑罚才能彻底震慑犯罪、发挥作用。[1] 显然,这是从"政治技术"的算计角度来说"罚当其罪",与西方人"公平"的权利观念甚至古人自家的"平之如水"的观念相去甚远。

再看另一个论证途径。《吕氏春秋》提过,春秋时期有一个叫作祈奚的人,为救一个叫叔向的人于危难之中对晋国的范宣子讲了一段与赏罚有关的妙辞。他说:"我们大家都清楚,善于治国者肯定行赏不过度,用刑不乱重。为什么?因为行赏过度恐怕就会赏到奸人,用刑乱重恐怕就会罚到君子。赏奸人,罚君子,都是失败之举。当年尧舜用刑就恰到好处,尧杀了鲧而舜用大禹⋯⋯这是刑罚不乱重。"接着,范宣子真放掉了叔向:"⋯⋯祈奚论先王之德,而叔向得免焉。"[2] 当然,《荀子》也早有类似的言论:"赏不欲僭,刑不欲滥。赏僭则利及小人,刑滥则害及君子。"[3] 这和祈奚几乎是"同"途同归。祈奚那番妙辞的意思是讲乱用赏罚就会在程

---

1 尹文:《尹文子》,第9页。
2 吕不韦:《吕氏春秋》,第191页。
3 荀况:《荀子》,第81页。

度上和范围上出现不当，从而放纵了奸人、误害了君子，最后治国也是一片混乱乃至失败收场——"诛禁不当，反受其殃"[1]。或者，像《荀子》又说过的，"诛赏而不类，则下疑俗俭而百姓不一"[2]；"若不幸而过，宁僭无滥，与其害善，不若利淫"[3]。

　　在前面提到的《韩非子》记载的传说里，被砍脚人还讲过自己受罚是"罪有应得"。这表明被砍脚人对刑罚是心悦诚服的。但是，服气并不意味着这是严刑峻法的结果，而意味着被砍脚人认为自己的罪过应该得到这样的惩罚。换句话说，要是犯了别的罪过而得到别的刑罚，那依然是"应得"的。这就涉及了"罚当其罪"的第三个论证途径。《尚书》告诉后人，当年的周公就已经说过，要区分不断故意犯罪和过失犯罪。故意犯罪，从不间断，就算是干的细小坏事也要重罚不赦。过失做错，不慎为之，就算是闯的天大祸害也可从轻发落。只有这样人们才会心悦诚服并且相互告诫。[4]这里的说法稍作扩展便可见到其意在于：区别对待所有不同的犯罪，谨慎处罚，才会让人心服口服，使刑罚真正作用显著。

　　在这小节笔者较为详细地分析了"罚当其罪"的道理。我们看到，至少可以找出三个论证途径来表明"罚当其罪"如何在情在理。其实，越是可以论证"罚当其罪"，越是可以显露"严刑峻

1　马王堆汉墓帛书整理小组编：《经法》，文物出版社1976年版，第8页。

2　荀况：《荀子》，第57页。

3　荀况：《荀子》，第81页。

4　孔安国：《尚书正义》，第481页。

法"的偏狭一面。当然，笔者绝无意思要在"罚当其罪"和"严刑峻法"之间辩个谁是谁非，笔者只想进一步表明，对于一个法律思想主张，我们可以而且有办法找到它的理由和根据，而对于相反的法律思想主张，结果也是同样的。其实，中国法律思想的不同理论正是在各自时代、各自场合竭力张扬了自己的企图和论说。

小 结

前面几小节，笔者围绕"严刑峻法"这一主题爬梳整理了中国法律思想之中的一个思路。大致来讲，这个思路从人性恶的设想出发，特别拓展了"防微杜渐""法律清晰""官民平等""以刑去刑"等辅助性的话语观念，并假借这些话语观念，反复推敲、循序论说国家法律在统治方式中的特殊地位。无形中国家法律的形象逐渐"缩小"成了凶神恶煞般的刑罚形象。当然，在今天，没有多少法律思想再去鼓吹严刑峻法。但是它毕竟不是踪影全无。

其实，即便是在刑罚本身的圈子来谈问题，即便认定了人性本身实在不可恭维，我们依然可以看到"严刑峻法"不是唯一的选择。在"防微杜渐""法律清晰""官民平等""以刑去刑"的观念中，可以而且也不难分析出不同的推论方向和结论。这些推论方向和结论打开了另外的观察视野和思索天地。它们提示我们，还有"罚当其罪""贫困罪源""以德去刑"等观念可供思考。毕竟，理论的观念是复杂的而且层出不穷，实践的社会是多样的而且丰富多彩。

第二章　教化为先

前面第 021 小节讲到"罚当其罪"。在讲"罚当其罪"的时候我们提到了《尚书》里记载的周公。在古人看来，周公颇有才能，是圣明君王的典范。周公小心翼翼地区分了不断故意违法和偶尔过失违法，认为前者不可姑息，后者可以宽赦，并说如此才可使人心悦诚服。但是，最为让人为之一振的是周公在做出这个区分之前提出了"明德慎罚"。[1]

显然，"明德慎罚"暗示了教化为先。国家法律由此变成了备用手段。这是中国法律思想另外一些理论的基本立场。

022　浪子回头

先读两个历史故事，再说"教化"的方方面面。

东汉献帝年间有个男子好吃懒做，成天无所事事。一日，有人对男子说：应当自食其力了，哪有七尺男儿这般颓样！男子一听觉得自己实在难看故决定振作起来发奋自强。可是如何发奋？那个年

---

1 孔安国：《尚书正义》，第481页。

月除了"学而优则仕"外只有男耕女织了。男子从小就没有读书的兴致和雅趣，这种情形下，只好立志驾牛耕田。说来也巧，想驾牛时却没牛可驾，多年来穷困潦倒四处流浪。最后男子左思右想，心中邪念再次作祟：偷。

但"偷"也需技术。男子十分愚蠢。一日出门开始行窃，刚刚摸上牛角即被旁人抓住，被人押解到了官府。一进官府，乱刑伺候。当然，男子自知罪孽洗涤不清，故而任打任罚。到了最后男子只是哀求万万不可将他"屡教不改"的事情告诉大官人王烈。原来，王烈曾经多次遇到男子，每次相见，王烈总是好言相劝，使得男子从来都是又羞愧又感激。只要见到王烈，男子心里总会一阵热血激荡，发誓改邪归正，尽管王烈走开后，男子不免又回到了过去。这次，男子觉得实在无地自容。

不几日王烈听说了此事，便遣人给那男子送去一段布料，明说这是奖励，以资男子再次振作，反而绝无任何震怒詈骂之词。旁人不明白，问王烈为什么会这样。王烈说："此人窃了牛，但是怕我知其再次做错，说明他仍然具有耻恶之心。怀有耻恶之心的人必能改过从善。所以一定要奖励他。"布料送到，男子见物，已是泪流满面。

几年过去了。一天一老翁不慎将身上佩剑丢失在一条土路上，一个行人捡到后居然在那里守候到傍晚直至老翁回头寻得为止。老翁十分兴奋，便将这事告诉王烈，说这等好人足可立为常人之楷模。而王烈也想知道此人是谁，故而派人四处察访。后来得知"好人"正是昔日好吃懒做而且后又窃牛的男子，"烈使推求，乃先盗牛者也"[1]。

故事载史可以说是千年有余。每当有人鼓吹严刑峻法如何有效，有人就会提到王烈和盗牛者。显然，可以看出假如没有王烈的一片苦心，盗牛男子恐怕这次受刑后不过多日又会做坏事。但王烈明白这男子有廉耻之心，如此就有办法使其守法。"民无廉耻，不可治也……法弗能正也。"[2]而且，"法能刑窃盗者，而不能使人为伯夷之廉。孔子弟子七十，养徒三千人，皆入孝出悌，言为文章，行为仪表，教之所成也"[3]。"故创业之君，惟知其然故拳拳以教化为先。"[4]

古人讲起教化还另有一番意思：不单苦心相劝，有时还要至诚待人，以潜移默化的方式感化他人，最后使人弃恶向善。

有故事讲春秋时期有个叫季子的人在一地方任个小官。当地四处传说季子的政绩颇为骄人。孔子弟子巫马期不信，专门粗食布衣且化装前往打探虚实。一个夜晚巫马期撞见有人夜间捕鱼后又将鱼放掉，十分迷惑不解，便问捕鱼人："你捕鱼，是要得到鱼，可现在你明明捕到了却要放掉，这是为什么？"捕鱼人说："季子从不愿意别人捕捞正在成长的小鱼，现在网中都是小鱼，不放心里不安

1　范晔、司马彪：《后汉书》，李贤等注，中华书局1965年版，第2696页。

2　刘安等编著：《淮南子》，第224页。

3　刘安等编著：《淮南子》，第224页。

4　邱浚：《大学衍义补》，京华出版社1999年版，第630页。

宁。"巫马期接着问："如果没有严刑你还会这样？"捕鱼人说："原来就没有严刑。对我来讲，只要季子说了我就去做。"巫马期立即回去见孔子，将所见所闻一一描述，并问孔子："为什么季子的德政妙到极点？他竟然可以叫别人做事时如同严刑峻法就在身边？"孔子说："为什么非要有严刑峻法人们才会规规矩矩？我曾问季子用何方法处理政务。他说，至诚待人就行了，那能起到无形感化的作用，远非严刑峻法所能相比。"[1]

　　潜移默化、无形感化，都是一种意识形态式的"道德话语征服"。这意思是仿佛有一种神秘的画外音按住你的背在说：本来你应该这样做而我不一定，但是现在我也这样做了你有什么理由不如此？这时你就做了，而且是心甘情愿地做了。这种"征服"作为一种手段可以不知不觉地深入人的灵魂深处，尤其是当存在着一种居高临下的相对位置时，效果更为突出，随之而来的还有感激之情。费孝通先生说过："儒家很有意思想形成一个建筑在教化权力上的王者；他们从没有热心于横暴权力所维持的秩序。'苛政猛于虎'的政是横暴性的，'为政以德'的政是教化性的。'为民父母'是爸爸式权力的意思。"[2]如此可以说，季子是个例子，"道德话语征服"的例子。

　　相比之下严刑峻法就显得太直接、太露骨，没有什么"灵验之妙"。这也许就是或明或暗的教化方法受人青睐的深层原因。

1　刘安等编著：《淮南子》，第132页。
2　费孝通：《乡土中国》，第68页。

023 "风吹草动"：德教的功效

刚才提到季子的施政是种"道德话语征服"。当然，无论怎样评判它，效果的确是不错的。《淮南子》对此有一番感慨："上唱而民和，上动而下随，四海之内，一心同归，背贪鄙而向义理，其于化民也，若风之摇草木，无之而不靡。"[1]

不过风吹草动毕竟是表面上的事情，其中内里还有道理可待挖掘。为什么德教具有风吹草动的灵验？刑罚可说是棒打，而棒打的结果只能是小面积的青草应声倒下，其他青草依然"我行我素"；而风吹的结果当然是大面积的，甚至"所向皆靡"。这真是奇妙的对比。

瞿同祖告诉我们，有人相信这个观念：

……无论人性善恶，都可以道德教化的力量，收潜移默化之功，这种以教化变化人心的方式，是心理上的改造，使人心良善，知耻而无奸邪之心，自是最彻底、最根本、最积极的办法，断非法律判裁所能办到……一切的善行都是教化所致。[2]

相信这个观念的人肯定可被称为儒家。不过到底是谁不去管它，那是次要的事情。这里笔者只是觉得那段话里有两个意

---

1 刘安等编著：《淮南子》，第225页。
2 瞿同祖：《中国法律与中国社会》，第286—287页。

思可说:

第一,使人向善。教化正是让人知道什么是正确的,什么是错误的,要讲出道理来,叫人彻底明白为什么只能这样做而不能那样做。关键是劝人做好人。而国家法律就不同了,它"能刑人而不能使人廉,能杀人而不能使人仁"[1]。"……法令者所以诛恶,非所以劝善。"[2] 反过来,想要国家法律惩恶之时劝人做好人可就画蛇添足了,而且也不大可能。

第二,使人向善是个最为彻底的解决犯罪的方法。孔子讲:"夫民,教之以德……则民有格心。教之以政,齐之以刑,则民有遁心。"[3] 前面第 017 小节提过"贼心"和"贼胆"的关系问题。在那里,法律具有"防微杜渐"的功能:震慑贼心。但是在这里思路却是指向了消除"贼心",或者说将"贼心"变为"仁心"。贼心被国家法律震慑了,却有可能再次萌发,只要犯罪的条件和空间出现它便会自己跳出并带出"贼胆"。与此不同,将"贼心"变成"仁心",也就永远没有"贼胆"的问题了。没"贼胆"自然就没有犯罪。"……教化已成,人心已正,只要心术不变,便可永不为恶,所以教化可以一劳永逸,垂之永远,使社会长治久安,不像法律只有短暂的功效。"[4] "若能如此,则人民根本便无恶的动机,

1 桓宽:《盐铁论》,第58页。
2 陆贾:《新语》,第7页。
3 《礼记》,第737页。
4 瞿同祖:《中国法律与中国社会》,第288页。

一切恶的行为自无从发生，法律制裁更无存在的必要，犹之无病便无需医药疗理……"[1] 其实，说起"防微杜渐"，用来形容教化倒是比用来形容国家法律更加生动、更加到位。所以梁漱溟说：

> 对于……子弟，应当本着教育他的意思来管教他，本着爱惜他的意思来训斥他；看他在道德上稍微有点不对，就应当及早督教他，或背地规劝他。不要等他小恶养成大恶，陷于咎戾，触犯刑罪。[2]

说来，上述两点正是突出了德教的功效，也是"风吹草动"的根本所在。因为，心悦诚服要比强行压制来得更为容易让人接受。而且，"仁心"是自然而然地向外扩展的，它显示了关心人、帮助人的自然倾向。震慑"贼心"则绝无这样的倾向。

中国法律思想的个别理论在主张教化如何有效的时候，不仅说国家法律没有效果，而且经常更以"诋毁"后者为能事。梁漱溟便讲："刑赏是根本摧残人格的，是导诱恶劣心理的，在以前或不得不用，在以后则不得不废……"[3] 可以看出，到这里，已不单是将国家法律如何贬低了，还另有摈弃倾向。主张教化的思路到了这步田地已是走火入魔。

在前面第 014 小节我们谈过另一问题：犯罪和"经济基础"的

---

1 瞿同祖：《中国法律与中国社会》，第287—288页
2 梁漱溟：《梁漱溟全集（第4卷）》，第702页。
3 梁漱溟：《梁漱溟全集（第4卷）》，第522页。

关系。那是讲犯罪有时和"经济困难"有着联系。"盗贼窃发之端，何尝不生于饥饿？"[1]也许梁漱溟正是有些这个意思。他看到一小偷被人抓住后挨打，不是首先想到对窃者来说偷是对的还是错的，而是想到有个私有制暗中"逼良为盗"，所以，梁氏投去了同情的目光。[2]这是一个颇为有趣的问题，值得深究。不过，现在我们回过头来再讲这个问题是想另外问问：假如有人无衣可穿、无米下锅，那么再跟他进行"婆心苦口"的道德说教，是否有效？是否有点"假情假意"的味道？

《孟子》记载了孟子的一段言词，与这里的问题有关。孟子说，没有钱财却能坚守高尚情操的人，当然是很有修养。但是这类人纵然可以发现，也是凤毛麟角。没钱却坚守高尚情操对一般黎民百姓来说就更不大可能了。没有钱财也就没有道德观念："若民则无恒产，因无恒心。"[3]孟子接着说，最好先让百姓衣食暖饱，对上可以赡养父母，对下可以抚养妻小，而且到了灾年也不会饿死，"然后驱而之善，故民之从之也轻"[4]。也许是当年兵荒马乱、民不聊生，所以我们又见孟子讲：现在叫百姓度日如年，使其不能赡养父母、抚养妻小，年成好了还要劳碌不止，遇上灾年更是忍饥挨饿，到了这时人们没有不是想着自己的生存的，谈何"暇治礼义哉"？[5]

1 朱熹：《晦庵先生朱文公文集（第12卷）》，商务印书馆1935年版，第132页。
2 见前第014小节。
3 《孟子注疏》，第23页。
4 《孟子注疏》，第23页。
5 《孟子注疏》，第24页。

顺此思路，衣食饱暖是个根本。没有它们也就没有了教化的功效。这或许也是一种"经济基础"决定"上层建筑"的说法。

孟子心地善良，愿为平民百姓代言。他讲，饭都吃不饱还谈道德理念？而没有道德理念，小偷小摸也就没什么可惊讶的了。不应该的是为官为君者看到这些后，还是以为百姓缺德无良，要么对其说些饿死事小、"缺德"事大之类的话，要么利用大刑法律去惩罚他们。有道德的统治者绝对不会如此怪罪陷害平民百姓："……从而刑之，是罔民也。焉有仁人在位罔民而可为也？"[1]

讲到这里，可说在人贫苦之际不仅国家法律的严刑处罚，就是温柔有加的伦常教化，都是没有什么效果的，反倒有些别扭之处。我想，孟子主张这些理论，如果遇到前一小节提到的盗牛者，可能不会像王烈那样反复教化，也许会首先仔细查问盗牛者是否穷困之极再做理论。这样一来，孟子等于是在提醒一件可能的事情：就算盗牛者改邪归正了，但是日子过得再久点，又到了贫困而无机会生存下去之时，盗牛者也许又会走上犯罪道路。

孟子的说法是否有理深刻，读者自己断定。

我们现在再说另外一种对教化的批评。这是来自法家的重要文本——《韩非子》。先看一下《韩非子》记录的一个传说：

在尧舜时代，历山的农民时常为田地的界线划分发生纠纷。舜来了，在那里耕了一年地，一切随之变得平静祥和。接着黄河边的

---

[1] 《孟子注疏》，第23页。

渔民又为捕鱼而争占水中的高地。舜又来了，捕了一年鱼，渔民也不再争执了。过了一段时期，东边的少数民族制造陶器出现混乱，制造的陶器还没拿起，一半已经碎掉。舜还是来了，和陶工们一同起早贪黑，时过一年陶器质量大变。孔子感叹地说，耕地、捕鱼和制陶都不是舜的分内事，而舜到那些地方恰是为了纠正败坏的风气，这是仁厚，亲临艰苦环境，使民顺从，十分难得，而圣人的品格正是依此感化他人。[1]

在这个传说后，《韩非子》有一段议论："……舜救败，期年已一过，三年已三过。舜有尽，寿有尽，天下无过以已者；有尽逐无已，所止者寡矣。"[2] 这意思是说以有限去对付无限，能奏效的当然屈指可数。

按照这个结论，可以想象，无论王烈那样的好心大官人如何逐个教化盗牛者，天下都依然会不断出现盗牛者，而且王烈怎么可能天天去教化？教化，只能收效甚微。

其实，从某种角度来说，正是以这个结论作为理由，《韩非子》反过来又证明了国家法律的效果："赏罚使天下必行之，令曰中程者赏，弗中程者诛。令朝至暮变，暮至朝变，十日而海内毕矣，奚待期年。"[3]

教化和国家法律是否真像《韩非子》所说的那样？《韩非子》

1　韩非：《韩非子》，第119页。
2　韩非：《韩非子》，第120页。
3　韩非：《韩非子》，第120页。

讲的有点道理，相对国家法律，教化似乎费时费力。但是仔细琢磨一下可能便会发现事情并非如此简单。我们可以这样来讲：那是有点无法说清的问题。因为，国家法令颁布后，人们的确可以看见"白纸黑字"，立刻知道国家法律，可是这不意味着人在行动上真会即刻守法。像盗牛者当然已经知道国家法律是禁盗的，但是到了无法克制的时候还要偷牛，而禁止盗窃法令的颁布恐怕早已是多年甚至更长时间的事情。更重要的是，还有其他更多的潜在盗牛者，他们也都早已知晓国家法律的颁布。在官府这一边又有执行法律的问题。对有关盗窃的国家法令，官府兴许还会执行得一丝不苟（其实有时也有徇私枉法的）。可是，对另外一些法律，比如地方向中央进贡纳税的法令，地方官府也许就会阳奉阴违。某些有令不行，涉及十分棘手的从"法律文字"到"法律行为"的复杂转换。在法律思想中，"说一套"（法律颁布）和"做一套"（实际所为）从来都是令人大伤脑筋的。国家法律颁布多年以后还是形同虚设，绝对不是一件奇怪的事情。

根据这一分析，《韩非子》的想法显然比较片面。有些法令别说朝令夕"变"，就是十年渐变都是一个可望不可即的幻想。讲到这里我们也许就能感觉出，如果教化费时费力，实现国家法律的"令行禁止"同样是种费时费力的事情。而说清哪个省时省力，本身就费时费力。因为说不清。《韩非子》以为，向世人说了不得做什么并且加以威慑，就会出现老老实实、唯唯诺诺，可是人——当然是一些人——历来都会"狡兔三窟"、巧妙规避甚至拒不服从。

其实这也应该是《韩非子》喜论的"人性恶"的一个必然结论。[1]

此外，倘若细细观察一下也许就会发觉，在有些时候和有些地方国家法律的畅通无阻恰恰是教化潜在协助的结果。教化到位，人心规矩。人心有了规矩的习性，自然也就依法行事了。说到这点可以认为，人有时并不是因为害怕惩罚才唯国家法律是举，而是因为觉得只有这样做了才会心安理得，觉得这样做了才是正确的。这对于一般人是如此，对于官人也是如此。而对官府中最后掌管国家法律大权的官人来说它可能是尤为重要的。对于后一点也即官人的问题，我们深说两句。

试想一下，一个小偷盗窃了，就需要有官人来依照国法去抓他判他，而抓他判他的官人如果失职了，没有抓他判他，就需要另外一些官人来对这些官人依法惩办……这个过程不会是没有终点的。这是什么意思？这是说在一个国家里，总有一批官人的背后不存在被抓被罚的问题，他们通常是国家法律的最后"支柱"。在前面第019 小节我们说过与这有关的问题。不过，在那里我们更为关心国家法律在"政治技术"上依赖着哪些最后的力量。在孟子的巧妙问诘下，齐宣王知道，国家在所有官人全部"变心"之时也就不可收拾了，所以只好"顾左右而言他"。[2] 而在这里我们想进一步说明，如果想使国家法律运转，就会存在对那些关键官人（掌握最后的法律权力）的教化问题，因为，对他们，不会也不可能存在国家法律

1 参见前第014小节。
2 见前第019小节。

上的惩罚威慑，只有劝其积极主动地执行法律。显然，《韩非子》又是没有想到这些更为复杂的问题。对那些主张教化的人来说，这等分析是个自然的思路，可他们也是没有讲出早已应该说出的道理，去以《韩非子》之道治《韩非子》之身。

笔者这番有关《韩非子》对教化的批评的议论，只想表明教化有其作用，而且作用有时至为关键，就对国家法律本身的"支柱"来说它甚至是第一位的。即便教化真是"老牛拉破车"，这破车也要拉着并且松懈不得。

当然，在这里尚存在着一个对教化的关键批评，这就是：的确有人死不改悔，无论你如何好言相劝，他依旧我行我素。王烈大官人叫盗牛者"浪子回头"了，可那也许既是由于王官人诲人不倦的功夫，又是由于王官人的运气不错。运气不错是说他遇到了一个"可教诲"的盗牛人。如果盗牛者硬是屡教不改，那么结果可想而知。教化不是万能的。到了这时恐怕也只有靠国法。

至于教化的失败出现在前面说过的关键官人（掌握最后的法律权力）身上时，问题应该如何解决，笔者实在无从回答。该抓屡教不改的盗牛者的官人硬是不抓，而且该抓此一官人的另一官人硬是不抓，自然也就没有办法了。像前一小节提到的季子，假如不仅不是清官，而且徇私枉法，而监督季子的官人也徇私枉法，那么国将不国。对此，国法本来就是没有办法的。这里问题的棘手兴许就是孟子前面问诘的那个困难（见前第 019 小节和本小节前面部分）的一个翻版：天下的教化全失败了该如何？说到这里，笔者即使不像齐宣王那样"顾左右而言他"，也只好低头不语。一言以蔽之，这世上有些事情可能只有等待运气。

024　人有恻隐之心

鼓吹教化有时和相信人性善有着密切联系，如同主张严刑峻法有时和认定人性恶有着密切联系。王烈相信盗牛者可以教化是因为他发觉男子尚有廉耻之心，而廉耻之心，在一些中国法律思想来看，正是人性善的一个侧面表现，"羞恶之心，人皆有之"[1]。

性善也许就是教化的基础。

讲起性善我们容易想到孟子的学说。《孟子》记载："孟子道性善，言必称尧舜。"[2]不过孟子讲性善倒是很有策略。他并不上来就讲"人性本质"如何如何的"宏大话语"，而是从生活经验的角度循循善诱地给你讲述人大体上是怎样"善良"的，从而低调道来"人性善"的故事。

他说，假如有个幼童不慎掉进井里，谁都会心里万分焦急。为什么？因为人有恻隐之心。肯定不是因为有谁想去结交幼童的父母，有谁想在邻里乡间博得一个好名声，更不是因为有谁厌恶幼童的哭喊声。大凡正常人都会这样。[3]依照孟子这番见解，我们可以

1　《孟子注疏》，第300页。
2　《孟子注疏》，第78页。
3　《孟子注疏》，第93页。

推而广之地认为，要是见到有人不幸受了伤，心理正常的人会万分焦急。所以，接下来我们就见到了孟子的以点带面的这段话："恻隐之心，人皆有之；羞恶之心，人皆有之；恭敬之心，人皆有之；是非之心，人皆有之。"[1] 有意思的是，反过来，孟子从恻隐之心又以点带面地说："无恻隐之心，非人也；无羞恶之心，非人也；无辞让之心，非人也；无是非之心，非人也。"[2]

在相当程度上恰是以类似孟子的这种性善说为起点，中国法律思想的一些理论更为青睐甚至强调教化的功能。

有读者可能会对孟子提出这样的有趣问题：有时，幼童的确是自己不慎掉下井里的，可是，有时有人会将幼童丢下去，如果有人这样，那么我们怎么会看到他"万分焦急"直至具有"恻隐之心"？有时，有人会和幼童的父母结有世代冤仇，此时，当幼童掉在井里，他们不会幸灾乐祸？如此谈何"恻隐之心"？就我们推而广之的例子来说，假如有人受了伤是他人行凶的结果，那么行凶者怎会"万分焦急"？

这些有趣的问题可以将人引向深层疑问：通过从经验观察得出的结论怎能断定人性是善的？而且，我们可以看出，顺着这些有趣问题的思路似乎又可列出说明人性恶的经验事例的一系列清单，这便会导致在人性问题上，大讲人是如何性恶的。最后结果：孟子可讲人性善，反对者可讲人性恶。这是公说公有理，婆说婆有理了。

1　《孟子注疏》，第300页。
2　《孟子注疏》，第94页。

　　孟子早已遇到这类棘手问题。《孟子》记载：有人便说人之本性无谓善恶；另有人讲，人性本身既可使人向善也可使人向恶，有了周文王、周武王，百姓就会跟着向善，有了周幽王、周厉王，百姓就会跟着作乱；还有人直接折中地讲，有性善的人，有性恶的人，所以尧舜圣明而窃贼败坏。[1]孟子是这般应对的：性善，"求则得之，舍则失之"[2]，人与人之间的表现差异很大是因为有人没有充分发挥他们自己的良善本性，自甘堕落，"或相倍蓰而无算者，不能尽其才者也"[3]。孟子的应对是有意思的。

　　不过，我以为虽说孟子讲性善颇为有策略，可他对那些棘手问题的回答显得有些无可奈何。本性良善，而又"求则得之，舍则失之"，就像是说：去挣有钱，不挣没钱，而钱本身就是你自己所有的。可既然钱是人自己所有的，那么谈何人去挣钱？这是绝对说不通的，而且有点匪夷所思。还有一个问题，既然人是性善的，那么怎会有个"舍"的事情发生？只有当人有点"恶"心的时候才有可能将自己的好心舍弃掉。好心不可能把好心丢掉。其实，这也不是孟子一人无可奈何的事情。非说人性善，难免捉襟见肘。

　　我们这般解读孟子的性善说，是想表明，中国法律思想在涉及教化这个问题时总会大致在经验上说说人性是如何"可教"的。不少古人喜欢讨论"性善性恶"的本质论。可是，他们并没意识到，

1　《孟子注疏》，第299—300页。

2　《孟子注疏》，第300页。

3　《孟子注疏》，第300页。

大凡讲到人的本质这样或那样就会遇到相反的例证，从而遭遇无法自圆其说的理论尴尬。因为，社会问题和人的问题太复杂了。找个利于自己说法的例子易如反掌，反之亦然。法家也是这种失败的样板。

另有一问题也应说明。前一小节讲过，孟子对"没有根基"的教化有点微词。他以为这人如果十分贫穷，那么与他大讲"仁义道德"自然有些不妥。人活着首先要看温饱问题，其次才是怎样活得具有意义或者更为舒适。但是，这可不意味着孟子反对教化。他曾说过："君子之德，风也；小人之德，草也。草尚之风，必偃。"[1]显然，这是前面第 023 小节所说的"风吹草动"的早期版本。孟子还说："人之有道也，饱食暖衣，逸居而无教，则近于禽兽。"[2]而在做国王君主的那一边就要"施仁政于民，省刑罚"[3]。如此看来，孟子只是特别强调有口饭吃再去教化这个意思。

025　人性善·国家法

鼓吹人性善是为鼓吹教化做准备。一种理论自然需要另一理论的前提支持，这是不言而喻的。前一小节，我们大致分析了人性善理论存在着哪些问题，不过，这可并不表明由它引来的一切说法都

---

1 《孟子注疏》，第131页。

2 《孟子注疏》，第146页。

3 《孟子注疏》，第15页。

一无是处。这小节，我们看看它在国家法律那方面将会有什么"积极"作用。

前面第 015 小节说过人性恶和官民处罚平等的问题。那里讲，有些理论认为人性恶，官人与小民莫不如此，故而主张对官人也应警惕。严刑峻法从而也瞄向了一般官人。这类看法有个最大问题，这便是既然人都是性恶的，那么有什么理由认为帝王君主、制定国家法律的人甚至说人性恶的那个人，可以逃出性恶的圈子？显然，没有理由认为他们可以除外。既然这样，制定出来的国家法律岂不成了"恶人"的法律，如此怎能用"恶人"的法律去惩罚"恶人"？

现在，我们看到有人鼓吹人性善了。孟子就是这样。如果可以谈论人性善，那么上面的问题也许就可以解决一半。因为，一来制定国家法律的权威人物是性善的，所以制定出来的国家法律是个"善人"的法律。二来讲述别人性善的那个人和帝王君主也是性善的，故而可以讲出"善人"的法律，宣传"善人"的法律。这样也就没有了恶人法律惩罚恶人的问题。我们之所以这样分析问题，是因为中国法律思想中的一些"性善"理论强调"教化"，并不完全排斥国家法的作用。这些理论偶尔也谈国家法律的作用。这样，"性善"一说无形中也就解决了人性恶一说引来的矛盾。

当然，依此思路我们自然会想到另一问题：假如人都是性善的，那么，要国家法律还有什么用（国家法律重在罚）？还有什么必要大谈乃至宣传"善人"的法律？

　　这涉及一些另外的复杂思考。首先要注意，就算我们接受了国家法律是种"赏罚"之类的东西，那么，不谈"罚"也得要谈"赏"。而谈到"赏"就有个怎样赏的问题。大家都是心地善良并不等于大家都知道应该如何分配"赏"。做了好事，法律要说赏，而且要说怎样赏，赏多少。不说这些则"赏"是无法实现的。这是什么意思？是说国家法律除了惩罚告诫、嘉奖勉励的作用之外还有个"指引"的作用。人性善了，用不着罚，但是人依然需要一个明确的"指引"。这是国家法律的一个作用。我们再说个例子，这里问题就更明确了。国家法律总要规定税收，心地善良的人当然愿意交税。但是善人也需知道在哪里交税，交多少税，何时该交，何时不该交。显然国家法律是要说清这些的。对善人交税的规定虽然没有了罚的意思，但是，还是需要指引的意思。这就是人性善的时候国家法律还是有作用的，起码是"明确具体的指引"。

　　其次要注意，上面的分析为人性恶论者提供了一个暗示：主张人性恶就不能主张由人来制定国家法律，因为，那里边包含了一个"恶性循环"——"恶人"的法律惩罚恶人，结果依然是"恶"。希望用国家法律来对付人性恶等于是没有注意这个结论。既然如此，想要再坚持人性恶的说法就要考虑另外一条思路，也即是否让所有的"恶人"通过自然的竞争、"适者生存"的博弈，来逐渐地建立一个习惯法那类的制度秩序。在这类制度秩序中，人人都是不得已而这样做或那样做，不如此就不成，因为不如此等于大家都没有好结果。为了大家可以生存下去，人们只好共同遵守一个自然形成的制度秩序。在经济交易中，我们最易见到这样的例子。比如，为做生意，生意人都会心怀算计，但是如果人人不断地你欺我诈、不守规矩，结果只能"数"败俱伤，久而久之谁都无法赚钱发财，还可能倾家荡产。于是生意场就会逐步出现诚实信用的制度秩序，还大家明白只有这样才能避免"数"败俱伤。这也意味着如果将法律的意思扩展到自然形成的制度秩序，人性恶的说法又可起死回生。

这说得有些远了。

回到这小节的正题上。可以说，单就国家法律本身而言，人性善的说法要比人性恶的说法优越一点。

026　法家的尴尬：秦王朝的灭亡

大致来说，人性善的观念容易导致教化的主张；而人性恶的结论容易导向严刑峻法。这在前面数小节的分析中可见一斑。不过人性善的观念从理论上似乎更能说明国家法律的一些方面。

现在，我们再看教化为先和严刑峻法的对立争议。这两个主张都在强调谁优谁劣。前面第020小节说过，严刑峻法的主张者，举出了用大刑从而治理成功的例子来说明这种方法是如何奏效的。而反对者也举出了秦王朝施行暴政终于自食恶果的例子来挑明重刑的失败、教化的可行。翻开中国法律思想的许多典籍，随手可见对秦王朝很快结束的讥笑和讽刺。人们说那是法家的尴尬。

　　说起秦王朝真是有意思。当初战国时期七雄争霸，秦国正是采用了法家的治国学说尤其是法家商鞅和李斯的纲领，少赏重罚、严刑威吓，最后居然力克六国。大凡用一种方法取得成效，便易相信那将屡试不爽。果然，接下来法家提倡的国家法律被推为全国的通行法律，而且其所主张的思想也成了唯一的官方意识形态。其他各类学说则被斥为蛊惑人心的异端邪说，以至后来还出现了令人瞠目结舌的"焚书坑儒"。我们说秦王朝太专断残酷了，可是它以这种方法尝到甜头，怎能不去再运用一番？就算看到了其中具有潜在危机也会"知难而进"，因为毕竟成功过。

　　当然历史到底还是和秦王朝开了玩笑。公元前210年，秦始皇去世。不到两年陈胜吴广两农民率众举事，秦王朝迅速灭亡。人们认定这都是严刑峻法"从中作祟"的结果。哪怕当年刑罚稍微有点"温和"，不是说杀就杀，也不至于将陈胜吴广等逼成咬人的"兔子"。

　　刚才提到的李斯和荀子有过一段对话。这段对话表明李斯竭力主张秦国实施酷刑，而荀子则不以为然，倒是大谈教化如何重要。那时秦国尚未统一，而李斯还在求教于荀子。

　　李斯说："秦四世有胜，兵强海内，威行诸侯，非以仁义为之也……"[1]荀子却讲，这种想法就幼稚了。即使秦国有了四代强盛，终有一日会被人颠覆，而且为期不远。现在，虽说别国无法对付秦

1　见荀况：《荀子》，第87页。

国，但是仁义定会战胜暴虐。商汤放逐夏桀不是一日之功，武王剿灭商纣不是一夜之成。汤王、武王二人正是不断广施仁义教化，最终底气十足，分别于鸣条大战和甲子那天击败了桀王和纣王。"今女不求之于本，而索之于末，此世之所以乱也。"[1]因此，"严令繁刑，不足以为威"[2]。这意思是叫李斯记住：秦国"威强乎汤武，广大乎舜禹，然而忧患不可胜校也"[3]。

当时这段对话似乎没有什么结果。

李斯尽管敬重老师，然而还是固执己见，并且暗自思量："老师仁义，但毕竟是老朽了。"到了秦国他开始将自己的一整套想法付诸实施，决不心慈手软。说来秦国也没枉费李斯的思想，终于统一了天下。可是没过多久秦王朝便寿终正寝。有一细节应作交代：荀子死于秦始皇9年，也就是公元前238年。这年离秦王朝土崩瓦解不过二十来年。讲这细节是想表明姜到底还是老的辣，李斯比起荀子还是差了一些，荀子看准了秦国施行严刑峻法的内在隐患，故而把秦国的命数说在了前边。李斯则是做梦都没想到自己的"杰作"秦王朝是这样草草收场，年仅十五载。

秦王朝这个例子，应该中肯地讲，既是法家理论得以自豪的例子，也是那理论败走麦城的脚注。旁人可将其看作：成也"法家"，败也"法家"。就连外国汉学家都有些不相信地说："令人

1　荀况：《荀子》，第87页。
2　荀况：《荀子》，第87页。
3　荀况：《荀子》，第94页。

惊讶的是，法家的胜利颇为短命。"[1] 主张教化的法律思想最为喜欢用秦朝的例子来嘲笑严刑峻法的方略，并以此来说明国家法律的作用是有限的，而教化才是上上策。"秦以力取之，以法守之，本末不得，故亡。"[2]

但是，秦朝例子只是说明了严刑峻法的双刃性：有时既可强国，有时也可亡国。它没有说明至少没有直接表明，仁义教化可以胜过严刑峻法。

027　仁义

讲究人性善，容易主张教化而轻视国家法律的作用。顺着上一小节来说，加上秦王朝这个例子，中国法律思想的一些理论更是唯恐教化这样一个方式遭人轻视。它们提醒人们注意，"道之以德教者，德教洽而民气乐；驱之以法令者，法令极而民风衰"，所以，"以礼义治之者积礼义，以刑罚治之者积刑罚。刑罚积而民怨背，礼义积而民和亲"。[3]

而我们讲到教化，势必要讲到仁义之类的概念，因为，这是教化的一个重要内容。

不过，对于什么是"仁义"，说法可能太多了。仅对"仁"这

1　布迪、莫里斯：《中华帝国的法律》，第19页。

2　桓宽：《盐铁论》，第50页。

3　贾谊语，见班固：《汉书》，颜师古注，中华书局1962年版，第2253页。

个字，古人就有多个解释。然而，三个解释大致被人认为是意思准确的：孔子说，那是"爱人"[1]；孟子讲，"仁者爱人"[2]；而东汉人许慎则说，"仁，亲也"[3]。不论怎样，从语词理论上来讲"仁"和"仁义"，可能抽象了。我们看一下《孟子》里记载的一段对话，从感性的角度去做些体会。

孟子对齐宣王说：我来说点施仁政而称王于天下的方法。

齐宣王说：很好。如何修炼品德以征服天下？

孟子说：善待百姓，接着就可以称王了，而且无人能够阻挡。

齐宣王继续问：我能做到善待百姓？

孟子答：可以。

齐宣王说：你怎么知道这点？

孟子说：我曾听说您见有人牵牛走过，就问牵牛干什么，牵牛人说是用来杀掉祭祀的，而您立即说算了吧，还说实在不忍心看到牛战栗不安、恐惧发抖的样子。其实，不忍杀生，就是仁慈。这样自然可以称王于天下了。[4]

通过这段对话，对古人"仁义"的意思便可以领略一二了。前

---

1 《论语注疏》，何晏注、邢昺疏，中华书局1980年版，第2504页。

2 《孟子注疏》，第233页。

3 许慎：《说文解字》，第161页。

4 《孟子注疏》，第19页。

面讲过，教化主要是要讲出道理，编个说法让人明白什么是错误的，什么是正确的，以此劝人向善。[1] 而我们领略了仁义的大概意思后，便可知道仁义在教化中具有重要的地位。通过仁义，由己推人，从而明白错在哪里，知道最终社会需要"仁爱"两字，教化也就成功了。

另外再提一下，孟子对齐宣王讲完仁义之说后，还讲了一些让厨师或者勤于出入厨房的人听后肯定不会太舒服的话。他说："君子之于禽兽也，见其生，不忍见其死；闻其声，不忍食其肉。是以君子远庖厨也。"[2] 笔者提到这点，是想说明，既然鼓吹仁义到了连荤菜都处理不得，那么，对国家法律中刑罚的态度也就可想而知了。当然，孟子恐怕最终并未扔掉国家法律的刑罚，因为，他有时自我矛盾地说：如果想要推行"王道"，就要在根子上解决问题，宅院里种上桑树，50 岁的人就有丝绸穿了，鸡鸭猪狗喂着，"七十者可以食肉矣"[3]。食肉，就是杀生。

这话等于又说了回来：国家法律还是丢不得。

说完古人再说今人。今人谈到教化，不大再用"仁义"之类的古董话语。这有时是因为那类话语被安上了"虚情做作"的不好名声，甚至被说成了"软刀子"（这当然不太合适）；而有时是因为今人另有一套可能比其更加"实在"、更加易被常人接受的说教道

1　见前第023小节。

2　《孟子注疏》，第20页。

3　《孟子注疏》，第24页。

理，比如，告诉你：要想别人对你好，就要首先对人好，这是有来有往，所以，侵犯别人的利益，最后别人、社会也会剥夺你的利益……我们几乎很难再听到今人说："君子非仁义无以生，失仁义，则失其所以生。"[1]但是，今人教化的精神实质，依然和"仁义"有些相符，里面总是有个"爱"字。

028　刑，义的根本；义，暴的来源

作为教化的一个内容，"仁义"备受青睐。可是，如果我们还记得"人怕火不怕水"这一典故的话[2]，那么我们就会提出这样一个问题：天天讲仁义，有人也许就会对其不重视了，而不重视，慢慢就会铸成大错直至犯罪。假如真是这样，讲仁义等于是不讲仁义，因为，其结果是害了"怕火不怕水"的人，其也就真成了一把"软刀子"。

《商君书》里就有一番类似的言辞。它说："以义教则民纵，民纵则乱，乱则民伤其所恶……而世所谓义者，暴之道也。"[3]这是提醒我们注意：越是大谈平民百姓喜欢的仁义教化，越会使他们走向犯罪、遭遇刑罚；反过来越是严刑峻法，越会使他们明白真正的仁义。"立民之所乐，则民伤其所恶；立民之所恶，则民安其所

1　刘安等编著：《淮南子》，第102页。

2　见前第012小节。

3　商鞅：《商君书》，第17页。

乐。"[1]"慈仁，过之母也。"[2]真想对人仁义，就不能用教化仁义的方法。

　　根据这种见解，仁义倒成了暴的来源，刑则成了义的根本。《韩非子》也是这样看问题："今世皆曰尊主安国者，必以仁义智能，而不知卑主危国者之必以仁义智能也。"[3]因此，"母不能以爱存家，君安能以爱持国？"[4]《韩非子》还特别挖苦孔子。它说，孔子可说是天下的圣人了，但是，喜爱其仁爱、称颂其道义并愿为其鞍前马后的那些人，数来数去也不过七十多人，而这些人又是他的弟子。而鲁哀公，说不上为人高明，可坐在君王的位置上没人敢不俯首称臣的。孔子到头来，也要屈从于鲁哀公的权势。这就出现了："民者固服于势……故仲尼反为臣而哀公顾为君。"[5]

　　笔者以为，对于仁义教化这样一种"讥笑"的看法，没有什么说不通。在抽象的理论层面上，就像可以将仁义教化说得令人心服口服一样，将它也可以说得一无是处，甚至从它那里，推出其本身就是不仁不义的结论。《商君书》和《韩非子》等法家的重要文本绝对不是"小儿科"一般肤浅，它们为了说明自己的整套话语，可以将理由说得清晰透彻，将对立的观点批得顾此失彼。但是，这倒不意味着仁义教化真是不如严刑峻法，也不意味着仁义教化那套话

1　商鞅：《商君书》，第17页。

2　商鞅：《商君书》，第10页。

3　韩非：《韩非子》，第138页。

4　韩非：《韩非子》，第148页。

5　韩非：《韩非子》，第154页。

语的滴水不漏实际上漏洞百出。在前面许多地方，我们已经发觉，仁义教化的一套话语听来也是颇为道理的。而且就秦王朝很快结束的例子来说，这个例子起码一半是在支持仁义教化。

所以，问题在于，这样一些话语套路的采用可能与人们的姿态、立场有着密切联系。

029　"槐树"刑罚的故事

现在，我们看一个故事。这故事可以将我们的视线移到一个较易为人所忽视的法律思想问题：帝王君主制定的国法的好与坏。这个问题的阐明，也许可以表明仁义教化的思路至少在一点上是严刑峻法的思路不易驳难的。

春秋时期，齐国有一个君王叫齐景公。齐景公因为特别喜欢一棵槐树，便命令手下仔细看管。为了让人看得清楚明白，景公还立了一个木桩，将一块写着字的牌子挂在上面。牌子上的字是："碰槐树者刑，伤槐树者死。"有一个酒徒不知这件事，一日喝醉了酒，撞到这棵槐树，接下来的事情便是官兵把他捉了起来。官兵问景公怎样处置，景公说："这还要问我？照已颁布的国法处置。"

酒徒有个女儿，十分漂亮而又聪明。她听说父亲出事了，觉得冤枉，想帮一下，于是托人传话给齐国有名的卿相晏子，说："我是城外一个小女子，无限向往服侍相国，愿在相府后宅充数做个小妾。"可是晏子更是一个聪明人。他琢磨："我又不是好色之徒，人也老了，为什么她愿意给我做妾？里面一定有问题。"晏子叫手下人将小女子领来，问她到底是什么事。

小女子说："这景公因为喜欢一棵槐树，便立法令规定碰树者刑、伤树者死。我爹嗜酒，为人时常糊涂，不小心碰上那棵槐树。现在，官兵非要治罪不可。我听说英明君王管理国家制定法令，不轻易增加刑罚，不去为了私怨损害公法，不去为了禽兽伤害百姓，不去为了禾苗伤害禽兽，不去为了野草伤害禾苗。可是，景公却要为了一棵槐树惩罚家父，要我成为孤儿。我父亲一人受罚是小事，这样损害了君王的名声、道义是大事。人们知道了这事，都会认为景公喜爱树木却轻视人。您说，这成吗？"

晏子一听，心想：这小女子文化不高，可居然能说会道，而且说得在理。于是第二天上早朝的时候，晏子便禀告齐景公，说："大王，听说您已颁布法令，规定碰槐树者刑、伤槐树者死，而且有一人已经碰了树，现被关押听候处置。我想这恐怕是不义之刑了。为君者不可崇尚自己喜好的玩物，为了一棵槐树就乱立法令，而失义于天下百姓。您享有国家，应该爱民如子，今日不改这法令，不放掉碰树者，实在说不过去。"[1]

有书记载，这晏子叫晏婴，才华横溢、治国有方，因而深得齐景公的尊重。现在，晏子说话了，景公果然觉得自己真是大错特错，接着"公令……废伤槐之法，出犯槐之囚"[2]。

---

1 《晏子春秋》，第12—13页。

2 《晏子春秋》，第13页。

　　显然，这故事表明了这样一个问题：如果国家法律真像《商君书》和《韩非子》所描述的那样，由帝王君主一统而定，那么，帝王君主自己想法的好坏便决定了法律的好坏，而既然帝王君主的想法这般关键，那么，仁义教化就太重要了。正像晏子的劝说那样，教化决定了齐景公的一项法令的去与留。大体来讲，《商君书》和《韩非子》等法家文本，不大在乎法律本身的好坏，总以为君王大笔一挥，接下去的事情就是以法惩恶。可是，齐景公的那条"槐树"法令，怎能起到惩恶的目的？它本身"是否恶"这个问题，都是尚待解决的。而且发现了它是"恶"的，也无法用君王的国家法律来制止，而只能靠君王自觉反省了。如此看来，仁义教化的思路在这点上实在重要。

　　说来，《管子》对此倒是早就略有觉察。它说："有法不正……则治辟。治辟则国乱。"[1]

　　我们再看一段与此有关的趣味传说。它也是讲晏子逸事的。

　　晏子曾经去过鲁国。一次吃早餐，送来的食物里面有蒸熟的小猪。晏子吃完，觉得送饭时小猪的两腿露在外面似有不妥，便对伺候的人说，再送小猪时不要露出两腿。到吃下一顿饭时，送来的小猪两腿不仅没露出，而且还没了。晏子紧皱眉头。伺候的人说："对不起，猪腿丢了。不过我一定可以查个水落石出。"晏子却说："算了。不要追问这事了。"伺候的人有些不明白。晏子接着

1　《管子》，第190页。

讲："只算计结果不计算过程，这人就会筋疲力尽。把多余的东西收藏起来不分给别人，别人就会盗窃。您应该教我如何改正收藏多余东西的过失，而不要教我去寻找那个窃猪人。"[1]

这传说的意思，恐怕在于提醒人们注意，不仅对君王有个仁义教化的问题，而且对自己有个自我反省教化的问题。教化的思路到了这一层，可就到了上乘的境界。这恐怕不是严刑峻法的思路可以同日而语的。

030 饮酒之礼·礼治·"防患于未然"

在中国法律思想中，仁义教化和一种东西的关系千丝万缕。这东西便是"礼"。《礼记》说："礼之序，以治人情……故礼也者，义之实也……仁者，义之本也。"[2] 所以，我们总是可以发现，讲究仁义教化正是从侧面来鼓吹礼治。某些古人，坚持"道德仁义，非礼不成；教训正俗，非礼不备；分争辩讼，非礼不决"[3]。他们认为"法治"并不重要。"凡治人之道，莫急于礼"[4]。当然，这里的"法治"，是指帝王君主将国家法律当作首要治理手段，而不是讲，上至君王下至草民，都要服从国家法律的治理。在前一种

---

1 《晏子春秋》，第39页。

2 《礼记》，第311页。

3 《礼记》，第3页。

4 《礼记》，第635页。

法治中，统治者在法律的约束之外。在后一种法治里面，统治者则在法律的约束之内。

　　说到礼治，我们看一个《礼记》所举的例子，它说明，"礼"是如何在日常生活中发挥作用的。《礼记》讲，人们酿酒喝酒，肯定不是为了引起麻烦祸害这个目的，可是有一段时间，因酒而起的官司倒是越来越多，这就是豪饮滥饮、恣肆无度而生出的祸害。先人把这些看在眼里，记在心上，从而制定了饮酒之礼。这礼要求敬酒，敬酒则要求敬酒人敬而有礼貌，比如站起来、拜三拜、双手举杯、饮完示意杯空、受敬三杯后回敬三杯……恰是这些饮酒之礼，使人天天饮酒而无滥醉，防止了酗酒闹事。本来，饮酒是为了融洽感情、相欢而乐，但是没有饮酒规矩，这些也就无从谈起了。[1]

　　饮酒之礼是否真是防止了酗酒烂醉，这是一件让人不敢妄下结论的事情。毕竟，直到今天，我们还能看到一些失礼饮酒，经常要用"嗜酒之徒"的字眼，描绘其中之人。不过，如果没有先人传下的酒礼，也许喝酒引出的荒唐之事更为严重。这个结论还是可以说出的。

　　"礼"是日常行为规矩。《礼记》还说：见到二人坐在一起或站在一起，就不要插身其间；男女不要混杂而坐，不得共用竹竿或衣架晾晒衣服，不共用脸巾和梳子，不亲手递东西给对方；叔嫂不要相互问候；男女之间没有媒人牵线，就不得打听对方名字……请

1 《礼记》，第507页。

客人吃饭要将带骨的肉放在左边，没骨的肉放在右边，客人吃三口饭后，主人要引导客人吃没骨的肉，主人还没尝遍所有菜肴，客人不得喝酒……守丧期间，身上发痒了才能洗澡……[1]

通过这些细节之"礼"，我们可以想象，要是人人都能做得如此这般，那么，恐怕不会有人还去偷鸡摸狗、杀人越货、见色起意了。这些细节之"礼"，使人的行为有条不紊、轻重得当，使人瞻前顾后，而且反过来又潜移默化地提升了人的心灵教化。

正是出于这样的设想，中国法律思想的某些理论特别强调了礼治的重要。孔子说："安上治民，莫善于礼。"[2] 荀子说："人无礼则不生，事无礼则不成，国家无礼则不宁。"[3]《礼记》也是这样认为："礼之所兴，众之所治也；礼之所废，众之所乱也。"[4]

当然，在今人看来，上面那些"礼"之中的一些规矩，似乎有些过分了，怎能男女不得混杂而坐？不得亲手递东西给对方？叔嫂不能相互问候？今人还会进一步追问：遵守这些规矩，就真能防止"男女乱套"？而且，单就现在男女不共用脸巾和梳子这件事来说，今人会想，如果不是出于卫生干净的考虑，恐怕就更没有必要死守陈规旧律了，因为，不遵守这些规矩并不会有什么与色淫有关的不妙结果。

---

1 《礼记》，第15页。
2 《礼记》，第656页。
3 荀况：《荀子》，第10页。
4 《礼记》，第671页。

　　但是，应该注意，对礼治的强调也缘于这样一个思路：从小事做起，"防患于未然"，宁可信其可能发生，不可信其不会发生。小事也许不重要，可是哪些乱子不是在小事中孕育出现的？

031　学校的好风气·礼治的效率

　　就"防患于未然"这一点来说，可以将它对比国家法律来再伸展做一番议论。不过，梁启超有一段话，把这里想继续说的重要意思，已经分析得十分简朴而又到位。笔者不惜冒"抄袭"恶名的风险，将其照搬如下：

　　拿办学校做比方，法家以为最要紧的是严定章程，信赏必罚，令学生整齐严肃，学校自然进步。儒家不然，以为最紧要是养成好学风，得有"自善"的学生，学校乃能进步。法家的办法，例如每学期只准告假若干次若干点钟，过了便扣分数，以为这样便可以防懒惰的学生。例如图书馆规则严密规定弄污了如何惩罚撕破了如何惩罚，以为这样便可以防乱暴的学生。儒家以为专靠这些，效力有限得很，而且会生恶结果。你立许多告假章程防备懒惰，那懒惰的学生，尽可以在不违犯告假章程内，依然实行懒惰。你立许多借书章程防止乱暴，那乱暴的学生，当着旁人不见的时候撕破书，你便无法追究，你要惩罚他时，他可以有法抵赖。所以立法无论如何严密，到底不能得预期的效力。不惟如此，你把学生当作贼一般看

待，学生越发不自爱，逼着他想出种种方法遁逃于法之外，养成取
巧或作伪的恶德，便根本不可救药了。所谓"免而无耻"，即指这
种现象。儒家的办法，以为只要想方法引起做学问的兴味，学生自
然不会懒惰，只要想方法养成公德观念，学生自然不会乱暴。在这
种学风底下发育的学校，倘若学生中有一两位懒惰乱暴的，全校学
生都不耻他，这种制裁力，比什么章程罚则都强。礼治的真精神，
全在这一点。[1]

可以看出，这里面礼治的又一理由。

另外值得注意的是，那些礼仪之类的东西，可以通过家庭、家
族、邻里、乡间、社区等等自然形成的社会空间，自然而然地传
递、影响和约束。一个人生下来之后，可以经由家庭、家族、邻里
等环境，自然地接受父老乡亲的"行为举止"的熏陶，慢慢习惯被
周围认可的举止规矩。假如有人自行其是，旁人自然就会形成"冷
眼相待"的压力，迫使其不得不"改邪归正"。"礼……专靠社会
制裁力发生作用，你愿意遵守礼与否，尽随你自由。不过你不遵守
时，社会觉得你是怪物，你在社会上便站不住。"[2]这样一个效果，
可不是国家法律所能轻易达到的。国家法律，正像前面提到的管子
所说的，要有人制定颁布，要有人传递下去，还要有人监督执行，[3]

1 梁启超：《先秦政治思想史》，第267页。
2 梁启超：《先秦政治思想史》，第263—264页。
3 见前第002小节。

如果有人犯法了，还要由官府去缉捕惩办。这样可是比较"累"的。如果算一笔经济成本上的出入账目，那么，国家法律的运行成本恐怕要高于"礼"。这可能也是有人主张以"礼"自然调节社会的另一个理由。

前面第023小节，提到过《韩非子》对教化的一个批评：没有效率。这意思是，教化是个浪费人力物力而且让人看着着急的事情。像舜那样的圣人，为了教化一个地方的乱民，就得花去一年的时间。三年过去了，也不过是刚刚教化了三群人。单就教化本身来说，《韩非子》兴许是切中了一点要害之处，我们甚至可以追随《韩非子》认为国家法律的效率就是高于教化（其实这也可能是说不清的，见前第023小节）。但是，结合前一小段来说，如果教化不是单纯的教化，而是和社会中已有的一些习惯规矩比如"礼"相互配合、相得益彰，那么教化可就不是没有效率了。换句话说，在社会上已经存在了一个不少人大体接受的"礼"，在"礼"可以潜移默化地发挥作用的同时，教化不失时机地跟上发挥作用，那么，效果也许就不是国家法律所能相比的。像舜之类的圣者，假如看中了一个地方的习惯规矩，从而因地施"教"，利用社会已有的群体多数力量来启动"感召"，别说三年，就是三个月可能都是不用的。所以，有学者说，"所谓礼……来自人们的社会生活习俗和管理，为大家所共同遵守"[1]，"礼的特点在于教化人心，唤起人们

---

[1] 周密：《中国刑法史》，群众出版社1985年版，第103页。

的自觉或者叫良心的发现，而恪守不移"[1]。

实际上，在中国法律思想的某些理论中，仁义教化的主张通常是以"礼治"的主张作为"辅助佐料"的，并不是一味地单强调仁爱说教。这些理论知道，单纯的教化有可能是费时费力、事倍功半的，甚至知道到了"礼崩乐坏"的地步，教化也就寸步难行了。

032　礼治·"熟人"和"陌生人"

当然，看重礼治的最为重要的理由可能是这点：就国家法律来说，"从此各个人间的彼此界限要划得很清，开口就是权利义务、法律关系，谁同谁都是要算账，甚至于父子夫妇之间也都如此；这样生活实在不合理，实在太苦……"而古代之礼在"家庭里，社会上，处处都能得到一种情趣，不是冷漠、敌对、算账的样子，于人生的活气有不少的培养，不能不算一种优长与胜利"。[2]这就是前面所说过的，礼浸透着仁义，而仁义浸透了一个"爱"字。特别喜欢礼治，在相当程度上，是因为那礼治似乎更可以融洽人际关系，使生活自然而又温馨。

现在，我们引入一对概念来看这里的礼治。这对概念是"熟人世界"和"陌生人世界"。

先说"熟人世界"。在这个世界中，人人都是朝夕相处，仿佛

1　周密：《中国刑法史》，第103页。

2　梁漱溟：《梁漱溟全集（第4卷）》，第479页。

家家户户之间的关系，如同一家之内长辈晚辈、夫妻、姐妹之间相知了解，即使不是这样亲融与共，也是低头不见抬头见。这是一个"没有陌生人的社会"。[1] 这样"常态的生活终老是乡。假如在一个村子里的人都是这样的话，在人和人的关系上也就发生了一种特色，每个孩子都是在人家眼中看着长大的，在孩子眼里周围的人也是从小就看惯的。这是一个'熟悉'的社会"[2]。而且，十分重要的是，人与人之间由于日常生活的自然作用，大体上已是相互比较信任了。即使出现欠债，也都知道对方不会赖账。甚至发生了一些纠纷，也完全可以在柔性的调解之下加以解决。在这样一个世界中，为什么还要麻烦地制定一个国家法律？为什么要用生硬的国家法律来冲淡已经日久天长的亲融关系？为什么不可以用"仁爱"教化之"礼"，来进一步巩固这样的关系？

反过来，在"陌生人世界"里，人与人之间生疏不知，由于空间关系的隔阂和分离，不太容易产生相互信任、相互理解的机会。这就如同一个人来到外邦，对那里一无所知，和那里的人总是彼此用疑惑的眼睛相互对视，而不太可能全无戒心。在这样的世界里，人们容易相互猜忌、相互算计，生怕"错过时机"。就算有人再以诚挚的表情向天发誓，如何说一不二，他人也是将信将疑。于是，用"仁爱"之礼来教化，反倒显得不切实际了，甚至有点给人虚情假意的感觉。在这里，主张国家法律的直硬管理，似乎没有什么不妥当。

---

1 费孝通：《乡土中国》，第5页。
2 费孝通：《乡土中国》，第4页。

说到这里，可以联想，中国社会的相当一部分地区好像更贴近"熟人世界"的概念。因为，那些地区大体上是"邻里乡间"式的地域空间。既然如此，"礼治"要比"法治"更为实际，更为容易使原有的人际关系熠熠生辉。我想，这可能是从古到今，为什么相当一些颇为重要的中国法律思想更为推崇"礼治"的根本缘由所在。学者费孝通讲：

……陌生人组成的社会，各人不知道各人的底细，所以得讲个明白，还要怕口说无凭，画个押，签个字。这样才发生法律。乡土社会里从熟悉得到信任。这个信任并非没有根据的，其实最可靠也没有了，因为这是规矩。[1]

当然，对这里的"熟人世界"和"陌生人世界"的概念，可以更为深入地考虑一下。"熟人"和"陌生人"有时是一对相对的概念，也许特别重要的是，在其他因素的影响之下，它们可能会发生相互转换和变化。比如，当手里的钱财有减无增的时候，熟人的关系就会变为陌生人的关系。一个人因为熟悉的"面子"，可以向另一个人不断地借东西。但是，假如前一个人总是不还，他们之间的"熟人信任关系"就会松弛，逐渐"形同路人"。这里的问题要害，正在于后一个人再如何相信"熟人"，也还会担忧钱财的不断

---

1 费孝通：《乡土中国》，第5—6页。

丧失。这钱如果越来越少了，谁还会"以钱取爱"？18世纪的法国人孟德斯鸠曾经尖刻地说过，中国人的熟人社会，虽说以礼为指南，可是其中还是没有信任的"安全感"，起码向那个社会里的人买东西，自己要带秤。[1]孟德斯鸠可能言重了，中国人肯定不是个个如此毫无信誉，可是，他讲得也并非是一点道理都没有。

笔者说到这一层，目的是想表明依照这样一个思路，也即"熟人"可以变为"陌生人"的思路，仁爱教化的礼治作用有时可能会大打折扣，由此而来的倒是想想"法治"这样一个办法。有了"法治"，有时也许就不会担心熟人总是"借钱不还"，担心熟人变成了陌生人。这是一个有趣的解构思路，一个揭示理论如何只能说明某些现实的思路。继续引申可能复杂了，笔者就此停住。

033 何谓善于奖赏？

前几小节，围绕着"教化为先"这一主题着墨不少，最后落在了"礼治"这样一个重要问题上。其实，在中国法律思想中，"礼治"只是一个具有象征意义的治理方式，它表征着其他各类习惯规矩对比国家法律而具有的不同意义。我们仅仅拿它来具体说明一个思路而已。在结束"教化为先"这个主题之前，再看一个与"礼"略有关系的历史故事。它有点意思。

---

1 孟德斯鸠：《论法的精神》，张雁深译，商务印书馆1982年版，第316页。

春秋时期，赵襄子曾被敌人困于晋阳城中。解围之后，大概有五个人受到了奖赏。其中第一个受奖的人叫高赫。高赫在城被围之时，既没有奋力杀敌，也没有出谋划策以克敌制胜，只是天天依然和赵襄子以君臣相称。颁奖之后，有个叫张孟谈的心里不明白，便问赵襄子："晋阳危机之际，高赫没有什么功劳，其他勇猛杀敌者无数，为什么他第一个受赏？"赵襄子则说："晋阳被围，国家已经危在旦夕。在这种情况下，我身边的群臣个个趾高气扬、傲慢无边，唯独高赫不失君臣之礼。因此先赏他。"孔子知道这事后，称赞说："这叫善于奖赏。赵襄子果然是个好样的，奖赏一人而使天下做臣子的没人敢失礼了！"

也是那个时代，有人针对孔子而做评论："孔子还算圣人？居然不知怎样才叫善于奖赏！"描述这故事的《韩非子》接着说，本来赵襄子被围于晋阳城时，上下可说是同仇敌忾，这表明君臣君民之间的关系还是不错的。在这种情况下，居然有人敢趾高气扬、飞扬跋扈，说明赵襄子赏罚不当。做臣子的，只有出谋划策有功的时候才能奖赏，而高赫仅仅是老实了一点，就有这番甜头，实在是无法理论。赵襄子应该首先将那些目中无人的近臣逐一查办，然后再亲赏杀敌立功者，至于高赫，不用理睬。因此孔子根本不知怎样才叫作善于赏罚。[1]

我们接着前面讲的"礼治"来谈这个故事。孔子的意思，是说

1　见韩非：《韩非子》，第119页。

为君者关键在于提升臣民的"礼"之意识，有了"礼"，一切皆有章法而且遇事不乱，所以要先赏高赫。《韩非子》的意思与此完全是对立的。它想，"礼"没有用，临危之际还需有人奋勇杀敌才是，奋勇杀敌者的出现，靠的是奖赏这个动力。具体到有些近臣趾高气扬、傲慢无边这回事，孔子的隐含意思是说，有"礼"就不会出现这等事了，而《韩非子》的意思是说，有"罚"才能震慑乱臣。说到这里，我们就遇到了一个实际问题：赵襄子究竟是依照孔子的思路继续做下去有意义，还是依照《韩非子》的思路有意义？我们在知道了"礼治"和"法治"的各自道理之后，能不能顺利地解决这个实践问题？如果不能，又该怎样？

我想，这是任何社会理论（当然包括法律思想），必须面对而又不大好解决的问题。

小　结

仁爱教化的主张容易将人引向礼治的想法。礼治的想法，反过来又让人发觉自然的温馨和谐是难能可贵的，使人希冀施行仁爱的教化，正像梁启超总结的，"礼治绝不含有强迫的意味，专用教育手段慢慢地来收效果"[1]。落到我们中国的社会里，人们也许会发觉，礼治一类的方式要比"法治"——当然不是西方人的法治——

---

[1] 梁启超：《先秦政治思想史》，第264页。

来得方便而又有效率，更能使社会原有的人际关系自然舒展，因为，中国的许多地方好像更类似"熟人"的世界。

这是中国法律思想的某些理论的一个条理。

这样，对于防止对抗社会的犯罪行为，国家法律便不像法家想象的那样可以防微杜渐，相反，它似乎只能"亡羊补牢"。真正可以防微杜渐的，恰是仁义教化，或者说是礼治。所以，"礼者禁于将然之前，而法者禁于已然之后"[1]。或像汉代司马迁所讲："夫礼禁未然之前，法施已然之后。"[2]换句话说，在中国的一些法律思想中，国家"法律的作用不在于'预防'对自然和谐的破坏，而在于发生这种破坏后对自然和谐的'修复'。……'礼'（道德和礼仪方面的原则）具有预防性效能，其作用在于使人们远离犯罪；'法'则具有'修复'效能，它只是在犯罪发生之后才起作用"[3]。

1　贾谊语，见班固：《汉书》，第2252页。
2　司马迁：《史记》，《太史公自序》，第3298页。
3　布迪、莫里斯：《中华帝国的法律》，第401页。

第三章　刚柔相济

在前面第 033 小节，我们提出了一个"赵襄子式"难题，这就是：在实际的治理过程中，究竟依照孔子的思路有意义，还是依照《韩非子》的思路有意义？显然，这难题不好解决。也许因为这类难题数不胜数，或者因为理论上的条条道道总是纠缠不清，中国法律思想的一些理论不得已而采取了折中态度。它们反过来提出这些问题：为什么不能将严刑峻法和仁义教化结合起来？为什么非要看着"法治"和"礼治"分道扬镳？站在赵襄子的立场上，为什么不能在给高赫赏赐"胡萝卜"之时，给那些飞扬跋扈的乱臣以"大棒"？

这些反问，就把我们带到了一个人们习以为常的所谓"辩证"思路：刚柔相济。

034　性相近·习相远

我们可以这样想问题：人初生时候，没有什么意识和思想，只是展现用于基本生存的吃喝拉撒能力，随着年龄的增长，慢慢就有了理解能力和认知能力，慢慢就有了好坏善恶的感觉，接下来就依赖环境把自己塑造成了三种人中的一种：好的、坏的，或者不好不坏中性的。"性相近也，习相远也。"[1]这样想问题，意味着人性本身到底是善是恶还是无所谓善恶，都是次要的事情，重要的在于后天的变化。

前边，我们提过孟子。孟子虽然喜欢将人说得善点，可是有时也以为环境的变化十分重要。他说："富岁，子弟多懒；凶岁，子弟多暴。非天之降而殊也，其所以陷溺其心者然也。"[2]孟子还提出一个比喻，说牛山（今山东省淄博市临淄区）的树木原来十分茂盛，如果经常抡斧砍伐的话，就没有茂盛的景观了。不砍伐而是在山上放牛羊，结果也是一样的。这仁义之心就像牛山的树木，假如时常砍伐或者放牧，就不会生长繁茂，"故苟得其养，无物不长；苟失其养，无物不消"[3]。

东汉王符也是直白地讲，人的天性特别类似，正是因为环境的千差万别，人的品质才大为不同了。[4]

现在，我们看一下荀子的说法。荀子对孟子的性善说特别不以为然。他想，性善说的最大问题是说不清楚为什么人的社会还要有个礼仪，为什么还要有个圣王。既然人人都是好心善心，实在无从谈起仁义教化和圣王的作用："今诚以人之性，固正理平治邪，则

1　《论语注疏》，第2524页。

2　《孟子注疏》，第302页。

3　《孟子注疏》，第306页。

4　王符：《潜夫论》，第104页。

有恶用圣王、恶用礼义矣哉？"[1]对于这个批评，我想，既然孟子也说了有时生存环境不是那么理想、变化多端，而且这本身就容易使人向好或者向坏，说过性善"求则得之，舍则失之"，那么，也就不奇怪孟子为什么还要主张仁义教化和圣王治世了。在这，笔者倒是特别关心荀子的这个见解："圣人之所以同于众其不异于众者，性也；所以异而过重者，伪也。"[2]这也是讲："习相远。"

荀子有点法家的"嗜好"。他说，人肯定是性恶的，而且，"凡人之欲为善者，为性恶也"[3]。不信看看，人从来都是衣食穷困才向往财富，面相丑陋才向往美貌，住房狭小才向往宽敞，有饭吃但不饱时还要米粮。[4]反过来，都满足了，凡人也就做善了。不过荀子的感觉十分灵敏，他知道仅仅承认人性恶一个道理，就会像法家那样捉襟见肘，说不清楚许多问题。[5]所以，他尤为看重"习相远"的问题，看重人的后天作为。无论如何，人可以成为尧舜，可以成为盗贼，可以成为工匠，也可以成为商人或者农民，这全在于日积月累的习俗和锻造。像总是耕地的人，日子久了自然就成为农民；总是倒买倒卖的人，日子久了自然就成为商贩；总是小偷小摸的人，日子多了自然就成为盗贼；而总是依礼做善的人，日子不断过下去就自然成为尧舜。荀子相信这点。

---

1 荀况：《荀子》，第140页。
2 荀况：《荀子》，第140页。
3 荀况：《荀子》，第140页。
4 荀况：《荀子》，第139页。
5 见前第014小节。

　　有趣的是，《淮南子》还为荀子找了四个实证。

　　第一个是说，春秋战国时代有个叫颜涿聚的人，开始是个山中大盗，后来日夜在心灵道德上"修炼"，最终成了齐国的栋梁之臣。第二个是说，其时魏国的一个人叫段干木，开始的时候是一个贪财的小贩，后来苦心读书做善，居然最后成了魏文侯的尊师。第三个是说，楚国有个武将，人称景阳，有那么一段时间特别好色，老是披头散发地混迹于女色之中，但是，后来自我克制而且磨炼意志，终于痛改前非，成了顶天立地的威武汉子。最后一个是说，有个叫孟卯的魏国人，娶了自己的嫂嫂不说，还生下了五个孩子，但日后追悔莫及，日日思过，日子久了，道德意识大为提升之外还做了魏相，消除了魏国的内忧外患。[1]

　　当然，荀子的说法里面有个"困难"是会让别人缠住追问的：如果人都是性恶的，那么怎能让人自己有个"善"的想法，从而自我锻造成为尧舜？换个问法：社会上的"善"的习俗（如礼仪）或其他"善"的东西，是从哪里出现的？荀子说过："人之生固小人，无师……则唯利之见耳。"[2]这仿佛是讲，"善"的想法和"善"的礼仪来自老师、圣人的教化和制订。但是人们可以追问：老师、圣人也是"性恶"的，如此怎能去教化和制订礼仪？荀子认为，老师、圣人能够做这些，就如同陶匠能够制造陶器一样，没什么可进一步追问的。陶匠可以制造陶器显然不是因为他有"陶器

1　刘安等编著：《淮南子》，第145页。
2　荀况：《荀子》，第21页。

性"，所以老师、圣人做"善"，不是因为他们有个"善性"。所有这些，都是积习而来。"……禹之所以为禹者，以其为仁义法正也。"[1]这意味着，做得多了久了自然就会做了，所以"积思虑，习伪故，以生礼义，而起法度"[2]。

我想，荀子没有回答好这里的问题。因为，他没有回答为什么老师、圣人在积习之前，会做出第一个"善"事来。人们总还是想知道：为什么陶匠在成为陶匠之前，会想到制造陶器？荀子兴许以为，问这种问题等于是在问"鸡先蛋先"。但是，你既然可以说人性都是恶的，从人性恶中可以"积习"出"善"事来，那别人也就可以说：人性是恶的，从人性恶中只能积习出"恶"事来。实在看不出，前一个说法要比第二个说法更有道理。

言归正传。现在可以清楚地发现，如果认定了人是"习相远"的，那么就可以进一步问问：为什么非要单用严刑峻法？为什么非要单用仁义教化？既然是习相远，人就可以成为不同的人，对待不同的人当然要用不同的方法。而且就一个人来说，他在不同的时候也有不同的习性，如此，对待同一个人也要用不同的方法。这样，在严刑峻法或者仁义教化上，"此一时彼一时"，便是顺理成章的事情。

---

1 荀况：《荀子》，第141页。
2 荀况：《荀子》，第139页。

035 "打一巴掌揉三揉"

为了说明这里的问题，先讲一个历史故事。

唐朝有个官人叫唐临。唐临官职不高，是辅佐县令的。他在万泉县。虽说唐朝是个兴盛朝代，可许多县的牢狱里仍然关着不少犯人。万泉县也没例外。

一个春天，风调雨顺，万泉县的田地滋润肥沃。可是风调雨顺又是更需要劳力来耕地插秧的，而牢狱里不知何故尽是关了一些年轻体壮能耕善插的人。这些犯人的家人，当然需要他们回家帮着耕作。唐临琢磨：如果让犯人回家干活，岂不是两全其美？一来可以帮助农耕，二来可以显示皇恩浩荡。于是，他请县令放这些犯人回家种地，种地时间可用来折抵刑期。但是县令则说："不行，犯人一被放回肯定逃离。"唐临笑着回复："放心，我负责任。"县令见唐临这样执着，只好推说自己身体不大舒服，回家逃避。唐临见县令走了，便将牢狱里的犯人一一招来，拍着每个人的肩膀说："希望你们重新做人。好好干活！干得好的不仅可以用干活的日子折抵刑期，而且可以减刑。"说完唐临打开了大门。

随着农耕季节过去，县令身体也没事了。县令回到牢狱一看，犯人还真是个个准时回来了。他问唐临："为何您对犯人如此宽大？"唐临说："当初判刑已是够重的了，犯人肯定会追悔莫及。如果待时机成熟之时给予宽慰，先前刑罚的效果才会最佳。犯人不仅会觉得自己该罚，而且不会忘了朝廷的恩典。"[1]

现在，把唐临和"习相远"的说法联系起来看问题。唐临说，犯人惩罚一下就会追悔莫及，这等于是在认为：人是可以变的，开始犯罪可能没有良知，但是惩罚了就会出现良知萌发的情况。一前一后就是一种变化。所以，在唐临的眼里，人的心灵是可以变化的，既可以向恶，也可以向善。有了这样一种看法，他自然对犯人依时返回牢狱有了信心，同时也会赞同在实施刑罚上"打一巴掌揉三揉"。

其实，在中国古代法律思想中，早就有了这一类的看法。《尚书》曾提到周公的一个说法："轻重诸罚有权。刑罚世轻世重，惟齐非齐……"[2]到了荀子时代，有了"习相远"之类的观念，"治世刑重，乱世刑轻"[3]之见也就有了流行趋势。在这里，"世轻"或"刑轻"就是仁义教化的另外一种讲法。换句话说，讲"世轻"或"刑轻"，有时就是讲仁义教化；讲仁义教化，有时就是讲"世轻"或"刑轻"。而到了汉代以后，"打一巴掌揉三揉"终于大体成为一个主流话语。说来，唐临不过是将先人的意思在实践中尝试了一下。至于成功了，那是因为运气好，不想那些犯人果然听话。

当然，有一点也应补充说明。"打一巴掌揉三揉"，其重心一

---

1 刘昫等：《旧唐书》，中华书局1975年版，第2811页。

2 孔安国：《尚书正义》，第723页。

3 荀况：《荀子》，第103页。

般落在仁义教化上，这就是先罚而后教。像汉代刘向所希望的，"教化所恃以为治也；刑法所以助治也"，而"废所恃而独立其所助，非所以致太平也"。[1]但是，真正主张在严刑峻法和仁义教化之间折中的想法，还包括了"该出手时就出手"的意思，那就是该重罚时不能心慈手软。也许，人们在知道了"习相远"以后，依然记得《吕氏春秋》里的一个无情的杀人故事：

　　有一大儒名叫秦牛缺。在去邯郸的路上，他遇到了一伙强盗。这秦牛缺很"客气"，强盗要什么他就给什么，车马交出去不算，还将衣被交了出去。这可说是仁至义尽了。但是，当秦牛缺慢慢离去的时候，几个强盗却在背后合计：这一定是天下的显贵，受到如此侮辱，必会向官府告发，既然这样，倒不如一不做二不休，干掉他，灭了他的踪迹！他们随即追上杀了秦牛缺。[2]

　　《淮南子》有话说："仁者，百姓之所慕也；义者，众庶之所高也……然世或用之而身死国亡者，不同于世也。"[3]"秦牛缺……能以知知矣，而未能以知不知矣。"[4]

1　班固：《汉书》，第1034页。
2　吕不韦：《吕氏春秋》，第113页。
3　刘安等编著：《淮南子》，第202页。
4　刘安等编著：《淮南子》，第202页。

036　常备不懈

从"习相远"，中国法律思想的一些理论悟出了这些想法：刑罚"世轻世重"，或者"该出手时就出手"。唐临的事迹也是一个例子。但是，另有人并不这样看问题。他们好像认为，这人总是吃硬不吃软，即使唐临的例子也不能成为"松懈"的一个理由。凡事最好"常备不懈"。我想，至少前面提到的"法家"会是这样反对的。

不过，这里我们提个另外的人物——墨子。墨子也是不大喜欢"世轻世重""该出手时就出手"一类的做法。只是他的想法与法家又有不同。

《墨子》记载，春秋战国时期，墨子像许多巧舌如簧的说客一样，特别喜欢四处鼓吹自己的"兼爱"见解。有个叫公孟子的人对墨子说："您现在每天这样四处奔波，不累？您也应该知道，美玉隐藏不出，仍然有异常的光彩。"墨子回应："美玉隐而不露，当然是有光彩，但是摆出面世，更会光彩照人。现在，不要说什么美玉不美玉，看个占卜算卦的俗事例子。如果一个占卜者出门算命，另一个待在家里，哪个会挣更多的钱？"公孟子说："当然是出门者。"墨子说："这就对了。经常出门，不断地说教，绝对是有时出门有时不出所不能相比的。"

这段对话之后，两人转入了正题。公孟子说："国家混乱的时候，最好用上严厉的手段，国家安宁的时候，最好用上礼教仁义。

这叫一张一弛。"墨子说："你这是又错了。安宁的时候废弃严厉的手段，安宁也就慢慢随之'废弃'。混乱的时候再去严厉一番，就如同吃饭噎住了才去扒口，人死了才去求医，岂不是太晚了？治国要领在于勤勉不止、常备不懈。这是明摆着的道理。"[1]

墨子生在先秦时代，当然不知唐代唐临的事例。但是，假如墨子知道，极为可能这样议论：不要先罚后教，而要双管齐下——在严罚的同时施加仁义感化，两者都是松懈不得的。换句话说，人都是有时善良有时恶劣，而且在同一时间有些人挺好，有些人挺坏，挺坏的人有时坏到像杀秦牛缺的歹徒那样十恶不赦，所以，不应"世轻世重"，而要"双手都用"。就像占卜算卦一样，不断出门，才会不断有钱财进账。

我想，墨子的要点在于讲究"因人而异"。"因人而异"意味着在大面上要严刑、教化"两手都硬"。如果要问，墨子的方法有效还是唐临的方法有效，那么，我们可能又遇到了前面第033小节提到的"赵襄子式"难题。那还是说不清。实践中有了唐临一例，也会有支持墨子说法的一例。

037　董仲舒暗授《春秋》

人可以"习相远"，这表明人既可以做好人，也可以做坏人，

---

1 墨翟：《墨子》，第271—273页。

出现了好心坏心都属自然而然的事情。接下来的结论就是"胡萝卜"和"大棒"要交替使用，或像墨子那样来个"两手都硬"。但是，在中国法律思想中，最为有意思的是在国家法律的圈子内实现这样一种交替使用或者"两手都硬"。换句话说，人们又在琢磨这样一个问题：如何在法律的名义之下实现"刚柔相济"？这仿佛是在问：如此实现了，岂不更好？毕竟，国家法律是一种白纸黑字的规则，制定出来后在一定时期内就不能变动了，也就是不能朝令夕改。想要强调"法治"的意义，这还是特别重要的。反过来，有时单纯用仁义礼治，有时单纯用严刑法律，等于是有时将国家法律放在一边置之不理，这似乎是有损国家法律的名声的，尤其当其代表了一种至高无上的权威的时候，这种损害更是不能忍受的。

所以，我们就看到了《礼记》讲，皇亲国戚犯了罪，也要依法处断，谁也不应妨碍审判官的法律判决，这既有君王威严的问题，也有"团结百姓"的问题。但是，在处罚中完全应该考虑"礼义"。比如斩首就应找个隐蔽的地方，不要在光天化日之下，免得一般平民过多评论皇室的过错。另外，不要对皇亲国戚使用"宫刑"，叫其断子绝孙，无论怎样皇室都要香火延续，那也是国家大计。[1] 依照《礼记》的意思，这样判决一来不会损害国家法律的声威，二来又可以将"礼义"融入其中，实现了一种"刚柔相济"。当然，这里的"刚柔相济"是针对达官贵人的，而不是也不可能是

---

1 《礼记》，第289页。

赐给平民百姓的。

　　提起法律之中的"刚柔相济"，我们要说到一个叫董仲舒的人。这人把这里的意思发挥得最为淋漓尽致。董仲舒是汉武帝时代的大学问家，满腹经纶，对儒家的思想最是精通。他特别强调，在法律的审判中不仅要看国家法律，而且要引"经"据"典"。这"经"和"典"，当然是儒家的这书或者那书，其中尤以《春秋》突出耀眼。

　　这里，我们通过一个汉代的小案子，来看看董仲舒是如何引"经"据"典"的。

　　有一个人和另一个人发生了口角，随即大打出手。后一个人身上带了佩剑，于是抽出剑来直刺前一个人。前一个人有个儿子。这儿子见情况危急，便冲上去用棍子打后一个人。谁知儿子颇为蠢笨，棍子没有打到后一个人，反而打到自己父亲。而做父亲的因此鲜血直流。当时汉律明文规定，打父亲的一律斩首，不论什么情况都要严厉处置。可是董仲舒却说，父与子的关系属于至亲的关系，见父亲被打，做儿子的出手相助，完全是情理之中的事情。在这类情况下，儿子为救父亲而伤了父亲，自然也就不存在故意或过失的问题。董仲舒提到《春秋》里的一个例子——"许止进药"，来说明为什么儿子不应斩首。许止是个小民，为给父亲治病错用了药物，致使父亲毙命。但是因为许止没有杀父之心反而具有孝心，所以也就没有处罚一事。董仲舒认为，在斗殴案子里，做儿子的像许止一样显然也没有伤害父亲的"心思"，不仅如此，而且误伤也是孝心的一个表现，因此，不能认为他属于汉律所规定的"殴父"之罪。[1]

董仲舒十分勤快，并且深受朝廷器重。他是"老病致仕，朝廷每有政议……问其得失。于是作《春秋决狱》二百三十二事"[2]。此处《春秋决狱》是董仲舒的一本书，早就失传了，有些遗憾。后人猜测，"二百三十二事"大概指的就是二百三十二个小案子了。"决狱"就是审判断案，"春秋"自然就是那些儒家经典。到了今天，提起"春秋决狱"，大家便知道这是指董仲舒当年引"儒"判案。对此，后人有夸耀之辞：他"不但在理论上表现其对于德刑不偏废的态度，而且事实上他以《春秋》决狱，是以儒家的经义应用于法律的第一人，以儒为体，以法为用，实是真正沟通德治、法治……的实行家"[3]。

董仲舒的思想，到了宋代曾被出名的朱熹全部吸收。朱熹说，审断案件要特别注意礼义之类的原则，"必原父子之亲，立君臣之义以权之，盖必如此，然后轻重之序可得而论，浅深之量可得而测"[4]。"凡有狱讼，必先论其尊卑上下，长幼亲疏之分，而后听其曲直之辞，凡以下犯上，以卑凌尊者，虽直不右，其不直者罪加。"[5]

---

1 李昉等：《太平御览》，中华书局1960年版，第2868页。
2 范晔、司马彪：《后汉书》，第1612页。
3 瞿同祖：《中国法律与中国社会》，第313页。
4 朱熹：《晦庵先生朱文公文集（第6卷）》，第1页。
5 朱熹：《晦庵先生朱文公文集（第6卷）》，第2页。

　　前面说过，"仁义教化"特别和中国古人"礼治"的思考一脉相通，讲"仁义教化"就是从侧面鼓吹"礼治"，而讲"礼治"就是暗中推崇"仁义教化"。这样讲来，董仲舒暗授《春秋》，《礼记》和朱熹竭力以"礼"入"法"，都是在法律的名义之内主张"刚柔相济"。如果认定这些也是儒学思想，那么，不奇怪有学者会说："法律已经颁布不能随意修改，在此情形下，注释法律是最好办法。窃疑儒家而为法律章句，用意深长，绝非偶然"[1]；而"法律在儒家注释之下，恐已非本来面目，他们可以利用解释法律的机会，左右法律。同一法律条文因注释不同而改变其内容的在历史上常有其例"[2]。

　　尽管如此，我们可以将这里"刚柔相济"的意思再扩展一下："礼"不过是国人许多习惯规矩中的一个典型例子，如果另外想到家法宗法、乡里规约、民间习俗等一系列的非国家法律的规矩，那么，我们便可以意识到，这里的"刚柔相济"实际上特别喜好将国家法律和那些民间规矩结合起来。国家法律是一种人为的制度秩序，而民间规矩则是一种自为的制度秩序，国人似乎已经明白，两者之间的"浸透互助"自然有利于国家法律和社会的运转。那种方法"又是以最和谐的方式斟酌时宜、权衡利弊所必需的"[3]。这也是

1　瞿同祖：《中国法律与中国社会》，第333页。

2　瞿同祖：《中国法律与中国社会》，第333页。

3　皮文睿，《儒家法学：超越自然法》，载高道蕴、高鸿钧、贺卫方编：《美国学者论中国法律传统》，中国政法大学出版社1994年版，第133页。

为什么直到今天都可以发现，我们的法院（人民法院）也有时提到"情理"或者"惯例"，就像古人那样"刚柔相济"。

当然，有人可能提出这样的问题：既然"礼"一类的规矩是重要的，要比国家法律显得更有意义，那么为什么不在国家法律之中将"礼"的那一套逐一列明？这样做了，岂不两全其美？既不会影响国家法律的"明确性""肯定性"，也不会让"礼"之类的规矩遭到冷遇？

国人当然是明白这点的。也因此，我们便看到了至少在古人的国家法律中，时常有这样或那样的"礼义"之类的规定。但是，需要注意，在社会中自然而然形成的"礼"之规矩，非常复杂而且多变，它时常和"情理"那样的东西类似，泛泛而谈的时候说不清道不明，只有在具体的情况中才知如何是好。这又是古人年年月月都提倡以"礼"入法（在审判中）的根本原因所在。

038 君王眼中的"孝顺"

对以"礼"入法的观念，中国法律思想另有理论是不以为然的。它们说，如果可以在国家法律的范围之内"刚柔相济"，就会引出慢慢侵蚀溶解国家法律的不妙结果，甚至使国家法律成为人手中的一种把玩之物。这与将国家法律干脆放在一旁置之不理，没有什么实质区别。为说明个中要害，我们看《韩非子》中的例子。

《韩非子》讲，春秋时期有个人叫弥子瑕。弥子瑕年轻的时候漂亮，所以深得卫灵公的宠爱。一次，弥子瑕的母亲病了，有人告诉了弥子瑕。弥子瑕便假托卫灵公的君命，偷偷驾驶君王的御车回家探母去了。卫国有个法令明确规定，只要是偷驾君王的御车，就要被处以砍脚的重刑。可是，卫灵公却琢磨：弥子瑕为探病危的母亲，居然完全不顾砍脚重刑，真是明"礼"孝顺！于是命令免除刑罚，而且赞扬弥子瑕。过了一些年，弥子瑕终于是容颜衰老、满脸皱纹，卫灵公失去兴趣。一日，贪色的君王将弥子瑕逐出了宫。卫灵公说："此人本来就违反了国家的法令，应该严厉处罚才对。"

《韩非子》做出一段评论："……弥子之行未变于初也，而以前之所以见贤而后获罪者，爱憎之变也。"[1]

这故事也许有些夸张之处，而且，弥子瑕是个男儿身，似乎又添了一份"准同性恋"的故事色彩。不过，问题还是很有意思的。这就是：如果允许在国家法律的范围之内"刚柔相济"、以"礼"入法，难保就会出现因人感情变化而使国家法律走样变质的事情。人总是"常人"而非"圣人"。他有感情，有自己的好恶，所有这些有时就会左右他的判断。卫灵公当初不砍弥子瑕的脚，表面上提出一个"明礼孝顺"的说法，可到底还是因为"感情问题"。说到这里，这故事等于又在提醒我们注意，董仲舒等

---

1 韩非：《韩非子》，第34页。

人想到了"春秋决狱",却没有想到另一困难。其实,希望在国家法律之内"刚柔相济",似乎也应该仔细琢磨《韩非子》中这一故事的隐喻,不能躲开,而且也无法躲开这隐喻暗示的要害问题。无论怎样,真是到了卫灵公那一步,法律之内的"刚柔相济"就不能不变味了。

039 徐元庆案的"困惑"

除了《韩非子》故事的隐喻,法律之内的"刚柔相济"的观念,还会遇到一个"内在"的麻烦问题。所谓"内在",是说麻烦来源于规则秩序本身的问题。

为说明这点,再看一个武则天时代的案子。

当时一县官名叫赵师韫。赵县官心胸有些狭窄,易记仇,只要有谁得罪了他,他便在心里一一记下,待时机成熟了找借口兴师问罪。有个小民,平时不拘小节,见官人也没礼貌,有一天得罪了赵县官,而且没过多久就落在了他的手里,被他抓住。其实,这小民也没犯什么罪,只是"调皮"浪荡一些罢了。然而不管怎样,赵县官还是冠冕堂皇地狠狠地予以惩罚,将其开刀问斩。小民有个儿子,叫徐元庆。徐元庆心里特别清楚,知道赵县官是"假公济私"、小题大做,于是在父亲死后找了一日,趁赵县官不备,用利刃将他杀死碎尸。徐元庆声称为了父子之情,必须这样"舍身取义"。

　　事后徐元庆自己来到了官府自首，但说一切都是"顺其自然"的事情，没有理由不为父亲报仇，并表示任官府随意处置。

　　案子当时算是大案。因为，杀的尽管是个一般官吏，可犯人作案手段毕竟太残忍，杀了不说还碎尸，这是公然向朝廷挑衅。但是下至县府、州府，上至朝廷大臣，都在争论如何处置徐元庆。有人说，必须严格依照大唐例律以杀人罪判处死刑；有人却说，应该从轻发落，毕竟徐元庆是为了父子之"礼"以身试法。最后，大臣陈子昂的意见被采纳了：先判处死刑问斩，维护国家法律的尊严，然后彰明"礼义"，表扬徐元庆的为父报仇之举。[1]

　　显然，当时人们争论此案如何处置，这本身表明他们已经发觉这里有个棘手的矛盾问题：想要维护"父子之礼"，就要容忍私底为父杀人，想要制止私底杀人，有时就要牺牲"父子之礼"。如果判决徐元庆没罪，等于是在鼓励为父杀人；反过来，判他死罪无赦，等于否定了为父杀人的"父子之礼"。说到根子上，在这里想要"刚柔相济"，只能是捉襟见肘、顾此失彼。其实，不得杀人和为父报仇，都是"礼"的规矩，可它们本身就有些矛盾。这恐怕正是捉襟见肘、顾此失彼的关键原因。而一般来说，古时的国家法律通常记录了当时的某些"礼义"规矩，而对另一些则是隐而不提，也可说是"无暇顾及"。这样，在法律之内"刚柔相济"，有时便会遇到左右不是的尴尬境地。这个麻烦，是"内在"于国家法律和

1　柳宗元：《柳河东集》，上海人民出版社1974年版，第63—64页。

"礼"那样的自然规矩之中的。

所以，我们看到一直有人坚决反对以"礼"入法，就不是一件奇怪的事情了。

040　"礼"为本法为末·德主刑辅

讲究在国家法律之内"刚柔相济"，似乎暗含着更为看重"礼治"的思路倾向。试想一下，既然国家法律已经有了规定，通常的观念就应是"依法办事"，可是当国家法律制定出来了，还希望以"礼"入法，那么，自然是因为"礼"的规矩显得要比国家法律重要。这是不言而喻的。

《荀子》说：

水行者表深，使人无陷；治民者表乱，使人无失。礼者，其表也。先王以礼表天下之乱，今废礼者，是去表也。故民迷惑而陷祸患，此刑罚之所以繁也。[1]

《荀子》分明是宣称，相对于国家法律的刑罚来说，"礼"才是一个根本。

《礼记》把这里的意思说得更细致了。它讲，官位高点的人，

1 荀况：《荀子》，第154页。

不是因为问候疾病或者吊唁丧事之类的事而去官位低点的人家里，就是乱礼了，那叫"相互戏谑"，而且可能互有贼心。做国君的就是凭这类东西来观察幽微、辨别嫌疑，达到"由表及里"的。另一方面来看，"礼"顺了，国家政治才会稳当。国家政治稳当，君王的地位才会岿然不动。反过来，"礼"乱了，官位高点的人就会暗藏杀机，官位低点的人就会图谋篡权。像刚说的高官没有什么事还往小官家里坐，就是表为乱"礼"，实为乱国。所以，礼俗败坏的时候，即便刑罚严峻也会使国家法律漂浮不定，到了这步，天下只能大乱："刑肃而俗敝，则民弗归也，是谓疵国。"[1]

到了唐代，人们明确指出了"礼之为本法为末"的精神所在："德礼为政教之本；刑罚为政教之用，犹昏晓阳秋相须而成者也。"[2]

我们反复说过，在中国法律思想里，"礼治"之类的观念和"仁义教化"观念总是思路相通的。想到"礼治"，就会想到"仁义教化"，反之亦然。因此，不厌其烦地强调"礼为本"，恰恰是在另一方面强调教化是主要的，刑罚是次要的。说得更准确点，即我们熟悉的"德主刑辅"。

在《荀子》的意思看来，"……不教而诛，则刑繁而邪不胜；教而不诛，则奸民不惩"[3]。但是，权衡一下，还是德主刑

---

1 《礼记》，第304页。
2 长孙无忌等：《唐律疏议》，第13页。
3 荀况：《荀子》，第57页。

辅属于上策，而刑主德辅属于中策，"隆礼效功，上也；重禄贵节，次也"[1]。

这个意思也被汉代的儒生予以发挥。那些儒生说，用刑法治理国家，和用鞭子赶车是一样的。虽说手艺再高的车把式也不能没有鞭子赶车，但是，鞭子握在手里是不应该轻易使用的。真正的圣贤，想方设法借助刑法来推行仁义教化，而结果则总是"教成而刑不施"[2]。有人另有类似的言词："治之所以为本者，仁义也；所以为末者，法度也。……先本后末，谓之君子；以本害末，谓之小人……且法之生也，以辅仁义也。"[3]《荀子》还特别提到了一个对人应"先礼后兵"的概念。它说，例行政事的时候，应该先用礼义之类以不变应万变，态度要温文尔雅、宽和不躁，不卑不亢地招贤纳士，对平民百姓也是循循善诱。接下来，才是考虑怎样用大刑铲除"吃硬不吃软"的人。对人就应是先温柔后"狠毒"。而"狠毒"是迫不得已的事情而已。如果安排一个次序，那么可以将"先礼"看作第一年要做的事，将"后兵"看作第三年要做的事，这次序不能颠倒了；否则，"一年与之始，三年与之终，用其终为始，则政令不行，而上下怨疾，乱所以自作也"[4]。

对"先礼后兵"的概念，大清末年的沈家本也是举双手赞成。

---

1 荀况：《荀子》，第83页。

2 桓宽：《盐铁论》，第38页。

3 刘安等编著：《淮南子》，第228页。

4 荀况：《荀子》，第81页。

他讲，以往治国有方的人，就是"以教为主，而刑其后焉者也。大司徒十二教而刑仅具其一，必教之不从而后刑之，则民之附于刑者而少矣，不教而诛，先王所不忍也"[1]。

在"德主刑辅"上，就像在许多其他方面一样，国人历来是讲究"知行合一"。现在，我们说个例子来看这一点。

清朝康熙年间，有个官人叫陆陇其。此人任河北省灵寿县知县。野史记载，陆官人对付小偷几乎是最有办法的。首先，陆官人每次抓到小偷，都要好心地说一句："人心都是肉长的，你也有人心，为什么非要做这样的事？"而小偷几乎是清一色地回答："没有办法，太穷了，只好偷点东西糊口度日。"陆官人心里明白，知道那些小偷必然以此作为狡辩，只是并不因此勃然震怒。接着，他就顺势说："这有什么难的。现在最挣钱的活，莫过于纺纱织布了，而且这活是人人能干的。"后面的事情就是陆官人命令手下买来棉花，让小偷坐下日夜学习纺纱，并对小偷说："学会了，就放了你，不成，说明你根本不是因为穷困，而是因为懒惰才当小偷的，如此要罪加几等。"

这个办法有用。不管小偷是因为什么原因才去偷窃的，反正现在有一条是真的：小偷都想尽快被释放。而想要尽快出大狱，小偷就要用心学纺纱。一般来说，几日过去了，小偷们也个个学得差不多了。小偷学会了纺纱，陆官人自然是履行诺言，放他们出狱。不

1　沈家本：《历代刑法考》，中华书局1985年版，第1960页。

过临放前陆官人还是好心叮嘱一番："这纺纱所需本钱不过一百多钱，现在几天之内，循环流转，眼见着钱财不断滚来，除去吃饭的费用，起码还有几百钱的收入。如此，再干缺德的勾当，你我就都没话可说了。"小偷听后都是非常感动。

当然，虽说大多数人改过自新了，可还是有少数人重犯"老毛病"。这时，陆官人先用杖棍打一顿，接着还是好心相劝，并在堂上继续教其纺纱织布。待有人第三次犯案的时候，陆官人才说："这人没救了，只好用点狠法子治他！"然后叫差役拖其急走上几千步，用热醋一碗灌下，等其喝至一半，让一人猛拍其背，使其患上咳嗽的毛病。这病可是终身不治的，从此犯人也就不能再做贼了，而且走到哪里就会咳到哪里，谁听谁都知道是屡教不改的恶小偷。不仅如此，陆官人还继续令其纺纱度日，一直到死。[1]

今人阅读这个例子，可能觉得陆官人到底还是有些不人道的地方。哪能用热醋灌人，使人患上终身不治的疾病？但是，那是个次要的问题。重要的是陆官人的所作所为，还是可以让人清晰地领会中国法律思想里的"德主刑辅"的一些实际意思。有了这个，再看后面这句话就会更易理解："以善至者待之以礼；以不善至者待之以刑。"[2]

---

1 吴炽昌：《续客窗闲话》，时代文艺出版社1987年版，第184页。

2 荀况：《荀子》，第44页。

041　有嫁无婚·灵活解释法律

礼为本法为末，或者说德主刑辅，是中国法律思想一些理论主张在国家法律名义之内"刚柔相济"，也即以"礼"入法的一个分支思路。现在，我们回过头来再看一下以"礼"入法的主张。从法律思想的角度来说，这个主张，如果扩展一下的话就意味着对国家法律的一个更为柔性的态度：大凡出于合理的需要，就可以根据诸如"情理""公平""民愿"……去无拘无束地解释法律，而不限于"礼"一类的习俗规矩。其实，顺着以"礼"入法这样一个思维方式，自然就可以推出这样一个态度。像《荀子》说的："其有法者以法行，无法者以类举，听之尽也。"[1]

我们讲个三国时的案子，来看看这里的意思。

提起三国，正史野史都说其中魏国最强。曹操为了保证兵源，防止叛乱，将他麾下的士兵一律划入"士籍"，世代为兵，不得改业，这"士籍"集中定居，不得与平民通婚，如同人质。只要有机会，这些士兵总想逃走，投奔西蜀或者东吴。史书称"时天下草创，多逋逃，故重士亡法"。当时曹操将原来的《士亡法》加以修订，罚逃亡士兵的父母、妻儿、兄弟等都要连坐。

魏国有个冀州。《士亡法》公布后，有一个白姓女子，经由父母作主，被许给了当地一个士兵。就在过门之后到了夫家也没几

1　荀况：《荀子》，第44页。

天，这士兵便逃亡了。白姓女子连面都没有见上。

负责审判的大理寺根据《士亡法》，将百姓女子判处死刑。

当年冀州主管叫卢毓。此人十分精通法理，而且富有同情心，当听到官兵报案后立即说道："慢着，此案押后听审。"卢毓在思考这样一个问题：妻子应当有名有实才算真正的妻子；有嫁无婚，连自己的男人都未见上一面，那叫有名无实，能算真正的妻子？卢毓得出结论：《士亡法》是正规的国家法律，十分严肃，其中的"妻子"一词，必定是指名实相符、嫁婚一致的女人家，只有这样解释法律才是合情合理的，因此，白姓女子应该从轻发落。曹操知道后，十分欣赏卢毓。[1]

可在三国时期，"黄花闺女"和出嫁娘子的区别，恐怕就在于是否嫁到夫家了。嫁到夫家了再说自己没有夫君，谁都不信。至于过门后有没有见到自己的新郎，那就需要另当别论，因为"名分"反正都是确凿的。根据这样一个意思，《士亡法》做何解释应该是不言而喻的。这也是为什么大理寺处死白姓女子的理由所在。但是，卢毓却是偏要"独出心裁"。他似乎非要强调名实相符的道理，以此来说明国家法律的含义到底是怎样的。能说卢毓的解释不对吗？

从法律思想的角度来说，卢毓实际上提醒人们注意，对法律的解释也要合情合理。白姓女子没有见到夫君，仅仅有个名分，便惨

---

1 陈寿：《三国志》，裴松之注，陈乃乾点校，中华书局1959年版，第650页。

遭横祸，这实在让人看不过去。国家法律就算是规定得十分严厉，可只要是用白纸黑字写了出来，也要允许其他合情合理的解释。到了这里，我们便会理解：希望在国家法律之内"刚柔相济"，自然就会开个口子，去允许另外的"情理""公平""民愿"之类的东西，充塞国家法律之中。

法律解释是个十分复杂的问题。中国法律思想的一些理论以灵便的愿望为基调，开列了不少"灵活解释"的方法清单。

比如，宋代司马光就提出了一个直到今天法学家都十分感兴趣的"立法原意"的方法。"凡议法者，当先原立法之意，然后可以断狱。"[1] 根据这个方法，我们就可以这样看待白姓女子的"逃夫案"：第一，《士亡法》之所以要惩罚逃亡士兵的妻子，那是因为夫妻二人关系十分亲近、终日厮守，两人感情思想由此日渐融洽，一人逃亡，另一人自然会有跟随之心；第二，如果没有夫妻的实际亲近关系，跟随之心也就无从谈起了，白姓女子就是一例；第三，立法者恐怕没有意图要去惩罚白姓女子这样"有名无实"的妻子，真是这类妻子都要惩罚，那么需被惩罚的人可就数不胜数了。结论是：卢毓的判决没错。我想，如果卢毓知道日后有个司马光的"立法原意"的方法，应该非常惬意。

除了这个方法之外，还有"法律原则""法律精神""法律目的""情势需要"之类的具体方法。甚至还有"法律原理"的方法：

---

[1] 司马光：《司马温公文集·议谋杀已伤案问欲举而自首状（卷二六）》，福州正谊书院，清同治五年刊本，第3页。

"欲法之审，法之明，不可不穷其理。"[1]这些方法，都是不拘于"礼义"一类习俗惯例的方法，它们更加打开了国家法律的灵活天地，其妙无穷。所以，民国法律学者孙晓楼有这样的总结：

> 法律是有固定性的，一经成立，每不容易变更。然而社会则日新月异，时时变迁；以固定的法律，何以绳多变的社会；遇新事实之发生，在没有法律或惯例可以援用的时候，本不能无条理以济其穷。所以德国民法第1条，奥国民法第7条，瑞士民法第1条第2项，日本民法第1条与我国民法（注：民国民法）总则的第1条，都有"法律无明文者依习惯，无习惯者依法理"的规定，或者有类似这样的规定。[2]

另有一点也应该提一下。国人喜欢辩证，凡事讲究你中有我、我中有你。这样，不仅在国家法律的范围之内存在"刚柔相济""灵活解释"的问题，而且，在"礼"那样的自然规矩之内也有"灵便自如"的问题。像孟子就说过，虽然男女授受不亲是一种"礼"的规矩，可是，并不是在任何时候都不能有"异性接触"，"嫂溺不援，是豺狼也。男女授受不亲，礼也；嫂溺援之以手，权也"[3]。这时，也就不要想什么"君子远色以为民纪。

---

1 沈家本：《历代刑法考》，第2234页。
2 孙晓楼著，王健编：《法律教育》，中国政法大学出版社1997年版，第65—66页。
3 《孟子注疏》，第204页。

故男女授受不亲"[1]。如果我们将"礼制"一类的习俗惯例看作广义的"准法"，或叫"民间法"，[2] 而且记住其和国家法律彼此有个互动关系，那么，这里的问题和对问题的深入思考，更会多彩有趣。

042　为什么解释?

有人可能会有这样的想法：仅就国家法律来说，用白纸黑字把它写出之后，为什么还要对它进行解释？的确，现在百姓的通常观念是法律一旦定出了，人们就要逐字逐句地照章去做，不能对它灵活解释，甚至用它灵活判决，否则，有法律和没法律本身兴许就没有什么区别了。这也是中国法律思想中法家理论以及后来一些理论的一个观念。

其实，的确有些理由，甚至可说是无可奈何的理由，可说明为什么需要灵活解释法律。我们先把这点说一下。

用文字写出来的法律有两个特点：其一，它是一种普遍性的规定，不是针对具体的个人或者事件。像前面一小节提到的《士亡法》，规定了逃亡者要受处罚，其妻也要闹市问斩，但是它可没说具体要对逃亡的张三、李四、王五、陈六还是赵七，给个处罚或者闹市问斩，它也不可能这样说。文字法律总是瞄向了一类人、

1　孔子语，见《礼记》，第692页。
2　见前第009小节。

一类事。"士"就是一类人，"士妻"也是一类人，而"逃亡"就是一类事。其二，法律是一种一段时期之内不能说变就变的规定，否则，规定出来也就没有什么意思了，倒不如干脆让人"随机应变""随机处理"。这个特性，十分重要。它意味着文字法律也许是几十年以至上百年的事情。所以如此，也是为了让人知道有这么一个规矩，让人做起事来都可以想到这个规矩，以至可以对自己的行为结果有个预测。比如还是那个《士亡法》，告诉士兵不得逃跑，否则就会遭遇严惩。士兵根据这个就会知道应该怎样做，不"守规矩"会有什么结果，等等。

而文字法律面对的社会，可就太复杂了，往往不是"种类"性质的、"一段时期"性质的文字所能涵盖清楚的。"刑定律有限，情博受无穷，世欲以有限之律律天下无穷之情，亦不艰哉？"[1]"人情无穷，法制有限，以有限之法御无穷之情，若不立为。"[2]像那个白姓女子，似乎不易说清到底是否属于"士妻"这一"种类"。此外，假如没有成婚，只是天天同居、日日"姘头"，算不算"妻子"？这也难断定。

将文字法律用到这样复杂的社会上，怎能不需要灵活解释？就像民国法律学者孙晓楼所讲的，"法律是人类社会生活的规范……

---

1 张金吾：《爱日精庐藏书志》，收于刘俊文编、北京爱如生文化交流有限公司制作：《中国基本古籍库》，黄山书社2002年版，212页。

2 霍翼：《军政条例类考》，收于刘俊文编、北京爱如生文化交流有限公司制作：《中国基本古籍库》，黄山书社2002年版，第82页。

社会的生活这样复杂，有限的条文哪里可以归纳尽净"[1]。

　　也许就是因为这些道理，中国法律思想的一些理论特别强调了"灵活解释"的必要。民国时期的法律学者胡长清也说："法律之解释（Interpretation），不但为阐明法律意义之方法，且足以补立法之不足。"[2]外国汉学家也有这番评论：在"法律的灵活性这一问题上……法官对'案子'的'情'的认识应当影响他所作出的判决。法律包含司法自由裁量的内容，目的是矫正成文法律的内在缺陷。中国古代，人们经常为成文法律的缺陷而忧虑。根据法律'变'的理论……法官可以根据他对犯罪发生时的情形的认识而加重或减轻"[3]而唐代孔颖达早已说过："法之设文有限，民之犯罪无穷，为法立文不能网罗诸罪，民之所犯不必正与法同……"[4]

　　有人可能会讲，对文字法律不得灵活解释，在困难出现的情况下，将需要解释的问题交给立法者。但是，这样恐怕不会解决问题。一来，将数不胜数的解释难题交给立法者，立法者难以胜任。二来，这样做了，立法者等于是既在立法又在执法，既做皇上又扮钦差，我们还能谈到"当立法者"这句话？立法与执法的职责，因此恐怕分得不太清楚。第三，也是最为重要的，在中国这样大的国

---

1 孙晓楼：《法律教育》，第24—25页。
2 胡长清：《中国民法总论》，中国政法大学出版社1997年版，第13页。
3 蓝德彰：《宋元法学中的"活法"》，载高道蕴、高鸿钧、贺卫方编：《美国学者论中国法律传统》，中国政法大学出版社1994年版，第315页。
4 《春秋左传正义》，第750页。

家，各个执法官吏日日向上传递解释难题，这似乎需要无底洞式的运行成本，人力、财力将会无穷无尽地因此输出耗费，而那"投入"与"产出"的比例失调，又是无法估量甚至想象的。另外，还有数不胜数的需要等待判决的那些人，可能因此要等上几年、几十年的光景。

　　另有人可能认为，要解释也可以，但要逐字逐句地严格解释，不能那样无拘无束。因为，这样有用执法权侵犯立法权之嫌。而且，像《韩非子》说的，"夫舍常法而从私意，则臣饰于智能；臣饰于智能，则法禁不立也"[1]。这样，在白姓女子的案子里，应该把《士亡法》里的"士""士妻"等，都做法律文字字面上的严格解说。"士"，就是流民或贫农入伍编为士家的人，平时未征召入伍时屯田，其他人，无论平民、奴婢，都应剔除出外；士兵的妻子，就是订了婚的女人家，不管是否见过面，只要收了聘礼、交了嫁妆，均要看作"白头谐老"的意思开始。至于同居做"妍"而未订婚的女子，当然不是"妻子"，而是伤风败俗的例子，另外处置。

　　可是这里有个问题：文字法律是立法者写出来的，如果拘泥于字眼，是否会"曲解"了立法者的本来意思？举个例子说明这里的意思。法律文字说"故意杀人者斩立决"，现有人见义勇为、奋不顾身，故意将正在肆无忌惮残杀别人的恶霸杀了，抠那法律字眼，

1　韩非：《韩非子》，第46页。

不就"曲解"了立法者的本来想法？显然，立法者写出"故意杀人者斩立决"几个字时，当然没有要斩"见义勇为"者的意思。所以，要尊重立法者，就要尊重立法者的本来想法，要将"见义勇为"者排除在外。换句话说，非要处处唯"文字"是举，有时就可能反而弄错了。这等于还是没有将立法者放在眼里。当初卢毓做出那种解释，不能说是全然没有这方面的"忧虑"。所以，拘泥于字眼，也未必就是一个办法。

其实另一方面，如果再仔细地琢磨一番，也许还会发现，所谓的"严格解释"兴许有时又是以"严格"之名，行"灵活"之实。你说那是"严格解释"，可别人可以说那是"扩张解释"，比如在白姓女子的案子里，如果真是嫁到夫家的女人无论有无见过丈夫，一概是"妻子"，这就似乎是扩大了受罚"妻子"的范围。而如果真是"扩张解释"，当然又是一种变相的"灵活解释"了。在这里，"严格解释"和"扩张解释"的界限似乎分不清楚。

这样看来，无论怎样，"灵活解释"本身可能是回避不了的。

当然，哪种灵活解释才算适当的灵活解释，是否可以发现一个法律文字的"本身意思"，是否可以找到一个立法者的原本意图，这些问题，都是十分复杂而又重要的问题，可以深究。无奈深究，似乎又走得太远了。

043 法网的疏密·法律的原则性

现在，我们可以追踪这样一个问题：既然"灵活解释"是个不能回避的事情，那么，我们何不直接将国家法律的文字制定得"简约"些？像在三国时魏国的《士亡法》里，就立一条："逃亡西蜀东吴或者匈奴的，拿办即斩，其妻随即押赴刑场"，不要说些"在什么条件下才算士、士妻"，或者"在什么时间、地点、情形之下的离开才算逃亡"之类的言词。这样立法，就可"以不变应万变"，让卢毓那样的执法官，方便灵活、运用自如，从而在法律的世界中巧妙地实现"著而有定者，律之文；变而不穷者，法之意"[1]。

的确，顺着"希望灵活解释"的意思，好像应该得出这样的结论。也许是因为这点，我们就看到了晋代杜预有这样的说法："刑之本在于简、直。"[2]杜预最为喜好"以礼入法"。他想，礼、法、律、令，应该"相须为用"[3]。唐代李世民说："国家法令，惟须简约，不可一罪作数种条，格式既多，官人不能尽记，更生奸诈。"[4]上一小节提到的司马光也说，"凡立法贵其简要"[5]。就是

---

1 傅霖：《刑统赋解》，收于刘俊文编、北京爱如生文化交流有限公司制作：《中国基本古籍库》，黄山书社2002年版，第2页。
2 房玄龄等：《晋书》，第1026页。
3 杜预语，见欧阳询：《艺文类聚》，汪绍楹校，上海古籍出版社1965年版，第980页。
4 吴兢：《贞观政要》，第269页。
5 司马光：《司马温公文集·乞令六曹删减条贯白札子（卷四O）》，第1页。

民国初年和今日法律学者也有这样认为的："简则治，繁则乱，盖
以我国幅员之广、人民之众、风俗之殊，不能不以简驭繁之法，故
各国无不有极详密之……法，而我国皆无之。"[1] "在立法繁简的
选择上，简明扼要总是要比繁琐庞杂要有利一些。"[2]

　　前面我们提过，"以礼入法"和"灵活解释"的观念是遥相呼
应的。所以，顺下去的思路，当然是像杜预和司马光那样倾向于喜
好法律的"言简意赅"。

　　不过，杜预另有两个理由说明法律不可繁琐。其一是，"法
者……文约而例直，听省而禁简。例直易见，禁简难犯"[3]。其二
是，"法出一门……吏无淫巧"[4]。先说第一点。"文约而例直"
是讲文字简明通俗、条文准确明白。"禁简"是讲条文绝对不能太
长。明代丘濬说：法律"浅易其语，显明其义，使人易晓，知所避
而不犯可也"[5]。再说第二点。法律简单明了，自然要求不可法出
多门，比如无论何时都要由君王决定，这样，官吏也就不敢投机取
巧、徇私枉法了。

　　这两个理由怎么样？

　　一般来说，今人可不大会这样思考问题。我们都说，法律定得
越详密，自然越是好事。这样一来可把所有我们认为应该处罚的犯

1　程树德：《中国法制史》，第一篇总结，商务印书馆1935年版，第18页。

2　周密：《中国刑法史》，第427页。

3　杜预语，见欧阳阳询：《艺文类聚》，第977页。

4　房玄龄等：《晋书》，第936页。

5　邱濬：《大学衍义补》，第948页。

罪一一列出，威慑潜在的犯罪分子；二来，可使那些贪官污吏无缝可钻，因为任何问题都已有条文清楚规定。

对于后一点，可以从法家特别青睐国家法律的思想中推断出来。前面第018小节说过，法家尤为喜欢国家法律的明确性和公开性，并讲这样才能叫官员的一切所作所为尽在光天化日之下，如此他们也就不敢投机取巧、胡作非为，即便是君王，也不便"为所欲为"。当然，法家极少或说没有直接挑明"条文越密越好"，只是含蓄地暗示应该这样。《韩非子》提到过一个传说，里面讲春秋战国时期的赵简子，派出官员去收税，官员请示收税的标准，赵简子只是说了"不要太轻也不要太重，反正贪官无法从中赢利即可"。谁知，没过多久，有人告诉赵简子这个标准正好使贪官发财了。赵简子一查，果真如此。[1] 这是含蓄暗示的一个例子。而今人则是毫不犹豫，从推崇国家法律的观念中直接推出了这个结论，而且越发相信这是国家法律发展的必由之路。

那么，杜预为什么会这样想问题？他的想法为什么和今人或讲法家的含蓄意识，正好相反？

我们应该注意，如果联系一下前面说的"灵活解释法律"的问题，就可以知道，法律不论怎样详密书写，终归不能逃避"解释"这一难事。而且，即使可以充分发挥想象能力和推理能力，将社会上可能发生的事想得清晰透彻，也会挂一漏万，毕竟将来

---

1 韩非：《韩非子》，第117页。

发生的许多事情不是我们所能预先知道的。此外，还有一件难事，这便是把法律条文写得越多越密，条文之间"相互矛盾"的可能性就会越高。试想一下，要把所有的事情都挑明写出，那法律的书本就会"臃肿庞杂"，"臃肿庞杂"的结果就是自生紊乱、自含矛盾。法律文本有了紊乱和矛盾，不仅一般人有时看了会不得要领，而且，那也正中污吏的"取巧"下怀，"法愈详而弊愈极"[1]。

既然文字法律无论怎样都不能逃避"解释"，并且多写多立还会自生"麻烦"，从而让人有机可乘，那么，我们便可以隐约理解杜预为什么会那样思考问题。

当然，杜预主张法律条文应该"言简意赅"，并非是要条文变得少得可怜，或将所有各类犯罪的名目列为一条，而是认为，法律条文字句应尽量简单明了。这是一个"相对"意思的表达。在法律思想中，没人会说法律条文简洁得应该"极度集中"，万句并作一句。那是一个误解。

现在看个案子。这个案子对赞同杜预想法的人来说，也许是件刺激兴奋的事情。

清朝道光年间，有个满族学子叫奇成额。奇成额在老师的谆谆教诲之下，成了人才。可是也许因为读书读得太用功，奇成额竟然将老师看作自己生命的一部分，日日担心老师饿着病着，老师最后

---

1 陈亮：《陈亮集》，中华书局1987版，第133页。

去世了，奇成额也觉得自己活着没有意思。老师去世那天，奇成额决定自杀，跟着老师共赴黄泉。共赴黄泉也就算了，岂料，奇成额居然记着另一件事：预先通知官府，免得官府费尽心机穷追死因。这真是"心地善良"到家了。官府收到通知后，立即到他家将他"解救"出来。

　　但是，官府事后总是觉得哪里不对，左想右想觉得奇成额是在扰乱官人做事。官府暗自琢磨："你私下寻短，何必让我们心神不定、费尽周折！"几日过后，决定处罚那个书呆子。可是，官府翻遍大清律例，也没发现一个适合该案的条文字句。到了最后，只好上报刑部，请求指示。而刑部到底是水平较高，发现一条规定似乎比较合适。这条规定说：犯了不应当做的事情，轻者鞭抽四十下，重者杖打八十下。最后正是使用这条规定，官府给予了奇成额处罚。[1]

　　在今人的法律中，恐怕是不会发现这样一条规定的。什么是"不应当做"？说起"不应当做"，肯定可以列出成千上万的事例，大到杀人越货，小到无礼骂人。这样制定法律，真堪称"一绝"。可是，说赞同杜预想法的人自然会对上面的事件兴奋不已是因为，如果没有这样一个"简单概括"的法律条文，官府肯定会对奇成额没有一点办法，想"灵活"一下也是步履维艰。其实，正是由于大清例律的条款多如牛毛、浩如烟海，不仅官府查起来颇为费

---

1 见祝庆祺、鲍书芸：《刑案汇览》，第2032页。

劲，而且奇成额也无法看到，以明晓自己该做什么，不该做什么。相反，如果条文比较简略，大多像这条那样"高度概括"，事情也许就会方便许多。当然，那条规定可能实在"太概括"了，稍微具体一点，我想，也许正是杜预和支持杜预想法的人举双手赞成的一件事情。

这样解释杜预的想法是否合适，读者可以自己判断。

044　养马人的命

主张将国家法律制定得"疏松概括些"，一方面是因为，文字法律总是避免不了"解释"问题，另一方面是因为，这样可以顺利地实现法律之内的"刚柔相济"。当然，还有一些其他次要的理由。不过关键还是前面说过的那句话：法律和仁义教化应该相辅相成。[1]法律不能丢掉了"仁义"。所以，有人说，法律"简者，宽仁之本也"[2]。

当然，有些理论并不这样婉转表述，而是直接谈论法律旁边的"仁义"。《晏子春秋》讲过一个传说，便是表达了这个意思。

春秋时期的齐景公头脑糊涂多于清醒。后人议论，如果没有精明的晏子辅佐，他不知会犯多少错误。例如前面第 029 小节说过，他差点因为一棵槐树的小事，用"恶法"处死平民百姓。也是这个

1　见前第036、037小节。

2　王夫之：《读通鉴论》，中华书局1975年版，第757页。

齐景公，因为特别喜欢一匹马而险些肢解一个养马人。原来，这名养马人奉命饲养那匹马，不知什么原因，马突然死亡。齐景公因此非常震怒。他下令，将养马人依照法律肢解示众。这时，聪明的晏子问景公："古时圣王尧舜肢解犯人的时候，从身体的哪一部分开始？"景公一听，猛然醒悟自己错了，因为尧舜从来没有肢解过人，所以，无从谈起从身体哪一部分开刀。

接着，晏子说："这样，让我来告诉养马人究竟他犯了什么罪，然后交给狱官处置。"晏子对养马人说："你有三条罪状。大王让你养马，你却让马死了，这是其一。其二，那马是大王最为喜欢的一匹骏马，让它死掉是罪加一等。其三，让大王因为一匹马死了这样的小事杀人，定会叫百姓说我君王不仁不义，从此积聚怨恨，也让各地诸侯从此小视我泱泱大齐，这罪可就更重了。现在只有将你交给狱官处置了。"

齐景公又是猛然醒悟，连声叫道："赶快放人！绝对不能让人说我不仁不义。"[1]

相传晏子仁义宽厚。也许因为自己身材矮小，几乎类似侏儒，从而时常被人歧视，[2] 机智聪颖的晏子具有由己推人的仁爱之心。晏子虽说赞同用国家法律治国治民，但是，时常以为用仁爱礼义顶替严刑峻法是个明智的好方略。他想：有法而不强制推行，道义才

1　《晏子春秋》，第11—12页。

2　《晏子春秋》，第43页。

会生生不息、好的品德才会延续不断。[1]

这个传说中的观念，到了后人那里就变成了"赏善罚暴者，政令也；其所以能行者，精诚也"[2]。而且可能引出了这样一说："赏罚之柄，此上之所以使也。其所以加义，则忠信亲爱之道彰。"[3]

用仁义之爱结合国家法律，使其时隐时现，又是一种法律与道德的"刚柔相济"。这种"刚柔相济"，略微不同于前面第035小节提到过的"打一巴掌揉三揉"，也与前面第037小节提到过的"董仲舒暗授《春秋》"，相去较远。当然不论怎样，它们倒是具有共同的偏爱之处，这便是都在执着地认为，单纯地以法讲法，似乎不能发挥法律应有的社会功能，也不能实现法律应有的目的。这个观念，往"深层"延展一下，等于是在追问：制定国家法律，到底是为了何种目的？

不过，另有一点也应交代。中国法律思想的一些理论讲究"刚柔相济"，还出于一个不大不小的担心忧虑，也即荀子所提到的："君者，舟也；庶人者，水也。水则载舟，水则覆舟。君以此思危，则危将焉而不至矣。"[4]荀子还有类似的说法："马骇舆，则君子不安舆；庶人骇政，则君子不安位。马骇舆，则莫若静之，庶人骇政，则莫若惠之。"[5]依照荀子的意思，晏子的那一套自然也

1　《晏子春秋》，第34页。
2　刘安等编著：《淮南子》，第220页。
3　吕不韦：《吕氏春秋》，第106页。
4　荀况：《荀子》，第172页。
5　荀况：《荀子》，第45页。

有点"小恩小惠"的味道。晏子明白,"法立而民乐之……则主尊显"[1],"明君顺人心……刑设而不用"[2]。其实,中国法律思想的许多理论,都有"出谋划策"的"入世"企图,都想在治国安民中夺取一个"话语霸权"。所以,它们处处替君王着想,乃是情理之中的事情。这样说来,晏子只是做得比较"自然"——当然也有"仁爱"之心——罢了。

至于"刚柔相济"是否真能"使水载舟""令马不惊",则是另外一回事。从感觉上讲,"刚柔相济"似乎要比"单用严刑峻法"或"单用仁义教化"来得更有效果。

小 结

在中国法律思想中,"刚柔相济"的观念是个折衷观念,是对"严刑峻法"和"教化为先"的柔性回应。如果比较相信"习相远",相信人性可以变化多端,那么,就会容易赞同"胡萝卜"与"大棒"的交替使用或者"两手都要硬"的方法。从法律思想的角度来说,这里最为有趣的观点,应是法律之中的"刚柔相济"。从汉代到今天,极少有人再去认为国家法律是件可以抛弃的东西,相反,倒是更多人以为,国法愈加成了有用之器。如此,人们自然会考虑如何以"情"入法,如何让法律灵活便利,去适应不断变化、

---

1 《管子》,第179页。

2 《管子》,第104页。

复杂多样的人事物。

　　这里的思路十分有益。法律要灵活，是不是等于法律由此没了"稳定性""明确性""可预测性"？我们是否可以让法律在施行的过程中"一丝不苟""铁板一块"，完全剔除"人为"的因素？如果法律日日融入了"人"的因素，是否法律最后等于没法了？"刚柔相济"的概念，实际上，已经把我们带到了思索这些问题的出发点……

第四章　顺其自然

前面第 044 小节，讲到晏子机巧地救了养马人的命。我们说过，那很大程度上是为了齐景公可以更有策略地治国安民，倒不一定非是"救人一命"。晏子的方法，是将仁爱礼义结合甚至用其顶替了国家法律。这是对国家法律的一种态度。

现在，我们看一种极为"飘逸"的观念。这个观念，不仅丢掉了"严刑峻法""教化为先"，而且抛弃了"刚柔相济"，从而表现了对国家法律更为"脱俗"的姿态。

045　"你我的争议"

先读一段有趣的言语：

你我发生了争议，我没你能说，这是否表明你对了？反之，你没我能说，这是否表明我对了？其实，可能你是对的，也可能我是对的，可能你是错的，也可能我是错的。也可能你我都对，或者都错。究竟如何，你我并不知道，本来都是糊里糊涂的。找谁来评判？让赞同你的来评判，既然赞同你，怎能来评判？让赞同我的来评判，既然赞同我，怎能来评判？叫不赞同你和我的来评判，既然不赞同你我，又如何能评判？叫赞同你和我的来评判，既然赞同你和我，又如何能评判？这样，你我和评判者都无法相互了解，还要再等另一个？

　　这段言语见于《庄子·齐物论》。讲这番话的是个叫长梧子的人。由于认为任何事都有些"虚无缥缈"的感觉，他便拿出这段话讲给别人听。笔者用大白话把它复述了一遍。自然，不应将这段言语当作绕口令或"无病呻吟"。因为，仔细琢磨，可领会其中的意义所在。

　　需要首先说明一下，这段言语讲到了"争议"，而"争议"大致有如下几种。第一，争论事实是怎样的。比如有人讲太阳是方的，有人讲太阳是圆；有人讲这鸡被杀了，有人讲这鸡还活着。第二，争论"主观感受"是怎样的。比如有人说朝阳最美，有人说夕阳最美；有人说鸡鸣悦耳，有人说鸡叫刺耳。第三，争论将来可能发生什么。比如有人说太阳多少年后可能"自行消失"，有人说太阳永远照耀天下；有人说这鸡日后会得鸡瘟，有人说这鸡更会茁壮成长……

　　专家说，第一类争议可以叫作"事实争论"，第二类可以叫作"价值争论"，第三类基本上可叫作"可能性争论"。

　　在一般人眼里，第一类争论可能比较容易解决。因为，看一看太阳或用科学仪器观察一下，就可解决有关太阳"方圆"的争议，去到鸡窝看看鸡是否依然挺胸仰脖，就可解决鸡是死是活的争议，而且，通常不用找个第三人来做评判。第二类争论恐怕就难解决了。因为，那是一个爱好或者嗜好的问题。有人就是喜欢，有人就是厌恶，谁也不能给谁立个"客观"标准。这类争议的意思不大，找个第三人来做评判也是白费力气。第三类争议比较复杂。不过大体来说，还是可以有个结果，只要有了足够数据资料，就可预测太阳和鸡的命运将会如何。

但是，有时问题并不这么简单。有时，各类争论可能都像第二类争论那样，不易有个明确结果。像鸡死活的问题，如果到了鸡窝，发现那鸡不见了，那么鸡是死是活谁能断定？像太阳以后是否会"消失"的问题，如果有证据显示有这可能，有证据显示这绝非人的能力所能预见的，那么，争议就会没完没了。由此可知，起码许多社会中的人事物，正是不易争得一个明确结果的。于是，在争议中"谁更能说"，便被人们用来作为一方压抑另一方的"冠冕堂皇"的理由。

长梧子的言语，是想表明这种"压抑"的"非法性"。你更能说，并不意味着你是正确的，兴许这仅仅表明你的理由要比我的理由显得更"多"更"妙"。"多"和"妙"与"正确"，还是有着天壤之别的。鸡不见了，你说死了，而我说活着，你说发现有人拿刀去过鸡窝，发现那鸡前天已经"精神疲惫"，发现鸡毛四处飘散，发现鸡血腥味无处不有，而我只说了那鸡昨天还活蹦乱跳，这也没证明你是正确的。你是能说，你的理由要比我多，可是鸡的死活依然悬而未决。找个第三人来做评判，也是没有用处的。

　　既然如此，为什么我们还要争论下去？为什么偏要寻找证据证明鸡的死活？鸡的死活、太阳"存亡"，都是自然而然的事情，由它去不好吗？

　　现在回到法律思想的问题。我们可以从长梧子的那番言语想到，"严刑峻法""教化为先""刚柔相济"的主张，都是"能说"一类的争议话语。它们不能证明什么，只能显示自己"能说会道"。对社会中的人，究竟是"严刑峻法"，还是"仁义教化"，还是"胡萝卜加大棒"更有效果，那是最终无法彻底证明的。既是这样，何必非要强行"争议"，非要"压抑"对方，非要将自己的话语强加于社会？应该知道："善者不辩，辩者不善。"[1]

046　"无为"的治理

　　虽说"争议"有时没有什么意义，但是，人总要面对社会、面对他人，总要做些什么才是。即使一句话不说，也是一种"作为"。有意思的是，中国法律思想的一些理论，正是以"无为"作为一种"作为"，它们设想，治理社会根本无须多费口舌，"为无为则无不治"[2]。

　　《庄子》里记载了两段对话，说的也是这个意思。我们看一下。

1　老子：《老子》，第19页。
2　老子：《老子》，第1页。

有人说：君王自己制定法律，百姓谁敢不听，谁敢作乱？

有人答：这样想问题就幼稚了。如此治理天下，好像到海里挖渠，让蚊子背山。真正的圣人怎会用法律约束他人的行为？观察一下，圣明君王对待百姓如同放羊，自己无忧无虑、自由自在，百姓也是无拘无束。而且不要忘，鸟会用高飞来躲避张网和弓箭的暗害，鼹鼠会在神坛之下"安家落户"，以躲避烟熏和锹挖。两个小动物没有什么事情不明白的。[1]

另有人问：如何治理天下？

另有人答：还有这样愚蠢的问题！我正要跟随造物主，骑上虚无缥缈这只鸟，飞到天地之外，到一无所有的地方遨游，在虚旷无物的地方安身。别用这类问题烦我！

那人还问：如何治理天下？

答者再答：心思恬静，心气淡漠，顺应事物的天性而不要自作主张，如此天下就会秩序井然。[2]

两段对话原文是文言。笔者不太严谨地用俗语说了一遍。读者看着方便也就可以了。

依照这两段对话的含意，制定法律或者积极干预社会，不是自作自受，也是自找麻烦。所以《老子》里就说了："我无为而民自化，我好静而民自正，我无事而民自富，我无欲而民自

---

1 庄周：《庄子》，郭象注，上海古籍出版社1989年版，第46页。
2 庄周：《庄子》，第46—47页。

朴。"[1]《吕氏春秋》则讲："大圣无事，而千官尽能。此乃谓不教之教，无言之诏……以无当为当，以无得为得者也。"[2]《淮南子》跟着说："故圣人事省而易治……不施而仁，不言而信，不求而得，不为而成……刑罚不足以移风，杀戮不足以禁奸，唯神化为贵，至精为神。"[3]

现在有人肯定会提出这样一个问题：有些事情不干预不管怎能可以？比如，小孩子不懂事，在人杂混乱的环境里如果"天天放羊"的话很有可能就会走上错误的道路。我们总不能认为，"天天放羊"，不仅小孩而且混乱环境中的坏人也会自我调教，最后都成为正人君子吧？不用法律惩罚也得教育管束才行。

主张"无为而治"的理论具有这样一个观念：凡事都会物极必反，事物都会向对立面转化。这也是我们熟悉的一类"辩证法"。《老子》说委曲就会保全，弯曲就会伸直，低洼就会充盈，破旧就会更新，取少就会得多，取多就会迷惑。[4]另有书说："东海之极，水至而反；夏热之下，化而为寒。"[5]因此"全则必缺，极则必反，盈则必亏"[6]。做事情只能是：欲收缩，先扩张；欲削弱，先增强；欲废除，先振兴；欲夺取，先给予。[7]

1　老子：《老子》，第14页。
2　吕不韦：《吕氏春秋》，第143页。
3　刘安等编著：《淮南子》，第86页。
4　老子：《老子》，第5页。
5　吕不韦：《吕氏春秋》，第142页。
6　吕不韦：《吕氏春秋》，第214页。
7　老子：《老子》，第9页。

根据这个意思来看小孩子的事情就会得出这样的结论：小孩子不懂事不要紧，学坏了也没有什么可担心的，反正学坏到了极点就会慢慢变好的。相反，天天管住小孩，叫他不得做这做那，到了忍无可忍的地步他还是要变坏的。并且，小孩子生来就会有些小毛病，管束多了也不易使"毛病"发展到极点，不到极点也就不会向"革除毛病"的方向转化。混乱环境中的坏人也是一样。

所以凡事顺其自然，不可人为地干预。"绝圣弃智，民利百倍；绝仁弃义，民复孝慈。"[1]而"民之难治，以其上之有为，是以难治"[2]。

现在我再给这个说法加点"博弈论"的理由，让它显得更有道理。小孩和坏人在混乱的环境里，由于放任的结果变得越来越坏，变得越来越贪婪。但是，无论坏还是贪婪，小孩和坏人都在琢磨如何得到更多的利益。所谓"坏"无非是坑蒙拐骗，"贪婪"无非是野心勃勃。这类"坏"和"贪婪"在获得利益上可能会有少量的成功机会。但是时间长了，谁都会怕你躲你，甚至有人会"以其人之道还治其人之身"。结果越坏越贪婪，越是无法得到利益。于是小孩和坏人最终会发觉：还是需要遵守社会的自然规矩。到了这一步，小孩和坏人都变好了。这也是一个"顺其自然"的过程。

这番道理听来可以接受。但是，恐怕依然没有人会让自己的小孩"顺其自然"。因为一个简单的可能性是：在小孩真正发觉需要

1 老子：《老子》，第4页。
2 老子：《老子》，第18页。

遵守社会规矩之前，也许他因"坏"或"贪婪"等恶劣行径已经死亡了。

如果我们将小孩看作社会上的百姓，那么我们会让其"顺其自然"，还是会"严刑峻法""教化为先"，或是"刚柔相济"？

047　爱马·被马害

"无为"最为重要的目的在于"顺其自然"。一般来说，讲究"自然"、喜欢"自然"，便意味着相信任何事情都有自己的规律，比如，日月星辰就有自己的运行规律，花鸟树兽也有自己的生长规律，人间世事更有自己的轮回规律。这样说来，强调"无为"便是从侧面暗示要尊重这些规律。进一步讲，"顺其自然"不仅缘于"物极必反"，而且缘于干预"自然"可能会有人们不想看到的结果。

《庄子》说，爱马人心甘情愿用竹筐替马盛粪，无悔无怨用水桶为马接尿，这是不言而喻的。而如果恰巧飞来一群马蝇在马身上不断叮咬，爱马人就会立即拍打这些马蝇。可是，正是这个拍打可能给爱马人带来灭顶之灾。那马有时希望别人驱赶拍打马蝇，有时并不希望，因为正在静心养神。爱马人这时还去拍打，当然会使马受惊，叫它扬蹄子、尥蹶子。结果是马咬断了缰绳，踢破养马人的脑袋，踏碎养马人的胸膛。这就叫本意在于爱马，结果却是惨遭横祸——"意有所至，而爱有所亡。"[1]

现在用这个道理再来看前一小节提到的"小孩子管教问题"。为人父母者没有不爱孩子的，可是孩子有时就是倔强，有时偏要和父母作对。父母越是出于爱去管教，越是相信"打是疼，骂是爱"，孩子越是自行其是甚至产生敌意。虽说孩子不能像马那样扬蹄尥蹶，"踢破"父母的脑袋，"踏碎"父母的胸膛，可是长大有了力气，孩子就会和你拼个高低。这个结果对父母自然是没有什么好处。孩子有自己成长变化的规律。

再将小孩看作社会中的老百姓。

想想看，你想管教百姓，出于"爱心"去用国家法律来约束甚至大刑惩罚，百姓自然不会听你那一套。百姓天天做自己的事情，做好事坏事都有自家的"规律"和道理。你偏要根据自己的心思，看这不顺眼，看那不顺眼，就像看见马蝇叮咬自己心爱的骏马一样从而用刑罚去"拍打"，那么，百姓有时就会反戈一击，直至"踢破"你的脑袋，"踏碎"你的胸膛。"勇于敢，则杀。"[2]"夫代司杀者杀，是谓代大匠斫。夫代大匠斫者，希有不伤其手者矣。"[3]

这个"司杀者"，便是天，便是天道。违背了天道，扰乱了自然的秩序，自有"自然法"来处置他，不用社会和政府的干涉。若

1　庄周：《庄子》，第27页。
2　老子：《老子》，第17页。
3　老子：《老子》，第18页。

用人力去赏善罚恶，便是替天行道，便是"代司杀者杀"。这种代刽子手杀人的事，正如替大匠斫木头，不但无益于事，并且往往闹出乱子。[1]

像那商鞅、韩非"凿五刑，为刻削……自以为治，是犹抱薪而救火，凿窦（洞）而出水"[2]。概括来说，这些做法都是没有好结果的。

不信则看个例子：秦王朝的覆没。

用"仁义教化"去管教小孩，结果虽然不会这样，可也是相差无几。为说明这里的意思，先列出一段孔子和老子的对话：

孔子说：我的学问的关键就是仁义。

老子问：仁义是人的本性？

孔子说：当然。君子不仁不能成名，不义不能谋生。仁义自是人的本性，这没有什么可争论的。

老子说：什么叫仁义？

孔子说：由衷地希望万事安乐，对人慈爱，无私无邪，这便是仁义。

老子说：这话虚伪！慈爱怎能不是私心？无私才是真正的自私！对人慈爱，是为了成名谋生。成名谋生转来转去还不是为了自

---

1 胡适：《中国哲学史大纲》，第47页。
2 刘安等编著：《淮南子》，第67页。

己？为了自己而这样做，不是自私又是什么……所以鼓吹仁义就像敲鼓寻找逃跑的孩子一样，搅乱人的本性。[1]

　　老子后面还应该有话，但是没说出来。我试着把这话续上："无私就是自私，鼓吹无私等于鼓吹自私，向小孩鼓吹自私，小孩就会用自私来对待你直至叫你自食恶果。"这样讲来，用"仁义教化"管教小孩又是破坏了人的本性或者自然规律，到了这里和爱马的养马人的结果又贴近了。

　　用"刚柔相济"来调教小孩，结果也是类似的。

　　那么怎样对付小孩？《庄子》里提到这样的意思：如果小孩无知胡闹，你就跟着调皮捣蛋，如果小孩不守规矩，你就跟着破坏规矩，如果小孩无法无天，你就跟着肆无忌惮。[2]总之最好是"无为"，实在想"有为"也要顺其自然行事。我们今人将这叫作"以其人之道还治其人之身"。再将小孩看作百姓，便可明晓治理社会的要领在于"顺其自然"。爱马就要顺从马的天性。

　　我们会不会"以小孩之道还治小孩之身"？《庄子》说的这些思想看着自然、有理，可是几乎没人真会这样去实践。

1　庄周：《庄子》，第75页。
2　庄周：《庄子》，第27页。

048　法令数量与盗贼数量的正比例

国家法律出现在人世上，说来也有很长的历史。估算一下最早的国家法律比如国人的"禹刑"[1]、外国两河流域的苏美尔人的楔形文字法律，距今也有四五千年了。人制定法律，自然是因为社会有问题，有时并不安定、缺乏秩序。就对付真正的盗贼而言，人们对法律还是非常赞同的。

可是，中国法律思想的一些理论在鼓吹"无为"的时候特别说道："人多伎巧，奇物滋起；法令滋彰，盗贼多有。"[2]《吕氏春秋》类似地讲："令苛则不听，禁多则不行。桀、纣之禁，不可胜数，故民因而身为戮……"[3]另有书也说，"奸邪多则刑罚深，刑罚深则国乱"[4]，对于一般官吏，"君修法讨臣，臣慑而不敢拂……患也"[5]。

为什么会是这样？本来这法律制定出来，一部分专门用来对付盗贼奸人的，为什么还会滋生深患，为什么坏人愈"压"弥多？《庄子》说原因应该这样理解：许多人的性情本来是平静的，虽讲平静可也有尝试新鲜的嗜好。法律制定出来后许多人才知道有"盗贼"犯罪这个事情。知道后就要想法躲避法律，一是琢磨不犯法，二是琢磨不被罚。可是琢磨这些就要费尽心思，费心思的结果就是

1　《春秋左传正义》，第750页。

2　老子：《老子》，第14页。

3　吕不韦：《吕氏春秋》，第172页。

4　墨翟：《墨子》，第21页。

5　墨翟：《墨子》，第14页。

脑子更灵，脑子更灵的结果就是越来越容易想到歪门邪道上去。"于是乎……天下脊脊大乱，罪在撄人心。"[1]

　　而对那些本来就是盗贼的人来说，他们大多数心思本来就是坏的。当知道法律出来了，他们便会仔细研读，思量如何对付。结果同样是越来越多地开凿了歪门邪道，犯罪的手段愈加高超精湛。也可说这是"道高一尺，魔高一丈"的一个种类。手段高超精湛了，成功率就会增加，成功率增加反过来又会刺激盗贼的邪念。这又是一个恶性循环。这也是为什么人们可以发现，即便上千年之后，随着惩罚盗贼的法律增多，而盗贼并未消失，反倒是似乎与日俱增。当然，鼓吹"法令滋彰，盗贼多有"的理论并未直接讲出这个原因道理。可这是合乎逻辑的一个推论。

　　此外，不仅"法令滋彰，盗贼多有"，而且"罪当死者肥泽，刑者多寿，心无累也"[2]。这弦外之音是：法令刑罚多了，反倒便宜了那些作恶多端的犯罪分子。这也意在说明法令多了没有什么好处。

　　所以想来想去，似乎"治理之美，无过无法"[3]。

　　不过，仅就"法令滋彰，盗贼多有"的说法我们可以提出这样的问题：人是不是一定像《庄子》说的那样，脑子越灵，越容易想到歪门邪道上？回答肯定是"不一定"。不说别人，就说制定法律的人，其中有些在制定法律的时候脑子也是越来越灵，但是他们就

1　庄周：《庄子》，第60页。
2　刘安等编著：《淮南子》，第174页。
3　梁漱溟：《梁漱溟全集（第4卷）》，第515页。

不会想到歪门邪道上去。否则，这社会上也不会有什么法律出现去对付盗贼了。其实《庄子》也不否认社会上总有人做坏事，有人做好事，而且做坏事的想对付做好事的，做好事的想对付做坏事的，这样对付下去双方脑子都是越来越灵。既然如此，如果出现越来越灵反而走上邪门歪道的情形，自然也会出现越来越灵走上"以正压邪"之路的情形。其实，不仅某些立法者，就是其他一般人也有脑子越灵越是远离邪门歪道的时候。起码老子庄子就属这一类。《庄子》的说法有点类似古希腊柏拉图讲过的一个观念：在戏剧中扮演坏人角色，特别容易变成坏人，因为扮演者必须深入角色、体会角色，这种"深入"和"体会"慢慢就会令其心灵变质向恶。[1]可是有谁会相信柏拉图的观念？

再就盗贼而言，盗贼的确有时在法律面前更加知道"狡兔三窟"，而且法律出现以来这么多年也没有杜绝盗窃。但是，有胆大的盗贼，也有胆小的盗贼。换句话说有"临危不惧"甚至"视死如归"的盗贼，也有"诚惶诚恐"直至"夜不能寐"的盗贼。如果"诚惶诚恐""夜不能寐"，怎会有更多心思琢磨如何"狡兔三窟"？真是这样倒是不如悬崖勒马、洗手不干了。有盗贼正是这样想事情的。既然如此，法律是不是已经彻底消灭了盗贼也就不是一个问题了。

至于"死者肥泽""刑者多寿"，也没什么可用来说的。究竟

---

1 柏拉图：《理想国》，郭斌和、张竹明译，商务印书馆2002年版，第98—100页。

有多少人想在牢狱中肥头大耳、受刑后长命百岁？答案是比较清楚的。其实，有盗贼想方设法"狡兔三窟"，逃避制裁，正是因为不想有个牢中度日、忍受重刑的下场。

笔者这样分析这里的问题，并非想表明上面那种"法令滋彰没有什么好处"的说法已是"误入歧途"，只是想表明，主张"无为"的法律思想在释放了被压抑的话语道理的同时，反过来又压抑了原来的"压抑者"。这是说，它将人们总是忽视的道理分析得清晰透彻的同时，又把这类道理奉至中心，从而使别种说法毫无地位可言。比如，有盗贼在法律面前肯定是"越来越灵"，于是那种理论便断定，情形必定是"法令滋彰，盗贼多有"，而不再认为"法令滋彰，盗贼心惊"也是社会的一个方面。

049 法律的起源

"法令滋彰，盗贼多有"的观念是想表明，国家法律的作用不仅有限，而且"促生混乱"。结论是最好将法律放在一边，凡事顺其自然。现在笔者试着用一种推论来表明恰恰在顺其自然的时候才会出现国家法律。换句话说，要想顺其自然，就会自然地产生国家法律。

前面第 046 小节讲到了小孩如何在众人都"博弈"的情况下，最后遵守社会自然规矩。我说过，那是顺着"物极必反"的道理可以得出的一个结论。小孩子调皮捣蛋，在什么事上都无拘无束，而由于放任，他像其他坏人一样变得越来越贪婪。越贪婪就越想要得到更多的好处，越想得到更多的好处就越会不择手段。而不择手段虽然可以获得几次成功，却较难永远获得成功。因为，别人慢慢就会躲避防备甚至"以牙还牙"。于是，小孩子终于明白要遵守社会中的自然规矩。否则，别人没好处，自己也没有好处。到此小孩子也就"学好"了。

我们现在将社会中的所有成员都看作可以放任的小孩子。大家都是无拘无束的，直至贪得无厌，这样人人最终都会发觉自己岌岌可危，时时处在弱肉强食、"物竞天择"的不妙处境。就算一人可以一时战胜另一人，终究会有被他人战胜甚至"吞食"的可能性。于是，大家就会明白，只有人人"学好"或者遵守一个社会规矩，人人才会最终获得安全。接下来的事情就是人们会想到制定一个文字性的规矩，大家依规矩行事，并选出一个负责监督执行的"中立"机构，但凡出现违反者便根据规矩察断处罚。这套文字性的规矩和"中立"机构的出现，应该说就是国家法律的起源了。

讲到这里，如果对西方的法律思想颇为熟悉，自然会知道这类解说叫作"社会契约论"。在西方，"社会契约论"有许多"版本"。有霍布斯"版本"[1]，洛克"版本"[2]，还有卢梭"版本"[3]……但是它们大同小异，其共同之处正在于说明法律的起源是自然而然的事情。没有法律，没有一个社会规矩，人人都不会

---

1 霍布斯：《利维坦》，黎思复、黎廷弼译，商务印书馆1985年版，第97—108页。

2 见洛克：《政府论》（下篇），叶启芳、瞿菊农译，商务印书馆1983年版，第59—80页。

3 卢梭：《社会契约论》，何兆武译，商务印书馆1982年版，第22—26页。

遇到好结果。为了生存人们自然会建立一个政府，订立一个法律。人们当然不能说国家法律必然是以这种方式产生的。但这种可能性是绝对不能排除的。至此可以清晰地看到，顺其自然的结果并非像前面一些中国法律思想想象的那样可以抛离国家法律，恰恰相反，国家法律正会因此而产生。所以，真要顺其自然，国家法律有时是个想扔都无法扔掉的东西。这也是直到今日人们仍不会丢掉国家法律的一个原因。

显然，在以舍弃国家法律的方式来顺其自然、"无为"治理的观念里面，包含了一个不幸的自我解构。

050　礼：混乱的开始

主张"无为而治"的理论，既然可以说出"法令滋彰，盗贼多有"，以此贬低国家法律的作用，自然也会对"礼"一类的社会规矩具有同样看法，认为"……君子之礼法，诚天下贱贼乱危死亡之术耳……"[1]

《庄子》说"圣人不死，大盗不止"[2]，"绝圣弃知，大盗乃止……剖斗折衡，而民不争"[3]。"为之权衡以称之，则并与权衡

1　张溥编：《汉魏六朝一百三家集》，收于刘俊文编、北京爱如生文化交流有限公司制作：《中国基本古籍库》，黄山书社2002年版，第638页。

2　庄周：《庄子》，第56页。

3　庄周：《庄子》，第56页。

而窃之……为之仁义以矫之，则并与仁义而窃之。"[1] 所以，"窃国者为诸侯，诸侯之门而仁义存焉"[2]。

为什么要这样看问题？

《庄子》说圣人喜欢讲聪明，可讲聪明的结果往往是为盗贼做了准备。比如，为了防备小偷撬开箱子、顺掏袋子、凿裂柜子，"聪明人"就会扎牢绳索，加固锁钥。圣人也是这么教导的。可是，大盗来了，他扛起箱子、拎起袋子、举起柜子，说走就走，唯恐你绳捆扎不紧、锁钥加固不牢。这就叫给盗贼作嫁衣。[3]

《庄子》还讽刺地说，圣人不仅喜欢主张"聪明"，而且喜欢主张"圣""勇""义""智""仁"。可这同样是为大盗准备了精神食粮。古时传说有个大盗，叫跖。跖的手下问："这盗是否也有道理？"跖说："什么事情没有道理？能猜出屋里有什么东西是圣，进屋时争先恐后是勇，出门时果敢断后是义，判断出何时可以动手是智，分赃公平是仁。不具备这五条，想成为大盗是非常困难的。"所以《庄子》说，"跖不得圣人之道不行"[4]。

本来，盗贼没有大智也不懂得仁义，偷来偷去也不过是个溜门撬锁的。然而圣人来了，不断鼓吹"仁义智勇"，这就使其如虎添翼，在"盗窃"中有了"宽仁""智慧""义气"。如此怎能不说

1 庄周：《庄子》，第56页。
2 庄周：《庄子》，第56页。
3 庄周：《庄子》，第55页。
4 庄周：《庄子》，第56页。

"圣人不死，大盗不止"？《老子》也说过了："大道废，有仁义；慧智出，有大伪。"[1]

圣人，尤其天天讲说"仁义教化"的圣人，自然欣赏礼制。既然他们的"仁义教化"使大盗不止，那么礼制也就是带来混乱的根源了。《庄子》曰："……待钩绳规矩而正者，是削其性也。待绳约胶漆而固者，是侵其德也。屈折礼乐……以慰天下之心者，此失其常然也。"[2]《老子》更是直接地说："夫礼者，忠信之薄而乱之首。"[3]后人也有鹦鹉学舌的："修礼乐，则德迁而为伪矣。及伪之生也，饰智以惊愚，设诈以巧上。"[4]《庄子》还推出了一个历史例证：从远古开始黄帝就已用仁义礼制来刺激人心了，接着尧舜也是这样，可是尧舜两人无论怎样劳累，天下还是有人无法改变，这是仁义礼制的失败。[5]

为什么讲究"礼"就会导致混乱？其中的缘由《庄子》和《老子》没有明说，我想，和"为大盗准备精神食粮"是差不多的。

既然仁义教化不会使人向善，相反却易使盗"日益精练"，而且"礼制"一类的社会规矩也是天天误导人的本性，使人日增邪念，所以就应抛弃仁义教化，抛弃礼制，让所有事情顺从天性，顺

1 老子：《老子》，第4页。
2 庄周：《庄子》，第51页。
3 老子：《老子》，第9页。
4 刘安等编著：《淮南子》，第79页。
5 庄周：《庄子》，第59—60页。

其自然。像《老子》说的，"不尚贤，使民不争"[1]。

"礼制"是一类大体上属于自然而然的社会规矩，与国家法律不同，基本不是人为硬性规定出来的。但是那规矩也的确需要人为地培植。如果没有仁义教化的协助，没有他人日夜勤劳的鼓吹说教，"礼制"也许就会崩溃。就像《论语》所说："君子三年不为礼，礼必坏；三年不为乐，乐必崩。"[2]如果"礼制"终有人为的因素，那么它也就不是彻头彻尾的自然规矩，顺"其"也就不是顺其自然了。

现在我们还是提个类似上一小节提到的问题：顺其自然是否可以避开"礼制"，就像避开国家法律一样？

我们依然用"小孩子管教"的例子来说明这里的问题。小孩子生出来后，父母不去管他，不去教育，凡事都是顺"他"自然也即"天天放羊"。"天天放羊"，小孩子自然没有"父父子子、兄弟姐妹"之间的礼节概念。没有这样的概念，小孩子也就没有什么亲情的感觉可言。不懂礼节，不知亲情，小孩子也就不懂得善以待人。日子长了，不仅社会上，就是家里面对他都只能是"另眼相待"，直至不予理睬。再过些时日小孩子长大了，终归会明白礼节的重要性，因为它连接着一个人的生存环境，他会自觉自愿地讲究礼节，而且会不遗余力地教化自己的后代。

其实，人人都是从小孩子过来的，都有小孩子的经历。这样，

---

1 老子：《老子》，第1页。
2 《论语注疏》，第2526页。

从社会角度来看"礼制"的问题将会发现，人人都可能像小孩子那样，从不明白到明白，从不知礼节的重要到理解礼节的"生死攸关"。进一步的结果是，人人都将慢慢地心甘情愿强调礼节、讲究礼制，于是礼制自然而然就会"生根发芽""开花结果"。说到这里可以看出，完全避开"礼制"的可能性是微小的。越是顺从自然就越可能产生"礼制"，就像上小节提到的产生国家法律一样。

这番推论和前面《庄子》对仁义教化的解构推论，在逻辑的层面上应该不存在谁优谁劣的问题。《庄子》可以说，为了顺其自然，就须抛弃"礼制"；但别人可以说，为了顺其自然，只有培育"礼制"甚至使其生生不息。

051　无礼无法的境界

喜欢"无为而治"，便会不停地诋毁国家法律，也会以讥讽"礼制"为能事。对这点，我们在上面两小节已经看得十分清楚。

国家法律和"礼制"，大致体现了一种"理性"的干预欲望。这类"理性"，相信社会群体分为了"高理解"和"低理解"两类，相信前者理所当然应该引导后者。如果说得对比强烈一些，就是前者站得高看得远、鸿鹄志向，后者则是鼠目寸光。可是，信奉"无为而治"的理论说，这类理性总是自以为是，强行"入世"，实际上它时常显得力不从心而且"呆滞"可笑，就算它不会引来大盗，不会诱发人的邪念，人们也会看到它是寸步难行的。《淮南子》讲："或明礼义推道体而不行，或解构妄言而反当。"[1]

《淮南子》给出了一个传说作为例子，来表明这是如何体现的。孔子一次出外郊游，他的马因为没有被看住，跑到田野里吃了农夫的庄稼，农夫看见非常生气，便把马捉住拴了起来。孔子有些为难。这时，孔子的学生子贡立即上前说情，跟农夫说了许多"仁义礼制"的道理，而且好话说尽，然而农夫似乎就是不给面子，就是攥住马匹不放。孔子琢磨了一下，好像悟出点什么道理，便对子贡说："这马要不回来，还是你没能耐，我想马夫是有办法对付农夫的。"接着，马夫走上前去，什么"大道理"都不讲而只对农夫说："你从东边耕地一直耕到西边，我的马随后跑到东边的地里，怎能不吃你的庄稼？"农夫听后一愣，跟着马上高兴起来，没有意见地把马还给了孔子。[2]

"说若此其无方也而反行，事有所至而巧不若拙。"[3]这是《淮南子》的一段评论。

将这个传说的意义放到社会中，便可以知道，在社会上有许多像农夫那样的人，对他们宣扬"高理解"的"理性"只会收效甚微，甚至招至鄙视。就算许多人像农夫那样"低理解"、无理性，他们也有自己的思维理路和生活秩序。这些思维理路和生活秩序，是最为贴近自然本身的。不要以为它们愚昧落后、不可理喻，实际

---

1 刘安等编著：《淮南子》，第203页。

2 刘安等编著：《淮南子》，第204页。

3 刘安等编著：《淮南子》，第204页。

上生活其中的人们才是无忧无虑、井然有序的，那种无忧无虑和井然有序，也是另一类的自成一套的"理性活法"。这套"活法"，也许可以真正使人摆脱尘世的烦恼或忧虑，具有某种"大智慧"。以这种眼光看去，如果想与之对话或者交流，就应像马夫一样用同样拙朴的言语，而不应用自认为高人一等的所谓"高理解"来破坏人家的自然生活。

当然，在农夫攥马不放的例子里，马夫的话倒也未必真是一种《淮南子》所说的"玩话"。应该说，马夫兴许另有意思，这就是：我懂得马一类动物的习性，动物走到哪里就会吃到哪里，而你庄稼人天天种地，时常看见动物，当然就该知道如何防备牲畜"侵犯"自家的耕地，庄稼人没有做点防备的事情，这也就不能完全怪罪于我家主人孔子的马了。马夫不会讲仁义礼制，也不会讲出国家法律的思想，但是讲的那句拙朴的"玩话"，恰是准确地传递了农夫可以真正理解的"规矩"信息。其实，农夫正是有了一种对"自然规矩"的"理解"，所以才会欣然将马放回。"自然规矩"，是农夫和马夫所处的所谓"低理解"的社群之中的生存调节之器，它联结着农夫和马夫的生存利益。破坏了它，不认真对待它，无论对谁来说都是没有好处的。"低理解"的社群有时最知这一点。

按照这样一个思路看问题，可以想象，国家法律或者仁义礼制就像子贡的"说教"，你站在"高理解"的"理性"上去说"如果失败了这是因为对牛弹琴"，有人则会告诉你：失败了，那是因为"牛头不对马嘴"。

　　所以，要想治理社会，就要理解社会的本来"面目"，理解社会的本来"面目"，就要理解社会的"乡土规矩"。而提到"乡土规矩"，我们也就来到了自然而然、顺其自然的态度方法面前。国家法律和仁义礼制，我们只好"束之高阁"。

　　现在，我对这个思路提出这样一个问题：农夫和马夫之间是不是任何时候都可以像说"玩话"交流那样，顺利地解决纠纷？如果有时不行，他们将会以何种方式来解决纠纷？这些问题的答案，肯定比较复杂。

　　可以想象，并不是在任何时候他们都可以这样解决纠纷。有时，马夫像子贡一样对农夫是无可奈何的，因为，农夫可能就是坚持一个想法：必须赔偿庄稼的损失，否则这马只能杀了，或者抵作损失赔偿。这样，双方就会僵持下去，到了最后，或者孔子拉着子贡和马夫赶紧离去，或者双方大打出手，硬夺马匹。而没有孔子和子贡站在旁边，马夫和农夫到了这时可能更为容易大打出手。这也许就是为什么我们有时会看到，"低理解"的社群容易发生"刀戈相见"的缘故。

　　如果马夫随孔子走了，当然也就没有进一步的问题可以探讨。可是，如果马夫和农夫之间发生了"刀戈相见"，怎么办？这时有两条接下来的思路：第一个是，让他们争斗下去，"弱肉强食"，谁有能力谁就征服另一个；第二个是，找个第三人来做裁决，第三人要么"和稀泥"调解，要么讲个道理说明谁对谁错，然后将马做个公道处置。显然，第二个思路是不错的，因为，这可以避免死亡。但是，第二个思路由于提出了一个"第三者"，意味着要么来个"和稀泥"式的调解，要么来个"公道处理"式的判决，故而便容易走向建立"礼制"或者国家法律的思路。强调"无礼无法境界"的理论，当然对其敬而远之。如此，就剩下了第一个思路：谁有能力谁就征服另一个。赞同"无礼无法"的设想，自然无法排斥这样的结果，这是因为那种设想"往往容易走向极端的放任主义"[1]。当然，它也会这样认为：虽说谁有能力谁就征服另一个，但是，人和纯粹的动物毕竟有些不同，总会算计得失，算计得失的结果，就是认识到弱肉强食下去，自己终有一日会被他人灭亡，因而时间长了，人便会逐渐地避免弱肉强食。

这里可以看出，"让他们继续弱肉强食"这条思路，等于是容忍可以发生死亡事件。这条思路似乎在说：死亡是个代价，有了这个代价，农夫和马夫那样的人就会知道"弱肉强食"没有什么好处，因而慢慢就会遵守自然规矩。不过，我们知道，社会是由一代人接着一代人传下去的，依照那个思路，一个人，比如那个农夫或者马夫，一生只有亲身看见或经历了"死"的事件，才可知道用武力解决问题实在得不偿失。他们去世了，后一代人又要经历同样的感受才能认识到这个代价。所以，从社会的角度来看，随着新一代人的不断"产出"，武力事件就有可能不断地发生。这就意味着可能不断发生死亡事件。如果总是死亡，那么我们是否可以接受这样

1　胡适：《中国哲学史大纲》，第46页。

一个可能的结果？

到了这里，我们就会想到，在农夫和马夫可能动用武力之前，便用仁义教化的方式，或用国家法律警告的方式，劝诫他们不要动用武力，兴许才是明智之举。因为，我们毕竟不太希望总是看见"死亡代价"。

另外，还有一个问题也应说一下。前面提到了农夫可能就是坚持一个想法，即必须赔偿庄稼损失。这种情形，在一种条件下大多是不可避免的，这便是财富资源有限。这是什么意思？这是说，如果农夫田地的庄稼多得数不胜数，或者农夫本身十分富裕，那么，马吃些庄稼也就不足挂齿了，农夫也不会坚持必须赔偿庄稼损失，倒是可能看在孔子的面子上，让马多吃些。但是，农夫所以成为农夫，往往因为田地庄稼"资源"是有限的，自己在生活中也是含辛茹苦、度日如年，如此当然更为可能坚持要孔子赔偿损失。其实，中国农夫时常是"民众而货财寡，事力而供养薄，故民争"[1]；"生而有欲，欲而不得则不能无求，求而无度量分界则不能不争……"[2]这就难怪梁启超有这样的评论：主张顺其自然的那类"无治主义，以人民不争不乱为前提……从经济上观察……不争不乱万万办不到"[3]，对此"若不能反驳，那么，无治主义算是受了致命伤了"[4]。

1　韩非：《韩非子》，第153页。
2　荀况：《荀子》，第109页。
3　梁启超：《先秦政治思想史》，第253页。
4　梁启超：《先秦政治思想史》，第253页。

概括来说，即使中国看上去地大物博、幅员辽阔，它的财富资源依然是有限的。这样，别说农夫和马夫，就是农夫与农夫之间，有时都会出现激烈争夺。前面农夫恰巧听了马夫的"玩话"，将马还了过去，是个例外的例外。

《老子》说："和大怨，必有余怨，安可以为善？是以圣人执左契而不责于人。有德司契，无德司彻。"[1]老子以为，如果是圣人，即使拿着明文借据，也不会强逼债务人还债。德性好的人，会握紧借据；德性差的人，则会急迫追债。《老子》这话好像既有开导的味道，也有劝说的味道，仿佛告诉别人，与世无争才是最佳选择。

可是，在农夫或者马夫之间，到底有多少个人可以大方到像圣人那样？你说圣人才会无烦恼，无忧虑，所以把一切债权全部抛去就会像圣人一样活得自由自在，然而，农夫和马夫还是会把算盘放在你的面前，和你究个一清二楚。生活，是实实在在的。

到了这步，我们是不是还要扔掉"仁义礼制"或者国家法律？

小 结

"顺其自然"或者"无为而治"的想法，在中国法律思想中，是个颇为独特的理论。这一理论对国家法律的态度非常冷淡，甚至认为其惹是生非。可是，这样的理论不仅释放了容易被人压抑、忽

---

1 老子：《老子》，第18页。

视的另一方面，使人们看到国家法律并非是个纯粹的公正平直的东西，它有时还会使人误入歧途。用人们熟知的词来说，它有利有弊。看法律，应该两方面去看。这也叫作"全方位审视"。

　　但是，国家法律再有问题，我们人类恐怕也难以将其抛弃。这就有如《慎子》所说："法虽不善，犹愈于无法。"[1]而且，按照"顺其自然"的思路，我们倒是反而容易推出这样的结论：国家法律的产生，如同万物生长，是自然而然的。如果的确是这样，那么根本问题便是摆正国家法律的地位。对于"礼制"一类的社会习俗规矩，似乎也应这样看待。

1　慎到：《慎子》，第2页。

第五章　国家法律的天下

前面我们主要讨论了法律在统治方式中的地位。中国法律思想的理论不论"道统正宗"的，还是旁门左道甚至"邪门歪道"的，都喜欢首先从工具的角度谈论这个问题。对于法律，我们已经说过，应该做些宽泛甚至潇洒的解释，最好将它看作包含了"礼制"之类社会其他习俗规矩，不仅仅是国家法律。因为，中国的语境是独特的，"礼刑既杂，政法归一"[1]，而且人们对"法"字的使用也是多变的，"家法""宗法""族法""习惯法"……无一不是时常出现在人们的言谈话语之中。坚持给"法律"一词定个内涵，说它只是国家法律的别名，是种过时的本质主义了。"法律"一词，像其他各个字词一样，有个语境的问题，在不同地方总会有个不同的意思。对它"宽宏大量"一些，便可看到更多的"语词用法"，以及语词用法背后的观念企图，从而观察到更加丰富多彩的众多中国人心目中的"中国法律"的现实。[2]这样讲来，大致可划入法律家族的各类规矩，只要被中国法律思想谈论了，那么自然首

1　陈顾远：《中国法制史》，第一编总论，载《民国丛书》第一编第28卷，上海书店1989年版，第94页。

2　见前第009小节。

先就都被赋予了"工具"的涵义。

不过，既然是一种"工具"，也就有个"目的"问题。工具总是拿来为远方的一个东西"服务"的。有了这个前提，就该看看中国法律思想各类理论心目中的"远方的东西"。

052　法家的追思

前面第051小节，讲到了农夫和马夫的德性。通常来说，农夫和马夫是学不了圣人的，一来他们的"觉悟程度"总是不高，品性爱财，二来资源也是有限的，有人先占了，有人就无法获得。所以，农夫和马夫都更为可能搬出算盘，凡事和人斤斤计较。主要是出于这个原因，前面第020小节提到法家的法律思想，特别强调了国家法律的赏罚意义。

法家思想容易给人这样一个印象：将人当动物对待，听话了喂给食物，"调皮"了抽打一顿，对人似乎没有人道主义的意思。这样看法家，可能有些冤枉其的地方。其实，中国古代法家的最终目的，一方面是前面第020小节提到的"以刑去刑"，另一方面则是希望江山社稷稳定、国富兵强，从而人人可以生活富裕。《商君书》说："刑生力，力生强，强生威。"[1]《韩非子》也说："……知有罪之必诛，而私奸者众也，故民莫犯，其刑无所加。是以国治

---

1 商鞅：《商君书》，第11页。

而兵强，地广而主尊。"[1]

《吕氏春秋》说过一个隐喻："群狗相与居，皆静无争，投以炙鸡，则相与争矣，或折其骨，或绝其筋，争术存也。"[2]对这个隐喻，《晏子春秋》也类似地描述了一番："……蓄狗也，多者十有余，寡者五六，然不相害伤。今束鸡豚妄投之，其折骨决皮，可立得也。"[3]从这个隐喻看去，法家的思考又是在于解决如何叫狗不会再去为鸡厮打，如何实现将鸡扔过去时，狗只会自觉待在那里，依然不被烧鸡之类的诱惑搅乱意志。换句话说，有时自然资源的有限，是个根本无法解决的问题，就算所有人都勤奋、辛劳，也不一定可以生产出取之不尽用之不竭的衣食财富。所以，要想法儿使除了君王之外的人都能在条件艰苦之时，依然精神振奋、整齐划一。如此说，"饿不苟食，死不苟生，此乃有法之常也"[4]。这里的"法"指的就是严刑峻法。当然，法家好像没有直接将狗争鸡比作人的互不相让。可是，他们的意思点到了。

虽说法家企图多多，但是，在此我们倒是最为关心从法律思想的角度来看，法家希望得到一个什么样的"法律世界"。说到这个，我们权且用两个字概括一下：极权。

有西方人说：

---

1 韩非：《韩非子》，第37页。

2 吕不韦：《吕氏春秋》，第173页。

3 《晏子春秋》，第12页。

4 商鞅：《商君书》，第33页。

法家法律观的形成，不是基于"人权"的考虑，而是这样一种认识：为了有效地控制在其管辖之下日益增多的民众，法律是一种重要的手段。在思想方面和使用手段方面，法家是一群真正的极权主义者，对于民众，总是考虑如何从整体上加以控制。[1]

另有中国学者说，"古代法家是赤裸裸的极端专制主义的鼓吹者和执行者"[2]，"当时的法家……要想在封建等级制上实行中央集权，其结果也必然只能集权于君主，而以专制为归宿"[3]。这些说法，肯定没有委曲法家。相反，法家也许会毫不羞涩地宣称：我们正是这么回事。说到"极权"，谁都会知道那是什么意思。可是在法律思想中去说"极权"，和政治学就有些分别了。在政治学中，极权有时可说"无法＋专制"，在法律思想中倒是"可以专制"但不能"无法"。前面第 002 小节提到过国家法律和官府的关系，我们把这叫作中国法律思想的一个隐喻。其实，在中国法律思想中，将国家法律和官府联系在一起，便隐含了一个深层意思：国家法律是通过官府中介来"通天"的，通向了最高统治者"天子"。用今天法律学子特别熟悉的话来说，法律最终体现了最高统治者的意志。

1　布迪、莫里斯：《中华帝国的法律》，第13页。

2　张晋藩、曾宪义：《人权与法治的历史剖析》，载《法治与人治问题讨论集》，群众出版社1980年版，第218页。

3　张国华：《略论春秋战国时期的"法治"与"人治"》，载《法治与人治问题讨论集》，群众出版社1980年版，第237页。

这个概念极为关键。我用个粗浅例子，来说明其中的重要性。

假设现在有十个人准备一起过日子。这十个人各有所好，意见不一，有人喜欢酱油有人喜欢醋，而且时常因为嗜好不同发生矛盾。要解决问题，有三个方法：其一是一人说了算，其二是多人说了算，其三是"顺其自然"。前面已经看出，"顺其自然"不太现实，我们暂且把它放在一边不予理睬。第一个方法有时被人叫作"专制"，有时叫作"独裁"。在这种方法中，可以有法律，也可以没有法律。当有法律的时候，法律是什么内容就由一人定乾坤了。这个"专制领导者"可以自己拿张纸来，依照自己的意志或兴趣，将法律条文一一写下，叫另外九个人凡事照此办理。第二个方法通常有个好听的名字——"民主"。在这个方法中，法律是个最为常见的治理手段。十个人首先坐在一起，讨论彼此的需要，该妥协的妥协，该少数服从多数的便少数服从多数，最后大家投票通过一个文字规矩，法律于是产生了。这时的法律可说代表了大多数人的意愿。

法家所说的法律，也就是第一种方法里的法律。这种法律往往体现了"专制领导者"的意志。当然，在另外九个人中，领导者可以挑选出一至二人来做自己的"官吏"，执行自己的法律，可无论如何都是自己最后做出决定。在法家的思想中，几乎没有第二种方法里的法律这个概念。法家总会反问：为什么法律要让众人来决定？为什么一人要服从九个人？言外之意是说，一人服从九人一定会出现混乱，因为，人人都十分性恶。[1]在第二种方法里的"法律世界"中，自然也有"领导者"和"官吏"一类角色的出现，但是，这些角色都是规规矩矩地执行"多数人的法律"，绝不越雷池一步，他们和第一种方法里的同类人物似乎差别很大。说到这里，如果我们记得"权力"和"权利"这两个词的话，就会发觉，在法家的法律观念里面，只有"权力"而没有"权利"的概念。"权力"，往往隐喻着"领导者"或者"官吏"如何自上而下地管束平民百姓。而"权利"，倒是时常隐喻着底层平民如何可以自下而上地抵抗那类管束。在第二种方法里，两个概念都是存在的，而且后一个要比头一个显得更有"气派"，因为，多数人如果兴致上来了就能将"领导者"和"官吏"全部罢免。法家最为喜欢"管束"，绝对不容底层"犯上作乱"。

现在，再用"主人"和"仆人"这两个词来看这里的问题。在第一种方法里，法律的"主人"是一人，法律的仆人是九人，而在第二种方法里，法律的"主人"倒是多数，法律的仆人就是第一种方法里的"主人"，也就是我们听说过的"公仆"。

法家的法律"极权"的关键，至此可见一斑了。说其关键，在于它向我们提出了这样一些问题：你们（大多数人）到底想做法律的"主人"，还是想做法律的"仆人"？到底更多喜欢面对"权力"，还是更多喜欢把握"权利"？

1　见前第014小节。

053　"以"法与"依"法治国

"以法"与"依法"这两种说法，有时是一样的，有时不一样。"以"字有时是指"用"的意思，"依"字有时是指"按照"的意思。在前一小节讲的"专制方法"里，说"以法治国"是再合适不过了。而在"民主方法"里，讲"依法治国"可能较为恰当。法家在更多的时候喜欢"以法治国"[1]。因为，他们的意识里几乎只有"权力""法律的专制主人"之类的语汇。

说起来，在中国法律思想的相当一些理论中，"以法治国"几乎成了一个潜流的话语意识形态，倒不仅仅是春秋战国时期的法家对其情有独钟。汉代王符在他那本《潜夫论》里就讲："夫法令者，君之所以用其国也，君出令而不从，是与无君等。"[2]王符还说："夫法令者，人君之衔辔棰策也；而民者，君之舆马也。若使人臣废君法禁而施己政令，则是夺君之辔策，而己独御之也。"[3]王符的这些言词，和法家韩非的言词如出一辙："法令，所以为治也……刑罚，所以擅威也。"[4]

讲"以法治国"，那是因为相信法律体现了君王的意志。君之所好，也就是法律之本了。毕竟"生法者，君也"[5]。正是由于这

1　《管子》，第147页。
2　王符：《潜夫论》，第282页。
3　王符：《潜夫论》，第282页。
4　韩非：《韩非子》，第142页。
5　《管子》，第145页。

类"以法治国"的话语力量太过强大，中国法律思想居然曾经出现了"妙不可言"的"杜周现象"。

杜周是汉武帝时期的一个廷尉，也就是今天人们说的首席大法官。此人做官特别严厉，被称为"酷吏"。司马迁写《史记》，专门写了一下这个人物，篇名叫《杜周》。原来，杜周有一个嗜好，就是尤为喜欢改变一下法律的意思。当然，他改变法律的意思倒不是自己随心所欲，而是处处为君王着想，只要君王觉得什么合适，杜周就把法律解释成什么样子。那个时候，有人就像今天的许多"法治卫道士"一样，对杜周十分鄙夷，说："怎能这样阿谀奉承！法律既然已经定下，就应照着法律的意思去做。"但是，杜周特别聪明而又极善辞令，听到这话后，反问那帮"卫道士"："前主所是著为律，后主所是疏为令，当时为是，何古之法乎？"[1]那帮鄙夷者听了这番话，没有任何反驳的说辞，因为，仔细思索发现杜周说得颇为有道理。

讲来，只要认为法律体现了君王的意志，而且认为应该如此，那么，就不能说杜周有什么不对的地方。君王的想法有时会变，如果变了，君王自然要求改变法律，所以，杜周只是先行一步罢了。这里最重要的是，君王发现了杜周依照自己的意思改变法律，肯定不会有什么不悦，而且真是到了修改法律的时候，君王兴许就是特别看重杜周的说法。

---

1 见司马迁：《史记》，第3153页。

现在，我把这里的"杜周现象"提炼一下："以法治国"的观念来自"法律乃君王意志"一说，可是，坚持这样一说，反过来可能不会实现"以法治国"，而是"以君王意思治国"了，结果是法律没有了地位。这是一个"妙不可言"的自我解构："以法治国"解构掉了"以法治国"。问题出在哪里？我想，至少出在"法律应是君王意志的体现"的观念。杜周正是僵化地强调了这一点。应该注意，顺此问题思路深入下去，会有许多东西可以继续追问，并且会得出许多与上述观念截然相反的法律言论说法。笔者点出感觉。其余，就请读者自己"费心"了。

当然，也许因为隐约发觉会有"杜周现象"，中国法律思想相当一批理论认为，君王造法后，也应"一言既出，驷马难追"。换句话说，君王应像其他臣民一样，也要对自己的法律毕恭毕敬，不得越轨。

《管子》讲："故君求之则臣得之，君嗜之则臣食之，君好之则臣服之，君恶之则臣匿之。毋蔽汝恶，毋异汝度……"[1]《韩非子》也点明了这等意思的重要，说："故明主使法择人，不自举也；使法量功，不自度也。"[2]另有人认为："法也者，众之所同也……事出乎不可同，此为先王之所舍也。"[3]晋代葛洪又是明说：

---

1 《管子》，第11页。

2 韩非：《韩非子》，第14页。

3 吕不韦：《吕氏春秋》，第221页。

"善为政者……不曲法以行意。"[1]

有些理论甚至特别鼓吹了君王的"自残"，来表明君王守法的策略意义。《淮南子》提到过一个例子，说有一次越王勾践断案，居然大错特错，冤枉了无辜。为了使上下心服口服，勾践拿出了龙渊宝剑，朝自己的大腿照直刺了下去，以致鲜血喷流，并说这是"依法惩办"。后来手下们每当想起这等情形，没有不奋勇杀敌的。[2]

讲究最高统治者自己"驷马难追"，无疑是担心破了规矩，别人也就会有借口不服从法律，而且无法取信于臣民。所以，中国法律思想的一些理论鼓吹君王守法，目的是希望君王不要因小失大。转来转去，目的还是为了君王的最高统治。不过，此时再说法律体现最高统治者的意志，似乎就不太舒服了。这又叫作顾此失彼、捉襟见肘，也是赞同法家理论的法律学说始料不及的。

054　"抓阄、抽签"·"依法治国"

虽说君王守法是个策略，可是，守法无形中也束缚了君王的手脚，这又是一个事实。就算君王可以号令天下、随心所欲，但只要有了法律，君王到底还是需要拿出说得过去的理由，去绕过法律这个绊脚石，除非豁出去了什么也不在乎。说到这里，我们可以发

1　葛洪：《抱朴子》，中华书局1954年版，第124页。
2　刘安等编著：《淮南子》，第205页。

觉，法律制定出来后还是有些自己的尊严可说的。中国法律思想的个别理论，恰是含有这个意思。

《慎子》讲，远古的族人就有习惯用抓阄的方式分财物，用抽签的方式分马匹。为什么会这样？因为族人觉得，这类分法是靠运气，故而特别公平，得到财物马匹的人不会感激别人，没有得到的人也不会怨恨别人。无论是谁，都信这是命。久而久之，他们就将抓阄和抽签的方法当作一种"标准"，凡事不太好办或者有了争议，就用这等方法加以解决。[1]《慎子》说，这类方法正可以解决一些"平直"的问题，反正大家都会心服口服，如同愿赌服输一样。[2] 而且重要的是，谁都明白，那些方法不是因为可以胜过人的智慧，故而可用，而是因为它们可以去掉私欲、堵塞怨恨，"而以心裁轻重，则同功殊赏，同罪殊罚矣，怨之所由生也"[3]。

由此，《慎子》有个推论：

故蓍龟，所以立公识也。权衡，所以立公正也。书契，所以立公信也。度量，所以立公审也。法制礼籍，所以立公义也。[4]

《慎子》的这套说法似乎是在暗喻，法律就像抓阄抽签那样可

1　慎到：《慎子》，第2页。
2　慎到：《慎子》，第2页。
3　慎到：《慎子》，第6页。
4　慎到：《慎子》，第2—3页。

以造就一个"公正平直"或者"以公去私"的世界。依照这个意思理解下去，君王制定了法律，只要自己"驷马难追"，那么大家都可以在行动上整齐划一。既然是整齐划一了，也就可以看到法律公正平直的本色了。如此看来，像前一小节提到的《管子》《韩非子》，以及晋代葛洪的言论之类的，说君王也要好自为之，不可随意破了规矩，也就等于暗中肯定了法律自己的尊严。

那么这个尊严有些什么内容？

第一，它有明确性。如同前面第018小节提到的，法律制定出来后大家都看得清楚，谁都知道白纸黑字说了什么意思。第二，它有可预测性。如果有人想做一件事，不知国家君王愿意不愿意，就可以拿出法律翻一翻，翻后就会知道自己做了结果会是怎样的。"明确性"和"可预测性"正意味着一种公平，因为它们起码可使行为规矩事先清晰起来，做到了"知者为罪""不知者不为罪"。法律具有尊严的地方正包括这两点。在此，我们应该注意，法律的公平并不一定非指法律的实质内容，比如人人都可以结婚离婚、生儿育女，人人都有读书识字的权利。它有时也指"形式外表"。这意思是说如果法律本身制定得不清不楚，内容时常导致"公说公的、婆说婆的"，或者早上制定的时候只有几条而到了晚上就变成了几十条甚至上百条，叫人无所适从，那么法律也就不可能做到"知者为罪""不知者不为罪"。我们讲法律的尊严，在中国法律思想的语境中主要是讲这个"形式外表"的问题。

笔者提到这些是想进一步说明下面的意思：只要主张君王也应

该自觉一些，不得随意破坏了法律规矩，那么，也就保证了法律具有明确性和可预测性。有了这两性也就可能出现法律没有体现君王意志的时候，因为作为人，君王时常会有新的想法，可是有新的想法又不能随意改变法律，法律再执行下去就不是执行君王的意志了。如此，就像《慎子》所设想的那样，法律倒成了一种"公共"的东西。到了这一步，"以法治国"似乎有点"依法治国"的意思了。

055　靠人与靠法·"法律机器"

在中国古时的法律思想中，主张君王也要循规蹈矩的说法可谓是数不胜数。在前一小节，我们已经看到这种说法可以导致一种有趣的结果——法律成为"公共"的东西。这个结果十分重要，顺此可以进入一些更为有趣的思路。

不过，现在我们还是继续讨论"法律的天下"。

从法律思想的角度来说，法家理论的关键之一在于主张"靠法"而不"靠人"，或者说主张"人"是靠不住的。这自然是"人性恶"观念的一个必然结论。[1] 此处的"人"，主要是说官吏。谁都知道要想管理好社会，没有一批官吏当然是不可想象的，毕竟君王一人精力有限。由于这一点，法家做梦都在思考一个问题：如何通过官吏去管理官吏和底层民众。他们想来想去结论就是"靠法"，"以法

1　见前第014小节。

为教，以吏为师"[1]，官吏最多当个法律的传声筒即可。毕竟，"法"有许多优点，一来明确，二来可以预知，三来具有普遍性，四来还可以不像人那样有个"感情"问题。而"人"可就漂浮不定了。而且那"人"还有私心杂念。这就如同《韩非子》说的，"释法而任慧者，则受事者安得其务？务不与事相得，则法安得无失，而刑安得无烦"[2]？也如同西方古希腊亚里士多德所说：

　　凡是不凭感情因素治事的统治者总比感情用事的人们较为优良。法律恰正是全没有感情的；人类的本性（灵魂）便谁都难免有感情……[3]

　　要使事物合乎正义（公平），须有毫无偏私的权衡，法律恰正是这样一个中道的权衡。[4]

　　当然，在中国古代法家的观念中法律不过是个工具。法家倒没像亚里士多德那样把法律想象得如何"正义"或者"神圣"。既然法律不过是个工具，官吏也不过是些传声筒，如此，在法家勾画的法律世界中官吏也就是一个个被死死钉在"法律机器"上的螺丝钉。如果这些"螺丝钉"生锈了（比如腐败渎职），就把它们卸

1　韩非：《韩非子》，第156页。

2　韩非：《韩非子》，第166页。

3　亚里士多德：《政治学》，吴寿彭译，商务印书馆1983年版，第163页。

4　亚里士多德：《政治学》，第169页。

下扔掉（比如杀掉或者送入牢狱），根本不用修磨打油（比如教化）。而对君王来说，他是可以转动这个"法律机器"的，可以随意安装卸下"螺丝钉"，这样一个法律天下也就随之成为等级森严、铁板一块的"金字塔"，而君王这个最高统治者始终站在顶端。

　　法家理论有个习性——"皇上不急太监急"。这是说法家什么事都想替君王琢磨得细致周详，也即巴不得叫君王做事天衣无缝。可是越是这样似乎越是不能天衣无缝，越是不能让君王真正"无忧无虑"。我们说个历史上的例子来表明这点。

　　汉宣帝在自己当政的时候做过一件事，即任命四名大臣从事死刑复核。安排这类复核一方面是想避免错杀无辜，另一方面也是想"灵活灵活"，让某些人死里逃生，从而使其避免成为法律的"刀下之鬼"。这也可说是一种"赦免"。当然，四名大臣至少在形式上要将自己的意见上报，最后由君王一锤定音。讲来，有个地方官吏却是特别执着。他居然站在法家的立场上直接对汉宣帝讲："您既然已经制定了法律，就应该依据法律一丝不苟，派出大臣做那等事，倒不如把法律定得清清楚楚；不论怎样，法律一旦明确就不应被随意操纵。"[1]

　　后面的事情我们就不得而知了。估计汉宣帝没有理睬那个小官的话。汉代有个史学家叫班固。他倒是对此阐发了一些议论。班固说，这个小吏看来是不大懂得立法的麻烦，要把法律制定得像模像

---

1 班固：《汉书》，第1102页。

样直至完美无缺，岂能是一代人两代人的事情？汉宣帝派四名大臣做一下"调济"工作，自然是不可避免的"临时补救"。[1]

其实，在前面第042小节我们详细讨论过法律解释的问题。在那里我们已经说过，法律无论怎样制定都是不能完美无缺的，最终总还是需要人来解释一番。如果是这样，法家即便是为君王着想也还是没有想得特别到位。绝对"靠法"而不"靠人"，让官吏彻底做个螺丝钉，有时并不能够实现君王的心愿。不折不扣的无人的"法律世界"倒不一定为君王所喜欢。班固的话中暗含的意思兴许就在这里。

056　国家危险的原因：一半务农一半坐吃

"以法治国"的观念来自"法律是君王意志的体现"的观念。而讲究君王站在法律世界的顶端，自然会把大小官吏都当作螺丝钉看待。这些意思在法家那里都是相互联系的。而且，法律制定出来就算有时看着像些"鸡毛"，官吏也要拿着"鸡毛"当令箭。由此可以得出这样一个进一步的看法：谁都不得多嘴多舌，议论国家大事，或者对国家法律说三道四。

早在战国时期商鞅就提醒君王要注意，能说会道的知识分子对国家一定是有危险的。既然法律制定出来，该做什么不该做什么完

1　班固：《汉书》，第1102页。

全是不可争议的，人人都应像老农那样一丝不苟地耕田种地。否则，国家肯定会出现混乱。

《商君书》提道："百人农，一人居者王；十人农，一人居者强；半农半居者危。"[1]原来，春秋战国时期正是中国历史少有的"百家争鸣"的日子，各类学说竞相争夺话语霸权，商鞅十分反感任何学说。商鞅琢磨，这些异端邪说尽是鼓唇弄舌，无一可以在实践中富国强兵，相反倒是搞得人人躁动不安，如此个个"坐吃"下去必定国将不国。

商鞅的意思是百姓本来是"纯洁"的，大事不明白，小事不议论，生活上也是日夜勤劳。可是自从来了一群巧舌如簧的说客，说的那些东西好像有点道理，便不仅惹得一伙人自愿甘当"陪衬托手"，而且弄得百姓稀里糊涂。最为讨厌的是那些说客走到哪里说到哪里，日日穷极无聊，居然还能天天鸡鸭鱼肉地被人伺候甚至升官发财，如此，使得一般百姓无心耕地做事，更无心发愤图强。"说者成伍，烦言饰词，而无实用。主好其辩，不求其实。说者得意，道路曲辩，辈辈成群。民见其可以取王公大人也，而皆学之。"[2]这样下去，对国家绝对是不妙的。

总而言之，有了国家法律就应抑制异端邪说，不准议论国是，一切都依照法律去做。

那么是不是所有的自由言论对国对民对法律都没有什么好处？

---

1 商鞅：《商君书》，第7页。
2 商鞅：《商君书》，第8页。

法家的回答绝不含糊：当然！法家的"实用"观念十分强烈。他们觉得越是说得头头是道的理论在实践中越是可疑，越是允许人们自由辩论越是可能使人不知所措。《韩非子》举过一个例子，便是说明这个意思。例子说当初战国时期，宋国有个人特别能说会道，论辩起来所向无敌。这人最为熟悉"白马不是马"的道理，到了齐国，所有辩士莫不俯首称臣。可是就是这人骑着白马过关卡的时候照样被收税人按照一般马类的标准收了税——"乘白马而过关，则顾白马之赋。"[1]《韩非子》说，别看"白马非马"一说走到哪里都无人能敌，实践中什么马都是马，该交税时还要交税。[2]

　　提起"白马非马"，略知中国古代哲学的人自然知道它的由来。这"学问"来自战国时期的公孙龙。公孙龙十分聪明，非说白马不是马。为什么？公孙龙讲"马"字是个描述马形体的词，"白"字是个描述马颜色的词。"白马"一词既说形体又说颜色，当然和"马"字有个区别。如果有人要马，给他黄马、黑马都是没问题的，可是有人要白马，牵出黄马、黑马就没人要了。手里牵着黄马、黑马都可以说是牵着马，但不能说是牵着白马。所以"白马非马"。[3]从古到今人们都说"白马非马"一说不好反驳。这桩哲学公案至今没有彻底画上句号。究竟如何去看这一说，我们外行人不便插手，还是把它还给哲学家争论好了。在此笔者只想说明，

1　韩非：《韩非子》，第91页。
2　韩非：《韩非子》，第91页。
3　公孙龙：《公孙龙子》，逄行珪、谢希深、陶弘景注，上海古籍出版社2001年版，第7页。

《韩非子》肯定明白这里的思路，然而它又机巧地告诉你就算你骑着白马巧说"白马非马"，这税还是免不了的。所以，君王"听言者，不以功用为目的，则说者多棘刺白马之说"[1]。

我们可以将《韩非子》的意思在今天的语境中再发挥一下。今人可以巧辩"白人非人"，而且可以用公孙龙的理由作为根据，这样，别人恐怕是很难与之辩驳的。可是用这个巧辩，到了西方人那里四处游说，结局将会怎样则是不难预料的。人家文雅，会客气地将你请出国门；人家粗鲁，便会一脚将你踢出国门。假如韩非当年知道"我大中华"之外还有异邦白色人，定会赞同这番分析。

《韩非子》还举过一个例子，意思是类似的，说的也是战国时期。有个人叫虞庆。虞庆没有盖过房子，可是自称对房屋建筑特别精通。有一次和屋匠争了起来，虞庆说："屋匠，你肯定错了，房屋不能盖得太高，现在盖得太高，之后会变得更高，而且容易塌。"屋匠说："这是新房子，泥巴是湿的，椽条没有干透，待它们都干了，房屋也就不显得高了，而且也不会变得更高。放心，不会塌的。"虞庆揶揄道："说你不懂你就是不懂。想想看，湿泥巴重，没干透的椽条弯曲。用弯曲的椽木承受重的湿泥巴，房屋就该建低些。不然的话风吹日晒，时间久了泥巴就会变干，椽条也会变干。泥巴干了就会变轻，椽条干了就会伸直。直椽条承受轻泥巴，新房子就会增高，结果就会崩塌。"屋匠辩不赢，照着虞庆的意思

---

[1] 韩非：《韩非子》，第89页。

去做了。谁知后来的情形竟然是：屋匠原来自己盖的房子没有出现问题，按虞庆的意思盖的房子倒塌了。[1]《韩非子》说："虞庆之言，皆文辩辞胜而反事之情……虞庆者，为虚辞，其无用而胜；实事，其无易而穷也。人主多无用之辩，而少无易之言，此所以乱也。"[2]

在法家看来，骑白马者和虞庆是一类"坐吃"的人物。这类人物占到了国家人数的一半，江山的情况也就可想而知了。

当然，法家反对自由言论并不意味着连自己的一套说法都要抛弃。实际上法家的观念是种暗藏的"绝对真理论"。这意味着法家只认为自己的一套才是天经地义的而且实用的，其他一概属于谬说或者无用。如果说了人性恶，说了人人只是爱财如命，说了国家法律才能发挥作用，使人向善，别人再说人性善，再说人人都有仁爱之心，再说国家法律并不一定特别有用，那么别人就是在向"真理"挑战了。法家确信自己的一套法律学说已经无可挑剔，所以必须抑制"异端邪说"。这也是秦朝"焚书坑儒"的一个由来。

但是这毕竟是有些独断了。即使信奉实用，即使虞庆不争气，说了一堆似是而非的没用之辞，让新房子真的塌了下去，那也不见得别的异样说法就一定是蛊惑人心、绝无用处。可以想象没有虞庆和屋匠争来争去，也会有其他屋匠和那个屋匠理论理论。盖房子是

---

1 韩非：《韩非子》，第92页。

2 韩非：《韩非子》，第92页。

个实践事务，为了将房子盖好，盖得结实漂亮，怎能不出现行内的不同意见？持不同意见者争来争去并不一定有损房屋的建设。对于盖房子是如此，对于国家大事恐怕更是如此。

此外，我们看一段陈独秀这个现代人物的言词，看看是否还有更为要害的问题：

> 法律是为保守现在的文明，言论自由是为创造将来的文明；现在的文明现在的法律，也都是从前的言论自由，对于他同时的法律文明批评反抗创造出来的；言论自由是父母，法律文明是儿子，历代相传，好像祖孙父子一样；最奇怪的是旧言论自由造成了现在的法律文明，每每不喜欢想创造将来法律文明的新言论自由出来，好像一个儿子，他从前并不孝顺父母，到了他做父母的时候，他的儿子稍有点意思不和他一样，他便要办他儿子忤逆不孝的罪；认真严办起来，岂不要断绝后代！[1]

057 法律一元化的功能

废除虞庆那类"坐吃"，当然就是唯法家思想独尊。结果，国家便是彻头彻尾的一元化。《韩非子》说过一个比喻来讲其中的重要。它说如果不设立一个靶子，任何人射箭的时候乱射一气都可以

---

1 陈独秀：《独秀文存》，亚东图书馆1922年版，第64—65页。

随便射中一个什么东西，比如一片树叶，一堵墙壁，一块地皮，等等，但这根本不叫"会射箭"。立上一个正经的箭靶子，自然没有多少人可以一显身手了，因为那靶子总是难以射中，没点射箭的功夫当然就会箭箭虚发。[1] 所以只要没有标准，那无论做什么事都可以叫作"做正经事"，而有标准放在那里，就没有便宜的"做正经事"了。"有度难而无度易也。"[2] 这便是一元化的关键所在。

《慎子》另外提出了一个观念来说一元化的必要。它讲，有了君王还去再找"思想丰富"的贤人等于是让贤人和君王比个高低，直至有时叫君王没有脸面，因为君王有时没有贤人能说会道。而君王没有了脸面怎能对下对外发号施令？这等祸害要比没有君王还更严重。这样看来，就要把"思想丰富"的贤人晾在一旁，不许他们说三道四，必须要求百姓一律服从君王的"圣旨"，必须所有事情一断于国家法律。[3]

与《慎子》这个观念做个对照，可以发现《管子》更是特别喜欢"一元化"。《管子》说：

彼下有立其私议自贵，分争而退者，则令自此不行矣。故曰：私议立则主道卑矣，况夫倨傲易令，错仪画制，变易风俗，诡服殊说犹立？上不行君令，下不合于乡里，变更自为，易国之成俗者，

---

1 韩非：《韩非子》，第91页。
2 韩非：《韩非子》，第91页。
3 慎到：《慎子·逸文》，第7页。

命之曰不牧之民。不牧之民，绳之外也。绳之外诛。[1]

　　在这里应该注意，法家强调"法律一元化"有两个意思。第一个意思是说法律出来后人人都要照章办事，不得有例外。"法莫如一而固。"[2] 这个意思今人大体来说也是赞同的。这也是"法治"的一个含义。而第二个意思是说除了行为上要规规矩矩之外，言论上也要"一种声音"传遍国家，不得出现什么"百家争鸣"。"明主之国，令者言最贵者也……言不二贵，法不两适。故言……不轨于法令者必禁。"[3] 就第二个意思来说，法家十分希望国家里的每个人都说君王说过的话，而只有君王才说自己的话。对这个意思我们今人可就不敢恭维了。我们还是希望人人可以具有自己的想法，说些自己想说的话，看到不顺眼的东西也可以发表一下自己的意见，哪怕那意见是个牢骚，甚至是刺耳的批评也没什么了不起的。

　　说起来在法家那里，"一元化"的第一个意思是从侧面为后一个意思提供辅助，有时强调第一个意思也正是为了彻底实现第二个意思。法家坚信，"多元化"注定是国家衰败的开始，这就是"一则治，两则乱"[4]，"听群众人议以治国，国危无日矣"[5]。正像冯友兰总结的："法家之学之目的，在于治世强国，故其对于思想统

1　《管子》，第56—57页。
2　韩非：《韩非子》，第154页。
3　韩非：《韩非子》，第136页。
4　吕不韦：《吕氏春秋》，第151页。
5　吕不韦：《吕氏春秋》，第150页。

一之主张，系……从国家的立场立论。"[1]

这种"一元化"有没有问题？

在前一小节我们说过，有点不同的声音对国家兴许不是一件坏事。不同意见的交流对话于国于民可能是有益的。依照这种看法，绝对的"一元化"自然不太可取。现在看一个《韩非子》讲的故事，看看是否还有别的问题。

《韩非子》说，当年的齐国君王齐桓公有一段时期特别喜欢紫色的衣服，由于这个缘故全国上下也都跟着穿紫色的衣服。这样不要紧，"价格规律"倒是发生了作用，紫色布料的价格扶摇直上，使得"新生的"和"外来的"平民百姓反而买不起了。齐桓公挺着急的，对管仲说："我喜欢穿紫色的衣服，全国百姓也跟着仿效，搞得紫色布料越来越贵，该如何？"管仲说："这容易解决。如果有人进宫见驾时穿紫色的衣服，您就说紫色衣服的味道实在难闻，并叫他离您远点。不过几日也就没人再穿紫色衣服了。"齐桓公特别相信管仲的话，便这么做了。果然第一天宫里很快就没人穿紫色的衣服了，第二天全国也看不见几个人身着紫色，到了第三天紫色衣服彻底绝迹了。"价格规律"又发生了作用，紫色布料的价格暴跌，拿布料送人都快没人理睬了。[2]

《韩非子》讲的这个故事有点夸张。其本意可能是想说明做君王的如何叫下官百姓"跟着自己走"，毕竟下官想讨好君王，而百

---

1 冯友兰：《中国哲学史（下册）》，中华书局1984年版，第98—99页。
2 见韩非：《韩非子》，第95页。

姓也是不敢"自作主张"。想要一个东西的"价格"有点变动，就看君王怎样做了。君王必须要有这样的能力。

但是这个想法忽略了一个问题：为什么布料价格会有上下波动？这个价格的上下波动不正说明下官百姓关心自己的利益？既然是关心自己的利益，那么有人穿紫色衣服肯定不是出于"老老实实照君王的意思去做"的目的，而是为了避免"政治麻烦"。这样，全国上下"清一色"地换来换去，并不表明国家真是秩序井然，倒是其中暗含了"忍气吞声""阿谀奉承"。有了这样一些暗中的"不老实"，国家则是终有一日会分崩离析。依此来说，倒不如让人们自己选择一下衣服的颜色，喜欢什么就穿什么。当价格有些不妙时，让人们出来讨论讨论该如何是好。大家都关心自己的利益，可大家也有共同利益，讨论讨论，谁都会慢慢知道怎样处理最好，都会明白就算牺牲掉了自己的一时私利，那也是从侧面保全了自己和大家的公利。换句话说，倒不如先多元化一下，然后经过对话再走到"一元化"，让人们在"商谈"的过程中实现一致性。这种方法至少不会使人暗中"不老实"。

058　法律的"内"和"外"·酒店的狗

法家鼓吹"一元化"不仅是自上而下针对底层一般人而言的，而且，也是针对君王背后的"垂帘听政"者而言的。这是讲，法家不希望君王的前面有何"逆耳忠言"，也不希望君王的背后有个

"暗中操纵"。就后一个想法来说，即便以今人的眼光看去都是有点意思的。

《韩非子》提过一个传说，里面就讲这个问题。

原来春秋战国的时候有个叫薄疑的人，备受卫国君王卫嗣君的器重。卫嗣君觉得薄疑是个将相之才，总想请他做自己的大臣。可是薄疑老是装着"自恃清高"，不给卫嗣君面子。卫嗣君心里有气，对薄疑说："你小看我的国家，认为它不值得你做官，是不是？告诉你我有办法叫你做官。你想要什么就说吧！"薄疑却说："您这就不对了。我不是不想为您效力，而是另有顾虑。您看我母亲爱我，认为我做什么官都是绰绰有余的，家里任何事情都依照我的意思来并且母亲会举双手赞成，但是，她老人家在和我商量过后却偏要再去问问一个姓蔡的巫婆，凡事都要由蔡巫婆最后做主。她居然说蔡巫婆'德高望重'！我看着心里很烦。论亲疏关系我母亲和我可是再亲不过了，她又觉得我是'天才'，就这样了她还事事去叫蔡巫婆做最后的决定。如此也就不要说别人了。大王您和我的关系，自然要比母子关系差一些。您背后也有'蔡巫婆'一类的人物。要我给您做官，到了最后您岂不是更要听那些'德高望重'的'蔡巫婆'的意思？"

接着薄疑说了一段十分重要的话："'蔡巫婆'一类的人物肯定能够行使私权。我为大王您做事一定是依照法律办。前者是法律之外的人物，而我是法律之内的人物。法律之外和法律之内，对立，不能相容。"[1]

法家肯定赞赏薄疑的说法。薄疑的那番话意思是说，君王既然已经建立了法律的一元化，就不能在这之外再看背后"蔡巫婆"之类的脸色行事。对下对外不能客气，对可能"垂帘听政"的人物同样要"理直气壮"。任何事都要在法律之内来办，而且在法律的世界中只有一个中心——君王。

与这种想法相联系，法家对借君王之势狐假虎威的官臣也是深恶痛绝。《韩非子》说，曾经有一个卖酒的小店，不论什么都考虑得十分周全。第一，称酒的量具绝对公平准确；第二，酒酿得十分醇美；第三，酒旗悬挂得又高又显眼；最后，店主对酒客也是笑脸相迎笑脸相送。可是酒总是卖不出去，而且多日过后酒变得酸臭。店主不明就里，便问一名老酒客是何缘故。老酒客想了一下，说："你家酒店的狗太凶了。想想看那狗张牙舞爪地立在那里，谁见谁害怕，别人哪有心思胆量去喝酒？！我看见有人叫自己的小孩揣钱来买酒，钱还没递上孩子就被你的狗咬了。这就是酒卖不出去而且变酸变臭的缘故。"[2]

《韩非子》接着给出了一番议论："夫国亦有狗……大臣为猛狗迎而龁之，此人主之所以蔽胁……故人臣执柄而擅禁，明为己者必利，而不为己者必害，此亦猛狗也。"[3]所以，狗"吏不诛

---

1 韩非：《韩非子》，第110—111页。
2 韩非：《韩非子》，第109页。
3 韩非：《韩非子》，第109页。

则乱法"[1]。

概括来说，为了法律的统一和君王的尊严，必须将内里篡权外表张扬的贴身大臣——杀掉。

059　明处·暗处

"蔡巫婆"一类的人物，酒店猛狗一类的臣子，都是要不得的。不过为了法律更为有效地运转于国家之中，君王还要懂得两样东西："术"和"势"。我们先讲头一个。

"术"就是指权术，指在政治斗争中用尽心机。头脑精明的君王要有办法使"蔡巫婆"和"猛狗"两类人物为自己鞍前马后。国家法律制定出来了，没人照着去做不行，有人违反了没人去罚也不行。找人照着去做或者代君王去执行法律首先要有一个条件，这便是身处关键位置的臣子信奉君王，愿为君王赴汤蹈火。这点应该是十分清楚的。可是怎样才能做到这点？靠"术"。用《韩非子》的话来说：

人主之大物，非法则术也。法者，编著之图籍，设之于官府，而布之于百姓者也。术者，藏之于胸中，以偶众端潜御群臣者也。故法莫如显，而术不欲见。是以明主言法，则境内卑贱莫不闻之

---

[1] 韩非：《韩非子》，第109页。

也……用术，则亲爱近习莫之得闻也。[1]

此外，"君无术，则弊于上；臣无法，则乱于下。此不可一无，皆帝王之具也"[2]。这两样东西好比是食物和衣服。"人不食，十日则死；大寒之隆，不衣亦死。"[3]

对"术"，《慎子》也提到了类似的意思。它讲君臣之间有个原则，这便是臣子做事君王不做事，臣子辛劳而君王安逸。即便做臣子的天天起早摸黑、鞠躬尽瘁直至死而后已，为君者也要依然静心静坐。这样办了，群臣都会老老实实地依法做事。相反，君王特别勤快，凡事亲力亲为，甚至和臣子争着去"做工作"，那么臣子反而就会安逸起来，甚至终有一天臣子觉得君王这做得不好、那做得不对，开始对君王轻蔑起来。如此也就不会将君王的法律放在眼里了。这叫君臣不分。因此，臣子做事而君王不做事是君王应该知道的一种"术"。[4]正像《申子》所说："明君如身，臣如手；君若号，臣如响；君设其本，臣操其末；君治其要，臣行其详；君操其柄，臣事其常。"[5]也像《吕氏春秋》所说："明君者，非遍见万物也，明于人主之所执也。有术之主者，非一自行之也，知百官

---

1 韩非：《韩非子》，第131页。

2 韩非：《韩非子》，第137页。

3 韩非：《韩非子》，第137页。

4 慎到：《慎子》，第3—4页。

5 申不害：《申子》，学苑音像出版社2004年版，第1页。

之要也。知百官之要，故事省而国治也。"[1]

还有另外一种"术"。那叫"藏于无事，示天下无为"[2]。不论何种所见所闻，君王都要面对而显得沉静自如。"去听无以闻则聪，去视无以见则明，去智无以知则公。"[3]君王要虚虚实实、真真假假，叫臣下不仅不敢犯上作乱而且想巴结君王都不知从何入手。这时的君王就能心明眼亮，稳坐钓鱼船。

说完这些"术"的内容，我们就可以明白东汉王符为什么会这样解说"术"：所谓术，精细、深奥、神明、变化、莫测，讲起来无法意尽，行起来却饶有余味。[4]难怪《韩非子》还讲："为人主者，诚明于臣之所言，则虽……撞钟舞女，国犹且存也；不明臣之所言，虽节俭勤劳，布衣恶食，国犹自亡也……此何故也，不明乎所以任臣也。"[5]

《韩非子》还说过一个有趣的例子来说明"术"的妙用。它讲，当年战国时楚庄王上台后，三年之内一声不吭，一令不发。他身边有一个机灵的大臣，这大臣用隐语对楚庄王说："南方有种鸟，三年不展翅膀而且不飞不叫，何鸟？"楚庄王巧对道："何鸟我不知道，但是三年不展翅膀，自然是休养生息，不飞不叫是为了

---

1 吕不韦：《吕氏春秋》，第147页。

2 申不害：《申子》，第1页。

3 申不害语，见吕不韦：《吕氏春秋》，第144页。

4 王符：《潜夫论》，第429页。

5 韩非：《韩非子》，第138页。

静心观察，而且'虽无飞、飞必冲天；虽无鸣，鸣必惊人'[1]，这事我心里明白。"由于楚庄王琢磨着"不鸣则已，一鸣惊人"，举国上下谁也不知他到底有什么心思。又过了半年楚庄王突然亲自听政，像新官上任一样连烧数把"大火"，使国家果然蒸蒸日上。[2]《韩非子》说："不早见示，故有大功。"[3]《韩非子》还更加从这里引申出了一个观念：只要在采用"法治"的同时掌握了"术"，即便是只有中等才能的君王也会万无一失。[4]

虽说"术"如此重要，可中国法律思想之中也有不以为然者。《荀子》就讲"权谋立而亡"，"与权谋倾覆之人为之则亡"，[5]"人君者……重法爱民而霸；好利多诈而危；权谋倾覆幽险而亡"[6]。此外，《荀子》还说："上周密则下疑玄矣，上幽险则下渐诈矣……疑玄则难一，渐诈则难使……难一则不强，难使则不功，难知则不明，是乱之所有作也。"[7]

与《荀子》的说法类似，《庄子》也隐约地提到了"玩术"会引来的不妙结果。它提到一个故事。故事讲有一棵树长得奇形怪状、细枝嫩杈，毫无良材之相，于是樵夫就没有砍伐它，把它留了下来。相反，其他挺拔参天、粗枝宽杈的树木，樵夫则全部砍伐

1　韩非：《韩非子》，第58页。
2　韩非：《韩非子》，第58页。
3　韩非：《韩非子》，第58页。
4　韩非：《韩非子》，第70页。
5　荀况：《荀子》，第63页。
6　荀况：《荀子》，第91页。
7　荀况：《荀子》，第100页。

了。另有一只鹅不会叫，只会天天低头吃食睡觉，于是被主人拿来杀了款待庄子师徒。其他会叫的鹅倒是安安稳稳，依然摇摆地晃荡于主人的院子之中。庄子的弟子问庄子，那棵树没什么用被保存下来了，这只鹅不会叫（也即没什么用）却被杀掉了，如此，我们做人应该怎么办？庄子说，明白人就该知道，做人就该做得既像有才又像无才，这样就万事大吉了。[1]这故事的隐喻可能有这样一个意思：自恃聪明的君王总会枪打出头鸟，或者出于警惕而对默默无声的"角落人"大开杀戒，但是底下人自有办法把自己装扮成似才非才，使君王无所适从。

对于上面有关"术"的一些不同理论，有人可能会问：既然国家法律制定出来了，什么事都已有了规定，不仅臣子百姓就是君王也要照着去做，如此还有什么"耍花招"的问题？不管君王脸色变还是不变，大家已经知道了法律的规定，这样了谁还去揣摩君王的心思？是不是《荀子》讲得有点在理？

这些是有意思而又重要的问题。

实际上讲"法"和讲"术"，应该是有点矛盾的。换句话说，讲究"法治"就不应该讲究"术治"。因为，既然法是明的、术是暗的，讲暗便等于否定了明，讲明便等于否定了暗。而用暗去衬托明，等于是用暗来遮住明。这些道理应该是清楚的。不过虽说有点矛盾，可是法家讲两者结合也是事出有因。《韩非子》讲："无术

1　庄周：《庄子》，第101—102页。

以任人，无所任而不败。"[1]这里的"人"当然是指官吏。而法律的运行和官吏有着密切联系，没有像样的官吏，法治可说是难以想象的。[2]所以，在找人做官时就有"技术"问题了。法家有时考虑的正是这个问题。"闻有吏虽乱而有独善之民，不闻有乱民而有独治之吏，故明主治吏不治民。"有人兴许会继续追问：任命官吏也可以依据法律的明确规定，为什么必须要靠"术"？在这里法家担心这样一个问题：依法选拔的官吏，其内心终究是难以琢磨的，而且选拔官吏的官吏也有一个"内心如何选拔他人"的问题。所以，还是不能离开"术"来对付他们。

至于《荀子》反对用"术"，那倒不是因为考虑"法术矛盾"这些道理的缘故，而是仅仅因为"术"的实际效果并不怎么理想，甚至时常带来适得其反的结果。君主越搞权术，底层百姓越是奸诈。这就如《老子》所说"法令兹彰，盗贼多有"似的。

当然，在今天的法律思想语境中，那"术"到底重要还是不重要已经不是一个问题了。现在，没有人再去鼓吹法治之中的"术"，毕竟大家不再将国家法律看作君王手里的统治之具。不过，从古人有关"术"的争论中我们可以发现一个值得深思的问题：法治和官吏的关系到底是怎样的？似乎古人都是明白的，即使有了国家法律，如何任用"官吏"这等人依然需要好生琢磨，无论怎样法治的成败总有他们的一份。在后面我们还要谈这个问题。

---

1 韩非：《韩非子》，第147页。

2 见前第002、019小节。

060　"腾云驾雾"·"权势"与"法"

　　讲完"术"了我们再讲"势"。这两个东西像"法"一样都是君王的工具。"势"大体来说就是"权势"。

　　关于这"势"，《慎子》有一番形象的描述。它说，飞蛇腾游于雾中，飞龙托乘在云里，这都有赖于雾云发挥作用。没有了雾没有了云，飞蛇飞龙也不过是条蚯蚓罢了，自然没有那等威风凛凛。[1]《慎子》接着说，我们肯定可以经常发现，一些很有才华的贤人总是给一些俗不可耐的庸人打下手，在政治中倒是庸人常常指使着贤人。因为庸人有"势"。就说圣人尧，当初作为平民百姓的时候没见有谁把他放在眼里，可是当上了帝王，人人都山呼万岁。这就是"势"在那里衬托着。[2]"尧为匹夫，不能治三人。而桀为天子，能乱天下。吾以此知势位之足恃，而贤智之不足慕也。"[3]

　　这样讲"势"可能有些不易理解。不过，从古到今似乎极少有人把它彻底讲个明白，相反，几乎人人都说"势"就是"势"。对于在人事中《慎子》说的雾云到底是什么，谁也没有清晰地找出一个对应的东西。倒是慎子自己提出一个有点说明意思的话："夫弩弱而矢高者，激于风也；身不肖而令行者，得助于众也。"[4]

1　慎到：《慎子》，第1页。

2　慎到：《慎子》，第1—2页。

3　慎子语，见韩非：《韩非子》，第134页。

4　慎子语，见韩非：《韩非子》，第134页。

现在，我用粗浅的事例将慎子的意思再讲得透彻一点。假设有一百个小孩，其中一个小孩想做"王"，他个子高、力气大而且能说，但是就是没人听他的。怎么办？他自己如果要降服另外九十九个小孩，叫他们服从自己，恐怕不容易，毕竟九十九个小孩人多势众。这时他可以采用这样一个方法：先征服或者说服九个比较厉害的小孩，让他们遵从自己。这九个小孩差不多可以以一当十。这样，如果九个小孩真是遵从他，任何事都听命于他，那么他就可以当上孩子王了。在这里面九个小孩就是慎子说的"雾"和"云"，也就是"势"了。我们说"一个人有势力"，有时指两个意思：其中一个是说他自己很有能力，征服别人易如反掌；另一个是说他有一群帮助自己的人，当然这群人是有能耐的人，比如可以凶狠地制伏另一些人。在政治学或者说法学里，自然是说后一种情形了，无论怎样，在一个国家里人多得数不胜数，所以，"有势力"一定是指有一群人帮助一个人或者另一些人。帮助人的那群人就是"势"。

对"势"有了这样一个理解，就可以发现，它对国家法律可是相当重要的。一个君王没有"势"怎能推行自己的法律？没有一批能文善武的臣子以及军队在那里协助，怎能让别人认真对待自己的法律？法家理论讲"势"有点这个意思。"势者，制法之利器。"[1]"抱法处势则治。"[2]

1 尹文：《尹文子》，第1页。
2 韩非：《韩非子》，第135页。

061　国家法律的强制性·"硬规矩"和"软规矩"

不过，"势"和"术"一样，在今天的中国法律思想里已经没人再去对其津津乐道了。可是，古人的说法依然像一种社会意识的潜流，不断地以新的面孔或者新的方式出现在今人的法律话语之中。比如，今人总是在说：国家法律的基本特征便在于强制力，没有强制力，国家法律也就无从谈起了。有书讲：

一种规范如果没有国家强制力的保证，如果违反了这种规范可以不受国家法律的制裁，那么这种规范就不是法律规范。法律规范总是有国家强制力保障的规范，即违犯了要受到国家制裁的规范。[1]

还有书讲：

法是由国家强制力保证实施的，尽管不同性质的法，保障其实施的国家强制力的性质、目的和范围不同……[2]

这些说法，实际上是用今天的语言来重复"势"的意思。当然，这类说法也和西方人的学说有着联系。因为西方人也早就说

---

[1] 孙国华等：《法理学教程》，第50页。
[2] 沈宗灵等：《法理学》，第34页。

过：法律具有的一个基本特点就是强制的力量。[1] 法律起码包含了一个意思，这就是假如有谁拒绝了法律的要求，那么法律制定者就可以予以制裁。[2]

我们再用一百个小孩的例子来说明一下这里的意思。

现在，那个孩子王决定制定规矩来"统治"另外九十九个小孩。但是，正像前面分析的，孩子王要想实现规矩统治就必须要依赖"势"，也即其中的九个小孩。这九个小孩对孩子王忠心耿耿，规矩制定出来了，其他九十个小孩都要遵守，有人不服从便会受到"当差"的九个小孩的惩罚。这类惩罚就是一种强制。其实，今人容易这样思考问题：如果没有"当差"的九个小孩在旁边监督或说威胁着，那么，另外九十个小孩能否遵守规矩将是一个很大的疑问。正是因为有了这九个小孩，规矩才成其为规矩。九个小孩是"势"，也就是"强制"的象征。可以想象，如果九个小孩造反了或者躲在一边不管任何事，那么孩子王的规矩也就没有意义了。

这样思考问题，到了国家的语境中就会得出国家法律必须依赖强制力作为后盾的观念。所以，国家法律强制力的观念和古人的"势"的观念，自然有些亲缘关系。

认为国家法律的特征就在于强制，也就容易把国家法律看作一种"暴力"的符号：它依赖警察式的带刺刀的九个小孩。从古到

1　阿奎那：《阿奎那政治著作选》，马清槐译，商务印书馆1982年版，第121页。
2　John Austin, *The Province of Jurisprudence Determined*. ed. Wilfrid E. Rumble. New York: Cambridge University Press, 1995, p. 24.

今，国人看国家法律特别容易从这个角度去描绘一番。

但是，在前面第 007 小节，我们提到过"权利"的问题。在那里我们说过对于权利好像没有强制的问题。假如孩子王的规矩规定，任何小孩遭到别人欺负便可以状告，那么，在这种情况下九十个小孩中的一个小孩被人欺负了，由于别人劝阻而没有状告，或者自己干脆忍气吞声放弃了状告的权利，孩子王和"执法"的九个小孩应该怎么办？我们自然会说：由他去了，那是他的权利。显然，这里就没有了强制性的问题了。

另一方面，假如被欺负的小孩状告了，可是"执法"的九个小孩袖手旁观，那么也不存在强迫九个小孩去"执法"的问题。因为，十分简单，九个小孩有能力强迫别人，但没人可以强迫他们，单独一个孩子王又是没有这种力量的。就算孩子王有这种力量，可是如果孩子王也是袖手旁观，那么，就更不存在强迫孩子王的问题了。在九个小孩和孩子王手中，都有"权力"这个东西。而权力想运用就可以运用，不想运用，谁也不能从背后压着去运用。对权力而言是没有强制问题的。

还有一个问题。有时可能会出现这样的情形，也即九十个小孩之中的大多数，比如七十或者八十个以上的人数，都很自觉地听从"硬规矩"，那么就整个一百个小孩的世界来说硬规矩有没有一个"强制"的问题？好像很难这样说。我们可以发现，这时的"大多数"遵守硬规矩是因为有时不太清楚应该怎样做，比如大多数都乐意向九个小孩或者孩子王交纳"公共开支费"（有时我们叫作税），可是交多少？怎样交？交给谁？他们并不太清楚。这样，自然需要一个"规矩"的指引。当大多数不是出于被迫而是自觉的缘故才去了解、遵守硬规矩的时候，对一百个小孩的世界说"强制"合适一些，还是说"自愿"合适一些？

我这样分析问题是想表明，中国法律思想的相当一些理论鼓吹国家法律的强制性，是因为总是纠缠于"制裁""惩罚""义务"之类的语汇，总是纠缠于九十个小孩如何规规矩矩地承担义务，而没有或者不大注意另外九个小孩和孩子王自己的"权力"，以及（尤其是）九十个小孩自己的"权利"和他们的自愿精神。这样，也就往往忽视了"自愿""奖赏""权利"之类的语汇。其实在国家法律中，后面那些语汇和前面那些语汇是同样重要的。强调其中一些，得出一个"强制力"的观念，自然是一种"话语"策略的表现，而强调另外一些，得出一个"没有强制力"的观念，同样是一种"话语"策略的表现。因为，不论怎样，强调不同的语汇系列已是不自觉地表现了我们的价值嗜好。喜欢前一系列，也许是出于喜欢"大一统"的警察世界；而喜欢后一系列，也许是因为喜欢"小而全"的民治世界。

中国法律思想的一些理论，像古代法家的理论以及刚才提到的今人学说，无形中或者无意中特别抓住了"势"以及与"势"特别贴近的"强制力"。这样，使"法律的天下"到底成了没什么温情可言、没什么自下而上的自治意味可言的"监视世界"。这种世界强调了绝对的统一、说一不二的跟随和没太多自由的束缚。当然，那也是"君上之所恶也，刑法之所大禁也"[1]，"夫生法者，君也；守法者，臣也；法于法者，民也"[2]这些说法的一个逻辑结论。

我们是否喜欢这样的"法律天下"？

062　法律职业

现在，我们看一下国家法律中"法律职业"的问题。这个问题从侧面进一步说明了前述"法律天下"的独特之处。"法律职业"大致是个从西方那里传来的现代语汇，国人古时几乎没有这个概念。当代人都知道有一类工作，比如天天翻阅法律章典审案子，或者为人讲解法律知识，或者代人到公堂上代理诉讼等，是一些人挣钱过活的基本方法。而运用这些方法的人像法官、检察官、律师、公证员、法学教师就被叫作"法律职业人士"。在现代法律世界中，这类人是至关重要的。因为，国家法律的一切最终掌握在他们的手里。可以想想看，立法者把国家法律的文字输入到了社会中，那"文字"究竟怎样发挥作用，究竟怎样叫人服从，几乎都不得不依赖那些人的一举一动。平民百姓想知道法律是什么，要问他们，想打官司，要求助于他们。一般人犯法了也要由这些职业人士予以处理。而一般人的所作所为是否和"法律文字"的要求一一对应，同样要由他们来监视和断定。不论怎样，在一个特大的国家，立法

1　荀况：《荀子》，第18页。

2　《管子》，第145页。

者写出法律后总是不可能处处监视、处处操心，一来是没时间，二来是没精力，而且，就算是有时间、有精力从而那样去做也会遭到非议：这是把立法权和执法权混淆在一起了，混淆在一起就是专制。概括地讲，"法律职业"是不得不独立的。

在这种独立中有一个独立特别重要，这就是司法独立。像法官、检察官那样的人在做事时，不仅平民百姓不得过问干涉，而且"皇亲国戚"甚至君王本人乃至立法者本人，都不得插手影响。现代人有个观念，就是司法独立了，国家法律的世界才会彻底地公正平直。这也提到了一个暗示：将权力分开，不能让一个人或者某些人把所有的权力都掌控在自己的手里。

"法律职业"的出现，还有一个特别有意思的地方，这便是法律专业知识的形成与独立。这套知识就像医学知识以及其他科学知识一样，不是常人可以把握知晓的。由于出现了职业，还有权力的独立，专业化的知识便会发挥举足轻重的潜在作用。这类情形在现代是最为明显的。现代社会里法令条文浩如烟海。没有专业的法律知识，简直不知应该从何入手。这样看去，法律职业的独立不仅是权力上的独立，还有知识上的"霸权"。这种"霸权"对平常百姓来说是望洋兴叹的，而对其他官人来说也是无可奈何的。

古人对"法律职业"的意思自然是陌生的。但是他们似乎自然而然地产生了一种对"法律职业"的抵抗情绪，似乎本能地要压制法律职业的滋生。他们只有这样一个概念："以法为教，以吏为

师。"[1] 这是前面第 055 小节提到的一个说法。"以吏为师"的意
思一方面是说官吏是个传声筒，就像私塾教师朗诵《四书五经》
一样，另一方面是说官吏的角色不是以"法律职业"的方式独立
的，他手里的权力绝对是附属的，而且他的知识也不是什么特别专
业的，通过一般的"说教"，黎民百姓同样可以熟练掌握。《商
君书》也说，"为法令置官也、置吏也，为天下师"[2]，"行法令
明白易知，为置法官，吏之为师"[3]。如果将清朝时代做个例子，
我们就可以看到后来学者的这番小总结：清朝"官员大多不谙法
律"[4]，那时"正规学校教育和科举考试都不重视法学，当时直接
从事法制工作的官吏、书役等人所需的法律知识，大致都由自修、
历练而得"[5]。总而言之，掌控法律章典的大小官吏，其头脑中似
乎没有像样的法学知识。

　　中国古代没有什么现代意义的"法官"角色。虽说《商君书》
讲到了"法官"两字，可是这个"法官"一词和"一般官吏"一词
是通用的。在中国古时，社会各级官吏不仅要管官司斗讼之类的事
情，甚至要管日常生计。换个说法，我们今天看到一个县里有县长
和法院的院长，县长要管生产和行政，而法院院长只管法律上的事

1　韩非：《韩非子》，第156页。

2　商鞅：《商君书》，第 43页。

3　商鞅：《商君书》，第43页。

4　张伟仁：《清代的法学教育》，载贺卫方编：《中国法律教育之路》，中国政法大学
出版社1997年版，第244页。

5　张伟仁：《清代的法学教育》，载《中国法律教育之路》，第238页。

情。但在古人那里，县长和院长是合而为一的，他们头脑里只有一个词："县官"。县官无所不管，在其身上看不到独立的法律专业知识以及法律上的独立权力。这样，也就没有"法律职业"这个问题了。

063　邓析之死·"讼棍"

说到古人压制"法律职业"的滋生，要从一个不大愉快的杀人事件讲起。被杀者叫邓析。邓析是春秋战国时期的人物。相传他能"操两可之说，设无穷之词"[1]，"以非为是，以是为非，是非无度，而可与不可日变"[2]。《荀子》认为邓析是个乱世说客，"好治怪说，玩琦辞，甚察而不惠，辩而无用，多事而寡功……然而其持之有故，其言之成理，足以欺惑愚众"[3]。

在法律上邓析喜欢教人打官司并收取费用，官司大的就收一件上衣，官司小的就收一件短袄，以至"民之献衣襦裤而学讼者，不可胜数"[4]。更为重要的是，君王颁布了法令，邓析却偏要将法令做各种各样的解释，一时间说它有这意思，另时间说它有那意思，使得别人根本不知法令到底是个什么意思，"令无穷，则邓析应之

---

1 刘歆：《邓析子·序》，载邓析：《邓析子》，仲长统校定，陆佃解，上海古籍出版社1990年版，第1页。

2 吕不韦：《吕氏春秋》，第157—158页。

3 荀况：《荀子》，第29页。

4 吕不韦：《吕氏春秋》，第157页。

亦无穷矣"[1]。可以发现，邓析的所作所为有点类似上小节说的"法律职业"之中一些人做的事情，比如律师和法学教师。律师和法学教师往往是收了费或者拿了工资，还要对法令里外解说一遍。

　　当然，在这里最应注意的是邓析这种做法如果风行起来，将会可能形成一种"法律职业"的"知识氛围"。这类"知识氛围"会逐渐助长一种自成体系的"法律知识"。这套"法律知识"有时可以符合君王的法令，有时却可能与之背道而驰。比如，倘若"法律知识"认为什么事都要"公平合理""平等对待"，而君王的法令却偏要规定"国舅"和"驸马"之类的皇亲国戚可以凡事高人一等，那么，它们之间也就有了矛盾。如果此等"法律知识"蔓延开来，渗入官府衙门，浸入官人的头脑里，自然会对君王的法律王国形成一种"知识威胁"，君王的法令就有可能被"法律职业"的话语"肢解"。我们可以在西方中世纪末期看到此类的"事例"。那个时代，就有一些法学家不断研习古代罗马法，解释其中的意思，竞相琢磨法律知识本身，久而久之终于形成了一种和中世纪宗教法律观念以至古代罗马法观念不尽相同的法律知识，或叫"法律科学"。这些"知识"最后在法学意识形态上大体颠覆了教会和国王的"自上而下"的法律话语，使西方的"法律大厦"基本走上了"自下而上"的自治道路。[2]

1　吕不韦：《吕氏春秋》，第157页。
2　伯尔曼：《法律与革命》，贺卫方、高鸿钧、张志铭、夏勇译，中国大百科全书出版社1993年版，第9—10页。

也许，正是因为有些人潜意识里有这样的担忧，邓析这个"法律职业"的符号人物被杀掉了。[1]

说来，邓析这种人物被过去的国人叫作"讼棍"。不知从何年月起，大凡是为人写写状子，说说官司技巧，对法律说三道四，或者在法律上出谋划策的，就会被安上这个绰号。两千年过去了，到了清朝嘉庆皇帝针对"讼棍"居然下此圣谕：

> 民间讼牍繁多，最为闾阎之患。而无情之词纷纷赴诉，则全由于讼棍为之包谋。
>
> 此等刁恶之徒陷人取利，造作虚词，捏砌重款。具控者，听其指使，冒昧呈递。审出虚妄，诬告反坐之罪，皆惟控诉之人是问……在讼棍，则局外旁观，自鸣得意。种种鬼蜮情形，实堪痛恨。
>
> ……审理词讼，各衙门凡遇架词控诉之案，必究其何人怂恿，何人招引，何人为之主谋，何人为之关说。一经讯出，立即严拿、重惩，勿使幸免。[2]

对邓析一类人物的这种态度恐怕就是"法律职业"在中国近代以前无法出现的一个原因。实际上，古时相当一部分法律思想的确是赞同嘉庆皇帝那套观念的。对此，西方人也是看在眼里，记在心上：

1　《春秋左传正义》，第967页；吕不韦：《吕氏春秋》，第158页；《列子》，第71页。
2　祝庆祺、鲍书芸：《刑案汇览》，第1842—1843页。

在法律制度经过两千多年的高度发展的中国，人们将法律看作是政府用来自上而下地惩罚那些破坏社会和政治秩序的行为的手段，而不是将其作为维护自身权利、主张个人要求、并排除他人或政府对自身权利的侵犯的工具。在这种观念盛行的中国社会，没有形成国家正式承认的私家法律职业，是不足为奇的。[1]

不过，话又得说回来。有些人被说成是"讼棍"倒也绝对不是冤枉的，因为他们的确没做什么正规的"法律职业"的工作，正是做些混淆视听之事。我们举两个清朝时期的例子来看看他们是如何混淆视听的。

第一个例子讲，外甥和舅舅打架，外甥力气特大故而将舅舅的牙齿打落了几颗，舅舅告到了官府。外甥十分着急，便向"讼棍"请教并愿付很多酬金。讼棍说："别急，我教你一个好办法。不过只能低头耳语告诉你。"外甥便将耳朵凑过来。谁知讼棍一口将外甥的耳朵咬了下来，然后挥手让他快走。外甥走了两步，猛然醒悟这是什么意思。于是在打官司的时候外甥说舅舅咬他的耳朵，而他挣脱时用力过大，所以才使舅舅的牙齿掉了几颗。案子接着也就不了了之。[2]

第二个例子讲，有个人和他的婶母通奸，通奸时间大致数年。后来当侄子的觉得毫无颜面，决定停止通奸。可是做婶母的却不肯

---

1 布迪、莫里斯：《中华帝国的法律》，第336页。

2 采蘅子：《虫鸣漫录》，新文化书社1934年版，第12页。

罢休，继续死缠硬磨，最后，在死缠硬磨没有效果的情况下还将侄子告到了官府，说其强奸。侄子没有办法，便找"讼棍"出主意。讼棍说："就讲自己是初犯，请求婶母原谅，别的什么都不讲。"到了公堂上侄子便照此办理。这一方法出了效果。做婶母的果然大怒，头脑发热地说："你戏弄了我无数次怎能说是初犯？"审官一听就断定是通奸。案子就这么审结。[1]

看到这两个例子里的"讼棍"，对嘉庆皇帝的"震怒圣谕"就不会感到特别奇怪了。

我们谈论"讼棍"这样的私家法律职业是想说明这样一个问题：中国法律思想的一些理论不太喜欢这类职业的自发蔓延，一方面是担心这样的蔓延导致过多的法律之外的自由言论出现，从而使平民百姓无所适从、人心浮动、"是非不分"；另一方面则是最为担心这种蔓延动摇了君王"法律统一"的基础，使人在法律之内发展异端邪说，形成一种对抗君王法令的另外一路"法律知识"。而那种"知识"一旦形成，加上执法权力的独立自治，人们就会看到一种不同的法律世界。这才是关键之中的要害。

小　结

借助中国古时法家的学说，我们大致梳理了中国法律思想中的

---

1 采蘅子：《虫鸣漫录》，第12页。

一种思路的梦境，那是一种"法律的天下"。在这种"天下"之中一切是无可争议的，"金字塔"顶端的统治者也必须是一言九鼎。不仅在法律之内而且在法律之外，人们都要"言行一致"、整齐划一。这样一种法律贯穿其中的社会显露了自上而下的统治秩序，缺乏甚至没有自下而上的自治意念。这类社会我们国人是熟悉的。至于如何去看待评判它，可能是个见仁见智的问题了。

第六章　"礼"或"民间法"的世界

在中国法律思想中，法律的"理想"还是丰富多彩的。上面讲的不过是其中一种。有人喜欢大一统的国家法律世界，在这种世界中，一切是白纸黑字的规则说一不二；可他人则是喜欢半带自发性的礼制世界或者"民间法"的世界，在这些世界中倒是一切以实际的行为"楷模"做"榜样"。当然，所谓国家法律和礼制之间的彼此争立，就像有学者提到的，其实正是"两种法律规范性秩序之争"[1]，假如我们真是像前面所建议过的那样，将"礼"一类的东西和民间规矩也看作法律的一部分，[2]这就更是一个顺理成章的自然看法。

现在我们开始讲述这类半带自发性的世界。

064　苗人部落的传说

对于今人来说如果想了解古时事情，传说是一个非常重要的"参考消息"。虽说传说时时有个以讹传讹的成分，可是它无形中

1　苏力：《法治及其本土资源》，中国政法大学出版社1996年版，第53页。

2　见前第008小节。

也能补充今人对古人的想象理解。至少有一点人们时常承认，这就是传说有时表达了人们的一种心态或愿望。当然，在这里我们是想看一下一个有关苗人部落的传说。这是个传说中的传说，因为它来自传说中周穆王的一次"领导报告"。

周穆王在那次"领导报告"中说，特别久远的时候有个部落被人叫作苗人部落。苗人部落有一时期十分混乱，所以他们自己就制定了重刑。重刑包括阉割生殖器、砍断大腿小腿、削掉鼻尖或者整个鼻子等，苗人还自称那些重刑正是"法"："苗民弗用灵，制以刑，惟作五虐之刑，曰法。"[1]在中国古时的法律思想语境中，"刑"和"法"总是互为表里的，几乎就是一个意思的两个翻版。[2]如此，苗人部落号称的"法"差不多就是国家法律的雏形了。

周穆王接着说，苗人极不仁慈，制定了大刑之后还真用了大刑。结果是不仅族里血肉横飞，而且族外也血雨腥风。最后"上帝监民，罔有馨香德，刑发闻惟腥。皇帝哀矜庶戮之不辜，报虐以威，遏绝苗民，无世在下……"[3]

讲传说自然是有目的的。周穆王讲传说的目的是想表明，那些被叫作"法"的刑罚可不是较为高明的手段，不论怎样凡事都要先德后刑。否则，苗人部落的下场就是前车之鉴。

苗人部落的存亡是个传说，周穆王讲苗人的传说，本身也是一

---

1 孔安国：《尚书正义》，第709页。

2 见前第007小节。

3 孔安国：《尚书正义》，第710页。

个传说。这些传说经过多年之后到底成了人们的社会潜意识的一部分。这潜意识也就是重视大德小刑。在前面我们讲过这个问题。现在，我们尝试分析一个进一步的问题：在"大德"的时候社会是个什么样子？或者，"大德"是为了实现一个怎样的社会？在前面我们还讲过"德"与"礼"的关系。在有些古人那里，"德治"和"礼制"时常已经被结合在一起。[1]既然是这样进一步的问题也可以变成：在"礼制"出现时社会是个什么样子？或者，"礼制"是为了实现一个怎样的社会？毕竟周穆王说了，"大刑"的社会就是苗人部落的社会，没有什么好结果，"大德"的社会才会最有前途。

065 大义灭亲？

为了说明"礼制"的社会，我们先从国人熟悉的"家"说起。因为"礼制"的话语总是从"家"起步的。

《论语》记录了一段对话，是孔子和另外一个叫叶公的人的"问题讨论"，有意思而且十分重要，讲的正是典型的而又让人瞠目结舌的"家庭关系"，而且将家庭关系的重要性抬举到了令今人难以想象的地步。不妨把它摘录出来：

叶公语孔子曰："吾党有直躬者，其父攘羊，而子证之。"孔

---

1 见前第030小节。

子曰："吾党之直者异于是。父为子隐，子为父隐，直在其中矣。"[1]

这段对话要是放在今人的面前，许多人都会站在叶公一边而不会和孔子一唱一和。但是，有趣的是，《孟子》里同样记录了一段意思类似的对话。对话一方是个叫桃应的人，另一方就是孟子。桃应问孟子："舜做天子，皋陶为法官，如果舜的父亲杀了人那么该如何处置？"孟子说："应该抓起来。"桃应又问："舜难道不会阻止？"孟子说："舜是高尚的人，怎会阻止？而且抓起来是有根据的。"桃应想了一下又问："真是到了这一步，舜到底应该怎么办？不论怎样那是他父亲呀！"孟子一笑，答道："舜会丢掉天子之位，偷偷地背着父亲逃走，沿海边寻个地方住下来。这样他就会一生快乐。"[2] 显然，孟子是在赞同孔子的观点。

孔子和孟子都在鼓吹"父为子隐""子为父隐"。

这里的"隐"大体上就是隐瞒的意思。从今天的法律来说，"隐瞒"是讲父亲犯法儿子隐瞒，而儿子犯法父亲隐瞒。至于被瞒的，当然是官府了。今人容易有这样的想法：有罪了还隐瞒，瞒的又是官府，这是非常严重的；真正应该做的则是大义灭亲，将"犯罪嫌疑人"（今天用语）扭送官府才对。如果这样看问题，那么孔孟之类的圣哲实际上是在向今人提出一个反问：为什么要大义灭亲？

自然，从上面两段对话里可以看出，孔子和孟子对"大义灭

1　《论语注疏》，第2507页。

2　《孟子注疏》，第370—371页。

亲"那类话语是不太感兴趣的。他们觉得那是不应提倡的一个观念。可是为什么他们会那样想?

孟子讲过一个理论,叫作"爱有差等"。从这个理论看去兴许可以理解个中缘由。"爱有差等"的意思是指人际的亲密关系天然就有一个远近区别,一个人和父母的关系,自然与和互不相识的人的关系不能相提并论。如果有人不分远近区别,非说父子关系和陌生人间关系是平等一样的,等于是认为人可以有多个父亲和多个母亲,这自然是荒谬的。"且天之生物也,使之一本……"[1]作为生物,人当然也只有一个根本来源——父母。而"……兼爱,是无父也。无君无父,是禽兽也"[2]。"兼爱"是古时墨家的一个说法,意思是指普天之下人人都要相亲相爱,这种"亲爱"绝无上下远近之分,好像今人或西方人所说的那类"博爱"一样。孟子想,除了"父母"这个根本来源之外,其他关系像夫妻、爷孙、同乡……都是渐次疏远的人际关系,"兼爱"观念就算是拥抱世界的泛爱之心的感情宣泄,那也是不切实际的,而且可能引人误入歧途,忘掉了父母。就爷孙来说,另有《礼记》讲:"自仁率亲,等而上之,至于祖,名曰轻。"[3]这是孟子那套话语理论的补充,言外之意是说爷孙那种直系关系都有些不如父子关系来得亲密无间,何况这之外的人际关系。孟子还告诉别人,人人在年幼时仅仅依恋父母,只是

---

1 《孟子注疏》,第156页。

2 《孟子注疏》,第178页。

3 《礼记》,第460页。

当岁数大了点懂得了美色，才开始对年轻貌美的可人着迷。到了有妻子儿女的时候又开始迷恋妻子儿女，到了享有一官半职的时候又开始讨好君王。如果得不到后面一些人的欢心，许多人就会焦虑不安。这样自然是不好的。只有最孝顺的人才会终生想念父母。这样的人说来说去也才只有一个——舜。[1]孟子就这样又赞扬了舜一次。好像只有舜才能真正记住"爱有差等"这个概念似的。

说来，《礼记》记载，周朝的礼制就已提过"亲人相隐"。这种礼制讲"事亲有隐而无犯"，"事君有犯而无隐"，"事师无犯无隐"。[2]

我们可以认为，与父母的关系，是家庭关系里几乎最为重要的关系。而人一生下来的时候就和父母厮守在一起，然后随着年纪的慢慢增长，才出现了和远亲、同学、老师、乡亲、同事、上司、国人之类的由近到远的人际关系。这就有如学者费孝通所说的，中国人"以'己'为中心，像石子一般投入水中，和别人所联系成的社会关系，不像团体中的分子一般大家立在一个平面上的，而是像水的波纹一般，一圈圈推出去，愈推愈远，也愈推愈薄。在这里我们遇到了中国社会结构的基本特性了。我们儒家最考究的是人伦，伦是什么呢？我的理解就是从自己推出去的和自己发生社会关系的那一群人里所发生的一轮轮波纹的差序"[3]。

1　《孟子注疏》，第244页。

2　《礼记》，第55页。

3　费孝通：《乡土中国》，第25页。

这样看去，如果与父母的关系十分糟糕，那么和别人的关系究竟可以如何也就可想而知。爱父母都出现了困难，爱别人岂不是更困难？前面第 015 小节就提过，有一个叫开方的人为了做官，竟然十五年之间连自己的母亲都不看上一眼，这使管仲也觉得此人忠君不是虚伪就是另有图谋，故而不杀则是隐患。而且，开方的主子齐桓公死时，开方果然是坐视不理，让齐桓公陈尸街头。如此自然可以问问：为什么要大义灭亲？"大义灭亲"岂不将会破坏原有的和谐家庭？破坏了家庭也就没有"亲爱"，没有了"亲爱"，社会其他关系岂不也会颇为混乱？所以我们应该承认，"父子有亲，而后君臣有正"[1]，"人人亲其亲，长其长，而天下平"[2]。

这样，"父为子隐""子为父隐"，正是为了家庭关系的自然和谐，最终也是为了社会的自然和谐。所以，无论如何家庭关系是首要的，而社会乃至国家的人际关系相对而言是次要的。明白人知道，"君子笃于亲，则民兴于仁；故旧不遗，则民不偷"[3]。进一步来说，就要"上治祖弥，尊尊也；下治子孙，亲亲也"[4]。讲到这里可以发现，这套理论和前面几小节提到的鼓吹"国家法律天下"的理论差别很大。虽然两种理论都说是为了社会国家好，但是，前者喜欢从"家"开始，后者喜欢一步到位。而且，前者特别

1 《礼记》，第813页。

2 《孟子注疏》，第 200 页。

3 《论语注疏》，第2486页。

4 《礼记》，第456页。

注意亲情的意义，而后者则是不以为然，主张"不别亲疏，不殊贵贱，一断于法"[1]。

学者瞿同祖对这两类理论有番高屋建瓴的概括，笔者把它抄在下面：

总之，儒家着重……亲疏之"异"，故不能不以富于差异性，内容繁杂的，因人而异的，个别的行为规范——礼——为维持社会秩序的工具，而反对归于一的法。法家欲以同一的，单纯的法律，约束全国人民，着重于"同"，故主张法治，反对因……亲疏而异而施的礼。两家出发点不同，结论自异。礼治法治只是儒法两家为了达到其不同的理想社会秩序所用的不同工具。[2]

说到"父子相隐"，不单是国人即便是西方人也有不同的想法。古希腊贤哲柏拉图在自己的《对话录》里就设立了对立的两方，一方叫苏格拉底，另一方叫游叙弗伦，并让他们就这问题交换了一下不同的意见：

苏：你的是什么官司，游叙弗伦？辩诉呢，还是起诉？

游：起诉。

苏：对谁？

1　司马迁：《史记》，《太史公自序》，第3291页。
2　瞿同祖：《中国法律与中国社会》，第285—286页。

游：告那个人，我似乎发疯了。

……

苏：他是谁？

游：我的父亲。

苏：你的父亲？你这个好家伙！

游：的确是他。

苏：什么案件？

游：杀人案，苏格拉底。

……

苏：被你父亲杀的是你家的一位亲戚吧？一定是的，否则你不会为一个非亲非戚者告发你父亲杀人。

游：可笑，苏格拉底，你也以为被杀者有亲戚与非亲戚的区别，却不想唯一需要厝意的是杀人正当与否；正当，便听之，不正当，虽一家人也要告发。明知某人犯罪而与之共处，不去告发以涤除自己和那人的罪愆，便与他同罪。被杀者是我家的雇佣……[1]

在这段对话中，苏格拉底似乎有点赞同"子为父隐"，不然他就不会怀疑被杀者是游叙弗伦的亲戚。而游叙弗伦则是显得"正气一身"，非要用"正当与否"的说法来表示一下自己可以大义灭亲。其中的对立是不难看出的。当然，在这里我们好像没有看到

[1] 柏拉图：《游叙塞弗伦·苏格拉底的审判·克力同》，严群译，商务印书馆1983年版，第14—15页。

"国家"的影子，这又是让人感到有趣的。我们应该注意，游叙弗伦像许多西方人一样习惯于用"正当""公平"之类的东西顶替"国家"的概念。在他的思想里，更多的东西不是"国家的秩序"而是"公平与正当"。这也许是国人和西方人的一点区别。

通过"父为子隐""子为父隐"的讲法，我们自然领略到了"家庭关系"在中国法律思想的某些理论那里的重要地位。如果犯法了都要互为隐瞒，隐瞒的对象又是官府，那么平时的家庭自然和谐关系就更不用多说了。

066　家与国·忠孝难两全

对"父子相隐"，读者可能会提出这样一个问题：即使孟子的说法言之有理，人际关系从来都是"爱有差等"的，但是有个东西还是回避不了，这就是允许"父子相隐"就容易助长当父亲的或当儿子的肆无忌惮、无法无天，既然如此，社会到头来还不是容易十分混乱？这个问题是不容易回答的。

在《论语》中，偷羊者的儿子向官府告发了，但是人们并不知道告发者的结局如何。在《韩非子》中倒是有一个结局令人玩味，原来，告发者最后被判死刑。判告发者的是楚国的楚令尹。楚令尹说，儿子告了父亲，尽管对君王来说是对的，可对父亲来说则是不对的。父亲生你养你，犯了一点过失就被你告了，真是天理不容。

当君王的既想要忠臣，也想要孝子。[1]

从这个结局来看，似乎楚令尹和孔子、孟子的想法不谋而合了：不是孝子，怎能是忠臣？《韩非子》说完这个结局还嫌例子说得不够，又添上了一个鲁国的例子。这个鲁国就是当年孔子曾当过一官半职的春秋时期的弹丸小国。例子讲，一个士兵随鲁国国君多次出征，可奇怪的是次次出征这士兵次次逃跑，不像别的士兵奋勇当先。这士兵被抓住了而且被送到了官府。孔子此时出来问他："为什么逃跑？"士兵说："我有年迈的父亲，如果我战死了谁去养他？"孔子一听心里特别兴奋，立即建议对他加官晋爵。因为孔子最为喜欢这样的孝子。[2]

《韩非子》说完这两个例子，接着给出了一番不太客气的评论："故令尹诛而楚奸不上闻，仲尼赏而鲁民易降北。上下之利，若是其异也，而人主兼也举匹夫之行，而求致社稷之福，必不几矣。"[3]所以，像《商君书》所说的："亲亲则别，爱私则险，民众而以别险为务，则民乱。"[4]

不难看出，《韩非子》肯定是认为"父子相隐"没有什么好处的。相反，倒是"相互揭发"最为有益。这就有如《慎子》早就断言的："骨肉可刑，亲戚可灭，至法不可阙也。"[5]

---

1 韩非：《韩非子》，第155页。
2 韩非：《韩非子》，第155页。
3 韩非：《韩非子》，第155页。
4 商鞅：《商君书》，第15页。
5 慎到：《慎子·逸文》，第13页。

　　应该这样说，从"家庭关系和谐"的角度来看，"父子相隐"自然是个不错的主意，可是从国家社会的角度去看就难说了。在这里，我们可能又遇到了在前面第 033 小节讲过的赵襄子式的难题：有理论可以将"父子相隐"的道理说清说透，有理论也可以将相反的道理说清说透，而在实践中到底哪个效果最好，就不得而知了。毕竟人们可以站在不同角度去说同一个对象。所以，人们可能还是要面对一个不好解决而又必须解决的问题：到底从"家庭亲情"出发，还是从国家社会出发？

　　在这类问题面前，《吕氏春秋》则另有见解。它推出了一个例子，说明还有"壮烈"的解决办法。也是那个楚国，有个叫石渚的贤士，平时做官为人都是大公无私。一天，有人杀了人，石渚知道后立刻前去追捕。可是追着追着突然发现杀人犯正是自己的父亲，石渚感觉特别为难，于是掉转车子返回了官府。接着他立即赶到朝廷，对楚昭王说："大王，杀人的人是我的父亲，抓他罚他我都于心不忍，而偏袒放过他等于是违反了国家的法律，那又是天大的罪过。对我来讲，执法有过自然要受到惩处，这是为臣者应遵守的道义。"说完，石渚趴在刑具上请死。楚昭王微笑着说："没追上杀人犯有什么奇怪的？不一定要受罚。你继续做官吧。"可是，石渚特别倔强，说："不偏爱自己的父亲不是孝子，为君做官又不能严格遵守法律不是忠臣。您赦免我，这是君王的恩惠，可是不得废止法令,则是臣子的操行。"接着石渚自杀了。[1]

《吕氏春秋》讲:"正法枉必死,父犯法而不忍,王赦之而不肯,石渚之为人臣也,可谓忠且孝矣。"[2]人们都说自古以来忠孝难两全,可是《吕氏春秋》告诉你,一死了之既是忠臣又是孝子。针对孔孟和《韩非子》的对立立场,这是不是第三种立场?我理解,从《吕氏春秋》的意思引申开来,可以得出这样一个看法:家庭亲情和国家社会都是重要的,但是不可选择,非要选择的话那是将人逼到了死路上。

067 父亲的权威

既然在中国法律思想的一些理论看来家庭关系是首要的,那么,在家庭关系之中应该具有怎样的"礼制"秩序?

东汉许慎的《说文解字》讲,"父"字,"矩也,家长率教者,从又举杖"[3]。这似乎是告诉我们"父"字本身就有统治和权力的意思,而不单单是指和儿女的生育抚养关系。这就如一个学者讲:"子孙违反父的意志,不遵约束,父亲自可行使威权加以惩罚。社会上承认父亲这种权力……"[4]换句话说,我们的语词用法

---

1 吕不韦:《吕氏春秋》,第167页。
2 吕不韦:《吕氏春秋》,第167页。
3 许慎:《说文解字》,第64页。
4 瞿同祖:《中国法律与中国社会》,第6页。

已经暗含了父亲权力的话语意念，这种话语意念已经暗中左右我们——至少是古人——的思考与认识。为何会如此？我想，其中的道理也许是比较简单的：父亲生你养你，岂能没有管教的权力？如果父亲没有"顶天立地"的象征意义和"唯我独尊"的轩昂气派，家庭何以对外挺胸仰脖？

这样，家庭中的"礼制"秩序自然就要支撑父亲具有说一不二的权威。子女对父亲不仅要尊重，而且要处处洗耳恭听。即便为父的做了错事，做晚辈的也要像君子一样"弛其亲过而敬其美"[1]。对此，另有古人说，"凡物必有合。合必有上，必有下……子者，父之合"[2]，"父为子纲"[3]。蔡元培先生对此也是有番描述的："一家之中，父为家长，而兄弟姐妹又以长幼之序别之。"[4]如果真是这样，那么，以"父亲"为象征符号的家庭和以君王为象征符号的国家，实质上有两个不同的统治秩序。就像《荀子》所说的："君者国之隆也，父者家之隆也。"[5]

其实，在家庭的自然生活中许多人倒是的确可以有这样的感觉：为父的管教甚至打骂子女没有什么不可理解的，就像为父的抚养爱护子女一样天经地义。相反，父亲没有这类严厉甚至有点"凶神恶煞"的表现，倒是一件不太正常乃至令人费解的事情。这就不

---

1 孔子语，见《礼记》，第683页。
2 董仲舒：《春秋繁露》，卢文弨校，上海古籍出版社1989年版，第73页。
3 班固：《白虎通义》，上海古籍出版社1992年版，第50页。
4 蔡元培：《中国伦理学史》，第7页。
5 荀况：《荀子》，第81页。

奇怪有学者说:

> "天下无不是的父母",父母对子女的管教惩戒权本是绝对的,伦理告诉我们,子当"有顺无违",这不是"是非"的问题,而是"伦常"的问题。在父母责骂时而和父母分辨讲理,甚至顶撞不服,在孝的伦理之下,实是不可想象的事。父母将儿子告到官里,官府怀疑到父母所陈述的理由是否充分,或者追问子女究竟是否忤逆不孝,也是不可想象的事。如果法官追问谁是谁非,便等于承认父母的不是,而否认父权的绝对性了。
>
> "是非",毋宁说是系于身份的。我错了因为我是他的儿女。他的话和行为是对的,因为他是我的父亲。[1]

从这个角度看去,看重"家庭关系"则是看重以"父亲"为中心的自然统治秩序,而看重"国家社会"倒是看重以"君王"为中心的人为统治秩序。父亲的权威象征是家庭"礼制"秩序中的关键所在。

068 家族的小辈与长辈

在中国法律思想的一些理论尤其是古时的儒家学说那里,社会

---

1 瞿同祖:《中国法律与中国社会》,第15页。

秩序的首要支点就是"家庭关系"了。自然，孩子生下来，旁边围着的人不是父亲就是母亲。这种亲缘性的第一关系对孩子来说总是逃脱不掉的。这就有如费孝通所讲，"世界上最用不上意志，同时在生活上又是影响最大的决定，就是谁是你的父母"[1]。我们暗示过，父母尤其是父亲是家庭关系的一个权威符号，从这个角度看去，父辈与子辈的关系是家庭关系中的首要关系。民国法律学者陈顾远又说："欲……明尊辈卑之序，总必先正父子之伦……"[2]

当然，这并不意味着老婆老公以及兄弟姐妹的关系不足挂齿，在那些关系里也有一个"秩序"的关系，只是相对而言不太显眼罢了。

人一长大就要走出家门，就要进入社会。就像梁漱溟先生说的：

人一生下来即与人发生了关系（至少是有父母，再许有兄弟姊妹），从初生一直到老死，一辈子总是有与他相关系的人，一辈子总是在与人相关系中生活。最初有父母，再则有兄弟，大一点有妻子，再大一点又有子女，出外读书就有师友，经商就有伙伴，这些都是与他相关系的人。[3]

自然，一般来说，家门口外的第一层网络关系似乎是家族。在中国这样的典型"家族社会"里这层网络关系又是环环相抱的。所

---

1 费孝通：《乡土中国》，第72页。
2 陈顾远：《中国法制史》，第一编总论，第69页。
3 梁漱溟：《梁漱溟全集（第1卷）》，第659页。

以，我们时常发现，在我们的家族语汇里就有了"七大姑""八大姨"之类的亲属字词。

到了家族那一层，"礼制"的秩序就是小辈围着长辈转。当然，其中的"礼制"有时并不这样强调小辈必须处处照着长辈的话去做，而是仅仅要求他们有礼就行了。

看个例子，再讲其中的道理。

清朝乾隆年间，有兄弟两人因为一点小事打了起来。哥哥叫李昌，弟弟叫李茂。原来，李昌想向李茂借点钱买东西，李茂却说自己不宽裕。就是因为这点小事，李昌做哥哥的样子无影无踪了。稍后的一天趁着酒后的三分醉意，李昌拿起刀子要杀李茂。可是要找到李茂就要翻越李茂家的围墙，不论怎样李茂是不会给气势汹汹而且手握力刃的李昌开门的。李昌行动有点笨手笨脚，加上有些醉意，刚一爬上李茂家的围墙就失手倒栽在墙下石上，头部鲜血直流。李茂看见后立即叫来叔叔李淑斌。李淑斌见状马上动手替李昌包扎伤口。

谁知李昌经过这一"栽"，对弟弟李茂更是恨之入骨，伤口包扎好后他再次拿刀冲向李茂。李淑斌大声劝阻，李昌就是不听。没有办法，李淑斌喝令李茂拿棍反击。李茂一棍正着李昌的腿关节，使李昌跪在地上动弹不得。

李昌无地自容，回到家后愤然揭开伤口上的包扎布一觉睡去。不想，伤口进风，八日过后一命呜呼。官府知道这件事，立即派人拿捕李茂。虽说李昌之死和李茂的"棍术"没有什么因果关系，那是越墙倒栽石上的结果，但是李茂还是犯有了伤害之罪，被罚杖打一百下，流放两千里。

那么李淑斌呢？李茂施"棍术"可是依他的喝令而来的。没有这个喝令，李茂很可能不会"耍"棍子，不会"耍"棍子也就不会让哥哥动弹不得，哥哥也许就不会无地自容地解开伤口的绷带。对此，官府似乎睁只眼、闭只眼。[1]

在这个案子里，当然没有"小辈围着长辈转"那样的场景，但是，我们依然可以这样看问题：官府审案子的时候恐怕是记着李昌、李茂是家族的小辈，而李淑斌是家族的长辈。也许官府还知道，像李昌、李茂那样的小辈平时对李淑斌是尊敬的，而且可能"言听计从"，他们之间已经有了一种长幼有序的"礼制"秩序。相对来说，李淑斌已经具有了家族的权威意义。所以官府要像宋代朱熹所说的："凡有狱讼，必先论其尊卑上下，长幼亲疏之分……"[2]甚至要像明代海瑞所说的："凡讼之可疑者，与其屈兄，宁屈其弟；与其屈叔伯，宁屈其侄。"[3]这样的话，对李淑斌睁只眼、闭只眼也就不足为奇了。

另外，对于国人而言，长辈通常都经验丰富、治理有方，如此，怎能不让小辈围着长辈转？就像费孝通先生所说的：

1　祝庆祺、鲍书芸：《刑案汇览》，第1543页。
2　朱熹：《晦庵先生朱文公文集（第6卷）》，第2页。
3　海瑞：《海瑞集》，陈义钟编校，中华书局1962年版，第117页。

　　凡是比自己年长的，他必定先发生过我现在才发生的问题，他也就可以是我的"师"了。三人行，必有可以教给我怎样去应付问题的人。而每一个年长的人都握有强制年幼的人的教化权力，'出则悌'，逢着年长的人都得恭敬、顺服这种权力。[1]

　　对外族而言，家族的长辈也是凡事都要出头露脸以长本族气势。有纠纷，由其出面调停；有麻烦，由其出面圆场。所以维护长辈的权威也就是维护家族的稳步发展、繁荣昌盛。这样看来，"家族礼制"的秩序就是来自家族发展的内在需要了。或许，官府潜意识里还装下了这些更为具有"说服力"的生活功利性质的观念。

　　这不奇怪，古籍《礼记》早就说过，在家族里头等大事就是敬重长辈了，接下来的事情才是与亲人和睦，宽以待人。所以如此是因为只有这样家族人才会更加明白"父子之义，长幼之序"[2]。《礼记》还说，大凡正式场合比如拜见君王诸侯，家族人的位置秩序也是需要依长幼先后来排列的。即使有人在外面特别能耐，地位尊贵，在族内也要尊重长幼之分。所有这些正是为了凸显"父子关系"的根本道理："虽有贵者以齿，明父子也。"[3]所以，美国学者费正清就曾提到，中国"一个家族或宗族的族长们掌管本家族的共同财富，编写家谱并在家族祠堂主持祭祖仪式，发放救济，供可造就的子弟

1　费孝通：《乡土中国》，第68—69页。

2　《礼记》，第287页。

3　《礼记》，第290页。

上学，训诫不务正业的族人，以免被抓进官衙和监狱"[1]。

从大面上讲，"中国社会组织，轻个人而重家族，先家族而后国家，故中国社会亦以家族本位为其特色之一"[2]。如此看去，我们便可以理解，为什么瞿同祖先生对鼓吹"礼制"世界的理论有这等议论：

……家族实为政治、法律的单位，政治、法律组织只是这些单位的组合而已。这是家族本位政治法律的理论的基础，也是齐家治国一套理论的基础，每一家族能维持其单位内之秩序而对国家负责，整个社会的秩序自可维持。[3]

069　"礼"·自然和谐与诗情画意

从家门走出来，首先碰到的社会关系可能就是家族了。过了家族这道人际关系的网络，外面的"关系"天地自然更为复杂多样，有同乡、同事、老师、上司……这些关系也正像家庭和家族的关系一样自有一套自然而然的不可抵御的"礼制"秩序，也是"尊

1　费正清、赖肖尔：《中国：传统与变革》，陈仲丹译，江苏人民出版社1992年版，第263页。

2　陈顾远：《中国法制史》，第一编总论，载《民国丛书》第一编第28卷，上海书店1989年版，第63页。

3　瞿同祖：《中国法律与中国社会》，第26—27页。

卑、大小、强弱有位，礼之数也"[1]。正所谓，"乡党之礼，长不让幼"[2]。比如，都是同乡同事，彼此就要讲个长辈小辈的关系，而老师上司就更不用说了，他们和学生下级本身就有个"高低"之分。

这样，在整个社会中，人人都有自己的"上下"位置。恰如明代丘濬所说的，任何事"莫先于辨上下之分"[3]。而社会或者国家的关系正是家庭、家族关系的放大和扩展，前者像后者一样也有自己的对那类关系的内在需求。老师没有尊严，何以能够"教书育人"？上司没有权威，何以能够发号施令？在国人这个"家族味道"极浓的社会里，走入各类关系的每个人，当然容易将"家族角色"融入社会角色之中：自己当了老师好像就是当了家庭中的父母，自己当了上司好像就是当了家族中的长辈；反之，要是当了学生和下级，也就感觉成了家庭中的子女或者家族中的小辈。一切都是顺其自然。

于是，"礼制"的世界就是一个自然而然的等级层次分明的世界。这种世界当然和"国家法律"的大一统世界有着分别。

前面第032小节，我们提过一个熟人世界和陌生人世界的概念。可以这样讲，从家庭、家族关系开始往外推延的渐次疏稀的社会关系，也正是从另一角度来说的熟人世界里面的亲疏关系，也是从熟人世界到陌生人世界的渐次淡薄的人际关系。如此看去，只要

1 贾谊：《新书》，上海古籍出版社1989年版，第44页。
2 班固：《白虎通义》，第17页。
3 邱浚：《大学衍义补》，第385页。

没有最后进入完全的陌生人世界，人际关系就不会摆脱那种层次分明的"礼制"秩序。中国法律思想中鼓吹"礼制"的理论，实际上主要是想说明熟人世界里的问题，而反过来也是恰恰在熟人世界中才能谈到"礼制"秩序。在陌生人的世界里，当然无法说个长幼有序的规矩秩序。中国的社会大体上是个熟人的世界。对于大多数人来讲，总是同饮一乡水，同种一乡田，人们更多的时候不是走南闯北，而是在亲朋好友、乡间邻里那里走家串户，像学者费孝通提到的，在这样"一个熟悉的社会中，我们会得到从心所欲而不逾规矩的自由。这和法律所保障的自由不同。规矩不是法律，规矩是习出来的礼俗。从俗即是从心。换一句话说，社会和个人在这里通了家"[1]。

由此可说，"礼制"世界最为生动的地方正在于它根源于而且维系于这类熟人关系的层次，和这类关系息息相关、休戚与共，并在这类关系之中发挥自然协调的功效。

《礼记》讲，"礼者，天地之序也"[2]，"大礼与天地同节……明则有礼乐……如此则四海之内合敬同爱矣。礼者殊事，合敬者也"[3]。具体到乡民喝酒那样的小礼节，"乡饮酒之礼，所以明长幼之序也……乡饮酒之礼废，则长幼之序失，而争斗之狱繁矣"[4]。

而在这之前，春秋战国时期的子产早已说过："夫礼，天之经

1　费孝通：《乡土中国》，第5页。
2　《礼记》，第502页。
3　《礼记》，第500页。
4　《礼记》，第657页。

也，地之义也，人之行也。"[1]孔子也是提醒人们："夫礼，先王以承天之道，以治人之情，故失之者死，得之者生……故圣人以礼示之，故天下国家可得而正也。"[2]"安上治民，莫善于礼。"[3]就像后来《荀子》所补充的："故人无礼则不生，事无礼则不成，国家无礼则不宁。"[4]当然，这里替天行道的"道"，依《荀子》的意思来说："非天之道，非地之道，人之所道也。"[5]

另外，这"礼制"还有些事无巨细、事无善恶都要以"礼"统之的意思。孔子就说："杀人之中，又有礼焉。"[6]原来，春秋时期有个叫工尹商阳的人，虽说杀敌的时候勇猛无比，可是每每用箭射死一个敌人，定会用手将死者的眼睛轻轻合上，以此显示礼敬的"人道人情"。所以，孔子以为杀人都有礼制。[7]

与这些相反，法家提倡的国家法律倒是不在乎熟人关系的层次，它凡事都要整齐划一，即使对于父子、师生、上下级的关系，它也要强调"人人平等"，仿佛人际关系都被看作了陌生人的世界。在"公领域"的关系里，儿子觉得父亲不对，只要是为了国家的利益就可以对父亲加以鄙视，或者直接将其扭送官府而"大义灭亲"。在"私领域"的关系里，父子之间不仅可以相互借钱而且可

---

1 《春秋左传正义》，第888页

2 《礼记》，第297页。

3 孔子语，见《礼记》，第656页。

4 荀况：《荀子》，第10页。

5 荀况：《荀子》，第36页。

6 《礼记》，第143页。

7 《礼记》，第143页。

以相互追讨，这里也绝对没有父亲的面子尊严。师生、上下级的关系同样如此。既然是这样，在君王的眼睛中，一切臣民就都要围绕着君王，臣民之间没有什么所谓的"长幼"之分。而百姓有了"长幼"之分的意念，君王的独特权位也就并不那么安全牢固。这样，国家法律的观念当然不太在意原有的社会关系与秩序，而且，其本身也根本不想去维持那样的和谐与自然。它所想的是建立全新而又冷酷的"千篇一律"的关系世界。

所以，有西方人就做出了这样的评论：

儒家学说所强调的五种主要关系——父与子、君与臣、夫与妻、长与幼及朋友之间——是由人的本性而形成的，这五种关系对于社会秩序的安定，具有重要意义，礼根据各个人在这些关系中的不同身份设定了不同的行为方式，因而使这五种关系和其他类似的关系得到强化，法律则通过外力，强行一体对待，而使这些关系归于消灭。

礼（指其原始含义：仪式和典礼）给人们的生活带来诗意和美感。礼为人们以社会可以接受的方式表达其情感开辟了渠道。与其相反，法律具有机械性，缺少情感方面的内容。[1]

说到"礼制"具有自然和谐的意思，还指"礼"可以随机应

---

1 布迪、莫里斯：《中华帝国的法律》，第15页。

变、处事柔和。在前面第 031、032 小节，我们暗示过这一点。孔子偶尔特别解释了这个含义："礼者何也？即事之治也。"[1] 这意味着，"以礼为基础而建立的政府在履行自己的职能时能表现出和谐性，因为礼是不成文的，每当有特殊的情况发生，都可以通过对礼的灵活解释而恰当地解决问题"[2]。更何况"礼也者，理也"[3]，"礼"本身就是一个说不完道不尽的大道理，即使不是放之四海而皆准也是用之八九不离十。它和人们的道德理念有着千丝万缕的联系。既然和人们的道德理念遥相呼应，它也就和人们的感觉相濡以沫。

而说到道德理念，我们似乎又可以看到"礼"之说法的人情味的另一方面。对这点，我们不讲这人那人的大理论，看个对话就可以体会一二了。有一次孔子的学生子贡向孔子请教处理政事的方法。孔子说："把粮食、军备准备得充足一些，百姓就会相信政府很有能力了。"子贡听完这话后却拐弯抹角地问："如果迫不得已，粮食、军备和百姓三者不可兼得，那么先丢掉哪一项？"孔子不假思索地回答："当然先丢掉军备了。"子贡追问："如果又是迫不得已，粮食和百姓不可兼得，这时又该如何？"孔子语重心长地说："丢掉粮食，留下百姓。这样做了政府才可以心安理得。"[4]

---

1 《礼记》，第667页。
2 布迪、莫里斯：《中华帝国的法律》，第15页。
3 孔子语，见《礼记》，第669页。
4 《论语注疏》，第2503页。

对于满脑子是"礼制"的孔子来讲做出这样的回答是情理之中，不论怎样，"礼"是百姓日常道德的一部分，而百姓的日常道德又孕育了"礼"的温情。

子贡的一连串问题要是放在法家的面前，可以想象，得到的回答恐怕是：最先丢掉百姓，其次丢掉粮食，最后留下军备。

070　礼·吃饭·娶新娘

"礼"来自平常生活的习俗规矩，这是没有什么可争议的。这也是它显得自然和谐的一个基本原因。但是，只要是来自一种习俗规矩，那么它便总是和大多数人的大多数习惯做法相互联系的。对大多数人来说，喜欢甚至遵守"礼"在一般情况下当然是不在话下的。而对某些人或者就某些情形而言，事情可能会变得复杂了，甚至变得不是自然和谐，而是生硬别扭直至让人左右为难。

说到这里，我们又可以提到古人的一段对话，它表明，"礼"有时并不是自然和谐的。

《孟子》记载，战国时期有个小国家——任国。任国虽小，可是巧舌如簧的辩才层出不穷。任国一个才子看着"礼制"有些不顺眼，听见有人传播鼓吹"礼制"便一定要上前与之辩个输赢。另有一个叫屋庐子的人，最爱讲述"礼制"，逢人便说"礼"是如何重要，如何使人逢凶化吉、生活幸福。两人遇到一起总要争论一番。

一次，才子问屋庐子："礼和吃饭哪个重要？"屋庐子毫不犹豫地回答："当然礼重要了。"才子又问："礼和娶新娘哪个重要？"屋庐子更是毫不含糊地回答："当然是礼了。"才子机巧地追问："如果依照礼节去找饭吃，必定饿死，扔掉礼节去找饭吃，就不会饿死，那么是否还要依礼节行事？如果依照迎亲之礼去找新娘，必定不能结婚，而丢掉迎亲之礼，第二天就可找个新娘，那么还要一定行婚礼吗？"屋庐子听了这番问诘愣住了，心里想：饿死了或者娶不着新娘，礼还有什么用？屋庐子发愁，便去找孟子。

孟子听了屋庐子的叙述，便说："这还不容易回答？什么事比较一下都要找个共同的起点才是。如果不看看基础的高低是否一致，不就可能得出一寸厚的方木要比山一样高的城楼还要高的结论？金属自然要比羽毛重，难道说三钱重的金属要比一大车的羽毛还要重？拿饿死这等大事和礼的小节相比，何止吃饭重要？拿断香火这等大事和礼的小节相比，何止娶新娘重要？你回去问问才子：'扭哥哥的胳膊，夺下哥哥嘴边的食物，便会喂饱肚子；如果不扭，便会饿死，那么，要不要扭？翻越邻居的墙壁硬抢人家的小女，可以得到妻子，接着儿孙满堂，反之天天看着而不动手，便不会有个老婆，那么，是不是要越墙硬抢？'"[1]

我想，孟子的前一半回答当然是机智的。其言外之意是想说明在生死和香火断续这样头等重要事情上，小"礼"也就无足轻重了。在前面第041小节，我们也提过孟子的一个灵活想法：男女授

---

1 《孟子注疏》，第319—320页。

受不亲是个日常原则，可是为了救落水的嫂夫人，伸出手去拉一把也是理所当然的，否则还不如禽兽。但是，他的后一半回答似乎是不妙的。他要屋庐子拿"哥哥"和"邻家小女子"这些难事去反问任国才子，等于是暗喻哥哥之礼和邻家小女之礼的重要性，绝对不亚于饿死或者子断孙绝。可是，很多人毕竟是难以在它们之间做个选择的，"大礼"重要，生计也是重要的，任国才子问诘屋庐子的时候正是有些这个意思，实际上他想表明：大礼不是时时处处都可以优先的，而"饿死事小，失节事大"是不能接受的。

　　这样想问题，我们自然可以发觉，"礼制"有时倒是并没有带来和谐和睦，更不用说诗情画意了。孟子好像也没否认这里的困难之处。如果我们进一步联想到国家法律，那么也能发现，对国家法律来说照样存在同样的难题，尽管不是"和谐和睦""诗情画意"的意思。有时在国家法律面前规规矩矩，真有可能没有饭吃，没有妻娶，这时候到底应该如何实在叫人无从抉择。当然，对于国人的大多数来说，通常则是宁可饿死或者不去结婚，也不会破律犯法。国人在这类大事上还是非常"坚强"的。

071　官司·和为贵

　　讲"礼制"自然和谐的世界，当然要说说国人"厌讼"这个传统。这一传统可说是那个世界的一个侧面描述。

　　"厌讼"就是主张：如果出现纠纷或者矛盾，只要不是天大的杀人放火、颠覆国家之类的十恶不赦的罪过，最好忘却，或者和气地调解。像那些我欠你一斗粮、你欠我二两银、我家儿子打碎你家一坛醋之类的事情，不要在官府那里争论不休、"你争我夺"。反过来，打官司则是叫官府做个裁决人，你我拿出证据相互对质，相互辩论，这之后由官人案板一拍拟个判决书。今人恐怕是已经特别熟悉这些了。判决虽说直接明确、毫不拖泥带水，但是不免有些生硬冷酷，就算在你我之间的纠纷上明确了是非，总会让你我日后有些疙瘩不能解开。所以，是非上的公平判决有时并不一定带来社会的祥和安定。

孔子早已说过："听讼，吾犹人也。必也使无讼乎！"[1]孔子说的话历来都是句句具有"伟人语录"的效应。老早的《易经》的"讼卦"底下也有"终凶""上刚下险""以讼受服亦不足敬"之类的厌讼按语。这些按语在民众及文人之间已成隐蔽的话语潜流，孔子的"语录"更是字字千钧。

在今人看来，厌讼这类心情等于是得病了讨厌医生，等于是幻想疾病可以顺其自然地自我消失，这属于心态不正常的一种表现。可是，古人之中的相当一些人就是喜欢"礼制"的自然和谐，就是觉得国家法律的强行干预是不对的，总想让民间的一切生活自我生息，于是就把诉讼挤向了边缘。

在前面第 001 小节，我们讲过一个清朝的"兄弟争田"的案

---

1 《论语注疏》，第2504页。

子。在那个案子里官人蓝鼎元就是一个官府的裁决人。蓝鼎元开始的时候非常严厉，似乎要对兄弟二人动用刑罚，叫兄弟二人战栗不安。然而到了最后蓝官人还是叫兄弟二人和解。这就是一个调解的例子。蓝官人心里当然清楚，对于争田的兄弟二人来说调解的结局极为可能要比判决来得更为有益。兄弟二人日后还是需要互帮互助的，家庭亲情的关系显然不能丢掉。

也是清朝年间，有个叫陆陇其的官人，审案风格极为类似蓝鼎元。在前面第040小节，我们同样提过这个人。在那里我们是讲陆官人如何用招术对付小偷之类的贼人。在这里，我们看看他是如何解决小民的私事矛盾的。对于一般乡间邻里的纠纷，只要被提到了陆官人的案台上，陆官人总会说：

> 尔原、被非亲即故，非故即邻，平日皆情之至密者，今不过为户婚、田土、钱债细事，一时拂意，不能忍耐，致启讼端。殊不知一讼之兴，未见曲直，而吏有纸张之费，役有饭食之需，证佐之亲友必须酬劳，往往所费多于所争，且守候公门，费时失业，一经官断，须有输赢，从此乡党变为讼仇，薄产化为乌有，切齿数世，悔之晚矣。[1]

陆官人就是用这种软中带软的辞藻来弱化小民的诉讼斗志的。

---

[1] 吴炽昌：《续客窗闲话》，第183—184页。

而且，在讲述柔肠断骨之情的同时还给小民算笔官司上的收支经济账，使小民听来更觉得自己错上加错。结果自然是息讼宁人。

中国法律思想的一些理论，就像蓝鼎元和陆陇其所想所做的那样，最爱在官司这类事情上鼓吹"和为贵"那套话语意识。显然，喜欢"礼制"世界的自然和谐，自然会喜欢用自然和谐的调解方式。在自然和谐的"礼制"世界中，虽然有些不平等甚至看上去是不公平的事情，但是那毕竟是和生活联系在一起的。那些不平等或者不公平，从另外一种角度看去，可能正是合理的或者合乎生活逻辑的。这样说来，用调解的方式"模糊"所谓的不平等或者不公平，至少不会破坏原有的秩序与和谐。即便它使人们失去了一些东西，却使人们可能保留更多的东西。而判决的方式，虽说可能显出了一个公平，但也可能使乡民失去了兴许是更为重要的东西。对这样一些要害的问题，梁漱溟先生还有一通中西对比的描述，来说明中国现实的基础如何适宜那套话语意识：

在中国说，本来是一家里的事，不愿到法庭去；可是在西洋便须要到法庭相见。我们看西洋人打官司太容易了，动不动便到法庭去，刚有一点纠纷，本来算不了什么的，彼此迁就一点就过去了；可是在他们就不行，丝毫迁就不得，非说得清清楚楚不可，一说得不对胃，便到法庭讲话，说话之间就去了，说话之间就完了，他们把打官司实在看得太平常，把打官司走成熟道了。中国人便不是这样，在中国则非到万不得已，实在没有办法了才打官司，他把打官

司看成一件非常了不得的事。在中国人，如果两面一打官司，则彼此便同仇敌一样，有的好几辈子都和解不开……[1]

所以，中国的"礼制"世界需要柔和的纠纷解决方式，而柔和的纠纷解决方式也是为了"礼制"的世界。"分争辩讼，非礼不决"[2]，"和之所赏，礼之所取"[3]。

此外，主张"和为贵"的柔和调解手段也是暗中对官府过问纠纷的一类温和抵制。这意思是，喜欢民间的调解方式隐含了"民间需要自治"的思想。举个例子，家里兄弟姐妹因为一点小事出现矛盾，甚至出现了暴力，家里人也还是希望家丑最好不外张扬，凡事家里解决"定案"才是上策。家里人有时希望官人不要过问，过问的结果在家人看来倒是乱上添乱。而且，更为重要的是有时还有"清官难断家务事"这一问题，因为，外人何以知道家里的长长短短？除此之外，从办案人手多少的角度看去，官人的数量远远不能和那家庭纠纷的数量形成正比关系。一个乡里或县里，官人是屈指可数的，可是家庭的纠纷则时常层出不穷，如此，官人当然也是应接不暇的。对于家庭是这样，对于家族就更是这样了。家族人多，是家庭人数的几何倍数，纠纷自然也是成倍计算的。官人对此更是望洋兴叹。所以"和为贵"的观念不仅是一种方式技术上的要求，

---

1 梁漱溟：《梁漱溟全集（第1卷）》，第656页。
2 贾谊：《新书》，第44页。
3 班固：《汉书》，第2615页。

而且是一种人员资源上的要求。官人和亲人、族人处理解决问题的种类自然是有区别的。而且亲人族人出面恐怕更有效率，更能贴近自然和谐的氛围。恰如有学者说的：

> ……家族是初级的司法机构，家族团体以内的纠纷及冲突应先由族长仲裁，不能调解处理的，才由国家司法机构处理。这样可省去司法官吏许多麻烦，并且结果也较调和，俗话说清官难断家务是有其社会根据的。有许多纠纷本是可以调解的，或是家法便可以处治的，原用不着涉讼，更有些家庭过犯根本是法律所不过问的，只能由家族自行处理。[1]

072 叔向与子产的通信·行为的仿效

从大道理上看，当然可以开列一个盛赞"礼制"秩序的清单。它自然、和谐、美妙，讲起人情味来也是浓上加浓。可是我们也早说过，它似乎有个不大不小的问题：不太清楚。这是说比起白纸黑字的国家法律来讲它并不那么泾渭分明。[2] 如果真是想要循"礼制"而守规矩，有时就是不知从何入手。这是人们最为容易提出的一个较为尖锐的诘难。

春秋时期，郑国子产和邻国的一个叫叔向的保守贵族有过一次

---

1 瞿同祖：《中国法律与中国社会》，第25页。
2 见前第018小节。

书信往来，其中也涉及了这一点。子产在中国法律史里可说是出尽了风头。他不仅制定过一套著名的国家法律，而且还把这法律铸在了大鼎上。在前面第 012 小节我们还说过他讲的一个著名的"人怕火不怕水"的俗间定律。从这定律看去自然不难理解子产为什么要在大鼎上铸文，而且铸的是严刑峻法的文字。

叔向知道子产在大鼎上铸法后便写了一封"恨铁不成钢"的信。信的大概意思是说：

开始时我对您寄予厚望。可是现在彻底失望了。往日，贤君圣王做事之时没有明确公布法令的，您也是那么做的。而先王和您所以不制定什么法令，是因为大家都明白法令不能和礼仪习俗同日而语。平民百姓过日子的时候，原本就有了礼义，有了明辨事理的官员、忠诚守信的乡长、和蔼可亲的老师，生活本身十分有序。现在定出了法令，百姓就会看着法令思考邪门歪道，忘掉礼义、好官、乡长和老师，再也不会效仿贤人君子的一言一行了。您应该知道，"国家将亡，才必多法令"。[1]

子产很有意思，坚决而又不失礼貌地回信说：

我是才疏识浅，不能像您那样高瞻远瞩，只有救救眼下的乱

1　《春秋左传正义》，第 751 页。

世聊以自慰，只是也请您想想看，没有出字成文的规矩，天下各行其
道的时候谁知谁是对的谁是错的？礼义听起来是不错，但摸不清看不
透，乱世之时再去提倡仿效贤人君子，谁能保证学的不是邪门歪道？[1]

　　显然，叔向是想用法令的短处来衬托"礼制"的优点，而子产
则是相反。不过无论怎样，在此子产提出的问题倒是非常重要的。
说起来，即便不是乱世之道，"礼"这些东西也不是层次分明的。
模仿"礼"，有时的确会叫人困惑惘然。

　　只是在这里笔者想进一步说明另外一个问题。即使"礼"有些
模糊不清的时候，在许多情况下，它还是可以分辨清楚的。既然如
此，叔向和子产争论的法令和礼制谁优谁劣的问题就可放在一边
了。人们倒是应该看看，假如人人不是细读大鼎之上的法律条文，
而是处处察言观色、模仿长辈先人的一举一动，那么会有怎样的社
会效果？叔向说的有些切中要害：天天注意法令条文，就会忘掉好
官、乡长和老师。我们还可以在这"忘掉"之后加上这样几类社会
角色：父母、兄姐、亲族长辈、村长、族长等等。实际上，忘掉了
这些社会角色也就会慢慢忘掉自发形成的乡规习俗，直至忘掉亲故
友情。如此，社会自然不是那么美妙的。反过来，跟随长辈先人，
从小到大都仿效他们的"知书达礼"、厚道为人，这样，就不会忽
略甚至忘掉土生土长的民规乡约，最后忘掉人伦常情。社会也将是

---

1 《春秋左传正义》，第751页。

妙不可言的。

如果再把这里的思路发挥一下，我们就会来到这样一个问题面前：究竟一个整齐划一而又"六亲不认"的法令社会有意思，还是一个层次多样而又"温情脉脉"的礼制社会有意思？这样对比法令社会和礼制社会也许有些夸张了。法令社会也许并不是那么"六亲不认"，而礼制社会也许并不是那么"温情脉脉"。但是，问题的基本意思却是不好躲开的：法令社会和礼制社会的区别，有时正在于一个"情"字。

这就不奇怪为什么孔子有这样的言语："下之事上也，不从其令，从其所行。"[1]孔子的言外之意自然是说，仿效而来的行为规矩最是有益而又合情合理。

《礼记》举过一个例子，来说明如何在行为中去仿效。比如乡里左邻右舍要喝酒，为了让小辈知道其中的各种礼制，就让他们观察长辈的喝酒规矩。六十岁以上的人都要坐着；五十岁以下的人都要站着。六十多岁的人，席前摆上三碟调料；七十多岁的人，席前摆上四碟；八十多岁的人，席前就是五碟了；而九十多岁的人，席前必须是六碟了。小辈看到了这些，就会"明养老也。民知尊长养老……而后成教，成教而后国可安也"[2]。

当然，这里有个问题还是不能躲开：既然"礼"是如此重要，那么把它记录成文字或者直接用法典形式将它一一记下载明，不也

---

1 《礼记》，第738页。
2 《礼记》，第820页。

可以收到"温情脉脉"的效果？比如，小辈见到长辈要作揖叩首，学生见到老师要喊"先生您好"，平民见到君王要山呼万岁，这些既然已是平常之礼，那就使其成文，要求人们必须照着去做。对前面说的六十岁以上的老人用调料多少碟的规矩，也这样来做。这样的效果和那仿效言谈举止的效果似乎没有什么明显的区别。为何非要叫别人"从其所行"？为何不能认为成文的东西在不失"温情脉脉"的同时，要比不成文的东西来得方便？

这个问题是个有意思的问题。

其实，国人在古时的法律实践中，已经将那些特别紧要的大礼一一记入国家法律。"以礼入法"已是中国古时法律思想中一个熟悉的说法。有些法律思想，发觉国家法律是不可扔掉的，而一些"大礼"也是十分重要，所以特别希望在成文的国家法律和官府的审判之中重礼隆礼。《荀子》说："《礼》者，法之大分，群类之纲纪也。"[1] 汉时董仲舒也说，"阳为德，阴为刑，刑主杀而德主生"[2]，"故刑者德之辅，阴者阳之助也，阳者岁之主也"[3]。而在唐朝，法律非常明确地规定了家里的长辈即便是把儿子孙子诬告了也不用吃官司、坐大狱，[4] 根本不像今人所熟知的那样诬告必会反坐。这个法律正是那些理论的实践解说。就在董仲舒前后的时代，

---

1 荀况：《荀子》，第8页。
2 班固：《汉书》，第2502页。
3 董仲舒：《春秋繁露》，第69页。
4 长孙无忌等：《唐律疏议》，第94—95页。

有个叫儿宽的官人审理案子，也是"缓刑罚，理狱讼"[1]。前一小节提到的蓝官人和陆官人的官府判案，也是"晓以大礼"，不厌其烦地左右调解。这些又都是那些理论的"身体力行"。进一步来说，如果将"礼"视为儒家学说的纲领，那么"二千年来华夏民族所受儒家学说之影响最深最巨者，实在制度法律公私生活之方面……"[2]

可是，无论怎样，礼制毕竟是繁杂多样的，几乎充塞了生活的每一角落，而且随着时过境迁它们也会有"制度变迁"。这样，在国家法律那类载体中运送它们，也就不是一件容易的事情。

另外，可能是特别重要的，礼制的规矩由于太贴近日常生活，不仅包含"情理"而且让人能够随机应变、灵活处置，如此，没有人的灵气也就不能驾驭自如了。而国家法律则有些僵化。只要法律条文中写下了"小辈见长辈要作揖叩首"，它便有个普遍适用的硬性要求。遇到小辈重病在身卧床不起，法律条文也就不好另外提到"小辈可以免了这套敬老之礼"。不成文的礼制当然方便了，因为，作揖叩首是一个"礼"，但是，"情理"却说小辈重病卧床这时可以免了礼。有病在身免了礼，自然是个无可厚非的事情。这就表明"情理"从来都是和礼相得益彰的，就像孟子说了"男女授受不亲"，而又可轻松自如地大讲"出手拉救落水嫂嫂在情在理"一样，"理"与"礼"自是相通的。这样相通的东西也只有靠人的灵

1　班固：《汉书》，第2630页。

2　陈寅恪：《审查报告三》，载冯友兰：《中国哲学史（下册）》，中华书局1984年版，第2—3页。

便来驾驭了。

说到这里，我们也就更加不难理解为什么中国有些法律思想喜欢"礼制"的无字无文。

073 习俗惯例式的民间法

前面，我们已经讲了许多"礼制"的世界的内容。在中国法律思想的一些理论想象中，"礼制"的世界是自然和谐的。由于中国人的社会大体上是个熟人社会，人们总是擦肩而过，或者熟悉的面孔天天见到，这就使"礼制"更是如鱼得水，使"礼制"与社会水乳交融。可是说千道万，今人已经不太在意"礼制"的秩序了。在今人语汇中，"礼制"一词似乎已被大体切除，被当作古董列在了历史博物馆。反之，"国家法律"一词倒是轰轰烈烈，耀眼夺目。那么我们讲这"礼制"还有什么意义？

应该注意，"礼制"这一用词在古人那里既是一个理想世界的描述，又是一种思路的指示路标。就后一种意思来说它实际上是在指示任何意义的自然而然的社会秩序。大凡是自发生长的秩序，那类思路就对其有特别青睐的欲望与嗜好。这个思路，在今天依然是非常重要的。我们可以发现，现今的中国法律思想的一些理论正是依照这个思路发"自然"之幽情的。

有一点首先应当提一下。今天社会不论怎样发展都可以让人看到一个有意思的景观：在各个阶层、团体、行当、社区里总有一些

规矩会慢慢随着日子的增加而滋生、发育。比如，在今日的学校里
就有一些校规，在工厂里有厂规，在俱乐部里有守则，在医院里有
院规，在行会里有行规，在交易所里有商规……而在所有这些组织
之内和之间，又有四处贯通、普遍适用的习俗惯例。这些规矩可说
是千奇百怪、各有所异。它们和古人的"礼制"自然是有点联系的。
梁启超说："凡社会组织，总不能无长属关系。长即君，属即臣。
例如学校，师长即君，生徒即臣。工厂经理即君，厂员即臣。"[1]
但它们更多是与"礼制"有些区别。"礼制"通常是和人们的伦
常道德相互联系的，而刚说的那些各色规矩倒通常是与人们的"利
益""方便""信誉""习惯"之类的东西相互联系的。所以，"礼
制"的人情味道浓了一些，而后面那些规矩的味道则是杂上加杂了。

　　说起那些各色规矩，西方人对其早有讨论。比如，奥地利法学
家埃利希（Eugen Ehrlich）就说，这些千奇百怪、各有所异的规矩
在人们的实际生活中可是生生不息的，它们有时正是习惯的一部
分，我们可以直接将其称作"活的法律"。"虽说活的法律没有在
国家法律的条文之中占有一席之地，但是，它们是主宰生活本身的
铁规矩。"[2]"如果有人要求一个刚从外国回来的游客去讲述他们
结识的那些人的法律，自然会听到千篇一律而无区别的事情。游客
会说到婚姻习俗、家庭过活、契约方式等等，只是很少会谈到法院

1　梁启超：《先秦政治思想史》，第91页。

2　Eugen Ehrlich, *Fundamental Principles of the Sociology of Law*. trans. W. L. Moll, Cambridge: Harvard University Press, 1936, p. 497.

审判所依据的规则。"[1]埃利希，正像我们已经建议过的，已经潇洒而又宽泛地使用了"法律"这个词。[2]

而这些各色各样的规矩，如果仔细考究一下，可以看出它们其中有些大体上和现代社会的"有动有静的世界"有着某种联系。现代人的一种习惯就是喜欢走南闯北。比如，今日的农民就想在大都市里"生根发芽"。而这是问题的一个方面。另一方面，到了一个新地方，现代人又不得不暂时"安营扎寨"，过上一段时间的稳定生活。到了学校就要读上几个月甚至几年的书，到了工厂就要打上几个月甚至几年的工，到了医院还要做上一两年甚至更多年头的医护人员……这几个月、几年，对于人际关系的熟悉作用来说自然是够用的了。

总的看去，这样走南闯北是一种从"熟人社会"走向"陌生人社会"，而在"陌生人社会"中重新建立"熟人社会"——即使是暂时，也是一个有趣的过程。以这样一种形式出现的新的"熟人社会"，和我们前面提到的中国传统的彻头彻尾的"乡土熟人社会"，似乎是小有区别。乡土的熟人关系有种草根的性质，它意味着原有的地域对人际关系的限定与制约，因为大家总是生活在一块土地上，这个土地又几乎是人们赖以生存的唯一资源，而离开这块土地就像断了线的风筝一样，乡土人一定会发觉自己的命运将是凶多吉少。有如学者费孝通所说的，在那些靠地谋生的人的眼睛中，

---

1 Ehrlich, *Fundamental Principles of the Sociology of Law*, pp. 10-11.
2 见前第009小节。

"'土'是他们的命根"[1]。除了这之外，那些乡土人待在一个地方一混就是几十年甚至上百年，这又仿佛是在告诉别人他们几乎是世代站在一块土地上。

可是前一种熟人关系就没有充满这样的草根性质了。它们之中的一些，似乎是"寄生"出来的，随着人群的变换移动而变换移动。就以那些学校、工厂、医院、俱乐部等社群来说，它们并不是非要待在一块土地上才能落脚生根。大凡有个屋子，有个院子，或者其他种类的临时空间，它们就能出现，就能将人凑在一起干番"大事业"。这种随人群变换移动而变换移动的社群，自然不大可能有世代血缘的亲情延续。当然，无论怎样它终究是一种由陌生变熟悉的"熟人社会"。

现在，我们再回到"发自然之幽情"的问题上。现代中国法律思想的一些理论比较喜欢关注这些与传统草根社会不太一样的"熟人社会"。这类社会，当然包括现代的农村，那里也有乡办校、乡办厂、乡办医疗所、乡办俱乐部等等，就是那里的种地人也有了一点城市人的味道（比如喜欢城市人的服饰）。现代中国法律思想的这些理论喜欢在其中发掘自然而然的秩序。它们觉得，这类秩序可以叫作"习惯法"，也可以叫作"民间法"。不管叫作什么，这类秩序都是和国家法律不太一致甚至相互矛盾的。而就算是矛盾的，它们有时也是合理的另外一类"法律秩序"。

1　费孝通：《乡土中国》，第2页。

074 奸污后的私了

为了说明这种"民间法"的意思，我们先看一个具体例子。这个例子讲的是现代农村的"故事"，不是特别常见，可也不是特别少见。虽说这故事不是在讲学校、工厂、医院、俱乐部之类的社区，但在那里也是有可能出现的。

一个小伙子十分喜欢同村的一个姑娘，时间长了两人有了一种恋爱关系。一日约会，小伙子觉得姑娘颇为吸引人，于是有点控制不住自己。姑娘一方面害羞，另一方面也是觉得有点"过早"，所以不同意。谁知，小伙子还是强迫了姑娘。姑娘回到家将刚刚发生的"大"事告诉了父母，父母便到派出所把小伙子"告"了。

小伙子知道自己做错了，在派出所还没有抓自己之前便拉着自己父母来到了姑娘家希望私了。小伙子的父母说："事情已经发生了，而且两人也是有感情的。让他们马上结婚吧，我们拿出三千元作为补偿，你们就去派出所申请撤销案件。"后来姑娘家同意了，只是要求补偿的价码再多一些：一万元。两家讨价还价最后以五千元"成交"。

事情谈妥了，姑娘家父母来到派出所，说事情查得更清楚了，是自家姑娘有些半推半就，所以不能全怪小伙子。派出所听后也就将案子押下了。更进一步的事情是小伙子和姑娘两人结了婚。说来两人的年龄都没有达到法定婚龄，可是两家人都有办法，找了熟人就把事情办成了。然而政府最后还是知道了那是"私了"的一个结果，接着就收回了结婚证。小伙子还是被抓了。[1]

中国地大物博、人口众多，仅仅农村人口的数字就有八九亿，何况这类事情还可能发生在农村以外的其他地方，如此，这样的私了怎能是凤毛麟角？问题倒是怎样去"解读"。

一般来说，我们会觉得乡下人法制观念淡薄。明明是"强奸"，严重地侵犯了女子的性权利，却还要遮掩甚至用钱私了。此外，用钱私了岂不会让有钱有势的人日后有恃无恐？今天强奸私了了，那么明天杀人越货、纵火烧房岂不也能私了？这样下去社会秩序岂不十分严峻？所以，要不遗余力地教育他们，告诉他们应该保护自己的权益或权利。这是一种看法。

另一种看法要比这种看法尖酸一点。有人会觉得，例子中这类人真是重要的事情上特别会精打细算。你说他们不懂法律，其实他们心里挺清楚的。对于干坏事的一方，起码他们知道案子报告到了派出所，派出所就会抓人，人被抓走了留着那些钱还有什么用？所以最好是拿钱去赎人。而被"强奸"的那一方也精明地算计过两个结果：一是嫁人之后又得钱，二是告发解气之后"人财两空"，因为，人反正是不"清白"了，钱更是谈不上的一件事情。两害相权取其轻。于是受害一方头脑清醒地选择了"明智"的结果。这类人肯定是些明白而又狡黠的人，低估他（她）们的智力等于是高估了自己的判断能力。所以，要强行用国家法律去约束他们、威慑他

---

[1] 苏力：《法治及其本土资源》，第43页。

们，不能容得这般戏弄国家大法的尊严。不能让他们私底下非法地进行交易。否则，便等于是容忍"盗财而予乞者，窃简而写法律，蹲踞而诵《诗》《书》"[1]。

这两类看法虽说有些不同，但是有个地方是一致的，这便是站在国家法律的立场上来居高临下地"鸟瞰"这个事例，而且假定了这一立场是不能质疑的，是一种"上帝"的立场。有意思的是这一立场一旦确定下来，这样的私了不论怎样看去都是不顺眼的。

075 愿望·"民间法"·"合理"

可是，在那个事例中，仍有一些问题值得我们仔细思考。先说第一个。对于被强奸的姑娘来讲，到底是将小伙子抓走而自己一分不得这个结果不错，还是自家得到一些钱后自己又嫁出去这个结果不错？小伙子被抓走了，这当然是让姑娘家出了一口冤气。可是小伙子一旦被铐上，姑娘自己"被糟蹋"的事情也就曝光了，总会使得左邻右舍传来传去。虽然同乡知道姑娘是被强暴的，可是贞操的旧观念使他们不会公平地对待姑娘。这也算是中国道德文化的一个"特色"。再加上没有钱财的补偿，被害人岂不是太因小而失大了？

另一个结果是像案子里说的，姑娘咽下了一口冤气，但是得到

1 刘安等编著：《淮南子》，第177页。

了一些补偿而且出闺成大礼了。这个结果有别扭的地方，然而对姑娘家总的来说是不吃亏的。一来可能没有外人知道，由此也就没有了"封建道德软刀子杀人"。二来小伙子到底是担起了男子汉的职责。这之外还有一笔补偿。如果姑娘家里原来就是清苦的，这补偿自然也就非常有用了。这个结果当然还是可以接受的。

　　对比一下两个结果似乎可以看出，从姑娘家的利益角度来说，国家法律好像并没有给她们带来她们所期望的结果，相反，那结果可能正是她们不太希望看到的。如果国家法律的本意是保护姑娘家的利益，那么为什么结果实际上却是另外一个样子？像有些学者说的，我们不妨想一下："为什么被法学家和立法者假定为人民的最佳保护的国家制定法会被这些受保护对象自愿放弃？"[1]

　　再说第二个问题。这个问题和第一个问题有一些联系。经过两家人仔细思考，最后由于姑娘家的算计起了决定性作用，这样的事情也就私了了。这类"商谈性质"的私了过程，其本身似乎说明两家之间使用了一个"隐性的"、有些看不清摸不透的解决纠纷的规则。因为像有的学者所讲的，它"在中国农村并非少数。考虑到这种方式的流行、经常和恒常，考虑到其在中国社会中实际所起到的维护社会秩序的功能，我们也许可以称那些潜在的、指导这一纠纷解决的规则为一种'民间法'——在社会中衍生的、为社会所接受的规则"[2]。乡下人解决这类纠纷的办法当然是非常

1　苏力：《法治及其本土资源》，第45页。
2　苏力：《法治及其本土资源》，第44—45页。

多的。比如，姑娘家可以找人对小伙子大打出手，然后叫男家赔礼道歉；或者"君子动口不动手"，请村里有头有脸的德高望重的人出来调解调解，由他提出一个"有分量"的主意定案；或者直接揪着小伙子游街示众，让他尝一下千人唾万人骂的滋味；或者就是像前面说的，两家人使用"讨价还价"的做生意的办法来个"权（这里当是指权利）钱交易"。这些方式，随着时间的推移以及人们的反复使用和默认，其中有些也就可能成为对乡民有些约束作用的民间规矩。在我们所说的案子里，似乎可以看出来，成为"民间规矩"的方式是"讨价还价"，而其他方式好像没有成为这样的规矩。有学者这样说：

　　……事实上，他们是在知道国家法律会制裁男青年的情况下，作出了一种充满文化意蕴的理性选择——合作规避国家制定法。这种选择虽然没有以国家制定法的规则作指导，但绝不是没有知识和规则指导的行为。他们选择的解决问题的方式显示出有一种文化和规则在起作用。否则，也许女青年会哭上几天，然后就忍了；也许女方及其家庭会选择报复，而报复的手段几乎是无限多样的。如果男方真的不知法，他可能会对自己的所作所为不以为然，他甚至会来安慰女方，但绝对不会请求女方撤诉——其之所以请求撤诉是因为他知道他可能受到国家制定法的制裁。而之所以双方可能很快达成协议，也并不因为这种协议是"最自然的"或最合理的。因为，

如果没有一些潜在规则的制约，解决纠纷的手段必定是无穷的……[1]

而现在的问题就是：如果国家法律已经做出规定了，那么，为什么两家人最后还是选择了自己更喜欢的民间规矩？

前面提到的第一个问题和第二个问题都是十分重要的。它们说明，至少对于姑娘来讲，当偶然的强暴事件突然降临到自己身上的时候，她对自己的利益和期待有着自己的理解，而我们通常所说的国家法律倒不一定满足了她的愿望。假如在姑娘的眼睛里国家法律定出的解决办法不能令人满意，或者相反，那办法只是带来了进一步的利益损失（经济上没有及时的补偿而且姑娘的名声也受到损失），如此为什么不能理解一下姑娘自己的选择，理解她自愿接受的解决办法？

现在，我们再进一步说一下"民间规矩"的问题。在这个强暴的案子里两家最后选择了"讨价还价"的私了。为什么选择私了？因为私了在两家看来是个不错的选择。从两家的角度看去，私了这个民间规矩则是个好东西。将这里的意思反过来讲，私了的民间规矩符合了他们的意愿。进一步说，一个自发出现的解决纠纷的方式如果在村民看来是有益的，它就会慢慢成为一个民间规矩，如果没有益处它就会慢慢消失。像"大打出手""调解调解""游街示众"等，恐怕对一段时期之内的强暴以及被强暴的两家来讲就是不

---

1 苏力：《法治及其本土资源》，第44页。

太有利的方式，所以也就不大可能成为一个民间的规矩。当然，在以前或者以后，随着人们的兴趣、观念和利益需求的变化，那些方式之中的某些也许曾经或者将会顶替"讨价还价"的方式而成为一个民间规矩。这说明，民间规矩之所以可以形成，是因为它大体上来自民间一段时期的"合理"选择。这种"合理"当然至少是在一段时期之内，在出事的两家那里看来是"合理"的。

076 谁合理？

说到这里，我们就会遇到一些深层次的问题：应该怎样看待这些乡下人的"选择"，怎样看待他们的"合理"？我们是不是应该像前面第074小节提到的某些说法那样认为这些人的"讨价还价"，要么是法律上的愚昧，要么是算计上的狡黠（低级的）？可不可以认为乡下人在这件事上做出的选择，至少是因为他们不太清楚自己的真正利益或最佳利益是什么？

先说"愚昧"问题。对此，费孝通先生老早就提过一个十分有趣的事例。费先生讲：

乡下人在城里人眼睛里是"愚"的……说乡下人"愚"，却是凭什么呢？乡下人在马路上听见背后汽车连续的按喇叭，慌了手脚，东避也不是，西躲也不是，汽车夫拉住闸车，在玻璃窗里，探出半个头，向着那土老头，啐了一口："笨蛋"——如果这是愚，真冤枉了他们。我曾带了学生下乡，田里长着包谷，有一位小姐冒充着内行，说："今年麦子长得这么高。"旁边的乡下朋友，虽则没有啐她一口，但是微微的一笑，也不妨译作"笨蛋"。乡下人没见过城里的世面，因之而不明白怎样应付汽车，那是知识问题，不是智力问题，正等于城里人到了乡下，连狗都不会赶一般。如果我们不承认郊游的仕女们一听见狗吠就变色是"白痴"，自然没有理由说乡下人不知道"靠左边走"或"靠右边走"等时常因政令而改变的方向是因为他们"愚不可及"了。"愚"在什么地方呢？[1]

在这里，费孝通用一种巧妙的解构方式，颠覆了城里人和乡下人之间的"愚智对立"观念。换句话说，如果城里人认为乡下人是"愚"的，等于是在认为城里人自己是"愚"的。更为有意思的是费先生告诉我们，城里人和乡下人各自的想法是一类知识的区别，而不是智力高低的区别。城里人有自己的知识传统，而乡下人也有自己的知识传统。这知识传统就像城里孩子看书识字快点，而乡下孩子捕捉蚂蚱快点一样，谁也不能说谁更为机敏、更为伶俐。[2]

将这种想法放到前面提到的强暴案子里，我们似乎就可以这样认为，小伙子家和姑娘家做出自己的选择是在自己的知识传统之中"搜肠刮肚""提炼精华"。他们对自己乡下的潜在规矩秩序有一种潜在的系统理解。既然他们在规矩秩序上有一套自己的知识传统，我

---

1 费孝通：《乡土中国》，第8页。
2 费孝通：《乡土中国》，第8—9页。

们有什么理由从国家法律的知识传统角度去说他们是"愚昧"的？如果我们说他们是愚昧的，那么他们岂不也可以说我们不懂乡下人的生活疾苦、乡下人的需求利益、乡下人的柴米油盐，从而也说我们是愚昧的？更何况在那个案子里可以发现两家都是知道国家法律那些东西的，只是对其有些睁只眼、闭只眼罢了。他们并不是不知道"城里人"已搬出了国家的法律。

现在，再说一下狡黠这个问题。讲乡下人私了是一种类似"偷鸡摸狗"的动作，等于是认为乡下人在巧取一些不正当的利益。这种讲法虽说没有将乡下看得"愚昧"，但是依然像说他们愚昧一样。针对强暴案子里的姑娘家来说：

> 只要放在中国社会背景下，我们就可以发现受害人的法律选择是合乎情理的……受害人对违法者的复杂感情（否则受害人不会赴约），两个家庭也许先前有比较好的关系，而这种关系会因为违法者进监狱而被摧毁。……由于历史的影响，中国人对妇女的贞操非常强调，特别是在农村。中国文化的这一方面在某些时候会变成妇女的一种沉重负担：一个性犯罪的受害者有时很难找到令她满意的男子同自己结婚，她的不幸经历有可能因其他原因被了解她的不幸经历的人们用来指责她。因此，如果她请求严格执法，她可能失去很多未来的利益……[1]

---

1 苏力：《法治及其本土资源》，第46页。

如果一个姑娘真是可能失去更多的合理东西，我们怎能断定，她就是一个"土气＋狡黠"的人？即使就小伙子一家来说，似乎也不能认定他们就是"狡黠"。小伙子喜欢姑娘，一时"性"急，这自然可讲是犯了一个大错误。可是小伙子希望私了，是不是也在希望和姑娘有一个良好的将来？并且希望以此对对方家里做些补偿？不管怎样，小伙子和那姑娘是有感情的，小伙子的"粗举"和毫无感情的兽欲发作自然天壤不同。小伙子家里的那些人，当然也有可能希望用私了的方式来为两个年轻人找回一个将要失去的"小天堂"？说来说去，在私了问题上，乡下人并不一定那样狡黠。

说私了的两家人愚昧也好，狡黠也好，都在从侧面说他们不太懂得自己的真正利益或者最佳利益是什么。持这种观点的人认为：国家法律讲了要严厉制裁强奸，这是为了男女之间有个自然祥和的友善关系，为了保障妇女翻身得来的天赋权利。可是两家人尤其是那个姑娘家，就是不懂得这一点，非要私了。这就需要国家法律的引导或"教训"。

然而前面对于"愚昧"和"狡黠"的一番讨论，使我们起码可以看到问题并不那么简单。乡下人并不一定愚昧，并不一定狡黠，他们兴许恰恰最为理解自己的真正利益或者最佳利益。正是出于这一点，中国法律思想的有种理论便认为：

一种精英观点认为是这些人不懂得自己的最佳利益。这种观点是不能接受的，因为这种观点的隐含义又是只有受过法律训练的律师或政府官员才能了解其他人的最佳利益，因此这些人可以为他人作出选择并规定下来。这种观点具有太强的威权主义的味道，如果不加限制，必定会导致在其他领域剥夺人们选择的自由；同时……法制的建立，尽管需要强制，但最主要是要得到人民的自觉遵守。[1]

077 "民间法"的同情理解·熟人

既然民间那些"小人物"对自己的利益有着"合理的"理解（当然有时不一定合理），那么，由他们慢慢选择的民间规矩或说"民间法"也就有了自己的合理地位。把话讲到这里，我们也就悄悄接近了一个为一般人所不大容易接受的有关"合理"的比较：民间法的"合理"与国家法律的"合理"。

提到国家法律是不是合理，似乎有些危言耸听。在今天人的眼光里，国家法律的"合理性"可是不容置疑的。民间规矩或者民间法那些东西是土生土长、自发形成的，有些盲目性。即使其中有些还算说得过去，但大多数却是因人们因循守旧才保留下来的陋习。国家法律则是有知识有文化的人精雕细琢出来的"大智"产品。

然而，我们可以看到这样一种言辞：

---

1 苏力：《法治及其本土资源》，第46页。

国家制定法是否总是合理的？这不是一个逻辑和思辨能解决的问题，而是一个经验的问题。而从经验上看，我们无法说国家制定的法律总是合理的。不仅历史上有大量例证表明国家制定法（而不是个别的司法结果）的不合理，而且当代的法律经济学或制度经济学分析（特别是公共选择理论）也已从逻辑上证明，即使立法程序再民主，立法动机和意图是好的，也无法使制定法获得这种普遍的合理性。否则，我们就无需强调建立和完善社会主义法制的问题，立法机关也就无需不断根据新的或变化了的情况而颁布、修订法律了。因此，当国家制定法与民间法发生冲突时，不能认为，国家制定法总是比民间法优越。[1]

这番话的意思是说，国家法律也有瑕疵，它一"产生"下来难免先天不足或者后天"患病"。就算今日有了民主之类的立法程序，立法者也见多识广，制定出来的国家法律依然可能是顾此失彼的。如此，也就难说国家法律时时处处都要比民间法来得更加合理、更加有益。

而从民间法本身看去，它们"既生于人群之中，且用以调解人际间关系，靠人之行为体现和维持，自然在任何时候都不能脱离人，人的思虑、人的欲望、人的理性和人的情感"[2]。民间法"最终得以确立和流行，不能没有乡民之公正观念来支持。许多

---

1 苏力：《法治及其本土资源》，第61—62页。
2 梁治平：《清代习惯法：社会与国家》，第58页。

通行习惯中关于利益分配、损害分担的种种规定，乃经过长期利益冲突而逐渐形成，因此能够在很大程度上表明民众关于'应然'的某些共识"[1]。换句话说，民间法倒是来自民众、生于民众，与民众自己的公正情感息息相连，所以就像日常语言一样与民众共相始终。

在这种情形下，当百姓私下选择了"民间法"，我们也就不能马上说三道四。从这个角度来说，对待民间法要有宽容的态度，要"理解"它们，"正视"它们，将它们也视为具有合理性的法律家族中的合法成员。如果国家法律和民间法之间出现了矛盾，那就看看它们谁能更加有益地解决百姓的疾苦，倒不一定非要否定民间法。

或者，我们至少要有这样的心态：在前面小伙子家和姑娘家之间发生的不愉快事件中，看看私了式的民间规矩是否应该具有它的一席之地。或者，像有学者建议的那样，"一般假定民间法更优，将更大的纠纷解决空间划给民间，国家制定法仅仅介入一些必须介入的领域……"[2]无论怎样，这就有如清朝末年沈家本说过的，应该注意"人之情多积于习……习之成也，非一朝一夕之故。由积习而然，不究其习之所由成，而徒用其威，必终于威竭而不振也……"[3]

---

1 梁治平：《清代习惯法：社会与国家》，第55页。

2 苏力：《法治及其本土资源》，第62—63页。

3 沈家本：《寄簃文存》，收于刘俊文编、北京爱如生文化交流有限公司制作：《中国基本古籍库》，黄山书社2002年版，第174—175页。

078　原有秩序·民间法的地方性

现在，再在我们说过的恋爱中的小伙子和姑娘之间的彼此关系中，看看民间法的滋生土壤。前面提过，不论是古人的"礼制"还是今人的"民约习俗"，它们大致依赖了一类熟人社会的关系。没有一些熟人关系的"土壤"，那些民间规矩也就是难以想象的。小伙子家和姑娘家之间显然是一种熟人的社会关系。"他们都生活在农村，相距不远，分享了地域的和文化的空间。这种限制条件使他们便于相互沟通、理解。更重要的也许是由于私了双方在这一纠纷处置之后还必须在同一空间继续生活下去，这一点迫使他们更乐意采取一种妥协、合作的态度。"[1] 反过来，假如大家都是过路人，陌生得甚至言语都无法交流，那么用私了一类的民间规矩也就是不可思议的一件事了。这是说，"只要，我们设想此案的受害者是一位偶尔拜访农村的陌生人，例如是一位城市女青年或一位美国女青年，私了……活动就难以进行"[2]。

现代社会的熟人关系，虽说和古人社会的熟人关系有了一些区别，可是最终都是一种低头不见抬头见的人际关系。不单只农村那样的人际关系是这样，即便学校、工厂、医院、俱乐部一类的社区关系也是如此。我们似乎可以这样想象，那类强暴事件在农村可以有那样的处理方式，在后面的那些社区也有可能出现类似的解决方

1　苏力：《法治及其本土资源》，第63页。
2　苏力：《法治及其本土资源》，第63页。

式。学校之间的师生关系，工厂里的工友师徒关系，医院里的医师和护士的关系，俱乐部里的会员关系，都会因为本身就是一些熟人的关系，从而在发生强暴的事件时出现类似的私了解决方式。当然，私了不一定就是赔钱结婚，它也可能是简单的、象征性的赔礼道歉，或者以其他方式给对方一些补偿，等等。但有一点则可能是共同的，这便是并不一定非要求救于国家法律。

进一步说下去，在熟人性质的社区关系里我们不仅可以看到"私了"这种民间规矩方式，而且可以看到许多其他各色各样的"民间法"。中国法律思想的一些理论最为喜欢在这样的民间法之间转来转去。它们所以这样，自然是因为它们更为青睐这些熟人社区的原有秩序。原有秩序最为自然。而国家法律就不一样了。这样看去，民间法的赞同者一定会更为推崇梁漱溟的这番议论：

……如请老师，原来是为的咱不会，所以才请老师来教导咱；那么，既然请了老师，就应当听从老师的话，如果遇事我们都要多数表决，那还要老师有什么用呢？但是，或者有人要问："多数表决虽然与尊师敬长的风气不和，那么，我们就不能把尊师敬长的风气改了来学多数表决吗？"在我看来这是错误的；因为尊师敬长在人类社会中是个必要……我们看看在社会上是不是有的人明白，有的人就差点？有的人知识多，有的人就少点？有的人德行高，有的人就差点？在这里既然是有高有低，那么，是不是：从个人来说，应当跟德行高知识多的人（师）来学？[1]

　　换句话说，在学校、工厂之类的社区里，人际关系总会自然产生一种师生、师徒的上下位置，这种位置变换不得，也是破坏不得的，否则秩序就会混乱，社区那种关系也就会最终消失了。这样，即使是发生了纠纷也要以这类关系作为解决方式的出发点。这才是正确之中的正确。

　　师生、师徒的关系，当然是一类原有秩序的例子，在这之外还有更多眼花缭乱的自然关系。强调熟人社区的原有秩序便是希望别人看到那些自然关系之中的自发规矩，并用这种方式提醒别人千万不要盛气凌人。这样强调，不仅是保护民间秩序的姿态表现，而且是设身处地为国家法律着想的姿态表现。因为不论怎样，国家法律终究不能天马行空、独来独往，离开了民间秩序那些滋润的培育氛围，国家法律也是寸步难行的。仔细看看民间的"一草一木"，体恤民间秩序的"一景一况"，对于国家法律的运作也是别有助益的。

　　现在我们把这里的思路引向深入。

　　强调民间社区之内的原有秩序，可能会遇到这样一个问题：民间社区总是多种多样的，它们的秩序因而也是丰富多彩的，学校有学校的一套，工厂有工厂的一套，医院有医院的一套，村庄有村庄

1　梁漱溟：《梁漱溟全集（第1卷）》，第657页。

的一套，就是在同类的学校、工厂、医院、村庄也会有不同的自然秩序，如此，从大面上看去，民间秩序本身岂不有些混乱了？

这是一个十分重要的问题。不过，大凡对"文化"一词有点了解的人都知道"文化"是个非常多样的事物。着衣饮食可以"五彩缤纷"，语言用字可以"百花齐放"，思维谈吐可以"千姿百态"，其他各类生活方式都可不拘一格。而和"文化"有着密切关系的民间秩序当然也就是"各自为政"的了。中国法律思想的一些理论倒是并不担心这样的"大面混乱"。它们设想，如果大方地允许"各自为政"，那么那种情形看上去似乎混乱，实际上则是有条不紊、秩序井然的。因为，各个地方或者社区总会自我调节地在自己范围之内来个整齐划一。反过来，非要用国家法律，倒是可能带来表面秩序、暗中混乱的不妙局面。

说到这里，我们就碰到了"民间法的地方性"的概念。中国法律思想的那些理论把那种和文化多样性相联系的民间秩序的多样性叫作"民间法的地方性"。"地方性"就是各个地方自有一套，或用另外一种语词来说就是指秩序的"多元性"。有的学者告诉我们：

民间法具有极其多样的形态。它们可以是家族的，也可以是民族的；可能形诸文字，也可能口耳相传；它们或是人为创造，或是自然生成，相沿成习；或者有明确的规则，或更多表现为富有弹性的规范；其实施可能由特定的一些人负责，也可能依靠公众舆论和某种微妙的心理机制。民间法产生和流行于各种社会组织和社会亚团体，从宗族、行帮、民间宗教组织、秘密会社，到因为各式各样目的暂时或长期结成的大大小小的会社，他们生长和通行于这些组织和团体之外，其效力小至一村一镇，大至一县一省。[1]

如果要用"多元"一词来说这里的意思，那么，"法律多元是两种或者更多种的法律制度在同一社会中共存的一种状况"[2]。

我们可以发现，讲民间法的地方性或讲法律的多元等于是含蓄地抵御国家法律的"中央性"和法律的一元。当然，这种含蓄的抵御不是彻底的排斥和对抗，而是强调了规矩秩序之间的"交往与对话"。如果我们记得前一小节提到的"合理"的问题，那么，似乎也得承认这类交往对话是可以的而且有时也是必要的。如此，我们也就来到了"平民自治"的概念面前，说得玄些，就来到了"法律民主"的概念面前。这也算是法律和民主相联系的一条思路吧。

079　"陋习"·宽容的姿态

前边，通过一件小伙子和姑娘的强暴私了的案子，我们在中国法律思想的范畴中讨论了不少想法和说法。在一般法律学子看来，那个私了是不能容忍的逃避国家法律约束的行为，对其参与者必须严加管教才是。但是，经过分析剥离，可以发现问题似乎要比这样

1　梁治平：《清代习惯法：社会与国家》，第36页。
2　苏力：《法治及其本土资源》，第51页。

的看法显得复杂一些，我们好像不能彻底否定那个"私了"。这是法律思想分析的一个奇妙之处。

现在我们将这个例子想象得更为富有争议性一些，看看还有什么另外的问题。

第 074 小节提到过一个反对私了的理由，这便是私了容易使有钱人有恃无恐、无恶不作，因为什么事都是可以用钱来解决的。现在假设事情还真是这样发展下去了。

这是说在那个案子里结局不是小伙子被抓走了，而是姑娘家根本就没有去派出所去报案，派出所不知道，乡间邻里也不知道。强暴的事情除了两家知道之外就是天知地知了。后来小伙子和姑娘的日子说起来过得还算可以。但是小伙子家里很富裕，小伙子到底又是一个乡里的纨绔子弟。日子久了他不仅忘掉了当初姑娘家是怎样原谅"放过"他的，而且看上了其他有点姿色的姑娘。又是那么一日，他和另一小女子勾肩搭背、说爱谈情，趁着一时"性"起将小女子强奸了。小女子虽说对小伙子有点感情，但是终究认定这是强奸，这样，哭天抢地发誓要到派出所报案。可是，又是小伙子一家全部出动到被害姑娘家赔礼道歉，并拿出许多钱表示"私了"。当然，这回只能是用钱私了了，因为无法再娶。而小女子家说来则是非常清苦，于是就答应了私了。而当妻子的姑娘这时妒心大起，心里又气又恨，想旧账新账一起算，可是最后还是让小伙子家用钱解决了。

几年过去了，这类事情也发生了几回，结局都是用钱私了了。

当然，在这个过程中有些人帮助小伙子一家做说客。这些人总是劝说被害人：不私了结果只能是一来没钱入账，二来邻里关系也会变得紧张，这可说是没有任何好处，要记住无论怎样大家最终都是一个村的，"和为贵"才是最重要的。而姑娘们的家人见到钱了，又听了这番劝说，也就忍气吞声依此作罢。

可是许多父老乡亲后来议论：小伙子简直就是恶霸！更有一些未婚的小伙子对"小恶霸"又急又恨，实在担心日子再久点村里的许多姑娘都被"小恶霸"糟蹋了。

现在可以发现，"私了"这样的民间规矩，虽然可以缓解甚至平息一些乡间邻里的矛盾，可以使乡民之间的邻里关系不至于紧张起来，但是，毕竟让某些有钱人有恃无恐、无恶不作。而且，就是对于乡间邻里的关系来说，"私了"也不仅仅是有多利而无多害，无论如何，日子久了乡民就会有积怨，姑娘们也会日日担惊受怕，而对于那些未婚而又没有什么家当的小伙子来说，他们更是心中愤怒。这样下去，乡民关系恐怕就不是"祥和平静"的天堂关系了，秩序也难说是稳定的。

这说明民间规矩性质的一些"民间法"有时是具有"陋习"倾向的"民间法"。它们发展下去，有时可能就像"赌规""嫖规""陪葬"等一类初看去肯定不好的东西一样令人难以容忍。虽然"民间法"来自乡民的选择，但不能就此推论"民间法"对民间来说就是合理的。即便从乡民自身的角度观察，也可以发现许多自毁利益的民间规矩。

于是，我们就会遇到这样一些棘手的问题：哪些"民间法"是合理的，哪些是较为合理的？哪些纯粹是恶劣的"陋习"，而哪些看似合理而实质上却是"陋习"？应该说这些问题并不是容易解决的。对于民间自发生长的民间规矩，从不同角度看去，在不同人的眼睛中完全可以得到不同的"合理与不合理"的结论，尽管其中有些是不容争议的。

我想，中国法律思想中喜欢研究"民间法"的那些理论，知道而且清楚那些可以被冠以"陋习"名称的民间规矩的存在，知道对"民间法"网开一面，并不意味着应该对"陋习"不闻不问，并且知道像"私了"那样的东西，日子久了或者越来越多了，对百姓来说并不一定"利大于弊"。那么，它们为什么这样重视"民间法"，不惜冒有被人指责支持陋习继续存在这样的风险？说到这里，我们可能就会深入到一个更有意思的思路上去。这就是宽容的姿态。

大致来说，民间规矩的"合理与不合理"不是一件容易断定的事情，即使其中一些规矩可以被毫不犹豫地归入"陋习"范畴，但是大多数是不能这样的。一方面，民间规矩只要是发生发展起来了，总有些自然的道理可说，对于百姓而言总有些利益可说。这样，宽容一些等于是尽量尊重民众自己的选择和观念。另一方面，大凡是民间规矩，如果像前面"私了"那样，慢慢带来了更多的"威逼利诱""仗势欺人"，那么它们也会慢慢从有到无、从兴到亡。这是优胜劣汰的一个规律。多数平民百姓自然不至于无法清晰明了这点。如此，宽容一些也就是相信民间的自我调节能力。再往根本上说，宽容也就是防止在秩序的范围内出现一个自诩"绝对正确""无所不知"的上帝代言人，好像只有这样一种人才知道什么是"利益""正确"。当然，给平民百姓多讲点别人所想所虑的道理也是有些益处的，也可使他们更为顺利地做些优胜劣汰的事情。但是，这终究需要以相互理解为基础进行交往和对话，而不是强加于人、盛气凌人。

小　结

我们反复提到过这样一个观念：最好将"法律"这一用词看得开放一些，将它看成不仅包含了国家法律而且包含了古时的"礼制"和现时的"民间规矩"。中国的社会比较独特，从远古开始人们对法律的看法就是多种多样的，这在引言中已经说过了。在这样一种观念之下我们讨论了"礼制"和"民间法"的世界，在那些世界中人们的关系兴许不是平等的，甚至不是"公平的"，我们看不到法家喜欢的"凡事整齐划一"的景观。但是，没有"整齐划一"的境界，甚至丢失了一些"平等""公平"，倒并不一定意味着没有祥和融洽的小天堂。

重视"礼制"和"民间法"的规矩是想尽可能地顺从社群里面原有的秩序关系。这些关系不是说改就改、说变就变的，它们自有一套自我调节、自我生息的秩序机制，只要人们都想在这其中生存过活下去。

从另一角度看，民间规矩也有陋习的倾向，这种倾向发展下去即使是对循规蹈矩的人们来说也是不好的。我们所谈的那个"私了"是个例子。可是大凡自发生长的规矩秩序总会有其道理可说可循，而且优胜劣汰的规律也会暗中发挥"理性机巧"（黑格尔语）的作用。于是在民间规矩之外的人便需要对其中的人多些宽容和理解，尽管是交往对话掺杂其中的宽容和理解。

第七章　法与人

　　在前边我们说了两个包含规矩秩序的世界，一个是国家法律的天下，一个是民间礼俗的天下。它们之间有着极其重要的区别。人间百般多样，不仅规矩世界本身各有不同，而且看待规矩世界的人们的口味也存在差别。如果和前面讲的"工具论"联系起来，自然容易理解，重视国家法律这个工具也就重视这个工具所指向的目的世界，而重视民间礼俗那个工具也就重视那个工具指向的目的世界。

　　现在，我们再谈另外一个理想世界。这个理想世界有些特别的地方。一来它不是什么用笔写出来的规则世界，像国家法律那样；二来它又不是什么"身体力行"的规则世界，像民间礼俗那样；相反，它倒和人自身的精神夙愿存在一种内在的勾连。因为，这里的"人"是出现于法律背后的人。其实，在前面"工具论"里讲过一些"交替使用"或"两手都硬"的折中"工具"，[1]从那个意思说开，自然也就走向了法律背后的人的精神世界。

1　见前第036小节至042小节。

080 "名"与"实"

首先应该注意，不论强调国家法律的世界，还是强调民间礼俗的世界，都包含了一个不自觉的前提。这就是把规则秩序看作一个"异化"的东西。这里的"异化"是说人们自己砌造出来或者供奉出来一个对象，久而久之它倒成了束缚人们自己的一种"外物"，就像人们想象出一个"神"来自己最后还要被"神"牵着走一样。西方人就曾有谚语说：在上帝后面愿意者自己跟着走，而不愿者则被拉着走。这也许是个典型的"异化"。如此说来，"异化"是个贬义词。不过，在这里笔者是用褒义的心态来用这个词的。笔者想说明，人们乐意认为规则制定出来或在民间自发形成了，就要读读它们，看看它们，将它们视为自己身体之外的统治之物。因为，这时的规则有了自己的意思和自己的一套理路，那些意思和理路已经牢牢地固定在了规则本身的外壳之内。这就有如"神"有了自己的意旨。所以，重要的是规则本身是怎样的，而不是读规则看规则的人是怎样的。说起来在许多法律理论那里，这是一个颇有作用的潜在话语意识形态。

谈论规则本身如何，在古人那里，有时是以"名"与"实"的说法来表现的。"名"大体是指语言中的一些词语，这些词语可用来当作标签贴在一些事物身上，像"书"一词就可用来贴在印有文字而且随时可以翻阅的那个对象身上，而"好人"一词就可用来贴在令人赞不绝口，而且看上去令人尊敬的一类人物身上；而

"实"倒是指称我们人可以看到、想到的实实在在的身外之物或者人的行为的的一些属性。我们会看到"香花""毒草""房子""衣服""狐假虎威""孤胆英雄"等等。这些外在的东西和做法有一定的属性。

有些古人非常相信，只要"名"正了，什么物什么事也就都不会出现混乱。比如，是个"香花"就要说个"香花"，不能说成是"毒草"，而明明是个"狐假虎威"，就要说个"狐假虎威"，不能说成是"孤胆英雄"。"善名命善，恶名命恶……以名稽虚实，以法定治乱。"[1]否则，做起事来肯定会是非颠倒。古书《潜夫论》里讲过一些传说，那些传说表明的正是这样一个意思。

先看第一个。春秋战国时期，有个人不太明白"盗"字和"殴"字的意思，只是觉得"盗"字和"殴"字读起来十分顺口，于是就把自己的大儿子叫作"盗"，把自己的小儿子叫作"殴"。一天，大儿子跑出去干活，做父亲的有急事想告诉他，便在后面追赶，边追赶边喊："盗、盗、盗！"碰巧的是旁边正好有几个官兵在巡逻，官兵听见"盗"的喊声立即上去抓住大儿子。做父亲的见状特别着急，想让小儿子和官兵说个清楚，可是一时情急不知说什么是好，只是大喊："殴、殴、殴！"官兵听到"殴"字，以为是要痛打大儿子"盗"的意思，这样跟着就是一通拳脚棍棒，险些使大儿子送命。[2]

再看第二个。也是春秋战国时期，有个人把自己的仆人叫作

1　尹文：《尹文子》，第2页。
2　尹文：《尹文子》，第10页。

"善搏"，把自己的看家狗叫作"善噬"。这"善搏"的意思是能闹擅打，而"善噬"的意思是能撕擅咬。可当家人就是不知这些含义，结果自己家里多年没有宾客上门。最后问了别人，当家人才知道其中的关节。[1]还有一个传说也是非常有趣的。它讲春秋战国时期的郑国人将未经雕琢的玉叫作"璞"，周地的许多人却将未被晒干的老鼠叫作"璞"。周地商人喜欢到郑国去卖老鼠，可是生意屡屡失败。原因则是非常简单：因为郑国人一听到"卖璞"就拥挤上来，可是每次见到的都是没有晒干晒透的老鼠，日子久了郑国人再见周地商人便认为周地人又在那里招摇撞骗。[2]

　　《潜夫论》说，这些麻烦以及混乱都是因为"名实"不符。所以，"善名命善，恶名命恶。故善有善名，恶有恶名"[3]。而《管子》早已讲过："名实当则治，不当则乱。名生于实，实生于德，德生于理，理生于智，智生于当。"[4]孔子也说过："名不正，则言不顺；言不顺，则事不成；事不成，则礼乐不兴；礼乐不兴，则刑罚不中……"[5]汉代大儒董仲舒更是提到这样一个意思："欲审曲直，莫如引绳；欲审是非，莫如引名，名之审于是非也，犹绳之审于曲直也。"[6]

1　尹文：《尹文子》，第10页。
2　尹文：《尹文子》，第10页。
3　尹文：《尹文子》，第2页。
4　《管子》，第168页。
5　《论语注疏》，第2506页。
6　董仲舒：《春秋繁露》，第60页。

显然，在有些古人看来，"名"是十分重要的。"名与法盖不可离，故李悝法经，萧何汉律，皆著名篇。而后世言法亦号'刑名'。"[1]这样，在白纸黑字的规则或者"身体力行"的规则里首先就要将"名"说清楚、摆端正。这件事情做到了，一切也就可以顺利展开了。反过来，就会像《荀子》所说的："……名实乱，是非之形不明，则虽守法之吏诵数之儒，亦皆乱也。"[2]

而在今人看来，强调"名"就是意在准确订立规则。如果面对着白纸黑字之类的规则，就要在其中准确地遣词造句，该用雅词的就用雅词，该用俗词的就用俗词。而对"身体力行"的规则来说则要用准确的辞藻，说清它们的各种含义或者各种意思，用好词来说好的规矩，用贬词来抑差的规矩。这样，好的规则也就可以畅通无阻了。面对这样的规则，这时候无论是谁都可以读清楚、看明白，而且容易遵照要求去做。接下去的结果自然就是人们的行为井井有条了。

081 何为"士"？

但是，大凡涉及"名"，总有普遍性的问题。这是说"名"这类东西总是表达一个一般的意思。既然表达一般意思，那么就和具体的东西时有互不衔接或者难以衔接的困难。因为，具体的东西总是千奇百怪，相互区别，而这种区别"夸张"到一定程度就会使得

1 梁启超：《先秦政治思想史》，第172页。
2 荀况：《荀子》，第131页。

人们不易判断、难以归类。比如"盗"是指"秘密窃取"的一类行为。但是即使同属"秘密窃取",具体的行为也会各有不同。有人盗物,是心怀恶意占有,他面对他人辛劳所得的财物,总想着如何才能不劳而获以饱私囊,这是非常缺德的。而有人盗物,则是出于迫不得已的缘故去救亲人或友人于危难之中,比如偷友人想用来自杀的刀。后一个"密取"似乎可以叫作"助人为乐"。在这里就难以将后一个行为真的称为"盗"了。

我们看一段古人的"对话"。这段"对话"也在暗示这个困扰。

《吕氏春秋》记载,战国时齐湣王特别喜欢"士"。"士"在今人看来大概是指很有知识素养而且品质不差的练达贤人。可是,齐湣王似乎不太懂得"士"的意思,由于不懂便找来一个叫作尹文的学问家询问。齐湣王说:"寡人最为喜欢士,但是齐国很难找到一个士,如何是好?"尹文说:"您是否实际上想知道一下何为士?"齐湣王抿嘴笑了一下,说了声"是"。尹文见齐湣王比较虔诚,便从侧面讲起了"士"的意思。

尹文说:"假如有个人侍奉父母很孝顺,侍奉君王十分忠诚,结交朋友也讲信用,住在乡里更是爱兄长,那么这可叫作'士'了吧?"齐湣王答道:"这是地道的'士'了。"尹文接着说:"如果您遇到了有这四种品性的人,是否愿意重用?"齐湣王没有犹豫地回答称:"当然愿意重用。只是现在找到一个'士'非常困难。"尹文话锋一转说:"能否找到那是下一步的事情。现在有个问题还是没有解决。假如这类人在大庭广众之下遭人侮辱,却丝毫没有争斗的意思，那么您还愿意重用他吗？"齐湣王听来觉得意思有些不对，便说："是'士'的话就应该有男子汉大丈夫的气概，凡事意志坚强。遇此侮辱却甘愿受辱的人也就不是寡人愿意重用的了。"尹文一笑，将谈话引入了一个自我否定的方向："虽说不去争斗，可是他也没有丢掉作为'士'的四种品性。既然没有丢掉作为'士'的四种品性，也就没有失去所以为'士'的那个根据。您一边说要重用，一边却说不行，这不等于开始承认是'士'，后来否认是'士'？"齐湣王此时真是有些不自在了。[1]

在这段对话中，尹文当然是有些拐弯抹角。但是这段对话的确也在表明，"士"一类的名称真正用起来也是颇为麻烦的。至少不同的人在不同的场合，对什么才是"士"的范畴就会出现不同的意见。深入来说，人们对于"名"一类的东西会有各自的理解。因为人都是有不同文化背景的，读不同的书，吃不同的苦，有不同的见识、遭遇，这就会使每人具有不同的思维方式和理解方式。这样，不同的人见到一个东西会有相同的理解，有时倒是一件奇怪的事情。

难怪孟子这等贤人都有类似尹文"左右皆是"的一番作为。《孟子》记载：

齐宣王问："商汤放逐了他的国君夏桀，周武王讨伐他的国君

---

[1] 吕不韦：《吕氏春秋》，第139页。

殷纣王，有这事吗？"

　　孟子回答："记载上是有的。"

　　齐宣王再问："做臣子的杀死君主，这也合乎仁义规范？"

　　孟子说："践踏仁道者叫'贼'，背信弃义者叫'残'，两者兼而有之的就叫独夫了。所以，我只听说过周武王为民除害，没听说过那叫犯上作乱。"[1]

　　我们把话说到这里，是想将思路引向这样一个方向：规则，不论是白纸黑字的还是"身体力行"的，大都和"名"有着密切联系，用今天人们熟悉的话来说，规则都是普遍性的或讲一般性的，可以将它看作一般性的"语言表述"的网络编织，而这样的网络编织在不同人的眼睛里就会呈现出不同的纹路和结构。换句话说，规则的意思最终可能是由阅读规则的人来决定的。在前面第 042 小节，我们提过令人头痛的法律解释问题。在那里，我们已经领会了一般性的法律规则用到具体的人和事上是如何棘手，甚至令人不知所措的。而且，更为紧要的是，那种法律规则的适用过程最终是由人来决定的。一个规则说了"不能偷东西，否则就要严加惩办"，而当一个"顺手牵羊"的疑犯被送到了这个规则面前，决定疑犯命运的权力最终也就握在了解释适用规则的人的手里。就像前面的"士"的意思这一问题一样，你说是"士"那就等于是"士"了，

---

1 《孟子注疏》，第53页。

你说不是那也就不是了。"顺手牵羊"是否为"偷"，也都依赖你的解释。何况有了权力，规则的意思也就更在你的手中了。

《淮南子》说：

> 水虽平，必有波；衡虽正，必有差；尺寸虽齐，必有诡。非规矩不能定方圆，非准绳不能正曲直；用规矩准绳者，亦有规矩准绳焉。[1]

当然，可能有人会说，不能这样极端怀疑式地看待规则解释的问题，毕竟，在不少的情况下规则是不用解释的。如果不论春夏季节还是秋冬季节规则都要解释，那么，人们似乎也就不会制定规则了，倒是觉得抛弃规则直接用人来得更加顺当一些。

可是，要注意，虽说有时人们似乎不用解释规则而将规则直接适用了，但是那倒更为可能是因为大家对规则是没有争议的，而不是因为规则本身的意思是明确的。我们生活在一个特定时空里，有时总会形成部分相同的看法，通过这种看法就会共同认为一种东西就是一种东西。就国人妇女裹脚这件事来讲，以往妇女裹脚是个规矩，在相当一段时间里人们对这个规矩没有什么争议，因为，许多人都认为"三寸金莲"是美的。可是，偶尔出现了个别妇女脚骨患病、一裹脚就会有截肢的危险，人们心里和头脑里就会有些变化，就会争论这个规矩是不是应该再用在她们的身上。而到了今天，时

---

1 刘安等编著：《淮南子》，第191页。

过境迁，已经没人再认为妇女裹脚还是一个规矩，在年轻人看来，裹脚更是匪夷所思的。如此，我们也就不必谈论脚骨患病的妇女应否裹脚这件事了。这个规矩在人们的看法里已经彻底改变。

规矩或说规则的意思，还是存在于"阅读者"的心里和头脑里。

082　法律背后的"人"

经过对"士"以及其他一些问题的一番解说，我们便来到了法律的背后。在这背后，读者也就看到了至关重要的决定规则意义的"人"。前面第 042、080 小节提到了有些古人特别相信规则有自己的意思和理路，但是，仔细琢磨起来，问题好像并非那样简单。在更多的情况下倒是外人决定了规则具有什么意思、具有什么理路。这也可说"横看成岭侧成峰"。

在前面第 014、015 小节，我们还谈到人性恶的问题。在说人性恶时，我们讲了如果认为大多数小民百姓以及小官小吏本性是恶的，自然没有理由认为某些少数人就不是性恶的。中国法律思想的一些理论以为小民百姓和一般官吏是性恶的，但又以为帝王将相之类的达官贵人和说人性恶的那个学问家就可以另当别论。然而，认为人性是恶的，好像也就没有理由认为有人可以不是性恶的……在这里，笔者当然不是想要重复性恶性善那个意义不大的问题，而是打算将人性恶的问题和前面规则解释的问题联系起来，来说另外一个问题。另外一个问题是讲，我们似乎可以这样想：如果所有人都是性恶的，就是那些决定规则最终命运的达官贵人也是性恶的，那么，规则本身的命运岂不更为严峻了？到了这一步，到底规则本身是重要的，还是"人"是重要的？到底规则的意思是在规则本身，还是在"人"的手里（毕竟人性恶时解释者就可能恣意解释规则）？

　　除了性恶这个问题，在前面第 019 小节，笔者还提到了"关键"官吏谋反的问题。在那里可以看到，"关键"官吏——掌握重要权力的人——对国家法律的基础举足轻重。如果"关键"官吏谋反叛逆了，国家法律自然就会风雨飘摇、无影无踪。现在，规则本身的意思有赖于人的理解和说明，这样的话，"关键"官吏的谋反有时岂不可以冠冕堂皇地称为"依法办事""为民除害"了？因为，他们可以声称自己的一举一动都和自己所理解的规则意思完全一致、绝无相悖，而自己所要惩处的"犯罪"已经"乱法"了，就像前一小节孟子那般说明商汤、周武一样，自己做出一番自己的解释说明。

　　正是由于这些道理，中国法律思想的一些理论特别将人们的视线拉向了法律的背后，把法律背后的这"人"那"人"推上了法律思想的前台。

　　《荀子》讲：

　　　　有乱君，无乱国；有治人，无治法……故，法不能独立，类不能自行。得其人则存，失其人则亡。法者，治之端也；君子者，法之原也。故，有君子，则法虽省，足以遍矣；无君子，则法虽具，失先后之施，不能应事之变，足以乱矣。[1]

所以，"……有良法而乱者，有之矣；有君子而乱者自古及今未尝闻也"[2]。"能当一人而天下取，失当一人而社稷危。"[3]也正如孟子所说的，"徒法不能以自行"[4]。

汉代有人说过类似的见解："……公族不正则法令不行。"[5]宋代的王安石则是提过，"理天下之财者莫于法"，可"守天下之法者莫如吏"。[6]而时日到了今天，也有学者以为任何法律都是靠人来执行的，"脱离开'人'来谈'法'的作用，是不妥当的"[7]。

就是那个"法"字从来不离正文的《商君书》，也有一套由"人"到"法"、再由"法"到"人"的奇妙论说。它讲：

民众而无制，久而相出为道则有乱。故圣人承之，作为土地货财男女之分。分定而无制不可，故立禁；禁立而莫之司不可，故立

1 荀况：《荀子》，第70页。
2 荀况：《荀子》，第44页。
3 荀况：《荀子》，第68页。
4 《孟子注疏》，第185页。
5 桓宽：《盐铁论》，第26页。
6 王安石：《王临川集》，商务印书馆1936年版，第68—69页。
7 孙国华：《"法治"的提法不要"人治"，值得商榷》，载《法治与人治问题讨论集》，群众出版社1980年版，第295页。

官；官设而莫之一不可，故立君。[1]

　　虽然《商君书》最终像许多法家的说法那样将君王抬到了至高无上的地位，但是，法律之上依然还有很多大小官人，没有官人，法律就是徒具其表。毕竟法律的命运掌控在官人的手里。这样，法律背后的官人自然要比法律本身来得重要。

　　前面的"法律"，大多是讲国家的法律。可是说起法律背后的"人"，当然也要联系礼俗那类民间的"准法律"。对那些准法律来说，背后的"人影"依然重要。读者一定记得，我们提过孟子如何巧释"男女授受不亲"这个大礼，去讲明嫂嫂落水的时候拉手去救并不属于犯礼破规。孟子的确是讲，这时不去伸手拉人一把，就是禽兽不如，出于权宜之计就要"出手"。[2] 但是，孟子的弦外之音可能也是包含了这个意思：救嫂嫂于落水之中并不属于通常所说的"异性接触"，准确来讲并不属于大礼所说的"异性接触"。因为，大礼所说的"异性接触"是一般的异性接触，根本没有包含"在危急时刻救人"的异性接触。所以，说权宜之计是可以的，说与大礼没有关系也是过得去的，尽管这里可能有些牵强附会。如果真是可以这样解释，那么解释"礼制"的人又比"礼制"本身更为重要了。当解释者是些民间权威的时候，这等重要将是要害之中的要害。

1　商鞅：《商君书》，第16页。
2　见前第041小节。

083 "权力哪吒"和"权力菩萨"·法律职业独立的隐喻

上一小节讨论了法律背后的那类"人士"如何重要。当然，这里需要明确的是，这类背后之"人"主要是指法律范畴之内的权威人物。从国家法律的角度看去，权威人物是说司掌法令的大小官人，在今天他们包括了法官、检察官、警察之类的"权力哪吒"。而从"礼制"之类的民间习俗的角度看去，权威人物是说司掌"民间法"的大小头人，在今天他们包括了族长、村长、社区"领袖"之类的"权力菩萨"。中国法律思想的一些理论在讲法律背后的"人"的时候，目光正是指向了这些权威人物。

现在，我们先在国家法律的范畴和民间法律的范畴之间做个区分，然后，深入思考一下那些权威人物的文化意蕴。

一般来说，国家法律有个统一性，而民间法律则是有个地方性。国家法律在时间和空间的两个向度上都是特别强调了统一一致。而民间法律则是松散的"星罗棋布"、特色各异。就在一个国家来讲，国家法律喜欢将触角延伸得无孔不入，而民间法律则是喜欢画地为牢。于是地域性的文化色彩在国家法律的身上显得浅显清淡，而在民间法律的身上倒是显得深厚浓重。由于这样一些特性，不论是山乡、水泊、草原、街区、社团，国家法律都试图跨越其上，不希望而且也不允许有个你差我别、各自为政。而民间法律就是"宽宏大度"了，在山乡有山乡的，在水泊有水泊的，在草原有草原的，在街区有街区的，而在社团就有社团的，民间法律没有意图而且没有力量要在所有地方"一统天下"。

如果真是这样，那么那些不同种类的权威人物就有了不同的角色意蕴。

可以感觉到，只要国家法律有了"统一雄心"，那个范畴中的"权力哪吒"就会形成一个人数众多的"专职"阶层，毕竟国家法律的强制推行需要取之不尽、用之不竭的人力资源。在前边第062小节，我们略微讲过法律职业的独立问题。在那里说过了法律职业的权力独立和"知识"独立，说过国家法律的主人如君王，因为精力有限、时间有限，故而也只好将更多的日常法律活动交予衙门里的大小官人独立地办理。在这里需要稍作另议的是，国家法律的统一"意愿"，是会默默地造就一大批人数众多，而且慢慢具有独特"法律知识"的职业阶层的。国家法律的白纸黑字越是"丰富"，那个职业阶层越是膨胀发展。当然，在国人的古代社会里，承载独特"法律知识"的"法律职业"是一个难产的婴儿，那婴儿至今是否产下了也依然是个没有结论的事情。但是，大批操管法令的"官方"人士的出现已是不争的事实。国人的"权力哪吒"已经掌控了国家法律的王国，反过来，国家法律的王国本身也需要这样"清一色"的"权力哪吒"。当国家法律的条文字句汗牛充栋的时候，这样的人力需求更是不在话下。

在民间法律的圈子里，事情就是另外一个样子了。村里会有村长，族里会有族长，"社"（指社团）里会有"社"长。在那些区域里，零星的"权力菩萨"已是够用。各村兴许有不同的村规，各族兴许有不同的族规，各"社"也许又有不同的"社"规，选个头目出来当然已经绰绰有余。在那些头目之间无须相同的"法律知识"和观念。那些村规、族规和"社"规在一个特定地方也不会多得数不胜数。这样看来，"权力菩萨"就像民间法本身一样会有地方性而且是零散的。

这番对比下来，我们似乎可以得出一个进一步的结论：国家法律范畴中的大小"权力哪吒"，和一般平民百姓的距离是远的，和君王的距离也是不近的。而民间法律范畴中的"权力菩萨"，倒和那些小民庶人关系密切，和君王却是不远不近的。这样的话，讲法律背后的"人"似乎就应多讲而且大讲那些"权力哪吒"，他们在国家中的地位实在太重要了。

提起国家法律背后的"官方"人物，虽说他们实际上在法律王国中有些"独立"的意思，但是，在中国法律思想的一些理论里他们还是不够独立的，毕竟，君王如果想要干预的话便能干预。君王就像法家所主张的，"因任而授官，寻名而责实，操生杀之柄，课群臣之能"[1]。此外，在中国古时的衙门官人身上，各类权力也是分得不清不楚，就以县级官来说，他既要做今天县长做的事情又要做今天法院院长做的事情，即便山高皇帝远，君王鞭长莫及，行政权力和司法权力在县级官那里依然是合二为一。西方人和今天的国人把这叫作"诸权不分"。因此，中国法律思想中的有些理论就

---

1 申不害语，见韩非：《韩非子》，第137页。

想"陈仓暗渡"，一方面叫官员稳健地独立起来，另一方面又使官员出现职权分工，从而让"法律专职"那样一个阶层在实际和理论的两个方面像模像样。

《孟子》里有段记载，提到孟子早就说过一些略有这样意思的零碎言词。孟子说：

> 今有杀人者，或问之曰：人可杀与，则应之曰：可；如彼曰：孰可以杀之。则将应之曰：为士师则可以杀之。[1]

可以看出，孟子有点"专权专用"的意思，他模糊地想说"不是凡官即可处决杀人犯"。这就是粮官管粮草，文官掌笔墨，畜官赶牛羊，而刑官才可以负责断案审狱。就是在君王那里他也不能随意干预过问，甚至自己做出决定。

汉代有人说，骏马可以日行千里，但是论起捕捉野兔它就无法和豺狼相比了，这是因为技有所异、各有所长。猫头鹰这种动物在晚上可以"心明眼亮"、拿捉蚊蚤，可在白天就是"寸步难行"了，有时就像一头猪一样只知吃睡。这说明晚上有能力并不意味着白天也是如此。所以，"古之为车也，漆者不画，凿者不斫；工无二伎，士不兼官，各守其职，不得相奸……"[2] 如此说来，官人就不能手拿各种权力、身兼数职。到了晋代有个叫刘颂的也认为："天下万事，

1　《孟子注疏》，第116页。
2　刘安等编著：《淮南子》，第89页。

自非斯格重为。故不近似此类，不得出以意妄议……"[1] 这也是在说为官者什么事做起来都要恪守本分，不要多管闲事。

从近代开始，西方人的学说慢慢浸入国人的法律话语。学者讲这是"西学东渐"。而在法律上洋人喜欢分权制衡、司法独立，凡事都认"各司其职"。于是，那些在西方留学过或读过西方书籍的国人对西方人的这些思想便是特别信赖。清末沈家本说，司法独立太重要了，所以"东西各国宪政之萌芽，俱本于司法之独立"[2]。另有十分出名的严复也说："所谓三权分立，而刑权之法庭无上者，法官裁判曲直时，非国中他权所得侵官而已。"[3] 还有人对西方人的分权设计大加赞美，认为西方"定法、执法、审法之权，分而任之，不责一身，权不相侵，故其政事纲举目张……"[4]

上面提到的这些言说，尤其是后面受到西方人话语左右的那些言说，是想让掌管法令的法律专职人士把持法律王国的各个要害之处。一方面，这是由于相信人人做事都是只"能"其一、不"能"其二，"长于政教者未必能深通法律，长于治狱者未必为政事之才，一心兼营，转致两无成就"[5]。另一方面，这是担心一个人或者一个衙门手里掌握着各种权力就会专断腐败，似乎历史的经验已

1 见房玄龄等：《晋书》，第936页。
2 沈家本：《酌拟法院编制法缮单呈览折》，载故宫博物院明清档案部编：《清末筹备立宪档案史料》，中华书局1979年版，第825页。
3 严复：《法意》（卷19案语），商务印书馆1981年版，第419页。
4 马建忠：《适可斋记言记行》，中华书局1960年版，第28—29页。
5 沈家本：《历代刑法考》，第1962页。

经彻底表明英国人洛克的说法："谁认为绝对权力能纯洁人们的气质和纠正人性的劣根性，只要读一下当代或其他任何时代的历史，就会相信适得其反。"[1]

以这种观点来看，不将立法权和司法权分开，让法律专职人士独立地司掌法律，就会无法看到"法律的统治"了。

但是这样一种观念无形中更为加重了"法律背后的人"的问题的严峻性。这是说，那些司掌法律的专职人士即使名义上并不拥有那种独立的权力，也可能已经暗中操纵了法律的王国，毕竟，他可以在断案之时决定法律文字的意义（除了个别君王的强行干预）。现在，让他"名正言顺"，冠冕堂皇地彻底在权力上独立，那么也就等于让他的暗中操纵变成了"明火执仗"。

084　为人·研习·礼法

当然，像孟子那样的聪明人知道"法律背后人"的问题，因为他还说过："徒法不能以自行。"[2]这样讲来，孟子虽说过处决杀人犯的事情是刑官的专有职责，但是，心里依然记着"背后人"的本身之重要。实际上，中国法律思想的一些理论包括前面提到的一些喜欢司法独立的学说，也都像孟子的观念一样，眼睛最终还是盯在了"背后人"的问题上。

---

1 洛克：《政府论》（下篇），第56页。
2 《孟子注疏》，第185页。

如此，我们又回到了法律背后的"人"的主题。

回到法律背后的"人"的主题，等于是来到了人们习以为常，然而又不太知其紧要的"贤人"观念上。说起"贤人"，今人有时觉得那是一个"人治"的问题。追求"贤人"也就是追求衣食简朴、为政廉洁的"清官"，而不是考虑用制度、规则来约束人的所作所为，这是一个忘掉"法治"、只知贤君的过于迂腐的梦中理想。可是，前面几小节，已经反复地表明了在法律或者法治的背后又是一个"人"的问题。这"人"，是你想躲都无法躲开的。我们甚至可以这样讲，如果仔细分析所谓"法治"和"人治"的实际操作细节，也可以发现两者的界线似乎不是那么明显的。因为，法律规则的意思至少有时正是有赖于有权力解释规则的那些人的爱好。有人可能会想，人们可以设立一个法律的监督机制，这个机制可以监视那些有权解释者。当他们不诚实或者滥用权力解释法律，就让监督者对其加以惩处。这样，"法治"和"人治"的界线就可以一清二楚了。可是，有时解释者不是不诚实，不是滥用权力，只是对规则有自己的理解而已，这时，有什么标准可说其解释是不对的？监督者这时能说自己的标准就是对的？此外，更为紧要的是，谁来监督监督者？谁能说清监督者的解释不是监督者自己的爱好和理解？依照法律去监督别人的监督者，能划在"人"的范围之外（如果人性是恶的）？

当然，在这里讲"人"，终究不是讲法律之外的英明圣贤如何高人一筹，而是讲法律之内的"人"如何自我约束这一问题。也可以这样表达这里的意思：有时，有些人（其实是极少的）会主张抛弃法律的贤人统治，认为这是一种不折不扣的过时的"人治"观念；可有时，有人却思虑如何围绕法律而旋转贤人统治，这就不一定是个过时的"人治"观念了，相反，那思虑倒是有些关注如何使法律变得更为扎实，更为实用。

应该这样讲，中国法律思想的一些理论可能更是关心法律之内的"贤人"问题。

古书《左传》讲过一个故事。故事说春秋时代晋国的一位"县"官审理了一桩案子。也许案子有点复杂，"县"官不好决断，案子就被递到了执政者魏献子的手里。打官司的一方听说案子送到了上面便思考"用人"行贿。"用人"是相对于"用财"而言的，在行贿的档次里，送"人"恐怕就是最高等级了。这一方当事人送的"人"，是能歌善舞的女乐人，这等人在当时是特别招人喜爱的。所以魏献子听说后欣然答应受礼了。

可是，最初审理案子的"县"官则是十分廉洁，知道魏献子动了心，便焦急地希望有人可以阻止受贿的发生。想来想去，"县"官想到了叫阎没和女宽的两个人。这二人和魏献子的关系非同一般。于是，"县"官晓以大义，使得二人终于决心苦谏魏献子。一天，二人和魏献子进餐，魏献子吃得已是差不多了，二人仍是不动餐具。不仅如此，二人还叹息了三次，使魏献子感到非常奇怪。接着二人又绕来绕去提起了中心话题，叫魏献子千万不要受纳女乐人，以免天下人说他判案不公。有意思的是魏献子以往有个好品格，这便是从不收受贿赂，而且此等名声四处远扬。这次，却是不知何故一时糊涂。好在有人提醒，幡然悔悟。接着女乐人还未送到就被退了回去。[1]

在中国的许多古籍里，时常可以看到类似的故事。讲故事以及传播故事自然表明了讲者与传播者的兴趣所在。国人都知道，刚说的那个晋国还有一个叫李离的断狱清官，李离错判一案后居然拔剑自刎了。[2]到了汉代，有个被封"强项令"的洛阳县令董宣，他不畏皇族的淫威，硬是将皇帝姐姐的贴身家奴当众就地正法。[3]而在隋朝，又有一个叫元褒的州官，他心肠仁慈，在断案过程中被人诬陷，竟然不为自己申辩，甘愿被免官职，为的是避免官府浪费资财继续追查、连累无辜……[4]

编织以及传诵这样的清官故事，是在宣泄追觅"贤人"的情结。中国法律思想的一些理论也是在这种群体意识情结之中开掘法律背后的"贤人"思路。

《荀子》说：

《礼》者，法之大分……学莫便乎近其人。《礼》《乐》法而不说，《诗》《书》故而不切，《春秋》约而不速。方其人之习君

---

1 《春秋左传正义》，第915页。
2 司马迁：《史记》，第3102—3103页。
3 范晔、司马彪：《后汉书》，第2489—2490页。
4 魏徵、令狐德棻：《隋书》，中华书局1973年版，第1318页。

子之说，则尊以遍矣，周于世矣。故曰，学莫便乎近其人。学之经莫速乎好其人，隆礼次之，上不能好其人，下不能隆礼，安特将学杂识志，顺《诗》《书》而已耳，则末世穷年，不免为陋儒而已……故隆礼，虽未明，法士也……[1]

进而言之，"隆礼尊贤而王，重法爱民则霸"[2]。

民国初年的梁漱溟则说：

流俗每将做人和做事看成两截。以为好人不一定很会做事，而做事很能干的，不一定是好人……其实这些观念完全是错误的。做人与做事是合一而不可分的。犹之修己与对人亦是一件事，不是两件事。真晓得做人，一定能够做事；真晓得做事，一定能够做人。说他是好人而不能做事，这样的人不一定是好人。说他不会做人却很会做事，这样的事，不一定是好事。[3]

说到这里，我们大致就会想到典籍《大学》的名句："意诚而后心正，心正而后身修，身修而后家齐，家齐而后国治，国治而后天下平。"[4] 中国古时的一些法律思想特别喜欢在这句名辞的光

1　荀况：《荀子》，第8页。

2　荀况：《荀子》，第99页。

3　梁漱溟：《梁漱溟全集（第4卷）》，第49页。

4　《礼记》，第796页。

环之下，论说法律背后的为官之道。有趣的是不仅国人有这等论
说，就是西方人也有类似的观念。在美国，有一个被视为"死钻牛
角尖"的法学家，叫弗兰克（Jerome Frank）。之所以被视为"死
钻"，是因为他特别怀疑一般的法律规则能否明确地引导法官审判
案件。他总以为，对着规则，就是仁者见仁、智者见智，法官一定
会有自己的"独到见解"，如此，还是存在法官"自觉性"的问
题。他说：

> ……法律机器是不会自行转动的。操纵机器的一类人应该嗅觉
> 灵敏，自觉履行职责，并对公民忠心不二。审判一个案子，根本无
> 法摆脱感情的影响，即便想摆脱也是徒劳无益的。法官能够做到情
> 感克制、权衡利弊、"精打细算"，已是人们可以希望的最佳境
> 界。诚实而且训练有素的法官，对自己的权力、偏见和短处，自然
> 会了如指掌。这正是正义的保障。聪明人应该正视，而不是躲避
> 法律中的"人的因素"。[1]

这样看来，"贤人"还是一个普天之下的大问题。

不仅如此，在前面第 019 小节结尾，笔者还留下了一些问题：
能不能对掌管国家法律要害部门的官吏也像对待平民百姓那样，来
个法律惩罚上的"统一"？"统一"是否天真了？是不是舍此别无

1　Jerome Frank, *Court on Trial: Myth and Reality in American Justice*. Princeton: Princeton University Press, 1949, pp. 411-412.

出路？现在，经过我们的大致讨论，可以发觉那样可能有些天真了，而且舍此可以另有出路。对那些官吏，最后重要的似乎是贤人式的教化，不是也不可能是强制性的严刑惩罚。毕竟，那些官吏掌管着法律的最后权力，在其背后没有其他法律的强制力量。就此来说只好说说"贤人"。

085　此一时彼一时·分权制衡

讲起来，有人喜欢"贤人"一说，可也有人对这不以为然。

《韩非子》里记载了一段对话，似乎在说"贤人"的观念也会自我解构。对话一方是个司掌法律的大官人，另一方是个善施教化的说客。一日，大官人对说客讲："现在推行法律十分困难。敢问先生有什么办法？"说客回答："推行法律有什么难处？法律已有明确规定，有功就赏，有罪就罚。照直办理就是了。依我看，现在推行法律步履维艰全在于您的亲情干预过多。如果清廉就没有任何问题了。这叫秉公执法。"大官人一听，觉得切中要害，便顺此做了下去，并将说客的言语作为座右铭。

可是，没过多久说客本人觉得自己"贡献"不小，便向大官人再次进言，称："我这有一堂兄，寻找差事已有多年，不知何故，每每失败。望大官人封一职位，算是给个面子。"大官人一听觉得这事难办，因为，听说客的可以"秉公执法"，再听下去就不能

"秉公执法"了。大官人这时非常苦恼，实在不知问题出在哪里。[1]

"贤人"的观念和"教化"的观念有着密切关联。"教化"就是从侧面吹"仁德"之风，就是有"贤人"来做使人贤的事情。而被改造者变成了"贤人"就要感谢"贤人"的教化。感谢自然是多方面的。而从各方面加以感谢，当然就会出现前面大官人左右为难的事情了。谁知道，要求感谢的那一方会提出什么要求？《韩非子》那样的法家文本最为喜欢讨论这类解构讥讽，以此对付异端的"贤人"之说。

现在，我们看看反对"贤人"的一些理论理由。在实际生活中，人们可以感觉到真正的大贤人不说万里挑一，也是千里挑一。大多数人包括那些衣冠楚楚的大小官人，似乎常常是些不上不下的中等之人。说他们觉悟很低当然不对，说他们觉悟很高也是不当。大概出于这样的缘故，《韩非子》便讲："世之治者不绝于中……中者，上不及尧、舜，而下亦不为桀、纣。"[2] 这是反对"贤人"观念的一个理由。

此外，由于人通常是中等之人，这样，就只能得出一个不情愿也得接受的结论："仁者能仁于人，而不能使人仁；义者能爱于人，而不能使人爱。"[3] 既然如此，我们也只好相信这样一个道理："……良马固车，五十里而一置，使中手御之，追速致远，可以及

---

1 韩非：《韩非子》，第96页。
2 韩非：《韩非子》，第135页。
3 商鞅：《商君书》，第33页。

也，而千里可日致也，何必待古之王良乎？"[1] 王良是古人传说中的一个高超骑手，据说驭马千里如探囊取物，其骑术不是一般骑手所能相比的。可是，有了好马好车，跑上五十里就歇上一次，找个中等骑手照样可以日行千里。这样说来，日行千里，为什么非要等那王良之类的人？这是反对"贤人"观念的又一理由。

但是，不等"贤人"又能怎样？反对"贤人"之说的那些文本大多是法家文本。法家不信"贤人"只认"法""术""势"，[2]前面说的"好马好车"也是在指法律一类的东西。但是这里反复讲的是法律背后的"贤人"问题，并没有将法律放在一旁置之不理。我们已经看到，有了法律还要有知法、执法的大小官人，否则，法律通常还是一纸空文。这道理再清楚不过了。难怪《荀子》说，法家是"尚法而无法，下修而好作"[3]。当然，法家是想靠"术""势"来约束这里的"背后官人"。君王有了"术"和"势"就可解决法律背后的大小官人不太"老实"的问题。可是，前面第 060 小节说过，君王的精力是有限的，他所依靠的那个"势"的潜力也是有限的。法律日常活动则是大量的甚至数不胜数的。如此，靠"术"和"势"，自然不能解决大部分问题。另外，王良那样的驭马高手虽是少见的，但不让中等骑手学学王良，岂不会发生一日连五十里，甚至五里都无法奔过的事情？人是懒惰的，懒惰了再不学王良，有

1　韩非：《韩非子》，第136页。

2　见前第059、060小节。

3　荀况：《荀子》，第28页。

好马好车又有什么用?

这般讲来,法家的考虑还是欠妥。我们还要回到《尚书》提到的皋陶的那番建议:为官者要有九种德行,"宽而栗,柔而立,愿而恭,乱而敬,扰而毅,直而温,简而廉,刚而塞,强而义"[1]。皋陶是舜的大官人,专门掌管法律。在前面第006小节,我们说过他,讲他为官正直,审案断狱十分公正。《论衡》还说,皋陶有时领来"独角兽"去帮助断明案子的事实真相,叫官司的审判令人心服口服。[2] 皋陶建议的那九种德行,叫作宽宏大量、柔顺卓立、谨严恭厚、多才审慎、自信刚毅、正直温和、简朴廉洁、刚强笃实、刚柔相济。

如此,就是"其身正,不令而行;其身不正,虽令不从"[3],"治生乎君子,乱生乎小人"[4]。

现在,再说另外一个对付"贤人"的思路。这条思路不是国人的,而是西方人的。翻开西方人的法律思想文本,可以发现大多数西方人像中国法家那样对人性的看法也是比较负面的。可是西方人要比法家直接明确,将所有人——自然包括君王——一起划入了恶人的名单范围之内。于是,西方人在想这样一个问题:人都是靠不住的,如此也就谈不上恶人教恶人变成"贤人"的事情了,既然

---

1 孔安国:《尚书正义》,第145页。

2 王充:《论衡》,第171页。

3 《论语注疏》,第2506页。

4 荀况:《荀子》,第45页。

如此，那么为什么不能实施分权制衡，让恶人在掌握各自权力的时候，相互制约？这个思路非常重要。

孟德斯鸠说，"有权力的人们使用权力一直到遇有界限的地方才休止"，所以，"要防止滥用权力，就必须以权力约束权力"。[1]怎样相互约束？孟氏说，权力可以大致分为立法权、司法权、行政权，如果愿意，还可以分出一些其他"权"。首先，让这些分开独立，叫一些人负责立法权，叫一些人掌管司法权，再叫另外一些人掌握其他什么权力。反正有一点是肯定的，一人或一个部门不能身兼数权。接下来，让一种权力可以对另外一种权力说不。比如，司法权可以宣布某些立法权之下制定出来的法律规则无效，反之，立法权可以任命司法官，或者通过新的法律规则，等等。

这样也就不必担心人是好是坏了。

但是细细想来，可以发现，"制衡"这种方式似乎不是而且也不会没完没了地运转下去。换句话说，"制衡"是个过程，这个过程在某一时刻总要停止一下。比如，在实际的法律操作过程里，立法权和司法权的相互掣制总要偶尔停一下解决实际问题，它们不会为了"制衡"而不断地制衡。一个案子摆在了法院的案台上，法院就要判决，虽说立法机关可以任命司法官，甚至大笔书写法律条文，可是判决这事还是法官说话作数。而判决出来的东西对谁来说都要彻底执行。如此，司法权有时也就使"制衡"

1　孟德斯鸠：《论法的精神》，第154页。

停止了。

　　把话说到这里便可以看到，"贤人"的问题还是没有解决。

086　何谓"贤人"？

　　在中国法律思想的一些理论看来，"贤人"是十分重要的。不仅不能回避，而且还要靠其来医治社会的疾病。东汉王符说，身手不凡的医生首先是给国家治病，接下来才是给病人治病。而身手不凡的医生正是"贤人"。[1] 而"夫治世不得真贤，譬犹治疾不得真药也，治疾当得真人参，反得支罗服，当得麦门冬，反得烝穬麦。已而不识真，合而服之，病以侵剧"[2]。

　　但是，什么是"贤人"？怎样判断这是"贤人"？

　　再看传说。《晏子春秋》记载，春秋时期的齐国卿相晏子十分勤勉，凡事做得机敏而又得体，所以深得国君齐景公的器重，也深得齐国百姓的敬重。可是不知什么原因，有那么三年晏子的名声却在阿邑这个小地方出了大问题，直至整个齐国都说晏子不是"贤人"，让齐景公忐忑不安。原来，晏子在阿邑修筑山路，加强防务，费了不少人力物力。在官司方面晏子一丝不苟，不论什么人什么事都依法论断。他还见着懒惰人就训斥，见着失礼人就教育。这样，搞得一些人特别有意见。他们都说晏子自己不嫌累不说，而且

1　王符：《潜夫论》，第88页。

2　王符：《潜夫论》，第91页。

处事生硬，哪里像个温柔有加的上乘"贤人"？可是，说来晏子做的那些事情似乎无一不是应该做的事情。单说修筑山路、加强防务，对阿邑甚至整个齐国都是十分紧要的。但是，相当一批人就是不买账。

晏子绝顶聪明，发现苗头不对便改变了施政策略。一来停止了修筑山路，二来对人不论对错都是不夸不贬，三来在官司诉讼上也是"灵活"不断。于是，后来的三年光景里晏子的"声誉"直线上升。齐景公知道后，异常高兴，便决定重赏晏子。可是晏子再次表现得绝顶聪明，坚决不要奖赏……[1]

就这个传说而言，我们会发觉"贤人"颇难确定。当你说晏子是"贤人"的时候，可能不少人认为他不是，当你说他不是的时候，可能不少人说他是。这个标准在哪里？以你说的条件作为标准，还是以百姓的欢迎拒绝作为标准？孔子和学生子贡有番对话，也在探讨"贤人"的标准，但说来说去还是不清。

子贡问："先生，如果一个村子的所有人都说这人非常好，这人该是贤人了？"

孔子答："不行。"

子贡又问："整个村的人都说这人坏，那又怎样？"

孔子说："这就更不行了。"

1　《晏子春秋》，第35页。

子贡追问："到底怎样才是贤人？"

孔子肯定地回答："被全村的好人所喜欢，被全村的坏人所讨厌，这就是没有争议的贤人了。"[1]

这里不清之处在于：什么是村里的"好人"，或者"坏人"？在刚才说的阿邑，那些赞美或者诋毁晏子的百姓是好人还是坏人？

所以《庄子》讲："夫民不难聚也，爱之则亲，利之则至，誉之则劝，致其所恶则散……夫尧知贤人之利天下也，而不知其贼天下也。"[2]《庄子》接下去的意思可能是说，如果以百姓的爱好作为标准，贤人也许就不是贤人了，因为，顺百姓爱好做事可能害了百姓。反过来，不顺百姓的爱好，贤人也可能不是贤人，因为，不受百姓欢迎的人真难说是"为民为国"的好"贤人"。尧，不知道这点。

现在我们看个不管百姓爱好的例子，思考"贤人"的问题。

清朝时期，荆州有一个才子擅长描摹古画。一次，他照着明代一幅名画描了下去，果然妙笔生花，叫人真伪不辨。接着才子在赝品上署上了明代大师石田翁的名字，并将其出售。另有一人喜欢收藏名画。这人发现，才子在卖"石田翁名画"，激动不已，很快就拿出几百银两将它买下。可是没过几日，又有一鉴画高手看了那幅"名画"，告诉买主那画是幅"水平一流"的赝品。后来的事情便

1　《论语注疏》，第2509页。

2　庄周：《庄子》，第130页。

是买主找到描摹才子，要求钱画互还。但才子硬说："货已出手，恕不退换。"纠纷终于闹到了官府。

官府县令叫徐馀。徐馀十分机敏，遇到这案子便对买主说："收藏书画原本是个风雅之事，但是为这打起官司就有伤大雅了。您有所不知，前人书画多是伪造，古今鉴赏家受人欺骗的也不在少数。可是多数鉴赏家聪明，发生这事便想方设法左遮右掩，以此表现自家的眼力非别人所能相比。'他人以为假，我自独识真。'也许自己欺骗自己也就可以欺骗别人了。千百年来，收藏家明白这个道理。如果真是这样，您想想看，这事传出来内行人岂不会讥笑您？而且这画看上去，和石田翁的真迹没有什么区别，当作真画有何不妥？"

这番话后，买主已是气消了，接着便将状子撤了回去。记录这事的作者说，那"徐公以隽语解纷，使古董行中又添一段佳话，真贤令亦雅士也"[1]。

这里的"贤令"也就是"贤人"了。可是这"贤人"有点连蒙带诈的味道。虽说纠纷已经解决，大家没有伤了和气，但是买主总还是吃亏了。更为重要的是"贤令"为化解纠纷，说的那些话在今人看来尽是一些只有"阿Q"才会欣然听进去的话。如此，这也可以叫作"贤人"？进一步说，不从平民百姓的底层角度去界定"贤人"，而是从"作者"这类文人的上层角度去界定，是不是有点愚

---

1 毛祥麟：《墨余录》，毕万忱点校，上海古籍出版社1985年版，第28页。

惑平民的意思？

这个例子也是说明什么是"贤人"不易讲得清楚明白、无可厚非。

当然，尽管"贤人"的标准挺难定的，但还是有理论试图将"贤人"的标准一一列清。《荀子》讲："上则能尊君，下则能爱民，政令教化，刑下如影；应卒遇变，齐给如响；类推接誉，以待无方，曲成制象，是圣臣者也。"[1]

087　贤能与"平庸"之分：一种精英"法治"理论

讲到《荀子》的"贤人"，我们就来到了一种区分面前：贤能与"平庸"。这"贤人"说来说去总是一些品质不差而且有些能力的人。用今人的说法来说，"贤人"就是德才兼备，或讲有道德并且有知识的人。

可是说到有知识，总是相对没有知识或者"平庸"来说的。谁有知识？严格来说知识分子有知识，宽泛来说大凡读过书的人都有知识。反正，温饱不成问题而且有闲工夫的人就可以变得"有知识"。而一般平民百姓，就只好"平庸"了，因为他们首先甚至天天都要为温饱问题而奔波。"困而不学，民斯为下矣。"[2]当然，这里的"知识"是说书本中的那种"贵族知识"，是从上往下看人

1　荀况：《荀子》，第76页。

2　《论语注疏》，第2522页。

的"盛气凌人"的知识。这种知识大体来说含有"四体不勤""五谷不分"的意思。城市人看乡下人有时就有这类"不自知"的感觉。前面第 076 小节已经提到费孝通先生说过的一个例子：城里人瞧着乡里人土气，乡里人不知所措地蹦跳着躲避汽车也会被城里人笑话，可是，城里人还是有些"不自知"的味道。

孔子讲，"贤人"是受百姓欢迎的一类人。但是，受欢迎并不意味着"无知识"也可以成为"贤人"的一个品性。所以，学生樊迟想学种菜，孔子私下说道："小人哉，樊须也！"[1]接着还说，有了知识，作出了榜样，平民百姓也就没有不加以仿效的，如此学什么种菜？！[2]有古人说："君子尚能而让其下，小人农力以事其上。"[3]"君子务治而小人务力。"[4]"自贵且智者为政乎愚且贱者则治，自愚贱者为政乎贵且智者则乱。是以知尚贤之为政本也。"[5]这些话，大致讲的也是孔子那类的想法，要把"贤能"和"平庸"分开一下。

孟子说得就更露骨了："劳心者治人，劳力者治于人；治于人者食人，治人者食于人。"[6]当然，孟子对这等话语有一精巧的"苏格拉底问答式"的论证。通过一问一答，孟子告诉你，"劳心者"

1　《论语注疏》，第2506页。

2　《论语注疏》，第2506页。

3　《春秋左传正义》，第555页。

4　上海师范大学古籍整理组校点：《国语》，上海古籍出版社1978年版，第151页。

5　墨翟：《墨子》，第28—29页。

6　《孟子注疏》，第145页。

和"劳力者"的上下关系天经地义。《孟子》记载：

有个叫陈相的人对孟子说："许行这个神农学家十分优秀。他讲，贤人应该与百姓同甘共苦，应该自食其力。百姓种菜，贤人也跟着种菜；百姓浇水，贤人也跟着浇水。贤人只是抽出早晚吃饭的时间来管理国家。"

孟子听后不以为然，说："许行自己种地养活自己？"

陈相讲："那当然了。"

孟子问："许行自己织布做衣？"

陈相答："这就不是了。"

孟子继续问："许行戴帽子吗？"

陈相答："戴，而且帽子也很好看。"

孟子问："帽子是他自己做的？"

陈相答："不是，拿粮食换的。"

孟子又问："许行为什么自己不织布做帽？"

陈相答："他忙着自己种地，自然没时间做帽。"

孟子问："许行用陶器做饭、铁器种地？"

陈相答："是的。"

孟子接着问："他自己也能制陶器、打铁器？"

陈相答："当然不是，那是用粮食换的。"

孟子说："许行来回去换，不觉得麻烦？为什么自己不能全部依靠自己？"

陈相反问："这么多事，怎能自己全部都做？这人自然不能一边种地一边做帽、制陶、打铁。"

孟子最后说："这就对了。治理天下不可能一边种地一边完成。官有官的事，民有民的事。一个人什么事都做，一是不可能，二是没有不乱套的。所以，有劳力者，也有劳心者。劳心者自然管着劳力者。而劳力者自然养着劳心者。"[1]

这种"苏格拉底问答式"的思路可谓切中要害，将人间分工合作的道理梳理得清晰透彻。一方面，贵族样的"知识"和一般平民的"技艺"不可同日而语；另一方面，拥有那种"知识"的人高人一等，不仅可以对人指手画脚而且还能"无可争议"地受人供养。在孔孟等古人的手里，"贤人"一词有时是用来贴在君王身上，有时则用来贴在大小官吏身上。当然，在这里我们不太关心君王如何，而是关心大小官吏是怎样的。因为，我们的主题是"法律背后的人"，尤其是讨论日常司掌国家法律实践的大小人物。另外，孔孟虽然更为喜欢礼制之类的习俗惯例，可是也对国家法律颇为关心，尤为重要的是，他们有关"贤能"的话语又被那些关心"法律背后之人"的理论奉为天条语录。《荀子》说："贱事贵，不肖事贵，是天下之通义也。"[2]这样，在中国法律思想的一些理论里，具有高人一等的"知识"的"贤人"，其特性就可略见一二了。这

1　《孟子注疏》，第143—145页。
2　荀况：《荀子》，第34页。

"贤人"，是种精英分子的符号，它不仅要有仁慈的道德心肠，而且更要有脱俗不凡的知识手段，最后在知识上不免还要养尊处优。最后这个品性是重中之重。

说到这里就可以看出，中国法律思想的一些理论在谈论"法律背后的人"时，其实质是在追求一种贵族精英式的知识统治。国家法律规则的意思总要依赖大小官人的头脑理解，那"头脑理解"的深处总有"贵族知识"的操纵。于是，国家法律的世界也就变成了贵族知识的规则世界。这是中国法律思想一些理论的"远方目的"。

这里有个问题需要说一下。有人可能会讲，孟子虽然有些轻视大多数平民百姓的意思，但是，他所说的分工合作实在是个没有办法的办法。司掌国家法律规则的大小官人没有"特殊知识"是不行的，即使这知识全部都是"贵族的""养尊处优的"，也得如此；否则这世界也就无章可循了。梁漱溟就说过，就知识、立法、司法等而言，"我们要想政治的事情做得好做得对……必须请问专门家、学术家，必须听他们的话才行。这个意思也就是说：我们要尊重智者……尊尚贤智，实在是人类社会中的一个必要"[1]，毕竟，"多数所表决的不一定就算是对"[2]。

这个问题十分重要，需从两个方面来谈。

在国人的传统社会里，人们大体上没有什么"民主"的感觉，

---

1 梁漱溟：《梁漱溟全集（第1卷）》，第661页。
2 梁漱溟：《梁漱溟全集（第1卷）》，第660页。

更不用说在国家法律之下建立以"民主"为基础的观念。国家法律就是一个自上而下的"铁拳＋知识"的统治。于是，"知识"的问题也就无足轻重了。这是一个方面。另一方面，在国人的现代社会里"民主"的观念已经开始风行起来，人们都在希望国家法律应该而且必须具有"民主"这块基石。这样，"知识"问题显得格外严峻。"知识"控制了法律职业的大小官人的思想，也就控制了他们对国家法律的理解，最后，间接控制了国家法律的世界。加上这"知识"有点贵族的味道，和平民百姓的"想法"存在上下隔阂关系，国家法律和"民主"也就脱节了。这在民主的观念看来肯定有些不能忍受。即使多数人表决会有"不甚明智"之处，"民主"在基本面上也是不能丢掉的。难怪西方人也有这等评论，"贤人"的理论，其"中心目标是要建设一个管理良好的社会：一个由等级森严的社会组织和政治组织所构成、有贤明睿智的皇帝所领导的受过良好教育的文官系统自上而下加以控制的社会。这种社会最大的优点在于社会和政治的稳定。政府是为人民而设立的，但却不是由人民所选择……"[1]

还有一点。这就是知识种类的问题。虽说像孟子想象的，知识和"技艺"以及"一般想法"有些区别，可是这可能仅仅对于某些知识来说是有意义的。有些知识，比如自然科学的知识，那绝对和"技艺"以及平民百姓的"一般想法"有个高低之分。不尊重科学

---

1 布迪、莫里斯：《中华帝国的法律》，第176页。

知识做事，粮食可能种得萎缩矮小，河流可能治理得年年泛滥。但是，有些和人的愿望、兴趣、价值观念等社会问题有关的知识，与平民百姓"想法"的高低便不好断定了。比如在乡民自治、男女感情的问题上，所谓的"知识"并不一定就比"一般想法"来得可行，来得可靠。法律规则里的东西，许多便属于后一类的知识。这也是要强调"民主"的一个重要理由。所以，我们看到梁漱溟又有了另外一种心态的言词：

> 仿佛古人说过，到乱世来则大官多；而治世则小官多；因为真正办事的要小官才行……所以当真要替人民作事，必须有许多亲民的小官。然而"用官不如用民，用民不如民自用"……为什么用官不如用民呢？设官分职，必有俸给，官多了俸给难筹；而且官与民总是隔开的，容易生弊；要监察这许多小官亦很难。由此三点说去，或者官愈多，而民愈病。[1]

不仅如此，而且"单靠官府替乡村办事，往往是祸害乡村的"[2]。

讲到这些问题，已经深了。

---

1 梁漱溟：《梁漱溟全集（第4卷）》，第887页。
2 梁漱溟：《梁漱溟全集（第1卷）》，第618页。

小　结

在前面七个小节里，我们观察了中国法律思想的第三个理想世界。这个世界不同于纯粹的国家法律世界，也不同于民间礼俗的规则世界，因为，它最终关心的是规则背后的"人"的精神。

经过较为曲折、复杂的思路梳理，笔者分析了中国法律思想的一些理论为什么会对"贤人"的问题那样兴趣盎然。

规则有文字式的规则，也有行动中的规则，不论哪种规则都需要人们的理解和解释。这样，有权力解释规则的那些"人"就是要害中的要害。在实际生活中，法律规则的意思通常是由大小官人来解释的，他们要断案，要解决纠纷，大多数法律事务都要在他们手里终结、了断。如此说来，他们的为人、观念和知识都将是举足轻重的。这就是追求法律中的"贤人精神世界"的根据所在。至于这世界是否完好，是否另有"弊端"，则是见仁见智了。

第八章　天然秩序

在法律的语境中，"人"是十分重要的。可是这"人"是从哪来的？人有文化，有个社会性，但他也是来自自然的，像其他动物一样也和自然存在不解之缘。如果信"命"或"运"这类说法，就会更为容易认为"人"是自然的一部分。顺此思路，我们也就来到了中国法律思想中另外一些理论的"理想世界"。

088　秋冬斩首

在讨论这个"理想世界"之前，先看国人古时的刑杀制度。这个制度十分有意思，不仅手段多样而且招法不断翻新，似乎大有不杀得犯罪分子胆战心惊绝不罢手的劲头。当然，就这里的主题来讲，我们倒是更为关心"秋冬斩首"这个规矩。"秋冬斩首"意指在秋冬季节将犯罪分子行刑。

专家考证，至少在汉代秋冬斩首就是一个规矩了。《后汉书》说，汉章帝下过圣旨，提到每年的十二月立春已是冬天将过，这时就不能再报囚刑杀了。因为"方春生养，万物莩甲，宜助萌阳，以育万物……冀以息事宁人，敬奉天气"[1]。换句话说，"宜及秋冬理狱"[2]。到了唐朝，法律更是毫不含糊地规定，从一年的立春开始到秋分，除了极为个别的恶罪之外其他各罪绝对不得奏决死刑。违反了这条规定，还要徒刑一年。这就是"立春后秋分前不决死刑"[3]。

1459 年，明朝天顺皇帝下令，声称在这年之后每年霜降一日刚过，立即开始秋审。秋审便是在秋天汇集刑部、大理寺、督察院的高官会审死刑案件。核准定案的便立即执行极刑。[4]后来明虽被灭，可是秋审这制度还是被保留下来了。清朝规定，秋审的日子定在每年的九月，地点便是极具象征意义的天安门附近。秋审的日子，各路高官，像吏、户、礼、兵、刑、工六部，以及督察院、大理寺、通政司的头脑，就围聚在几十张铺盖大红布的桌子旁复审死刑案件。这类审判活动，也像我们今天熟悉的"公审"，对民众绝对开放，意在让公众明白对抗大清天朝将会下场如何。秋审之日过后，紧跟着便是皇帝御驾亲"审"，只要皇帝大笔一勾，这开刀问斩就是板上钉钉了。那些最后决断的日子也是定在十月。

在今人看来，实在没有必要依着季节来结束犯罪分子的性命。不管是春暖花开的季节，还是夏日炎炎的季节，大凡遇到该杀的便要立即执行。不然出现越狱潜逃那可就是放虎归山了。古人的这个

1　范晔、司马彪：《后汉书》，第148页。

2　范晔、司马彪：《后汉书》，第146页。

3　长孙无忌等：《唐律疏议》，第571页。

4　张廷玉等：《明史》，中华书局1974年版，第2307页。

习惯我们已经丢掉了。

089　《礼记·月令》

有些古书信"天"信"命"，所以觉得什么事都最好顺从天意。"秋冬斩首"自然是这种观念的一个表现。在前面我们提到了汉章帝所说的一个理由：春天万物开始滋生，杀人就是逆天然秩序而行了。而在古籍《礼记·月令》里，更有辞藻来说法律活动如何顺应四季。《月令》讲到，春季的头一月应该宣布法令，但是更要广施德教、表彰善行，甚至还要与民恩惠。春季的第二月要停止打官司，凡起诉概不受理，官人也要减少四处捕人的次数，不得肆意鞭打在押犯人，还要将他们的镣铐打开。而到了夏季第一个月，可以开始审理一些轻刑案件，判决一些小犯，不过要赦免以往的轻罪犯人。夏季第二个月即使是重罪也要减刑。在秋季第一个月，可以开始处罚罪犯了。秋季第二个月虽然要继续处罚罪犯，但要刑罚适中。而在秋季第三个月，要像割草一样将罪犯斩尽杀绝。到了冬季第一个月，斩杀罪犯已经不是特别重要的事情，特别重要的事情是检举腐败的官吏。冬季第二个月恢复斩杀，并将腐败的官吏逐一拿办。而冬季第三个月刑杀就该开始暂停了。

所以要这样顺应四季，《礼记·月令》给出了一些理由。比如，春季第二个月是"安萌芽、养幼少"的时候，这时不断出现官司就太不吉利了。这是说春季是"养幼少"的最佳时节，如果时常出现官司便会使人心里烦乱，心里烦乱还能养好幼少就是不可思议的事情，这等于是逆时节而作乱。再如秋季第一个月是"凉风至，白露降、寒蝉鸣"的日子，而且雄鹰也会四处捕杀小鸟，不将罪犯杀绝，就会与"自然"相对抗，让罪犯像害虫一样安度寒冬季节，第二年出来更加肆无忌惮。更为重要的是，如果在这个月从事冬季的法律活动还会招致阴气太重、甲虫吃粮、敌寇来侵，或者，从事春季的法律活动，出现阳气复回、颗粒无收的灾荒，或者，从事夏季的法律活动，会出现火灾不断、民众疟疾等大难。

《礼记·月令》的这些设想，在《吕氏春秋》中也早有记载。《吕氏春秋》说，春季第一月要将仁政放在首位，司法官"守典奉法，司天日月星辰之行"[1]。春季第二个月不得连续审理官司，要打开在押犯人的手铐脚镣，赦免轻罪，腾出囚室。[2] 到了夏季第一个月，"断薄刑，决小罪"[3]。夏季第二个月，则重罪轻罚。在秋季第一月，必须"具桎梏，禁止奸……决狱讼必正平；戮有罪，严断刑"[4]。因为，天地都已开始肃杀了，法律审判自然绝对不能松懈怠慢。[5] 秋季第二月，"申严百刑，斩杀必当，无或枉桡，枉桡不当，反受其殃"[6]。而到了秋季第三个月，凡罪犯就要"斩草除

---

1 吕不韦：《吕氏春秋》，第10页。
2 吕不韦：《吕氏春秋》，第17页。
3 吕不韦：《吕氏春秋》，第33页。
4 吕不韦：《吕氏春秋》，第53页。
5 吕不韦：《吕氏春秋》，第53页。
6 吕不韦：《吕氏春秋》，第59页。

根"了。因为，这个月是"草木黄落……蛰虫咸俯在穴"[1]，不将罪犯彻底斩除，他们便会像蛰虫第二年从洞里爬出来更加肆虐破坏庄稼一样，使得社会更加不得安宁。

后来的一些典籍，也像《礼记·月令》那样，喜欢强调法律活动的季节性。《淮南子》讲到，秋风一起至冬至就应该"闭门闾，大搜客，断刑罚，杀当罪"[2]。到了开春季节就要"去桎梏，毋笞掠，止狱讼"[3]。在夏季麦熟季节则是"决小罪，断薄刑"[4]。汉代董仲舒也说，"庆赏罚刑，与春夏秋冬，以类相应也，如合符……天有四时，王有四政"[5]，因为，"春气爱，秋气严，夏气乐，冬气哀，……天之志也"[6]。后来的一些汉代文人则更是相信，"狱讼平，刑罚得，则阴阳调，风雨时"[7]。

说来有趣，西方也有人对法律和气候的关系颇感兴趣。18世纪法国人孟德斯鸠就说，"农业是人类最主要的劳动。气候越要使人类逃避这种劳动的时候，这个国家的……法律便越要鼓励人们去从事这种劳动"[8]。而"如果要战胜气候产生的懒惰，法律就应该努

1 吕不韦：《吕氏春秋》，第66页。

2 刘安等编著：《淮南子》，第32页。

3 刘安等编著：《淮南子》，第49页。

4 刘安等编著：《淮南子》，第51页。

5 董仲舒：《春秋繁露》，第74页。

6 董仲舒：《春秋繁露》，第68页。

7 贤良文学语，见桓宽：《盐铁论》，第43页。

8 孟德斯鸠：《论法的精神》，第232页。

力消除一切不劳动而生活的手段"[1]。当然，孟德斯鸠讲得有点"科学"根据。至少在某些地方气候十分炎热时，人正是颇为懒惰。而国人讲的那些理论似乎神秘了一点，仿佛气候不是特别炎热人也会像猪一样懒惰。

对《礼记·月令》的"法律季节轮回"，有的古人就像今人一样不以为然。唐代的文人柳宗元讲，假如有人在秋冬季节做了好事，却要春夏才能获得奖赏，那么，难以想象这可以鼓励善人善事；而如果有人在春夏季节作恶了，到秋冬才会被惩罚，那么，真是难说可以惩戒恶人。相反，这可能促使有人会在春夏才做善事，而有人在春夏才开始伺机作案，钻法律时令的空子。[2]另外，讲究"法律季节"并不一定就和天地自然轮回相和谐。有人在春天犯罪了，关在牢狱里欲出不能、欲死不得，这样就会出现"更大暑者数月，痒不得搔，痹不得摇，痛不得摩，饥不得时而食，渴不得时而饮，目不得瞑，支不得舒，怨号之声，闻于里人"[3]。

法律和气候的关系是个有些复杂的问题。上面两种不同观点，要说谁对谁错恐怕不太容易。如果有人非要追个究竟，我倒愿意搬出《列子》里的"两小儿辩斗"来作应答：

　　一儿曰，我以日始出时去人近，而日中时远也。一儿以日初出

1　孟德斯鸠：《论法的精神》，第233页。
2　柳宗元：《柳河东集》，第56—57页。
3　柳宗元：《柳河东集》，第57页。

远，而日中时近也。一儿曰，日初出大如车盖，及日中则如盘盂，此不为远者小而近者大乎。一儿曰，日初出沧沧凉凉，及其日中，如探汤，此不为近者热而远者凉乎。[1]

两小儿辩斗可谓家喻户晓。在以往的教育读本里它是经典的范文。后面还有一句："孔子不能决也。两小儿笑曰，孰为汝多知乎。"[2]可我认为，孔子是精明的。如果有人自称可以说出哪个小儿是对的，那倒真是应该受嘲笑的。

090　水流象征刑罚·"阴"与水

有些古书不仅讲究气候季节，而且讲究地理效应。《淮南子》说："山为积德，川为积刑；高者为生，下者为死。"[3]意思是法律要和地貌相适应。

古人容易以自我感觉的"大中华"为大地的中心。所以，《淮南子》的作者就以"东西南北中"作为地理方位，讲述了法律应该如何顺应地形地貌的道理。像在东方，《淮南子》讲，青丘不少，树木成林，水流有限，所以法律就要"宽松温和"而不能过于严

1　《列子》，第58页。
2　《列子》，第58页。
3　刘安等编著：《淮南子》，第42页。

苟。这叫"弃怨恶，解役罪，免忧患"[1]。在南方，虽说是一马平川，空旷无际，但是水流也是偶有所见，这样法律照样要"宽宏大量"，最好是"爵有德，赏有功，惠贤良，救饥渴"[2]。在中央，昆仑山横贯，可是这里有长江汉水，还有黄河济水，那些毕竟是颇有规模的水流，所以，法律要"平而不阿，明而不严"[3]，也即中庸。在西边，依然是有山有水，故而法律大抵也是中庸。到了北边，严寒积冰，雪雹霜霰，那地方绝对是个滋润众多河流的地方，而高山倒是偶有所见，因此，法律必须毫不含糊，"禁外徙，断罚刑，杀当罪，闭关闾，大搜客，止交游，禁夜乐……毋释罪"[4]。

说到"水流象征刑罚"，有些古人还想到了女人的问题。女人时常被看作"阴"，而"阴"又和水有联系。比如阴天多了，自然雨水就会增加。出于此等缘故，有些古人便以为为君者断然不可贪恋女色，否则人类社会中的"阴"的因素就会增多，"阴"增多了就会洪水泛滥，进而导致社会秩序的混乱崩溃。[5]以这种想法说去，好像就不能对妇女客气了，刑罚也就要时常针对妇女，抑制她们、压迫她们。也许，这种想法是国人长久以来歧视妇女的一个原因。

---

1 刘安等编著：《淮南子》，第58页。
2 刘安等编著：《淮南子》，第59页。
3 刘安等编著：《淮南子》，第59页。
4 刘安等编著：《淮南子》，第59页。
5 布迪、莫里斯：《中华帝国的法律》，第32页。

091　天地和谐

讲究气候，讲究地理，等于是讲究人的社会和自然秩序之间的统一协调。就法律本身来说，是讲法律要顺应自然秩序。而对人来说，是讲人要相信"天尊地卑，乾坤定矣；卑高以陈，贵贱位矣"[1]，"仁义制度之数，尽取之天"[2]，任何事都已是前世上苍定下来的。

反过来，人要是对抗社会便是对抗自然的秩序。唐朝长孙无忌等人留下的《唐律疏议》，在论"谋反"这一犯罪时说过：

《左传》云，"天反时为灾，人反德为乱"。然王居宸极之至尊，奉上天之宝命，同二仪之覆载，作兆庶之父母。为子为臣，惟忠惟孝，乃敢包藏凶慝，将起逆心，规反天常，悖逆人理，故曰"谋反"。[3]

这段话认为"谋反"既是违背人理也是对抗自然，属于倒行逆施。西方人对国人的这个观念十分熟悉。有人讲，中国人相信"对社会秩序的破坏，也就是对宇宙秩序的破坏。因为在他们看来，人

1 《周易注疏》，孔颖达疏，中华书局1998年版，第99页。
2 董仲舒：《春秋繁露》，第74页。
3 长孙无忌等：《唐律疏议》，第4页。

类生活的社会环境与自然环境是一个不可分割的统一体"[1]。

　　而国人所有这些"轮回顺应"的说法，大体来讲，正是来自古人"天人合一"的古怪观念。当然，在这里，不必深究"天人合一"的意思。就此处主题而言，大致朦胧地知道那"观念"是个怎么回事也就可以了。我们倒是更应注意，这套"天人法律和谐"的观念与前面第 069 小节至第 078 小节说到的"礼俗惯例"那些观念有何区别。"礼俗惯例"的观念也喜欢顺从自然，它们也说任何事最好依着自然而然的规矩秩序。但是，在后者那里，自然而然的规矩秩序是"人伦"的，与气候地理之类的东西没有多少关系。"人"生活了一段日子，总会有些新规矩新惯例滋生出来，有些旧规矩旧惯例褪色隐去，不会因为"日出东方日落西边"这样的"铁律"而一成不变。所以，人大可不必担心"天怒""天谴""天罚""天灾"之类的庞然话语，去看"天之脸色"来行事。相反，倒是应该注意民心民意，看看百姓在想什么、做什么。

　　依此对比来说，天然秩序的法律观念中的理想世界正是追求一种永恒不变的法律秩序，在这种秩序中，不是个人一言九鼎（像法家的国家法律秩序），或者众人随心所欲（像民间的习俗惯例秩序），而是依着宇宙的固定轨道"从一而终"。当然，我们可以发觉，世上的不少法律制度似乎没有依着斗转星移而"锲而不舍"，并且，没有因此而遭"天怒""天谴""天罚""天灾"，它们好

1　布迪、莫里斯：《中华帝国的法律》，第31页。

像颇为稳定。相反，有些依着天地回转而"不屈不挠"的法律秩序，倒是人祸天灾不断。如果真是这样，那么我们似乎可以怀疑，"天然"观念的背后是否还是"人"的祈求和愿望。

小　结

国人有时信"命"信"运"，于是有些法律思想便借这类潜意识勾画了"顺应天意"的法律秩序。当然，在今人看来，"运命"之类的法律话语不免有点搬神弄鬼，再论再说它们意义不大。笔者也觉得大体来说事情是如此。不过那些话语毕竟表达了中国一些法律思想的"理想"，虽然已经烟消云散，也值得而且应该略谈一二。并且，它们像其他一些理论一样表达的同样是人们的一种姿态。

第九章　激进主义

在前面，我们讨论了古人的一个法律观念：人间法则和自然法则的同一。这是讲人间法则要么是国家法律，要么是礼俗惯例，可它们要和自然法则——天然秩序相契相合。否则人间法则和秩序会自我瓦解，自我消亡。

由于自然法则是永世不变的，这样，上面那种法律观念实际上是在暗中主张：某些法律秩序一旦确定了便是不可动摇的。讲到这里，我们就来到了"法律是否可以，是否应该进化"这个主题上。对于国人来说这个主题尤为紧迫与现实。因为，至少在二十世纪的百年中国法律思想里，这是一个历久不衰、激动人心的争论话题，而眼前国人又已站在法治现代化的关卡之处。

092　"渡河的标记"

《吕氏春秋》记载，春秋战国时期的楚国一心想要消灭宋国。出兵前，楚国派人在一条必经之河里做了渡河标记，以示路径。可是不知是不晓气象水文还是办事粗心，楚国人硬是忘掉了河水可能上涨。没过几天河水果然上涨。当楚国大军渡河的时候，士兵被水淹死了上千人。[1]《吕氏春秋》还讲了一个传说："有过于江上者，见人方引婴儿而欲投之江中，婴儿啼，人问其故，曰：'此其父善游。'"[2]《吕氏春秋》接着议论：父亲是游泳好手，难道幼小儿女就会游泳？

在记录这个"渡河"故事和"游泳"传说的两段文字之间，《吕氏春秋》叙述的就是"刻舟求剑"。

"渡河标记"和"刻舟求剑"的故事是一类隐喻。借此隐喻，《吕氏春秋》进而提出了一些理论理由来强调制定法律不应效法旧法。它讲，第一，以往的法律即使是圣人"雕琢"出来的，经过不少时日也会被人"画蛇添足"或者恣意剪裁，以至留到今日不可能是原样了，"先人之法……人或益之，人或损之"[3]。第二，过去人和后来人的观念、思维方式和"遣词造句"都是不同的，所以"古今之法，言异而典殊。故古之命多不通乎今之言者"[4]。第三，过去人造法的时候其情势和后人遭遇的情势极为可能大不相同，"时不与法俱至，法虽今而至，犹若不可法"[5]。第四，先人都已作古，后来的活人怎能让死人束缚住？后人有权而且有能力推陈出新，"先王之所以为法者何也？先王所以为法者人也"[6]。

1　吕不韦：《吕氏春秋》，第127页。
2　吕不韦：《吕氏春秋》，第127页。
3　吕不韦：《吕氏春秋》，第126页。
4　吕不韦：《吕氏春秋》，第126页。
5　吕不韦：《吕氏春秋》，第126页。
6　吕不韦：《吕氏春秋》，第126页。

　　第一点理由恐怕没有什么意思。在我们现在看来，这个问题没有意义。以今日的科学技术来说保留原样已经易如反掌。第四点理由不太重要。反正先人是管不了后人的，后人只要想去做就可以随心所欲，而且先人什么事都能以自己为中心，后人再谨小慎微不免显得有些迂腐笨拙，这是谁都知道的一般道理。《淮南子》也说，古时的婚事规矩是父母做主，可是舜没有请示自家母亲便娶了娥皇和女英；古时的继位规矩是长子为先，可周文王不立长子伯邑考却立了武王为嗣；古时的娶妻规矩是三十而娶，但周文王十五岁时就结婚生下了武王。虽说如此，可他们依然流芳百世。[1]

　　第二个理由比较重要。因为，后人的思想文化显然会和先人的思想文化存在区别，根据先人思想文化制定出来的法律，在先人的眼里是一类东西，在后人的眼里可能是另一类东西了，就像一个"说"字在先人古文那里有时是"高兴"的意思，而在后人白话中一般是"讲讲"的意思。还有，后人解读先人的法律有时总会"看"出各式各样的意思，重要的是，谁也无法说清哪个意思才是先人的真正意思。想要问问先人，则他们仿佛已在遥远的过去微笑着向后人说："孩子，你们看着办吧。"后人都想"我注六经"，可是对于解释作品这样的事情似乎难免"六经注我"。深入来看，"凡事以先人东西为纲纪"的想法，有时是种拐弯甚至暗藏的"以我为主意"的主张。[2]

1　刘安等编著：《淮南子》，第136页。
2　参见前第081小节。

　　第三个理由尤为重要。古往今来，所有鼓吹应该变法的法律话语都在强调"时过境迁"的概念。世道变了法律怎能不变？明明是妇女已经厌倦甚至憎恶一夫多妻了，怎能还让法律允许三室六妾？明明是有人已在生意上"寸土必争、寸利必得"，怎能不让法律明文契约合同之事？《淮南子》说，世道变了，"常故不可循，器械不可因也，则先王之法度有移易者也"[1]。后来的法律学者丘汉平讲：

　　一时代有一时代的法律，同时亦有一时代的人情。若以甲时代的法律依照甲时代的人情，当然是符合的。如果以甲时代的法律施用于乙时代的人情，那便是牛头不对马嘴了。[2]

　　另一法律学者吴经熊也说，"法律这个东西，是随着时代地域事实而常常变动的……世间没有万世通行'恒'古不变的法律……"[3]

　　在某些学人的眼里，"渡河标记"故事的隐喻是古时法家竭力鼓吹变法的一个思路起点。法家最为不信"凡存在即合理"，主张法律必定可以而且应该可以"敢叫日月换新天"，何况时势自己也

1　刘安等编著：《淮南子》，第136页。
2　丘汉平：《法律教育与现代》，载《法律教育》，孙晓楼著，王健编，中国政法大学出版社1997年版，第148页。
3　吴经熊：《吴序》，载《法律教育》，孙晓楼著，王健编，中国政法大学出版社1997年版，第4页。

会此一时彼一时。

093　远古的一场争论：法律改革

前一小节提到，时过境迁了人也就要学会见风使舵，使法律因时制宜。这点颇为重要。就像《吕氏春秋》戏说"渡河标记"故事一样，《韩非子》也有调侃：

> 宋人有耕田者，田中有株，兔走触株，折颈而死，因释其耒而守株，冀复得兔；兔不可得，而身为宋国笑。[1]

《韩非子》的意思和《吕氏春秋》是一样的。不过，这依然不是最为重要的鼓吹法律变革的理论主张。最重要的主张便是刚才说到的"敢叫日月换新天"。

在说最重要主张之前，我们先理清三种情况。第一种情况是说，假如现代男人的头发是短的，我们是否要让男人再留起长辫子，回到清朝传统。如果想要，这叫试图恢复旧时的规矩。第二种情况是说，假如现在女人通常都留着秀丽长发或者大辫子，我们是否要强行拿起剪子、剃刀将其割断，甚至令其只留男式短发。我们把这叫作企图"敢叫日月换新天"。第三种情况是说，不论

1　韩非：《韩非子》，第153页。

男人或女人的头发眼下是怎样的，凡事顺其自然，那些东西变了就变了，不变也没有什么了不起的，当然，如果大多数男人或者女人变了，就顺大多数的人意思制定规矩。如果这样便叫希图"稳稳当当"。

在这三种情况中，还有一个共同的小问题：少数人的情形。这是讲，在第一种情况中，一般而言总是有少数男人依然留着大辫子，所以他们可能要求其他男人重新留起"大清遗风"的象征。在第二种情况中，有时会有个别女性留起了男式短发，这样，她们也许要求其他女性和她们一样进行"时尚革命"。在第三种情况中，自然有时有些少数人我行我素、"固执己见"，不像大多数人那样随波逐流，而大多数人倒是希望可以重新改变一下规矩。

上小节提到的《吕氏春秋》里的第三个理由，看上去好像有点是在讲述第二种情况和第三种情况之间的一种状态。因为，时势变了，有时会指大多数人变了，有时也可能指少数人变了。这点在《吕氏春秋》那里不太清楚。如果真是这样，那么这个第三理由也就不是特别激进的东西了。真正激进的东西是指第二种情况。至于纯粹的第一种情况和第三种情况大多和"保守"一词有更多联系，后面再讲。

"敢叫日月换新天"，就此问题来说，先秦战国时期有过一场争论。争论的主题也是近代和现代中国人喜欢争论的一个主题：应否以及能否变法。争论的一方是商鞅，另一方是甘龙和杜挚。引起争论而且"坐山观虎斗"的就是秦孝公了。当然，秦孝公是想选择治国纲领，并无单单叫臣下争论的意思。

商鞅：凡事要果断。秦国必须变法、富国强兵。要是什么事都听众人的，就没有英雄本色了。有独特见解，势必会遭人诽谤，但要记住，"愚者暗于成事，智者见于未萌"。成就大业，只能独往独来。变法对民有利，旧规矩不破就是鼠目寸光。

甘龙：不对！俗话说，"圣人不易民而教，智者不变法而治"。依照民俗旧规做事，不费吹灰之力就能事半功倍。顺水推舟，不仅可以叫百姓安居乐业，而且可以叫官人处事不乱。改变旧礼俗必定会遭人非议和抵制。

商鞅：此为墨守成规的陋见。应该明白，夏、商、周三代的礼制根本是天差地别的，可是它们依然可以平定天下。春秋五霸虽有不同法制，但它们同样可以称王诸国。只要变法后让百姓感到有用，国家兵强马壮，这世道没有不赞扬的。

杜挚：要变，没有十倍的好处可就没有意义了。变法往好了说，最多是个旧貌换新颜；往坏了说，损失就是深不可测的。百姓有惰性，喜欢得过且过，何况现在的日子不算差。何必费力不讨好？人都喜欢效仿旧法。

商鞅：翻翻历史，可以发现不同时代就有不同法制，既然如此，哪里来的"效法"？"礼法以时而定，制令各顺其宜。"伏羲神农，就讲教化而没有刑罚；到了黄帝尧舜，虽有刑罚但是刚中有柔；而周文王周武王，又是大讲恩德浩荡而不失柔中带刚。这些变法哪个是费力不讨好？百姓是有惰性，但是变法变得到位、变得恰到好处，惰性就可一扫而空。[1]

可能是由于商鞅的话语力量太过强大，秦孝公越听越入耳，最后便采用了商鞅的变法宏图。于是秦国开始越"变"越强，消灭六国，统一中华。而那个百姓的惰性也是不见踪迹了。

以"敢叫日月换新天"论，可以发现，商鞅所说的那套正是颇为类似女性头发的"时尚革命"的主张。大多数人有惰性，就是有如大多数女性留的是长发，然而，你非要规定强硬的法令规章，就没有改变不了的惰性，就没有剪不断的长发。这种变法的主张是种最为激进的法律改革话语。有时可能还有这种情形：在一个国家里，没有一个女人留的是男式短发，只是在异国才可发现这样的时髦和"先锋"。如果是这样，那么硬剪本国女性长发就更是火气旺盛的激进变革了。

对商鞅的思想，《韩非子》是特别赞赏的。它说，"夫不变古者，袭乱之迹；适民心者，恣奸之行也。民愚而不知乱，上懦而不能更，是治之失也"[2]。《淮南子》也说，一件衣裳肯定不能四季都穿，春夏秋冬的衣服总有厚薄之分，所以，"世异则事变，时移则俗易。故圣人论世而立法，随时而举事"[3]。

---

1 商鞅：《商君书》，第1—2页。
2 韩非：《韩非子》，第44页。
3 刘安等编著：《淮南子》，第116页。

在古人那里，"敢叫日月换新天"的胆量有两个根据：其一是权力，其二是认准负面的人性。

就其一而言，如果握有了生杀大权，人人都会担惊受怕，不仅如此他们还会溜须拍马甚至"附庸风雅"。古书《尹文子》就说，春秋时期的齐桓公特别喜欢身着紫色的衣服，这个嗜好竟然带动了整个齐国的人都是非紫色衣服不穿。而那时的楚庄王则喜欢细肢柳腰，这居然搞得楚国人也是个个"节食省吃"。所以，上面人做什么，底下人也会跟着做什么。原因自然就是有个"权力"高高在上。谁人不怕权力？[1]

就其二而言，人人都是喜欢钱财利益的。拿出一块好肉，大多数人就会蜂拥而至，顾不得什么礼义廉耻了。《商君书》说，"民之性，饥而求食，劳而求佚，苦则索乐，辱则求荣"，所以"民之求利，失礼之法"。[2] 而且，"民之于利也，若水于下也，四旁无择也"[3]。

如此说来，在变法的时候一手抓住权力，一手挠在追逐利益的人的痒处，也就没有办不成的事情了。中国法律思想的一些理论十分相信这些。

1　尹文：《尹文子》，第5页。
2　商鞅：《商君书》，第13页。
3　商鞅：《商君书》，第39页。

094　大鱼·小鱼·虾米

前一小节提到的那场远古争论，最后以商鞅话语的"得宠"而宣告结束。甘龙和杜挚本来说得也是颇为在理，但是，秦孝公毕竟手里握有生杀大权，加上秦孝公观察百姓也是从负面着眼，这便难怪"变法"终于占了上风。

在这里，我们还要注意另外一个问题。这个问题就是"大鱼吃小鱼，小鱼吃虾米"，或者"适者生存"。

甘龙和杜挚的意思无疑是讲"凡事顺其自然最好"。这个意思，初听起来倒是很轻松的，可是仔细琢磨一下便会发觉有时十分危险。假如现在有群人生活在一个地方，这群人里有的强壮，有的弱小，显然，顺其自然就会出现大鱼吃小鱼、小鱼吃虾米的"适者生存"状态。对于"大鱼"这当然是高兴的事情。但对弱者或者"小鱼"甚至"虾米"，这就难以接受了。甘龙和杜挚的那些说法似乎有点站在强者或"大鱼"的立场上的味道，忘掉了弱者或者"小鱼"和"虾米"。对于后面这些容易被自然淘汰的小生灵，顺其自然，肯定不是一个上策。

现在，我们将这群人想象成一群国家。一般来说，在一群国家之中总有大国强国和小国弱国，这样，顺其自然的结果就是前者容易消灭后者。当然，像甘龙和杜挚那样的人，如果身在小国弱国之中自然是不会容忍弱肉强食的。但是，在小国弱国中鼓吹顺其自然，也就等于不自觉地在大国强国和小国弱国之间容忍弱肉强食。

说到这里，我们也就较为容易明白，为什么在那些弱小国家里人们最为容易提到"变法"，而那些激进的话语也容易受人青睐。当商鞅和甘龙与杜挚唇枪舌剑的时候，秦孝公的秦国恐怕正是不太强大。《韩非子》讲："法与时转则治、与世宜则有功"，而"恃外不乱而治立者削，恃其不可乱而行法者兴"。[1]

在中国法律思想的不少理论中，"弱肉强食"正是一个思考的出发点。像在清朝末年，梁启超说，中国可是像一只弱小绵羊一样站立在西方虎狼之间，此时要么是变法图强，要么是任人宰割，"变亦变，不变亦变"，变才"可以保国，可以保种"。[2]更何况"法行十年、或数十年或百年而必弊，弊而必更求变，天之道也"[3]。而严复讲，地球上的生存规律就是"物竞天择，适者生存"，"如今日中国不变法则必亡是已"。[4]康有为则是更早说了，"人道竞争，胜强弱败，天之理也"[5]。

这就有如民国学者陈序经稍后总结的：

自鸦片战败以后，中国屡受外人之压迫，中国逐渐知道排外是势所不能，因为文化的东渐，决非顽固不准外人来中国所能阻止。[6]

1 韩非：《韩非子》，第165页。
2 梁启超：《饮冰室合集》，中华书局1989年版，第8页。
3 梁启超：《饮冰室合集》，第7—8页。
4 严复：《严复集》，中华书局1986年版，第40页。
5 康有为：《孟子微》，楼宇烈整理，中华书局1987年版，第72页。
6 陈序经：《中国文化的出路》，中国人民大学出版社2004年版，第86页。

095 理性的力量和意识形态"诡计"

当然，有了权力和对人性的"准确"认识，有了"奋起直追"的激昂情绪，并不意味着变法或说法律改革就一定可以顺畅地从胜利走向胜利。变法有成功的，也有失败的，这便有了"怎样变"的问题。

大凡主张变法的理论暗中总是不自觉地坚信了一条：人具有工具化的理性。这是讲，人可以具有足够的认识世界的能力，并且能够驾轻就熟、实践自己心中所想。《商君书》说："民之生，度而去长，称而取重，权而索利。明君慎观三者，则国治可立，而民能可得。"[1]

不过，变法通常是针对国家法律来说的，其意思是改变国家法律的内容。既然改变，接下去就有个变得是否完善的问题，毕竟完善了才能从胜利走向胜利。"理性主义"觉得，假如现在是一夫多妻制，而变法想把它变成一夫一妻制，那么就可以将一夫一妻制制定得非常完善。比如，首先定下一个男人只能娶一个女人，接着，定下有妇之夫和另一女人同居就是对一夫一妻制的公然挑衅——重婚，必须严加惩处，再接着定下丈夫有什么权利，妻子也跟着有什么权利，再接着定下夫妻财产各人一半，感情不好时可以离婚，但离婚后的财产妻子占一半甚至更多，再接着孩子生了下来，既可以

---

1 商鞅：《商君书》，第14页。

随父姓也可以随母姓……变法者可以充分发挥想象力，将一夫一妻制所需要的方方面面逐一写下。而如果非要将女人的"长发制"变为"短发制"，当然也可以照此办理。

除了坚信理性的力量之外，主张变法的理论又特别不自觉地相信了意识形态"诡计"的作用。意识形态"诡计"是说一个人可以对另外一个人或一些人"进行思想灌输"，告诉后者，变法将如何能够使他们的日子由坏变好，或者锦上添花，最后后者自然而然地接受了变法的计划，就像受到催眠一样。比如，还是那个一夫多妻制，当它存在的时候，不少妇女总会认为它有合理的地方，并且有时自己心甘情愿当妾做小，而变法者想要变法就可以搬出意识形态"诡计"，告诉妇女：第一，人都是平等的，而"一对多"就是不平等的；第二，一夫多妻是"男权"的一种表现，它本身就利用了妇女逆来顺受的弱点，而逆来顺受总是不会有好结果的；第三，一夫多妻时妇女难免要看男人的脸色行事，而这本身又是不应该的（为什么不能让男人看女人的脸色行事？），至少应该是谁也不看谁的脸色；第四，也是最根本的，扔掉一夫多妻制至少可以阻止男人喜新厌旧的习气，而男人喜新厌旧对妇女来说是个揪心的灾难；第五……

相信理性的力量，和相信意识形态"诡计"的作用，是相互连通的。有能力将法律定得天衣无缝，自然有能力巧舌如簧把变法说得完美动听。变法者暗下有这等潜意识。

096 张居正的"新政"

明代的张居正有思想，又能干。笔者现在提到他是想借他变法"新政"的个案来讨论前面两小节的理论问题。

其父是个小地主，不知聪颖有限还是运气不济，七次考举七次未中，于是"学而优则仕"的梦便落在了张居正的身上。二十三岁那年，张居正争气，考中进士，还进入中央政府机构做了一名小官，圆梦了。但是七年下来可能是阴差阳错，所以没什么晋升不说而且毫无作为，无奈之下于1554年称病还乡。在乡里歇息的日子里张居正再次苦读圣贤书，将诸子百家的经典一一重新温过，读来读去终于发现法家思想最为激动人心。他发誓若日后东山再起，必将法家理论与具体实践相结合。

1560年，机会渐出萌芽。他的老师慧眼识珍珠，将他推荐到皇室做了太子教师。已过不惑之年的张居正从此青云直上，并于1567年开始成为"第一权相"。

由于头脑中充斥法家式的"权力"和"人性恶"的话语，再加上潜意识里的"理性主义"和"意识形态诡计无所不能"的观念，张居正展开了大刀阔斧的变法"新政"。"新政"自然是多方面的。可是结果似乎并不乐观，至少在某些地方失败了。张居正有思想，更有意思的是他还具有过人的理财技能，他规定了收税要一丝不苟，严格依照法令。他还事必躬亲，审核账目、制作报表、稽查期限等。[1]然而，就是在财政税收的变法方面他好像非常失败。有学者说，"张居正的目的，在于国富兵强。理财本来也是他的专长，但就是在此专长之中，伏下了失败的种子"[2]。

原来，张大人所处时期，全国县一类的行政单位就有一千一百多个。这些单位虽说都有"县"的名分，可是彼此差距甚远，有的富有的穷，它们在税上本身就是难以一刀切。再有，官方所用度量衡在大小轻重上整齐划一，而民间的度量衡则是千奇百怪，这就造成了计税混乱不堪。在官方那里税粮称起来是一石的，到民间那里可能就是二石甚至三四石了。此外，许多县的耕地几百年间没人丈量过，要么增加了，要么减少了，有的甚至模样都变了，而过去的老税额还是照计。更为重要的是税额较高的县每每收税收到六成时，就寸步难行，因为：

即使富裕的地主也会仿效贫穷的自耕农拒不纳粮。他们根据多年经验，知道一个县官无法长期和成百成千以拖拉方式拒不纳粮的户主抗衡。旧税未清常常是新税之累，所以官方只好用种种名义把未收的部分减免，其后果就等于鼓励拖欠和拒不纳税。县官对税的户主没有别的办法，只能拘押一些人在官衙前拷打，以为其他欠税者戒。然而这些欠税人应另有对付的办法，他们可以贿赂衙役，雇

1 张廷玉等：《明史》，第5643—5650页。
2 黄仁宇：《万历十五年》，第68—69页。

佣一批乞丐代他们挨打……[1]

现在，我们就来说说上两小节提到的理论问题。

先说第一个问题：权力。张居正当年推行"变法新政"，大面上讲应该说是手中权力强硬。可是有权力不意味着可以顺利推广"变法新政"。权力，在小国家里运用起来可以得心应手，但在大国家里运用兴许就会力不从心。刚才说了，"一个县官无法长期和成百成千以拖拉方式拒不纳粮的户主抗衡"。这表明，人多的时候权力总会鞭长莫及。在一个县里是这样，何况当时全国有一千一百多个县。有人会讲，原本多设些官吏就可以解决问题了。但是，官吏一多，便会需要国家"财政足额"。这对于一个农业生产力不是很强劲的大国，当然是难以想象的。

此外，官僚一多还会产生一个更难解决的"技术"困难：借助官吏权力的环环相扣、层层使劲，权力的效果才会由起点传到终点，而有一环节出现问题，权力的纵深力量就会夭折。《韩非子》曾经想象："摇木者——摄其叶，则劳而不遍；左右拊其木，而叶遍摇矣……故吏者，民之本……圣人治吏不治民。"[2]《韩非子》的想象有个假设前提，官僚系统就像树枝结构一样容易控制。张居正也是相信这点的。可是，官人是活人，树枝是死物。树枝长出后不会自己"惹事生非"，而且它们之间是连体的。而官人就会八面

---

1 黄仁宇：《万历十五年》，第69—70页。
2 韩非：《韩非子》，第116—117页。

玲珑、见机行事。官人之间也不是"连体"的。这就不奇怪为什么
有人"可以贿赂衙役，雇佣一批乞丐代他们挨打……"所以，有人
评论了：在明朝"以我国幅员之大，交通通信又极落后，任何有能
力的内阁，也不能对各种地方官吏有周密的了解和实际的控制"[1]。
如果我们回想起战国和秦朝，那么这些东西好像也可以从侧面说明
为什么商鞅时代的秦国是小国，权力运用起来得心应手，改革一举
成功，但到了秦国统一中华，"家大业大"，权力运用起来就有些
力不从心，最后终于分崩离析。

　　再说第二个问题：人性恶。主张人性恶，有时是为了借此使用
赏罚之器。说人性恶也就是在说人是"趋利避害"的，这样，威逼
利诱，人也就自然会走上变法这条道路。近人胡适就说："我们不
能使人人向善，但制度的改革却能使人不敢轻易作恶。"[2] 他还说：

　　人性是不容易改变的，公德也不是一朝一夕造成的。故救济之
道不在乎妄想人心大变，道德日高，乃在乎制定种种防弊的制度。
中国有句古话说："先小人后君子"。先要承认人性的脆弱，方才
可以期望大家做君子。故有公平的考试制度，则用人可以无私；有
精密的簿记与审计，则账目可以无弊。制度的训练可以养成无私无
弊的新习惯。[3]

1　黄仁宇：《万历十五年》，第71页。
2　胡适：《胡适文存》，北京大学出版社1998年版，第323页。
3　胡适：《胡适文存》，第26页。

但是，我们也得注意，如果变法带来的东西对个人来说利小弊大甚至无利可图，个人有时便会想方设法规避逃逸。有了这点，再加上刚才说的"权力鞭长莫及"的问题，变法之艰难也就可想而知了。

当然，讲人性恶，有时是说人都是贪财的，见利忘义、喜新厌旧。既然如此，对付人的时候首先要看准人的这个大毛病，而在变法的时候就要把人"想要什么"琢磨清楚，并且承认这些利益之中某些利益的"正当性"。这样，变法就会处处受人欢迎。典籍《管子》就说："人主之所以令则行，禁则止者，必令于民之所以好而禁于民之所恶也。民之情莫不欲生而恶死，莫不欲利而恶害。"[1] 康有为也说，所有人都是"求乐免苦而已，无他道矣。其有迂其涂，假其道，曲折以赴，行苦而不厌者，亦以求乐而已。虽人之性有不同乎，而可断断言之曰，人道无求苦去乐者也。立法创教，令人有乐而无苦，善之善者也"[2]。

可是，人之间的利益总是矛盾的，资源有限，天然"蛋糕"也就一块，分来分去总有些人多些，总有些人少些，甚至有些人连味道都未必能闻到。如此，"变法"的结果实质上又是利益分配，它残酷的时候又将是从一个人兜里掏出来钱来送给另外一个人。对于一个大国家这样的问题更会严重。

看看第三个问题：理性主义。理性主义是种自信，国人这种自信有时到了"人定胜天"的地步。既然"人定胜天"，地上的事务

---

1 《管子》，第179页。
2 康有为：《大同书》，上海古籍出版社2005年版，第6页。

也就不足挂齿了。可是，我们的思考能力面对一个"地大物博、人口众多"的国家究竟可以发挥到哪里却是难以想象的。显然，许多事物复杂多样，光靠推理自然不够，事物本身有时就是非理性的，并不一定遇到理性意志便有理性秩序，对那些非理性的东西，甚至用直觉乃至臆想都不能抓住把握、将其收入囊中，更何况那事物还是千变万化的。说到变化，就要说到未来，而说到未来谁又能肯定事物发展注定是这样，而不是那样？

再有，用理性认识事物有个成本问题。单说张居正所在的明朝万历年间，全国就有一千一百多个县。在各个县里就有数不清的地形地貌、风土人情以及各怀鬼胎的地主农民，认识这些需要数不清的人力、物力、财力，还有数不清的时间。这都是令人望而却步的成本难题。实际上，大凡变法，包括张居正的变法，不是也不可能是不折不扣的理性主义在那里发挥作用。因为，人们不可能没完没了地支付成本。这也可能碰巧说明了为什么有些变法成功了，有些变法失败了。毕竟，有些影响变法的因素，我们几乎是无法知道的。

看看第四个问题：意识形态"诡计"。只要变法，变法者几乎没有不说变法将会领人步入天堂的。这也许是个规律。但是，规律归规律，成效归成效。释放了"诡计"不一定就会"硕果累累"。张居正当年改革税制，自然会说新税制对国家有利，对国家有利就会使国家富裕，国家富裕了当然也就对百姓有利。可那时有人依然是偷税、漏税，甚至抗税，挖空心思对抗变法。意识形态"诡计"的成效实在难说一二。弄得好，人们就会像受到催眠一样让"诡计"牵着走；弄不好，人们依然会静悄悄地自行其是。

正是因为有这些复杂问题，所以有人断言了，"张居正的根本错误在自信过度，不能谦虚谨慎，不肯对事实作必要的让步"[1]。这也可说是对所有变法者的一个讲法。

097　外国"月亮"·移植法律

大致来说，改变法律现状有三个路径：第一个是学习古人的经验。先人里面总有圣贤。圣贤之人总会有经典论说甚至"传世语录"。第二个是学习外国人的经验。外人或有理论或有技术，本国人为避免夜郎自大需要仿效。第三个是自己创新思考。创新思考是一种"发明创造"，而且更为重要的是它可以使人具有一种自豪感。

在法律改革问题上，第一个路径是少用的，甚至不用。在今天尤其是如此。第三个路径用得也不多。古时人们可能用一下。像张居正的法律改革应该说是第三种路径的一个实践。明朝时北方游牧部落以及俄罗斯等发展得并不理想，不能和明朝相提并论。东方的高丽人和"倭寇"、南方的蛮番，和明朝也是不可同日而语。至于西方，那时也是刚刚起步。所以，张居正的法律改革有点独来独往的意思。当然，纯粹的第三种路径是极少见的，不论怎样，"创新思考"总会融合一些古人或者外人的东西。虽然有位法律学者说

---

1 黄仁宇：《万历十五年》，第68页。

"立法之主要精神，重在创造不在模仿……以言法制内容，既不能完全继承或模仿外国法"[1]，然而这话的弦外之音，也是承认了创造自然难是完全独创的。

现在，我们仔细看看第二种路径。

近代开始，中国世俗社会的经济发展越来越缓慢。不仅如此，出现了几次洋敌入侵，中国愈发显得每况愈下。这时，中国法律思想的一些理论终于萌动了照搬西方的念头。国人在想，除了经济技术的发展，西方人的法律制度也应更胜一筹。经济和法律本身就是一个事物的两个方面，经济的突飞猛进需要法律规矩的支持；法律规矩的彰显需要经济发达的支持。西方人似乎早已将这类道理考虑清楚了。所以，西方人的法律之器应该"照搬"。

康有为说，"近泰西政论，皆言三权，有议政之官，有行政之官，有司法之官，三权立，然后政体备"[2]，其实，"夫国之政体，犹人之身体也。议政者譬若心思，行政者譬如手足，司法譬如耳目，各守其官，而后体立事成"[3]。这里的"泰西"指的就是西方国家了。康有为特别相信，"行三权鼎立之制，则中国之治强，可计日待也"[4]。

而谭嗣同则有这番见解："西国于议事办事，分别最严。议院

1　杨幼炯：《近代中国立法史·自序》，载《民国丛书》第一编第29卷，上海书店1989年版，第1页。

2　康有为：《康有为政论集》，汤志钧编，中华书局1998年版，第214页。

3　康有为：《康有为政论集》，第262页。

4　康有为：《康有为政论集》，第339页。

议事者也；官府办事者也。各不相侵，亦无偏重。明示大公，阴互牵制。治法之最善而无弊者也。"[1] 对于严复来说，西方国家的"法令，所以保民身家者也；我之刑律所以毁人身家者也"[2]。严复的话可能说得更重了。

在这里，有人可能提出这样一个问题：将西方的制度借鉴到中国本土来，就像移植人体器官或植物一样，是否可以成功？这个问题回答起来可能是十分复杂的。不过首先应该注意，这个提问本身就有一个假设前提：将西方人法律借鉴到本土来是一种"移植"，而"移植"就是一个"环境适应"的问题。医学家会说，如果是移植人体器官就要看看被植入器官的人体的身体"环境"，身体"环境"不行，比如身体其他原有器官已经不能给予相应的支持，或者还有其他疾病缠身，等等，那么移植一般就是没有意义的。植物学家会讲，移植一类植物就要看看当地的地理气候环境，假如当地的土质、水质、气温与植物原先所处的完全是不同的，植物的"迁移"可能就会徒劳无功。比如，明明是热带雨林地区的草本植物，非要让它在北极开花结果，当然是异想天开了。

应该这样讲，将西方人法律借鉴到本土来的确有个"环境适应"的问题。像死刑，在不少西方国家里已经彻底废除了。西方人说死刑是不人道的，有人杀人了便将杀人者杀死，不是"恶有恶报"或者"匡扶正义"，而是恶性循环的人杀人后再杀人。而且，

---

1 谭嗣同：《谭嗣同全集》，三联书店1954年版，第96页。
2 严复译：《法意》（卷15案语），第335页。

将人处死就使犯人没有了重新做人的机会。所以终身监禁已经足够。这样一个废除死刑的法律在西方推行得很有意思，西方社会也没有因为这一制度使罪犯变得日益有恃无恐。但是，将其借鉴到中国本土来，效果极为可能有限。国人对罪犯杀人的理解总是一个"天理不容"的概念，国人总在宣称"不杀不足以平民愤"，加上恶性犯罪时常猖獗，人们更是恨之入骨。如此提倡废除死刑可能适得其反。

　　可在另一方面，我们也要注意，将西方法律借鉴到本土来并不完全是个"环境适应"问题。有时，这可能是个"反适应"的问题。这话是讲，借鉴西方的法律其目的恰好不在于使其适应本土的环境，反之，这是在想如何改变那个环境。

　　像国人官吏审案断狱，长久以来，喜欢"追问""纠问"。一个案子到了官吏那里，他便会无所不问，无论是证据问题还是法律问题，都要依着官吏的思路加以整理。官吏不愿意也更不喜欢案子里的当事人发挥自己的官司才华。在国人的本土环境中，审案断狱的官吏是"父母"，不是中立的裁决人，即使你有你的官司权利，可在官吏的审案权力面前那权利显得微乎其微。在说英语的国家，审案断狱的官吏就大不一样了。那些官吏倒不觉得自己是"为民父母"，他们只想中立地倾听双方争论，当双方陈述完毕他们才站立起来做出判决。这样，借鉴英语国家的审判方式便是希望改变国人审案断狱的方式和观念，改变和这相关的本土环境（当然，现在国人的审判制度已经朝这方向改变了）。

我们可以将这里的说法推进一步。中国法律思想的一些理论，喜欢甚至鼓吹照搬西方的法律制度，它们的初衷也许正是希望一点一滴地改变国人世代相传的"本土环境"。

说到这里读者会想到前面第 092、093 小节提过的"敢叫日月换新天"。在那两个小节以及其后的三个小节里，我们讨论了这类胆量的四个根据："相信权力""认准人性恶""坚持理性主义""预支意识形态'诡计'的效果"。至于积极主动地改变本土环境的精神是否有效，我们在谈论那四个根据的时候已经间接地涉及了。在此只需补上一句：这种精神必须肯定，但若以成败论英雄，那么我们还要想到其他因素和运气。

098　共同的需求·现代化

在前面几小节以及全书中，"人性恶"这个词被多次使用。说来，在现在中国法律思想语境中这词的使用率极低。但是不用这词，不意味着该词表达的意思也被摈弃了。今人是用另外一些语词来表达其意思。今人会说"人有需求""人要吃喝""人不愿意受到惩罚""人首先关心自己的事情"……

值得注意的是，这些现在的语词无形中带有了一些中性或褒义的意思。这话是说，我们今人倾向于从肯定的角度用这些语词去说人性，不像古人那样主要从否定的角度去说。在现代，人们的思想里大多已凝聚了不少潜在的"权利"话语，于是，看人的需求与

"自我意识"时容易从"权利"的角度去看、去理解、去体会。比如，"人要吃喝""人不愿意受到惩罚"，今人会以为那是"权利"的一个意思表达，那是应该如此的，并无需要指责的地方。相反，没有这样一个意识，人才是不正常的，才应该受到指责。

说"人"如何如何是想表达一个普遍的意思：所有人是怎样的。而讲到所有人是怎样的我们就来到了这样一个命题之前：人具有相同的需求。无论如何，西方人是人我们国人也是人，大家总有一个共性。既然具有共性，为什么西方洋人具有的法律制度，我们国人不能仿效？西方人要吃、喝、结婚、生育、赚钱、议论、表达喜怒……国人自然也有这些需求。西方人根据那些建立了相应的法律制度，国人为什么不能建立相应的东西？况且，实际上国人古时的许多法律制度比如刑法，和西方人的相差无几。既然我们明白了，就不能也不应该抱残守缺。

这是中国法律思想现代的一些理论主张"拿来主义"的另一理由。

有书说，学习西方的法律技术和法律概念不必犹豫。因为，"社会主义国家在建立自己的法律制度时，不可避免地要有选择地利用这些现成的法律技术和概念。否则，就无法建构自己的法律体系"[1]。而就那些有关经济以及公益之类的具体法律制度来讲：

---

1 沈宗灵等：《法理学》，第93页。

　　资本主义国家反映商品——市场经济一般规律的法律原则和规范，如有关市场主体、市场要素、市场行为、市场调控、国内市场与国际市场的联系等法律规定，经过社会主义国家的选择、改造和加工之后，可以纳入社会主义法律体系之中。[1]

　　在公共事务规范中有许多属于技术性规范或者是反映社会整体利益的规范。例如，有关交通、环保、卫生、资源、人口、水利、城建的法律规定即是。这些"执行由一切社会的性质产生的各种公共事务"职能的法律显然可以为社会主义国家所吸收。[2]

　　这里的"社会主义"，当然主要是指中国，而所谓的法律"技术""概念""原则""规范""规定"等自然也是主要在说西方人的法律文化。这就应了法国学者罗迪埃（Rene Rodiere）的这样一个观念：人类总是具有共同的需求，所以，走在前面的法律文化对稍后的法律文化总会具有不自觉的同化作用。[3]

　　现在，我们思考一个问题：人都是饮食男女，具有类似以至相同的需求欲望，这样，类似或者相同的法律制度是否可以起到类似或者相同的效果？从理论上看，这不应该是个问题。但是我们还是可以追问的。因为这里面似乎有些不太清楚的东西。比如，国人和西方人都要吃饭，一日三餐，终日不变，可是大家吃饭的方式就大

1　沈宗灵等：《法理学》，第93页。

2　沈宗灵等：《法理学》，第93—94页。

3　罗迪埃：《比较法导论》，徐百康译，上海译文出版社1989年版，第10页。

不相同了。国人喜欢相互协调的筷子，而西方人喜欢各司其职的刀叉。现在，为了改变国人的用餐方式，以大家都要吃饭为理由将刀叉"引进"国内，广为推行，其效果会是怎样？可以想象大多数国人将是依然我行我素。这似乎表明，同样的需求可以具有不同的满足需求的方式，而一旦一种方式建立了就有可能排斥另外一种方式的同化。因为，国人觉得刀叉方式的效果显然不如筷子。当然，我们可以强行推广使用刀叉的方式，可是强行的结果是否会破坏国人的饮食欲望？如果破坏了，还能说需求欲望是相同的吗？如果没有了相同的需求欲望，自然也就不用说推广效果好不好了。

其实，在法律制度中也可找出类似的问题。国人和西方人一样都有法院判决之后尽快执行的需求和愿望，对这种需求和愿望，国人像西方人一样也有类似的判决执行制度。可是，谁都知道，执行在国人这里几乎是最为令人头痛的事情。一个欠债的小案判决下来，总有可能少则一年半载，多则数年，这钱不能悉数收回。西方人听说这事都会觉得不可思议。因为，在那边，执行制度的运作不仅一丝不苟，而且游刃有余。

这个"效果"还有另一方面的问题。这是说具有了相同的需求欲望，引入效仿外人的法律制度，其目的还有推进一种东西发展的意思。从基本面上讲，国人和西方人一样都是喜欢效益的，都有这样的需求欲望。可是西方人的经济现代化的发展较为顺利，法律制度也是比较完善。这就引起了国人的兴趣：引入相应的法律制度是否可以让国人的经济现代化同样较为顺利？大致来说，有些国人是这样想象的。毕竟，正统理论在说经济基础决定法律这种上层建筑的时候也说过后者对前者的反作用，甚至说过，反作用也是不可小视的。

但是，考察世界其他和中国一样在现代化面前焦急万分的国家，答案好像不太乐观。1922 年，土耳其直接引入了法国民法典，认为这部民法典对法国的经济兴旺起到了重要作用，也相信这部法典应对土耳其具有类似的成效。可是，近百年已经过去了，土耳其人除了可以偶尔不含糊地闯入伊拉克北部处理一下库尔德人游击队之外，经济上的作为似乎没有什么可以炫耀的。1962 年，埃塞俄比亚照抄了瑞士民法典，相信那部民法典可以带来瑞士式的富裕与福利，可是，瑞士还是瑞士，埃塞俄比亚还是埃塞俄比亚……

说到这里，我们似乎可以得出这样一个结论：类似的需求可以促成类似的法律制度，搬来外人的法律也没有什么技术上的困难，但是，类似的法律制度倒不一定具有类似的成效。而如果没有类似的成效或者不能达到目的，我们是否还有另外的道路可走？

小　结

从古到今，中国法律思想都在关心一个问题：法律改革。"天变了，道也得变"，这是许多研习法律的人的想法。大致说去，前面小节提到的各类理论也都是这样思考的。它们讲出了许多理由，并且表现出了"敢叫日月换新天"的精神。"忧国忧民"这一千年古训，激励着许多法学中的仁人志士去追求变法图强。

　　早在古时，《韩非子》提过一个故事：和氏璧。故事讲，春秋战国时期的楚人和氏在楚山采到一块宝玉，宝玉到手之后，和氏便想将它献给楚厉王。可楚厉王不识货，便叫来玉工去识别真伪。玉工水平极低，看了一眼就说"那是一块石头"。于是楚厉王以和氏犯有欺君之罪砍掉其一只脚。过了几年，和氏又拿着宝玉去见楚武王，结果还是一样，和氏又被砍掉了一只脚。又过了几年迎来了楚文王的统治。楚文王识货，当和氏再将宝玉献上的时候，楚文王爱不释手，并叫人精雕细刻，称之为"和氏璧"。[1]

　　《韩非子》随后给出了一番议论："夫珠玉，人主之所急也。和虽献璞而未美，未为主之害也，然犹两足斩而宝乃论，论宝若此其难也。"[2] 在《韩非子》那里，"宝玉"正是暗指变法图强，而和氏兴许就是暗喻韩非自己了。无论怎样，那时的韩非恰好怀才不遇。

　　但是，法律改革终究是个复杂的问题。它本身的成功以及可以带来的成效，并不单单取决于我们改革者的"蚂蚁"精神或者"和氏"精神。法律改革历来有成功者，也有失败者。这本身就足以表明法律改革是个"可能世界"中的事件。毕竟，许多影响法律改革成败的因素我们是难以知道的，甚至无法知道。和氏的手里是块宝玉。但是激进的变法改革倒未必是块"宝玉"。

1　韩非：《韩非子》，第34页。
2　韩非：《韩非子》，第34页。

第十章　顺势而为

法律改革有失败者，这便使人们容易想起另外一个思路：凡事顺势而为。前面第093小节说过社会变化大致有三种情形。第一种是往回走，第二种是往前走，第三种就是顺势而为了。

现在我们要说的就是第三种情形。中国法律思想的一些理论尤其喜欢这种情形。

099　众人心·习俗

激进的法律改革有时会失败，究其原因，恐怕十分复杂。将它说清楚不是一件容易的事情。但是有一点是可以拿来说说的：它和众人心有时有不相合的地方。不相合就会遭到普遍抵制，抵制力过大改革便会夭折。前一小节提到的刀叉顶替筷子的问题正是有点这个意思。再前面提到的张居正变法，也有点这个意思。

"众人心"是指众人想什么、希望什么。孔子讲："宽则得众，信则民仁焉，敏则有功，公则说。"[1]孟子也说："得天下有

---

1 《论语注疏》，第2535页。

道，得其民，斯得天下矣。得其民有道，得其心，斯得民矣。得其心有道，所欲与之聚之，所恶勿施尔也。"[1]

当然，在这笔者无意去说说"得民心者得天下"之类的王者之道，毕竟，就这里的主题来说众人心是表面的东西，其背后才是重要的。我们可以这样认为，众人想什么或者希望什么，往往是和众人的生活习俗有着密切联系。在许多情形下，不是人们想什么或者希望什么才有一类的生活习俗；而是反之。我们国人走到哪里都想喝茶品茶，这自然是来自我们的饮茶习俗，而西方人走到哪里都想喝上一杯咖啡，这也是来自他们的饮咖啡习俗。似乎看不出来有了饮茶喝咖啡的欲望才有这些习俗。如此来看，顺应众人心也就是顺应他们的生活习俗，反过来逆着众人心，也就是逆着他们的生活习俗。而孔孟等圣人提醒世人众人心的重要，恰是在侧面提醒生活习俗的重要。

《慎子》也有这个意思。它说：

> 法非从天下。非从地出。发于人间。合乎人心而已。治水者，茨防决塞，九洲四海，相似如一。[2]

《管子》也说：

1　《孟子注疏》，第198页。
2　慎到：《慎子·逸文》，第12页。

令于人之所能为则令行，使于人之所能则事成。[1]

前面，我们多次提过《商君书》这个文本。这是个较为激进的变法话语文本。大致来说它不太在乎习俗之类，相反，倒是时常希望像割除野草一样割除习俗。可是这个文本却又说过这样的言词："圣人之为国也，观俗立法则治，察国事本则宜。不观时俗，不察国本，则其法立而民乱，事剧而功寡。"[2] 如此讲来，《商君书》偶尔也有与孔孟和《慎子》类似的观念。

100　法律制度的形成

关照众人心，也就是尊重众人的习俗。尊重众人的习俗用今天人人熟悉的词来说就是"考虑国情"。当然，"国情"的内容可就大而无边了，它可以包括习俗、需要、伦常道德、宗教……我们首先应该注意，"考虑国情"包含了这样一个法律观念：法律是而且应该是自发地来自社会的，不是也不应该是"天马行空""独来独往"的意志产物；法律制度的形成是自然顺势的，而不是强行人为的。大凡赞同"顺势而为"的法律变迁的中国法律思想都有这个观念。

瞿同祖说过：

---

1 《管子》，第185页。
2 商鞅：《商君书》，第14页。

法律是社会产物，是社会制度之一，是社会规范之一。它与风俗习惯有密切的关系，它维护现存的制度和道德、伦理等价值观念，它反映某一时期、某一社会的社会结构，法律与社会的关系极为密切。[1]

而《礼记》早已提到，"修其教不易其俗，齐其政不异其宜"，因为，"中国、戎夷五方之民，皆有性也，不可推移"。[2]

在这里，我们需要注意这些中国法律思想里的"是"与"应该"的问题。在瞿同祖先生的言词里，我们可以看到"是"的问题。而在《礼记》那里，我们可以看到"应该"的问题。这是说瞿同祖先生似乎在讲"法律是社会习俗的产物"，而《礼记》却有些"法律应该是社会习俗的产物"的意思。

这个区别可能十分重要。因为，这两种表达方式背后隐藏了两个观念。我们先说其中一个观念。大致来讲，人们容易认为法律是种白纸黑字的规定，是立法的产物。前面讲过的一些激进的法律改革理论都有这个下意识。不过，这种法律生产出来后有个问题尚未解决：它们是否会得到官人以及百姓的执行、遵守？执行、遵守了，当然没有问题。如果没有执行、遵守就会出现"文字法律"搁浅或者被冷落的现象。而假如真是被人冷落，还能将它叫作"法律"？说到这里，有人会认为当然可以继续叫作法律。可是，有人

---

1 瞿同祖：《中国法律与中国社会》，第1页。

2 《礼记》，第178页。

也许会认为，依然将它叫作"法律"有些轻浮了，至少使"法律"一词本身显得面无光彩。因为，制定出来了还会遭人冷遇，"法律"的庄重威严何在？而且，在官人和百姓的行动中才能发现真实有用的"规矩"，如此，强调"文字法律"自会误人误事。依照这类思路想下去，就会认为，看法律不要看白纸黑字的东西，而要看官人及百姓天天说什么、做什么，在这些"说做"之中才有真正的法律。这类"法律"才是威不可测的。这个观念叫作"行动中的法律"。西方人说过这点。今日的某些法律社会学和法律人类学的文本，也有这样一种观念。

有了这个观念再看瞿同祖先生的"是"的说法，我们就可深入体会一二了。法律既然是"行动中的法律"，它自然就是社会习俗的产物。认为它与社会习俗没有什么关系，则是天大的误会。当然，瞿同祖先生并不一定赞同"行动中法律"的观念，实际上，他依旧以为白纸黑字的法律照样是法律，[1]只是笔者觉得，在这样一种"是"的说法里，其深层观念换上"行动中的法律"的意思可能是更为合适的。

现在讨论另一个观念。另一个观念是讲法律的效力与实效。效力是指，法律被制定了就应畅通无阻。而"实效"便是指文字法律的实际效果。如果官人和百姓自行其是，那是法律的"实效"出了问题，"效力"还是失掉。但是，区分这两点有时是提醒法律应该

1　瞿同祖：《中国法律与中国社会》，"导论"。

注意自己的"实效"，不要总是记着自己的"效力"。民国初年的
法律学者孙晓楼对当年民国法律实效的困境有过一番议论：

　　什么假释呀，什么缓刑呀，什么禁酒呀，禁烟呀，废娼呀，什
　么女子继承权呀，在法律的形式方面，好像是非常公正，不过实际
　如何呢？究竟能不能执行呢？立法的人是不管了。上海各法院里确
　定判决的案件，单就民事说，可以执行成功的竟不到半数……[1]

　　瞿同祖先生也说："条文的规定是一回事，法律的实施又是一
回事。某一法律不一定能执行，成为具文。社会现实与法律条文之
间，往往存在着一定的差距。"[2]这些话讲的正是那个"提醒"。
　　用这个观念来看《礼记》的"应该"一说，就可以感觉到《礼
记》是在不自觉地讲究法律的实效。其实，在主张"顺势而为"的
法律思想中，不少思考正是担忧法律的实际效果。当然，对于赞同
"行动中法律"观念的人来说，他们肯定会追问：没有实际效果，
谈论效力恐怕就是没有作用的，如此倒不如直接抛弃之。说到这
里，就是另外的问题了。
　　在"文字法律"面前，"行动中的法律"的观念可能是不客气
的，"法律实效"观念则有点含蓄。但是，它们的共同之处都是主
张或者希望：法律制度是或者应该是自发地来自社会本身。回到法

1　孙晓楼：《法律教育》，第46页。
2　瞿同祖：《中国法律与中国社会》，"导论"。

律改革的主题上，可以认为，它们的潜在意识都在期盼法律和社会有个默契的配合关系。

101 习俗的地方性·国情·"和奸"

强调法律自发地来自社会本身，无形中强调和尊重了习俗的地方性。这就是"无其习惯而徒有其法令，辄望其事实产生，固断断不可得也"[1]。在前面第 078 小节，我们说过民间法的地方性。这是一个重要的法律观念。习俗和民间法有着密切联系，有时，它们可能恰是一个东西的两个方面。就法律改革来说，讲社会本身如何也通常是在讲习俗与民间法是如何的。

《荀子》讲到，只要有点作为的治国能人都会眼观六路、耳听八方，摸清摸透各地的习俗惯例或者"民间法"（当然《荀子》没有直接用过这词）之后再作理论。这就有如春秋战国的鲁国人喜欢用碗，卫国人乐意用盂，齐国人想背皮囊，环境习俗惯例大不相同了，器械装饰就会各有所好，而聪明人是关注这些的。[2]

《礼记》记载，有人曾向孔子请教"礼"的学问，孔子似乎知道"本质主义定义理论"的毛病，所以避而不谈"礼"的概念或者固定内容，迂回左右而说这地方或那地方的"礼"。他说："为了了解夏朝那阵子的礼，我便去了杞国，而为了了解殷朝的礼，我就

1 梁漱溟：《梁漱溟全集（第4卷）》，第826页。
2 荀况：《荀子》，第103页。

去了宋国。在两个地方我得到了两本书。一本是《夏时》，一本是《乾坤》。在这两本书中，我明白了各地方礼的不同内容。"[1]以这种方式，孔子机巧地讲述了"礼"俗的地方性。在《礼记》中，我们还可看到这样的表达："礼，时为大，顺次之，体次之，宜次之，称次之"，而且，"礼之大伦，以地广狭；礼之薄厚，与年之上下"。[2]此外，"礼者，天地之序也……礼以地制。过制则乱"[3]。这些话大致上也是在说"礼"的地方性。

　　在前面第 008 小节，我们说过，在中国这个特殊的法律语境中，"礼"之类的民间惯例总是可以划入"法律家族"的范围。如果以这种方式看待"法律家族"的成员资格，那么，激进的法律改革话语实际上是在主张用国家法律来排斥礼俗惯例。而"顺势而为"的观念则是希望法律家族成员各有一席之地，同时希望，即使认为国家法律是高一等的，也要让国家法律和礼俗惯例之间关系融洽。这里又涉及了"宽容"的问题。是否应该"宽容"，在前面第079 小节我们已经详细讨论过了。

　　"地方性"一词的用法，有点学究的味道。如果用大众化一些的语词来说同一个意思，该词便可换成"具体情形"。今天国人特别熟悉"具体问题具体分析"这套话语，所以，提起"具体情形"自然是倍感亲切。这套话语和刚说的《荀子》以及孔子的意思，也

1　《礼记》，第298页。

2　《礼记》，第315页。

3　《礼记》，第502页。

是大同小异。"具体情形"一词是个相对意思的提法，一个小地方的情形可以说是"具体情形"，一个相对大点地方的情形也是可以这么说的。以今天的眼光看，对古人来说，"具体情形"通常是古时中华之内的"各国"（如春秋战国时的各国）、"各民族"、"各地方"、"各时期"的"具体情形"。

而把话说到这里，我们倒是试图转向关心相对于世界而言的中国"具体情形"。因为，在近代和现代，国人的法律改革时常是以世界上的西方人为楷模，激进的法律改革话语有时唯西方人是举，似乎世界法律的现代化发展是以西方人为标准的，这便涉及我们的"具体情形"问题——国情。自然，假如刚提到的古人依然健在，他们兴许会继续说：先看看国情吧，毕竟法律有个地方性的问题。

提到国情，我们看一下梁漱溟先生讲过的一段旧事。他说，大概是清末光绪或者宣统年间，中国开始了一次重要的法律变革。由于西方人各方面的优势时时刺激着国人的自尊，加之清朝旧律实在有些陈腐不堪，皇帝便诏曰：参酌洋人法典修订大清法律。当时领衔主事的是法学兼刑务名家沈家本和伍廷芳等人。沈家本融贯中西法律，在清末法律业内可谓首屈一指。伍廷芳也十分有才，早年在英国伦敦研习过英国法律，还获得了英国律师的资格证书。当然，其他人同样属于精英。他们修律时曾为一项刑罪争论起来。这个刑罪就是"和奸"。

"和奸"是指男女因感情没有控制住而发生关系。"和奸"和现在所说的"通奸"略有不同。"通奸"常指有夫之妇或有妇之夫在外边和第三者、第四者甚至第五者之类的人物有奸情，而"和奸"所指的范围，要比其大一些。如果一个鳏夫和一个寡妇，一个未婚小伙子和一个依然在家的闺女做起了性事，兴许不属于"通奸"，但是完全可以用"和奸"论。

有些精英说，"和奸"不能定为罪。因为，西方世界十分宽容，西方人以为只要是没有妨碍别人的权利自由，就没有必要用法律干预。要是有夫之妇在外做出了越轨之事，算是损害了夫权，尚可定罪，但是没有类似的损害权利的事情发生也就没必要问罪了。有些精英则说必须定为罪。因为，西方人的规矩是西方人的，西方人的国情和中国的国情不同，容忍"和奸"非常可能伤害国人的感情。国人总是谨小慎微，痛恨乱性，不治罪就会破坏纲常礼教……[1]

至于旧事的结果如何，梁漱溟就没有提到了。

其实，结果是不重要的，重要的是争论"对话"的过程。在那过程后面是重要的法律变革观念。前一派的精英看法基本算是激进的法律变革话语，而后一派的可以说是"国情"的"顺势而为"话语了。有意思的是，梁漱溟先生自己就喜欢后一派的话语。他讲：

> 私事不得干涉与中国重道德的风气不合——在西洋是个人私事旁人绝对不许干涉。一件事情，只要不妨碍公共秩序，就不算是犯法；不犯法，就可以随自己的意思去做，谁也问不着……西洋男女

---

[1] 梁漱溟：《梁漱溟全集（第1卷）》，第658页。

和奸，本来是不为罪的，因为他们两个人既然是各自愿意，又不妨碍到旁人，没碍到公共秩序，那么，你就用不着管他，你也不应当管他，那是他们的自由呀……西洋的道理就是这样讲法。中国可就不是这样看法了。在中国特别看重道德，就是说个人常常在改过迁善中，自己有了过失，无论大小轻重，总要常常去改，常常存个改过向上的意思。中国人既然如此看重道德，那么，在公众团体中如果把道德看着没关系，个人的不道德也不许旁人过问，这怎能合乎中国的意思呢？而人生向上亦是真理，亦是不能让步的。我们不能改了这个去讲自由。

总之，在中国有他的老道理，为人类所不能废。[1]

法律学者杨幼炯也是赞同这类话语的。他以为，"法律本为政府与人民行为之准则，法律之制定，应以本国固有之人情、风俗、地势、气候、习惯为根据"[2]。同时期的法律学者孙晓楼也说："……一条法律的产生，一定要顾到社会上一切的活动，这种活动，无论是自然的还是人为的，都不能不加以相当的注意。"[3]其实，在那桩旧事后来的日子里，中国法律思想的不少理论都是强调"国情"的。显然，它们相信，丢弃"国情"的法律改革不仅使新的国家法律无以生长，而且会使原有的本国秩序变得危机四伏。

1 梁漱溟：《梁漱溟全集（第1卷）》，第657—659页。
2 杨幼炯：《近代中国立法史·自序》，第1页。
3 孙晓楼：《法律教育》，第17页。

现在，我们深入思考一些问题。

在前面第 093 小节，我们说过商鞅和甘龙与杜挚的一场争论，在第 094 小节，我们还提到了"大鱼吃小鱼，小鱼吃虾米"。清末的激进法律改革观念可说是商鞅话语的近代版本，而"顺势而为"观念则可说是甘龙、杜挚话语的延续。只是在清末和民国时期，中国的"国家"要比商鞅的"秦国"大上许多倍。"顺势而为"观念的一个要点，就是安于现状，就是避免明知不可为而为之。在说"大鱼吃小鱼，小鱼吃虾米"的时候，我们说了，这种安于现状可能会使一个国家落得像小鱼甚至虾米的下场一样。那时的大清及民国，在世界上好像特别像条小鱼或者一只虾米，常有被人蚕食甚至强食的意思和感觉。以这种方式来看，"国情"式的"顺势而为"观念岂不有点甘于当小鱼或虾米的味道？

这里应该注意，安于现状只是可能，而不是必然使一个国家成为小鱼或者虾米。就安于"法律现状"来说，也许更是如此。法律状态和一国的生存能力，也许并不具有必然的联系。即便我们假定了不同法律状态之间有个高低之分，"低档"法律的国家有时也可能变成大鱼，"高档"法律的国家倒可能成为小鱼或者虾米。翻开洋人和国人的历史，这类例子肯定是不少的。古希腊雅典城邦的法律文明绝对要比斯巴达城邦显得"高档"，可是，雅典人在伯罗奔尼撒战争中还是败给了斯巴达人。在古罗马，罗马人的法律——尤其是私法——文明在今人看来都是耀眼辉煌的，然而，法律制度十分落后的蛮族马其顿人却通过一场残酷的"蛮族"战争，告诉了罗马人"何谓弱肉强食"。而在我们的明代末年，拥有较低法律文明的满人剽悍地挥师入关，将拥有较高法律文明的明朝的天下变成了清朝的天下。这些历史事件表明，"法律现状"有时和大鱼、小鱼或虾米的问题没有联系。

我想，赞同"顺势而为"的法律话语是会用这种方式来反驳"小鱼虾米危机说"，进而讲"国情"之重要的。

此外，大清末年和民国时期的"国情"，还指中国是个偌大的农村国家，十个人里就有七八个是种地的，所以，凡事不想到农村便是坐而论道。梁漱溟说：

什么事情都有个根，开生机要在根上开；各项事情虽然相连相通，但其间亦自有个本末。譬如花木枝叶与根干相连，根固则叶亦茂；叶子都毁了，根亦吃亏；但生机只能在根上求，不能在枝叶上开出生机。中国社会无论从过去历史来说，从现在处境来说，乃至为未来打算，都必以乡村为根……[1]

费孝通先生也说，"……那些被称为土头土脑的乡下人。他们才是中国社会的基层"[2]。这些话讲的正是那个意思。商鞅时代，秦国也是遍地农夫，不过疆域毕竟小而又小，所以问题显得不是那么特别特殊和紧要。

---

1 梁漱溟：《梁漱溟全集（第1卷）》，第648页。
2 费孝通：《乡土中国》，第1页。

　　偌大的农村国家涉及两个困境：第一个是国家权力有时"心有余而力不足"，而激进的法律改革则时常需要强而有力的权力传递。在讲张居正变法的时候，我们说过这个问题。[1] 国人言语里的"天高皇帝远""鞭长莫及"的字词用法，也是意指这样一个困境。第二个就涉及乡村社会本身的特质了。西方法律，大多来自商业社会或者工业社会，在那些社会里，人际关系、生活方式、伦常观念等一系列的文化意识形态的东西和乡村社会的同类东西，有着许多区别。生活在前者里面的人，借钱时喜欢写个字据立个契约，可生活在后者里面的人，就觉得这样不好意思甚至有些伤感情。这便是文化意识形态的区别所造成的。这些区别会使激进的法律变革支出昂贵的资源成本，因为，要改变文化意识形态是件费时、费力、费财而且可能不太讨好的事情，这自然不如"顺势而为"来得轻松便宜。"国情"一说的理论，是依赖这些理由支持的。

　　这里还有一个问题。这便是法律知识的"档次"问题。刚才在说大鱼、小鱼和虾米的时候，提到了法律状态的高低之分。在那里我们假定了有个高低之分。其实，在"国情"一说的法律理论里，时常会有一种否定"高低之分"的话语倾向。它们会以为，法律规矩和经济技术大不一样。经济技术有个先进落后之分，法律规矩就难说了。"和奸"自由的法律在西方人那里可能特别合适，但限制"和奸"的法律在国人这里可能照样合适。人们似乎没有理由充分

1　见前第096小节。

说明，一种法律规矩高于另外一种。在前面第076小节，我们提过民间法和国家法律是两种不同的知识，似乎没有"智力"上的高低问题。乡村人有自己的民间规矩，城市人制造了国家法律，用"智""愚"两字都是有些不合适的。那里的道理也可以放在这里支持"国情"一说。在"国情"一说这边，它们似乎也正是认为，本土已有的法律规矩并不在档次上低于西方人的法律规矩。"国情"一说相信，法律规矩的优劣在于它的实际效果，如果"药到病除"了，就是一个好的规矩。

102　是老婆还是妹妹？

前一小节的结尾说到了法律知识的"档次"。经过分析可以发现，"国情"一说是不大赞同法律规矩有个高低之分的，因而以为不必将西方人的法律知识全部视为"金科玉律"。

现在，我们读个清朝年间的野史小案。这个小案有点意思。它也许更会刺激"国情"一说的兴奋神经。因为，它似乎表明，不仅洋人的法律规矩不是"金科玉律"，而且可能国人本土的规矩有时略胜一筹。

案子讲，当年甘肃安定县（今甘肃省定西市安定区）县令吴冠贤有一次外出，遇到了一对青年。他们跪地喊冤叫屈。男的说："我父母将她从小领来做我的童养媳，现在父母去世了，她要改嫁。"女的则说："我从小生来就是他的亲妹妹，现在父母不在了，他居然要强迫我做老婆。"吴冠贤一听觉得有点棘手，根据姓氏依然不能断定一二。接着，吴县令便问他们家乡在哪里，一问又发现这对小青年的父母都是沿街乞讨的流浪人，家乡无从查证。

后来吴县令向一些和两个小青年一起四处乞讨的叫花子盘问。叫花子都说："他们到这里也不过是几天的事情，父母'走'了，谁能知道他们的底细？只听他们总是称兄道妹的。"吴县令明白，"称兄道妹"也是不能用来断案的，因为，小户人家的童养媳和自己男人之间一般也是如此称谓。[1]

这里，我们需要注意，在这个小案中重要的是证据问题。在西方法律中证据问题就是"谁主张谁举证"了。男的如果想说女的是老婆，就要拿出证据来。同样，女的如果想说男的是兄长，也要拿出证据。如果没有证据，审判官就会驳回起诉或者不予理睬。这里有个枝节问题。这便是童养媳是国人的一个旧风俗，在西方人那里属于怪事一桩（即便在今天的国人这里也是如此）。既然是童养媳，也就没有今天的所谓"结婚证书"一类的东西了。所以男青年不可能也无须拿出"结婚证书"来证明自己的丈夫资格，官府那里也是不会存档的。我们现在假定，西方人也接受了这种婚姻方式。

根据西方人的证据规定，吴县令的各项调查没有一个确定的说法，这样，对两个小青年的关系也就不能过问。

现在看看吴县令最后是如何了断的。吴县令觉得案子难办，便

---

1 纪昀：《阅微草堂笔记》，吉林文史出版社1997年版，第255—256页。

和一个老吏商量解决的办法。老吏说出一套言词，使吴县令的脑筋最终豁然开朗。老吏说："这事听来实在虚无缥缈，没有证据可以证明什么，使用大刑也不合适，判'离'判'合'也是问题很多。但是，我们应该明白一点，判'离'虽是可能错误地破坏了婚姻关系，可过失是小的，而判'合'发生了错误，过失可就太大了，会引起道德上的乱伦。所以判'离'是上策。"吴县令连连点头称是，接着判"离"。[1]

对国人来说，吴县令的判决应是不错的，西方人法律规矩的结果应是差一点。不论怎样，国人最怕乱伦一类事情了。当然，西方人的法律也不是最终无法解决这个难题。当判决驳回起诉后，如果那男子硬要和那女子做夫妻，女子可以告男子"强奸"，而男子这时就必须拿出证据，证明自己可以堂堂正正地"当丈夫"，否则只能受到法律惩罚。这个结果依然是"离"。但是，比起吴县令的"离"，它就显得有些绕弯子了。

国人的审案规矩，从汉代开始，就是喜欢时常强调纲常礼教。大凡遇到蹊跷的案子，官府总是不自觉地往那个方向上思考，希望以此获得灵丹妙药。这样一个规矩大体上如何有时是难说的。但在吴县令遇到的小案里显得要比西方人的规矩略高一筹，又是可以肯定的。"国情"一说的法律理论，自然乐意抓住这类事例大做文章。有鉴于此，笔者就把这小案拿出来，送给它们当个理由。

---

[1] 纪昀：《阅微草堂笔记》，第256页。

103 保护"恶人"？

前一小节，说的是同样一个小案子，就判决结果来说似乎西方人的法律规矩不如国人的传统审判规矩来得有效和方便。现在，我们再看个小例子。这个例子好像说明，不仅有时国人的传统法律规矩略胜一筹，而且，西方人的规矩有时是在保护"恶人"了。这在"国情"一说的理论手里，又可能是个有用的例子。

这个例子我们取自费孝通先生的《乡土中国》。费先生说，他在乡下待过一段时间。那时，他和当地的一个兼任司法官的县长时常聊些有关诉讼官司的琐碎之事。有一次县长讲，县里发生了这样一个案子：一个男子憨厚，遇到了老婆与人通奸的事情。那个男子愤恨地打了奸夫，这样殴伤事件发生了，随后便是被殴者到县长那里把男子告了，说他犯有殴伤罪。这殴打奸夫在乡下人看来肯定理直气壮，即使是在城市人那里时时也会获得认可，岂有恶人先告状之理？可恶人就是这么做了。[1]

读者需要注意，这里涉及两个法律问题。其一是"和奸"问题。民国时人们少说"通奸"一词，常说"和奸"。有意思的是当年"和奸"在国家法律上不叫罪（这可能是学习西方人的一个结果）。这样，发生了这类事情人们只好背后戳"和奸者"脊梁骨。此外，这案子如果在"和奸"问题上证据确凿，那么，丈夫的打人

---

1 费孝通：《乡土中国》，第58页。

行为也可以说是"有根有据"了，至少不是"无事生殴"。但是，除了老婆低头认罪之外，另一方男子硬是断然否认。如此，证据就是不全了。

其二是"殴伤"问题。民国时"殴伤"是个罪名，殴伤结果太轻了丈夫自然不算有罪，可是丈夫出手厉害，其结果之严重也就可想而知了。所以，必须讨论算不算殴伤罪。

现在的事态就成了丈夫要吃官司，而野男人却是理直气壮。好像黑的变成白的。县长觉得特别别扭，问费先生怎样处理才好。费先生似乎是没有给出一个直接的回答，而是在《乡土中国》中继续说了别的东西：县长"他更明白，如果是善良乡下人，自己知道做了坏事决不会到衙门里来的。这些凭借一点法律知识的败类，却会在乡间为非作恶起来，法律还要去保护他。我也承认这是很可能发生的事实"[1]。接下去，费先生还说了："现行的司法制度（指民国司法制度）在乡间发生了很特殊的副作用，它破坏了原有的礼治秩序，但并不能有效地建立起法治秩序。"[2]

大体来说，民国时有关这方面的法律规定是来自西方的。所以，这个例子也是说明西方人的规矩有时是在保护"恶人"。既然保护"恶人"，似乎我们也就没有理由再将其留下。"国情"理论是会这样思考问题的。

不过，这里另有一个问题需要议论一下。这小节的例子和前一

1　费孝通：《乡土中国》，第58页。
2　费孝通：《乡土中国》，第58页。

小节的案子，涉及了一些在今人看来属于程序证据的问题。程序证据问题是说，在断案时，要依据确凿证据方能作出决断，不可根据主观臆想猜测一二。西方的法律规矩最认这一点。

但是西方人又会这样琢磨事情：第一，单凭证据会出现冤情，然而不凭证据可能更会出现冤情，用严刑拷打或者察言观色，也许更是无法抓住事实真相；第二，证据规矩有个指向未来秩序安排的导向作用，这是讲，丈夫这次吃亏了，可他日后便会明白在"报仇"的时候，应该拿到确凿的证据以后再出手，这样就"有规有矩有理由"了（当然西方人不一定认可这样私下报仇）。后一点对某些问题可能是更为明显的。比如，把钱借给别人，第一次没有收借据因而官司输掉了，是有些冤枉，但在第二次、第三次借出钱的时候，出借人就会非常小心地立借据作为证据，这样，借钱人便不会强说自己没借了，而借钱的秩序随之也会逐渐变得稳定起来。西方人尤为关心的是后一点。

如果真是这样，那么，似乎不能认为西方人的程序证据是在帮助"恶人"了。既然不一定是在帮助"恶人"，它的作用在国人这里，也就不一定是副作用了。

104　国家法律的"权利"·秋菊的困惑

根据一般理解，西方人的法律规矩有个特点，即讲究"权利"。"权利"一词的用法和意思非常复杂，一句两句不易说清。

大体来讲，我们知道它是关于"能够做什么"和"可以做什么"的观念。它和"应该做什么"和"必须做什么"是相对的。我们可能会发觉，在过去，国人总是知道自己"应该或者必须做什么"，而西方人倒是总是知道自己"能够或者可以做什么"。只是到了现在，国人才开始转变了，不仅知道"能够或者可以"，而且几乎忘掉了"应该或者必须"。

"权利"的法律观念大致是个舶来品。与之相关的法律规矩因而也大致有了西方人的味道。笔者提到"权利"，是想再说个具体的故事。这故事与前两小节的事例不大一样。它表明尽管你将国家法律的"权利"这礼品送上门来，这礼品对国人来说依然可能太重了，叫人收受不起。

这故事来自一部小说——《万家诉讼》。小说经国内电影人的诠释，也就变成了出名的电影《秋菊打官司》。秋菊是西北农村的一名妇女。一次因为小事情，秋菊的男人和村长吵了起来。秋菊男人一时情急骂起了"村长断子绝孙"，而村长正是只有四个丫头没有小子，于是，村长也是一时情急，照秋菊男人下身要害踢去。结果伤人事件出现了。秋菊说无论怎样村长都不能踢人要害。这样，秋菊一定要个"说法"。一段时间过去了，秋菊从乡里一直告到市里，总是没有讨得一个"说法"。讲来也巧，秋菊在告状的时候一直怀着孩子，话说到了分娩之际，秋菊就是生不下来。最后还是村长找人帮忙将秋菊送往医院，秋菊才将孩子安全产下。孩子满月了，秋菊摆酒，为了表示感谢便把村长请来，可就在这时政府公安那边也来人了，把村长带走，称要行政拘留十五天，因为查来查去认定村长踢人的结果是轻伤害，《治安管理条例》明确规定"行政拘留 15 天"。

秋菊困惑了，她嘟囔着："俺就是要个'说法'，咋把人带走了呢？"

本来，在秋菊这边，政府公安来人是为了张扬她和她男人的权利，带走村长要比仅仅给个"说法"来得更为令人满意。可是，为什么秋菊自己困惑了？为什么她只想要个"说法"，而不想政府公安把村长带走关起来？国家法律送来的"权利"保护，为什么在秋菊那里好像显得变样了？

我们可以这样想问题，在农村，秋菊和村长甚至其他村民平时总会有矛盾，可是，大家又是"熟人"，或说"同住一块地、同饮一方水"。有时，一方有难了就会需要另一方，另一方也是乐意出手相助的。即便有了矛盾，过段时间也会自然解决的。他们就是这样相互摩擦而又相互协作。日子久了大家似乎像夫妻一样又打又闹，可又是难舍难分。这就间接说明了为什么村长在关键时刻依然可以站出来帮助秋菊渡过难产时刻，而秋菊始终都是要"讨个说法"，并无要让村长"进局"的想法。[1] 现在，村长给带走了，如此就像有学者所说的：

---

1 苏力：《法治及其本土资源》，第29页。

似乎法律得到了执行，似乎公民权利得到了保障，似乎正义战胜了谬误，但秋菊和村长最终还得在这个村庄生活……他们还必须相互依赖，可是进过"局子"的村长和村长一家还能与秋菊一家保持那种关系吗？秋菊还能同村长保持那种尽管有摩擦、争执甚至打斗但仍能相互帮助的关系吗……至少在一段时间内，可能他们的关系将是一种虽无争执但极为冷淡的关系。一个"伊甸园"失去了，能否回来，则难以预料。[1]

另一方面：

尽管秋菊从来没有试图将村长送进"局子"，但事实是村长因为秋菊的所作所为而进了"局子"，在村民看来，在秋菊的家人看来，秋菊"过分"了，她"不近人情"。既然她的行为违背了……集体良知，她就会在无形中受到某种非正式的社会制裁：在一定期间内，她将在一定意义上被"流放"（人们会不愿同她交往，她同其丈夫的关系也可能因之紧张）。[2]

到了这一层，我们可以感觉到，秋菊想要的"权利"和国家法律转送的西方人"权利"似乎是南辕北辙的。这就好像人吃饭，原本吃七八成已是恰到好处，非要压进十成乃至十二成的时候就是不

1　苏力：《法治及其本土资源》，第29—30页。
2　苏力：《法治及其本土资源》，第30页。

堪忍受了。秋菊的生活圈子决定了她所享受的权利也就只有七八成，可西方人的权利从来都是"十成以上"的。这样，秋菊自然有些享受不起。《庄子》说，猴子没有一个是穿衣服的，更别说漂亮的服饰了，非要用周公的衣服给猴子套上，它只有撕烂，再光上屁股，"观古今之异，犹猿狙之异乎周公也"，"故礼仪法度者，因时而变者也"。[1]《淮南子》说，"故是非有处，得其处则无非，失其处则无是……此之是，非彼之是也；此之非，非彼之非也"[2]。这些话也是老早讲到了那个意思。

秋菊的故事又涉及"打官司权利"的问题。秋菊有股韧劲，在乡里告不成便到县里，在县里告不成便到市里。这股韧劲，虽说是性格使然，可也与"诉讼权利"话语的操纵存在一些联系。秋菊走到哪里，都有一些"好心官人或城市律师"在旁鼓励："法律赋予你了这样的权利。"秋菊个性的背后有了这类权利话语意识形态的支持，打官司当然也就成了"不达目的誓不罢休"的"争斗"活动。这样争斗的结果又会怎样？故事说，秋菊的男人、家人和一些村民都在说："秋菊咋这么倔？！""咋这么没完没了？！"如此看来，家人和乡民是不大喜欢这类"争斗"的。不喜欢的原因还是刚才说过的"日子总是低头不见抬头见"。不喜欢的结果自然就是秋菊和大伙的距离越来越远了。这样一个结果对于原本关系不错的乡民社区，恐怕不是特别合适的。

---

1 庄周：《庄子》，第79页。
2 刘安等编著：《淮南子》，第140页。

20 世纪 30 年代，民国学者梁漱溟说，西方人打官司是个家常便饭。大凡有点纠纷，本来可以你我各让一步迁就，但是西方人非要追究你对我错。他们"丝毫迁就不得，非说得清清楚楚不可，一说得不对胃，便到法庭讲话，说话之间就去了，说话之间也就完了，他们把打官司实在是看得太平常，把打官司走成熟道了……虽然朋友法庭相见，也不致伤了感情"[1]。大多数国人可就不是这样了。国人觉得，那是天大的事情。官司一旦上路了，"则彼此便同仇敌一样，有的好几辈子都和解不开"[2]。

梁漱溟先生想来想去，发觉这个结论似乎不能回避：在中国，"乡村的事却断不能用法律解决的办法，必须准情夺理，以情义为主，方能和众息事；若强用法律解决，则不但不能够调解纠纷，反更让纠纷易起"[3]。因为，中国的事情，"本来一乡一村即等于一家，一家之中彼此应当有情有义，乡党邻里之间也是一样，不能用强硬的法律解决的办法；一用法律则有伤情义。中国人尤其是乡下人情义特别重，对这种有伤情义的办法如何受得了？"[4] 所以：

总是让大家在情义上对付着商量着办事，彼此迁就，互相让步。有时你迁就他，有时他还要迁就你，总要养成一种合作商量的

---

1 梁漱溟：《梁漱溟全集（第1卷）》，第656页。

2 梁漱溟：《梁漱溟全集（第1卷）》，第656页。

3 梁漱溟：《梁漱溟全集（第1卷）》，第706页。

4 梁漱溟：《梁漱溟全集（第1卷）》，第704页。

风气，养成一种彼此相让的礼俗。这样一来像是太无凭准，但若一从外面求个凭准，便落在法律上，落在法律上便死板，死板便不讲情义，便不是礼俗生活了。而在中国乡村中，大概是要走情义的路，走礼俗的路才行。[1]

可以想象，若是梁先生读到了秋菊的故事，多半会站在秋菊家人和村民一边，说声："秋菊咋这么倔?！""咋这么没完没了?！"

秋菊打官司讨"说法"是个有趣的象征故事。它从"权利"问题的角度隐喻了西方法律文化在国人这里如何有些"水土不服"。从近代开始，这类故事应是不绝于耳的。所以，"国情"一说的法律理论自然喜欢它们的指示意义。

从"权利"问题展开下去，我们可以深入一个有关的抽象问题：利益需要的文化性。"权利"讲的是"能够或者可以做什么"。"能够或者可以做什么"之类的说法，暗含了"想要做什么"的意思。"想要"自然也就正是"利益需要"。在前面第093小节，我们提到激进的法律改革话语特别喜欢强调利益问题，那些话语觉得，看清人性需求什么，法律改革也就可以畅通无阻。在"顺势而为"一说这里，我们又发现了"利益需要"的意思。至少，在秋菊例子里人们可以看到一种"利益需要"的提法："要个说法。"

---

1 梁漱溟：《梁漱溟全集（第1卷）》，第700—701页。

那么，两种"利益需要"有何区别？

应该这样说，在前一种"利益需要"理解里，"想要做什么"被视为一个普遍性的东西。如果秋菊要打官司，这便是一种"申冤"的要求，而"申冤"的要求在哪里都是一样的。如此，法律怎样处理都是可以的，只要"申冤"了即可。但是，在后一种"利益需要"理解里，"想要做什么"被视为一个具体性或者"地方性"的东西。秋菊是要"申冤"，但是"申什么"或者"怎样申法"则可能大为不同。这个秋菊想要"一个说法"，另一个"秋菊"可能想要政府公安用铐子将村长铐到县大狱去，第三个"秋菊"也许希望"以脚还脚"，要自己男人回踢村长的下身，像远古时代那样来个同态复仇，而第四个"秋菊"，倒是也许希望村长拿笔巨款作为赔偿……

显然，在后一种理解里，"利益需要"的地方性是个重要问题。那种理解相信，忽略了"申什么"和"怎样申法"，"申冤"的需要完全可能没有得到满足。把话说到这里，我们可以发现，前一种理解喜欢统一性，而后一种理解则喜欢个别性。不过，在实际的法律活动中我们又可以发觉，尽管统一一致的"申冤"可能出现一个"没有申冤"的结果，但是，满足各个"地方性"的"申冤"也是困难的，甚至是不可能的。因为，那就等于是在要求"彻底的具体问题具体解决"，这种"彻底"，势必造成法律规则无处栖身了。毕竟，法律规则所以成为规则正是由于具有一定的普遍性，具有特定区域的"统一申冤"的要求性。

这个问题有意思而又复杂，可以深入下去。

105　乡土熟人社会·"情"

"顺势而为"的观念看重"国情"，讲究"国情"又在于强调国人的乡村特性。从秋菊的故事，人们似乎可以看见带有西方元素的国家法律好像真是损害了国人"社区中原来存在的尽管有纠纷但仍能互助的社会关系，损害了社区中曾长期有效、且在可预见的未来村民们仍将依赖的、看不见的社会关系网络"[1]。那么，国人的乡村特性到底是如何的？

在前面，我们提过"乡土熟人社会"这样一个概念。[2] 刚提到的秋菊故事和前两小节的事例与案子，都和"情"字有个联系，而"情"字又和"乡土熟人社会"有着重要联系。所以，需要将"乡土熟人社会"这个概念再次分析一下。

先讲"熟人"。"熟人"的意思我们本身就是熟悉的。"熟悉是从时间里、多方面、经常的接触中所发生的亲密的感觉。这感觉是无数次的小摩擦里陶炼出来的结果。"[3] 两人在一起，日子久了就会熟悉的。几个人甚至许多人待在一起也是如此。但是，两人或者大家待在一起总是有原因的，有时可能是"感情"，有时是

1　苏力：《法治及其本土资源》，第28—29页。
2　见前第032小节和第073小节。
3　费孝通：《乡土中国》，第5页。

"想共同做点事"，有时是"彼此需要"……像夫妻情人属于"熟人"，就是因为"感情"；生意合伙人属于"熟人"，则是因为"想共同赚些钱"；老师和学生成为"熟人"，倒是因为"老师需要有人来学习""学生需要老师来教书"。当然夫妻情人在一起也有一个"彼此需要"的原因……

"乡土熟人"的原因十分特别。除了上面说的那些原因之外，它另和"土地"关系颇为密切。大家起早贪黑，耕种插秧，都是在一块土地上转来转去。尤为重要的是，其他任何东西都是可能移动的，而唯独土地是不可移动的。对法学稍有留心的人一定知道法学有个词：不动产。法学常说，"不动产"包括了"房产""树木""土地"……所以叫作"不动产"是因为那些东西移动了搬走了可能就会变得没有什么用处。其实，在那些所谓的"不动产"里，只有"土地"对人来说才是绝对不可移动的，其他东西比如"房子""树木"等，移动（将房子拆了用原来的材料另建）或者"移植"一下是可能的，而"土地"是不可能挖出来移动到另外的地方的。

"土地"的这个特性，决定了"种地的却搬不动地，长在土里的庄稼行动不得，侍候庄稼的老农也因之像是半身插入了土里……"[1]而且，"乡土社会的生活是富于地方性的。地方性是指他们活动范围有地域上的限制，在区域间接触少，生活隔离，各自

---

[1] 费孝通：《乡土中国》，第2页。

保持孤立的社会圈子"，于是，"乡土社会在地方性的限制下成了
生于斯死于斯的社会。常态的生活终老是乡"。[1]而与"土地"没
有什么关系的"夫妻""生意合伙人""师生"等熟人关系，自然
可以因一走而结束，在其他地方继续生根、开花、结果。

"土地"的特性还容易产生一个"世代"的问题。由于终老是
乡，一家一户人自然容易在一个地方世代相传。爷辈去世了，父辈
继续种地，父辈去世了，子辈继续种地，子辈去世了，孙辈照样继
续下去。这类世代相传加上婚姻之类的"添油加醋"，乡土家族也
就慢慢在固定的地方壮大起来，这家族也类似地具有了"世代"的
特性。即使是在今日的农村，人们也可觉察一个村里或乡里许多人
都是同姓的，这和土地性的世代家族兴许有着密切联系。越是相同
姓氏人多的地方情形恐怕越是如此。

在这样一个社区之内形成的熟人关系，自然要比其他熟人关系
更加亲密无间，如同亲人一般。换句话说，"只有直接有赖于泥土
的生活才会像植物一般的在一个地方生下根，这些生了根在一个小
地方的人，才能在悠长的时间中，从容地去摸熟每个人的生活，像
母亲对她的儿女一般"[2]。不奇怪，我们常有这样的经验，小时候
产生的"哥们姐们"关系最是单纯情深，可能是一辈子都是难以忘
怀的。在乡土熟人的社区内，人们往往都是"生于斯死于斯"，他
们的许多关系从而也就如同从"两小无猜"起步那样变得通常只有

1　费孝通：《乡土中国》，第4页。
2　费孝通：《乡土中国》，第6页。

一个"情"字。

这样，对大多数国人来说：

> ……亲密的共同生活中各人互相依赖的地方是多方面和长期的，因之在授受之间无法一笔一笔的清算往回。亲密社群的团结性就依赖于各分子间都相互的拖欠着未了的人情。在我们社会里看得最清楚，朋友之间抢着回账，意思是要对方欠自己一笔人情，像是投一笔资。欠了别人的人情就得找一个机会加重一些去回个礼，加重一些就在使对方反欠了自己一笔人情。来来往往，维持着人和人之间的互助合作。亲密社会中既无法不互欠人情，也最怕'算账'。'算账''清算'等于绝交之谓，因为如果相互不欠人情，也就无需往来了。[1]

中国法律思想的一些理论，正是这样设想国人"国情"的。

106 "可行性"·"钱会"里的中国国情

"顺势而为"或者"国情"一说，特别喜欢强调中国的特殊地方性，而特殊地方性又在于中国的根基——乡土熟人社会。至少，大多数国人是"泥土满身"的农民弟兄，这是不能忘掉的。既然国

---

1 费孝通：《乡土中国》，第75页。

情人情是这样的，对于添加了西方元素的国家法律，就要打起十二分的精神仔细琢磨琢磨是否有个"水土不服"的问题。古人说过的这句话似乎没有过时，国家法律正像法家以为的："不别亲疏，不殊贵贱，一断于法，则亲亲尊尊之恩绝矣。可以行一时之计，而不可长用也，故曰'严而少恩'。"[1]

不过我们需要留心，"国情"理论有时是在讲"可行性"，而不太在意"应该不应该"的问题。这是说虽然那些理论时常以为法律规矩有个"地方性"的问题，没有什么高低之分，但是它们偶尔也觉得法律应该现代化，西方人的东西还是不错的，只是在国人这里不太合适，国人的"国情"使西方人的东西不太可行。要把西方人的法治搬来，先要有个文化变革才是。所以，有的学者讲："法治秩序的建立不能单靠制定若干法律条文和设立若干法庭，重要的还是看人民怎样去应用这些设备。更进一步，在社会结构和思想观念上还得先有一番改革。如果在这些方面不加以改革，单把法律和法庭推行下乡，结果法治秩序的好处未得，而破坏礼治秩序的弊病已先发生了。"[2]

当然，在"国情"理论那里，不论讲"可行"问题还是讲"应不应该"问题，推论的起点都是国人的乡土人情。如果这个起点有点问题，则整个"顺势而为"的话语系统也会存有问题。

我们看个民国时期的实际例子。

1　司马迁：《史记》，《太史公自序》，第3291页。
2　费孝通：《乡土中国》，第58—59页。

这个例子是讲，云南乡下时常有种叫作钱会的组织。这类组织有点信用互助的意思。大家在固定的时间，拿出部分钱来放在里面，当需要的时候又可以从里面得到钱款的资助，好像是"人人为大家，大家为一人"。钱会有点像今天的储蓄、集资、借贷和社会保险，也有点像现在的公积金。只是钱会多由个人和小组织发起。本来，在亲朋好友之间凑起钱会来最为容易，可云南这个地方，钱会的会头有时总想避开一个"亲"字。这是说会头觉得拉起一般朋友入会要比拉起同族亲戚入会来得方便有效一些。因为，在同族亲戚那一边，他们总是以为既然沾亲带故，这钱的事情也就不是一个问题了。需要钱的时候张个嘴、开个口，也就可以钱进钱出了，再入什么钱会似乎多此一举。而在会头这一边他自己觉得，拉了亲戚入会，如果亲戚没个自觉性去按时交钱，碍着情面又不好去催促，这般下来也就和不入会没有什么两样了，而且，长此以往，会将钱会搅得面目全非、利益全无，自己也会损失得一塌糊涂。所以，有的会头就提到了："钱上往来最好不要牵涉亲戚。"[1]

就这里的主题来说，钱会的内里机关我们大可不必深究，倒是应该注意，虽说乡下人特别讲情义，可在钱一类的头等切身利益上他们有时肯定是犹豫的。换句话说，当一头是"钱财"另一头是"情义"的时候，我们似乎不能肯定乡下人一定是坚持着"情义"，丢掉"钱财"。上面那个小例子便是点出了这个要害。在

---

1 参见费孝通：《乡土中国》，第76页。

前面第 032 小节，我们也说过，在"钱财利益"问题上再好的"熟人"也是可能变为"陌生人"的。如果一个朋友总是借钱不还，另一朋友和他的"熟人关系"慢慢就会松弛，最后终有一日"形同路人"。因为，说千道万，人还是担心钱财不断减少的。乡下人好像也不能被完全排除在外。

假如这个要害的确如此，那么"国情"一说的推论起点也就不是没有问题了。

其实，怎样看待农民弟兄和乡土社会，即便在细心研究村落社区的社会人类学那里也是争论得非常激烈。有如学者介绍的：

一种看法认为，传统的农民社会是一种合作性的组织，其核心是社区的共同道德和制度。与这一看法相反，另一派学者主张，农民社会表现出对个人利益极度的关切，因而，农民并非十分注重社区共同的道德价值和制度，而是相当关心个人的得失，对利益问题有理性的判断。[1]

由此，我们也就不能排除另外一个思路：学习或者搬入西方人的法律文化。大体讲去，西方人的法律文化有个"小人文化"的假定。这是说西方人一般以为，人都像小人一样自私自利或者关心自己的得失，所以国家法律思考的出发点之一正是如何应付"小人文

1　王铭铭：《村落视野中的家族、国家与社会——福建美法村的社区史》，载王铭铭、王斯福主编：《乡土社会的秩序、公正与权威》，第48页。

化"。钱会的小例子，表明国人这里也有"小人文化"的影子，即便在富有乡土气息的农村那里也是这样。看来世界还是有个"人的普遍性"的问题。由此，也就难说西方人法律迁入本土"必定水土不服"。

107　美法村的村政变迁·乡民的心态

前一小节讲了一个钱会的例子。那例子从侧面表明，乡土社会中的村民并非时时都在讲究一个"情"字。有时，他们可能更为关心钱财利益。现在我们看个国人村落制度变迁的例子。这个例子从另一角度也即"历史"角度，表明乡土社会中的村民对外来的制度有时会有"既来之则安之"的心态，他们并不绝对死守自家的老黄历。这又表明，"国情"一说的推论出发点在其他方面也是有问题的。

美法村是福建安溪县山区的一个小村落。在明清时期，村子比较封闭，村里人大多不知或者不想探知"山外有山""天外有天"，仿佛晴空像只大碗一样罩在村民头上。村政盛行的是家族制度。这制度里有两类人物特别管用。一类是德高望重的长者，一类是能说会道的"乡贤"。当然，"乡贤"尤其是年轻有为的"乡贤"首先要得到家族长辈的赏识，才能有权力。两类人颇像今天的村长。他们掌管着村里日常事务。就村规来说，那时京城的皇帝已经颁布了"法令条文"，可是村里的真规矩则依然是"乡约"。"乡约"的内容大抵是族规、婚丧礼仪之类的东西，不过，那"乡约"偶尔抄袭一下皇朝"法令条文"，管管村落争端、村民纠纷、入屋偷窃之类的糟心事。

明清那时的皇室可能有点"清静无为"的想法，加上美法村真是"天高皇帝远"，所以村政制度到底落得一个自在自为。村民的日子，也是乐乐融融。

但是转眼间就到了民国时期。民国政府有些好大喜功，纵是面对天涯海角的乡村，它也有决心要当个地方管家。于是，美法村的里乡制度就被保甲制度全部替换了。保甲制度的发明原本是在宋代，明清时期官府也用过这制度，只是它到了1934年才在美法村"安家落户"。这制度以十户为甲，十甲为保，十保以上便为镇。保甲制度有一关键要害，这便是它设立保长、甲长，然而保甲长通常不是由村民拥戴的家族长者或者"乡贤"来担任，而是由县镇官府看中的另外的有钱有势的人来担任。这样的保甲长自然喜欢看着县镇衙门的脸色行事。就乡民规矩来说，"乡约"还有余热，国家法律同时也是十分重要的。像在1939年，民国政府颁布了《娼妓、婢女、缠足、穿耳、通神赛会、赌博等等之取缔办法及实施概况》，接着县镇衙门立刻派出警察，四处执法，横扫旧俗。这旧俗还真是日渐减少了。

民国政府具有"全面推行现代化"的雄心，所以格外看重行政力量的穿透作用。这使美法村的村政制度也变得并不那么自在自为了。不过，村民也没觉得日子过得有什么不如意。

1949年，新中国成立了。没几年过后村政制度大为改观，或叫"天翻地覆"，出现了国人今日依然熟悉的人民公社。这公社属于乡镇一级，下设生产大队和小队，其头目的产生自然是自上而下的。这样一种村政更为彻底地打破了传统社区、家族结构。那时的美法村被归入了"大队"一级。由于有的村民出外当了工人，有的则被编入了不同的生产小队，一种新的社区人际关系便产生了。村民心中更加不是惦念"家族长者"或者"乡贤"一类的人物，倒是惦念"队长"一类的政府符号。至于规矩方面，"乡约"已是基本无影无踪。

那时的村民有些异样，"自觉"跟着政府参加了不少运动。在那些我们今日看来不可思议的大炼钢铁、大搞"文化革命"等运动之中，似乎没有一次少了村民的身影和斗志。可是无论怎样，村民觉得那种生活也是一种过活方式。在国家政府强而有力的意识形态影响下，村民记熟了"河深海深不如阶级友爱深"，几乎忘掉了"亲亲也，尊尊也，长长也"[1]。

1979年以后，一种新的经济制度进入了美法村，这便是"家庭生产责任制"。这种制度的推行我们现在叫作农村改革。不过，在20世纪50年代的土改运动里，"耕者有其田"的说法已经包含了这制度的基本意思。现在的农村田地名义上属于公有，实际上大体由农户自耕自种自保管。这在美法村也是如此。于是村民除了交些固定数字的"基金费"（如教育基金、人口基金、国防基金、残疾人基金等等）之类的费用以外，"多劳多得"便是板上钉钉的事

---

1 《礼记》，第457页。

情。村民的"利益欲望"由此也就被彻底勾了起来。与此相应的村政制度大体成了党支委和村民委员会的天下。党支委是上面选中委派的，村民委员会则是选举产生的。从大面上看，"两委"的权力功能似乎缩减了一些，不像前一时期"生产大队"那样见事就管。党支委管管政治，村委会管管民政纠纷、文教、治安、财务之类的杂务。至于规矩依然似有跟着国家规矩运行的意思或倾向（当然目前政府开始允许村民自订"乡约"了）。

这时的村民发觉，最重要的事情就是思考挣钱的方法和门路。至少，国家是这样鼓励的。于是村里除了务农之外，出现了乡镇工业、建筑、交通运输、餐饮服务等在过去难以想象的生计活法。村民相信，这样生活照样是不错的，也有可能是更好的。[1]

美法村村政变迁及村民反应的个案，表明乡民有时不是就认一个道理。从明清开始，外来的村政制度不断降临那个村落，改变那个村落的秩序格局。可是村民的心态大致来说是坦然的，他们并没念念不忘山沟里的往昔"小国寡民"。秩序规矩变了，日子照过，村民更多担心的是日常生计。至于"情"字在外来村政制度面前如何被扭曲了，似乎无关紧要，只要能够生活下去，需要讨论的问题就是"怎样活法"。

这些说明国人的"国情"至少是比较复杂的，乡土村民的特性至少不是一个"情"字可以说清的。"国情"一说的出发点，从

---

[1] 王铭铭：《村落视野中的家族、国家与社会——福建美法村的社区史》，载王铭铭、王斯福主编：《乡土社会的秩序、公正与权威》，第29—77页。

"历史"变化的角度看去,也是有问题的。如此来讲我们又可进而得出"西方人法律进入本土并不一定水土不服"的结论。

108 反抗法律的现代性

钱会的例子,是个"空间向度"的例子。美法村村政变迁及村民心态反应的例子,是个"时间向度"的例子。两个例子对"顺势而为"的法律变革观念来说都是不妙的。不过,我们应该明白,对于任何一个"宏大"法律思想而言遭遇相反例证显然不足为奇。在前面,我们也看到了,在激进的法律变革话语那里相反例证同样俯拾即是。其实,一个人为建构起来的法学"宏大"理论不能遇到相反的实际例证,这本身就是令人费解的。法律思想大致是个"法律文化"姿态的表达,表达了人们对现世法律文化要求的愿望和立场,里面似乎没有一个表现"绝对客观真理"的问题,于是,在大千世界里遇到不舒服的反证便是一件再正常不过的事情了。

从这个思路出发,我们有必要看看"国情"一说的一个姿态——反抗法律的现代性。

在这里"现代性"有两个大意:第一个是讲西方人的法律文化发展模式。许多年来,外人看西方人的法律发展,眼花缭乱之余便是交口称赞,大有一种"世界法律现代化的发展只有西方一种模式"的感觉。前面讲过的近现代激进的法律变革观念就属于这种感觉。"国情"一说所要反对的正是这个"现代性"。换句话说,

"国情"一说觉得，法律变革有如大家都想过个好日子，只是想过好日子并非只此"一条道路"才能成功，也许第二条、第三条道路，也是可以的。尤为重要的是非走一条道路的结果兴许会使法律文化发展畸形、水土不服，好日子没过上，反而过上了苦日子。因为，国情环境是个深不可测的大问题。此外，"国情"一说发现，不同地方的人情、需求、秩序都是有个"地方性"的，没有理由认为西方人的东西一定就是一个"标准样板"，就是"唯一正确"的。由此，看事物不可"一叶障目、不见森林"。接下去的结论就是法律发展可以是有多条道路的，法律赖以发展的资源也可以是多样的。

这些"反抗现代性"的意思，在前面已经说得非常透彻了。这里需要稍加一句：其姿态立场显然抚慰了我们国人的民族自尊心。

"现代性"的第二个大意是讲，在现代国家里，尤其是在大国里，国家法律的发展有个专业化、职业化、复杂化的倾向。比如在西方人那里，"法治"的观念十分了得，于是这个观念刺激了"凡事立法、凡事依法"的雄心壮志。接着西方国家的法律日益膨胀，变得浩如烟海。膨胀后的国家法律自然需要满腹法律经纶的专业人士操持管理，法律的知识王国由此变得日益庞大、复杂、专业、"内部"。这个结果，非常要害。因为它会产生一些令人头痛的问题：平民百姓怎能知道法律是个什么样？进入法律圈子岂不像是进入迷津？如果平民百姓在法律面前糊里糊涂，那么他们岂不在权利上受制于一个"专家阶层"？当然，如果"专家阶层"驾驭的法律王国表达了平民百姓的心意，问题也就不是问题了。可是有时那个王国并不一定表达了平民心意。如果没有表达，进一步的问题更为严峻了：法律和民意距离远了，于是，法律和现代国家的各类民主的距离也就拉开了。其实，在法律文化的实践中，这样的困惑已经出现了。像现代民主宪政法律那样的东西，国学大师王国维就对其打过问号：

> 试问立宪共和之国，其政治果出于多数国民之公意乎，亦出于少数党人之意乎，民之不能自治，中外一也。所异者以党魁代君主，且多一贿赂奔走之弊而已。[1]

如此说来，"国情"一说尤其是强调"地方性"的那个说法，正是不自觉地意在解决严峻的法律可能偏离民意的"现代性"难题。强调国情，或说"顺势而为"，就是顺其自然，顺其自然也就是默认了百姓对现存法律的亲切熟知。大家都知并且都守一个规矩，表明大家对规矩是满意的，既然满意，法律和民意也就贴近了。等到大伙都变了，需要新的规矩，这时便顺势定下新的规矩，这依然是使法律贴近民众的意愿。如此，法律和民主大体来说始终是结合在一起的。现在我们国家正在推行的"乡村自治""乡民定约"，骨子里恰是有些类似意思。

---

1 罗振玉：《王忠悫公别传》，载袁光英、刘寅生编著：《王国维年谱长编》，天津人民出版社1996年版，第518页。

这个姿态立场可说是个自下而上的底层大众的立场。

小　结

"顺势而为"的法律理论是种源远流长的法律观念。从古时开始，有人便对其情有独钟。到了近现代更是有人不遗余力地将其"发扬光大"。不过，在法律学说的语境中，人们时常用些"保守主义""自我迷恋"等不太能入眼的标签贴在其上，当人们看到国家不能日日强盛发达的时候，抱怨之声，又是对其铺天盖地。许多人在想，明明是在各个方面都比西方人差上一截，为什么非要抱残守缺？非要挖空心思"开拓本土法律资源"？

在前面，笔者花了不少笔墨来梳理这类观念的思路和缘由。我们看到了：第一，激进的法律变革有翻车的；第二，"移植"外来法律文化有夭折的；第三，法律知识和科学知识总是有个区别，在各个不同的"地方性"法律之间难说谁高谁低；第四，国情民情"惰性"极大，时常让人难以轻装走上变革之路；第五，"顺势而为"的变革从成本角度来说十分划算，几乎等于是用一分的货币买到一角钱的货物；第六，"法律现代性"已是世界性的使人困惑的难题，尤其以西方人为路标的"法律现代性"，使人们已经发觉西化的法律路向问题多多。

这些思路和缘由，有人也许是不敢或者不愿恭维的。但是，我们也得承认，它们的确是宣泄释放了容易被人忽视甚至压抑的话语观念。明确地说，其最为紧要之处，正在于告诉人们：不仅要想到城市人会琢磨什么，而且要想到乡下人会琢磨什么；不仅要知道知识分子想要什么，而且要知道平民百姓想要什么；不仅要知道富人想要什么，更要知道穷人想要什么……毕竟，我们国家是由各类人组成的，大家之间需要相互理解、相互"对话"。更何况国人中的大多数正是乡下人、平民百姓、穷人。

第十一章　第三种态度？

　　在这章开头，我们先看一个有趣的例子。这个例子对激进的法律变革观念而言是不舒服的，对"顺势而为"的观念来说也是难受的。它也许更会刺激我们对法律文化变革的深入思考。这例子笔者取自梁漱溟先生的《乡村建设大意》，只是略作修饰。

　　例子说到，民国时期不少人在琢磨如何将妇女的"三寸金莲"变为舒展大脚。主张全盘西化的人士以为，一来西方人没有裹脚的，二来西方人讲究个人自由权利，三来还有其他……于是这些东西都要引入乡村以点燃"破旧立新"之火才对。但是，西化人士会遇到一个悖论：有些妇女是喜欢裹脚的，以为那是"美不胜收"，加上那脚长在她们自己的腿上，别人不能插手横管，那是她们自己的自由权利，如此强行扔掉裹脚布显然就破坏了她们的自由权利；如果为了保护妇女自由权利，就要尊重妇女意愿、顺其自然，这样，结果又是无法去学西方人拆掉裹脚布。

　　"保守"人士那时大体认为不应强行扔掉裹脚布，觉得拆与不拆是个自然而然的事情。同时，他们以为西方人的个人自由权利不应引入国人之间。因为国人传统总是喜欢相互协助的"义务氛围"。这样，"保守"人士也会遇到一个悖论：妇女裹脚时常是因为自己男人喜欢"小巧玲珑"，而且，为了"夫为妻纲"的宗旨，妇女本身便应继续看着自己男人的脸色再做理论，于是裹脚布成为不应扔掉的东西，接下去也就不存在妇女自己"拆与不拆顺其自然"的问题了；反过来，假如妇女"顺其自然"的结果变得"想拆了"，那么，她们便应可以不顾别人的脸色自作主张，这样，自己男人"三寸金莲"的嗜好便会化为泡影，夫妻之间的义务氛围也会烟消云散。

当然，裹脚在今日已经不是一个现象了。但是，那例子隐喻的意思却是依然如故。它表明，在法律改革的两张对立面孔里都有一个内部的复杂机制。面对外来的法律文化，"变"有个"怎样变"的问题，"不变"也有一个"怎样不变"的问题。从这里我们便可以进入后面一个或许别有趣味的思考空间。

109　慎之又慎·渐变

有些人做事，喜欢区分一下小事和大事。小事不必在意，大事需要小心，这是他们心中的一个原则。

相对法律文化变革大计来说，拆掉裹脚布恐怕属于小事一桩。裹脚布有些男人喜欢，但是把它立刻拆掉并且"拆掉"的要求持续一段时日，那些男人也会接受的，甚至觉得舒展大脚更是妙不可言。这是完全可能的事情。毕竟它和我们的根本性制度秩序隔着一段距离。但是，引入西方人的自由权利观念，或者死守国人的相互义务氛围，倒是属于牵一发而动全身的"壮举"。所以对后两样人们便容易想到"慎之又慎"。自由权利和相互义务是制度秩序的大问题，即使想变也要慢慢来。这样做也许就可以避免刚说的两类悖论了。

这，正是中国法律思想另外一些理论的出发点。

《荀子》说：

> 无国而不有治法，无国而不有乱法……无国而不有美俗，无国而不有恶俗。两者并行而国在，上偏而国安，在下偏而国危；上一而王，下一而亡。故其治法，其佐贤，其民愿，其俗美，而四者齐，夫是之谓上一。[1]

《荀子》的想法有时颇为古怪。在这里，它非说不好的法律不好的习俗待在国家里也没有什么大碍，只要不是全部糟糕，国家依然可以过得下去。这似乎有点我们今人熟悉的"辩证"意思：矛盾无处不在，好坏是一对矛盾，没好也就没坏，没坏也就没好，好坏可以相互转化，"相辅相成、相得益彰"。

其实，我们应该注意《荀子》特别有点"全方位""四平八稳"看问题的思维方式。它说过："知心术之患，见蔽塞之祸，故无欲、无恶，无始、无终，无近、无远，无博、无浅，无古、无

---

1 荀况：《荀子》，第67页。

今，兼陈万物而中县衡焉。"[1]

如此，我们也就可以大致理解，为什么《荀子》对好与不好的法律的态度都是坦然的。

对于法律变革来说，这种态度，"全方位"或者"四平八稳"的思维方式意味着什么？显然，它们意味着慢慢来，意味着看全看准之后再动手。不是不变而是渐变。毕竟好与不好掺在一起不是彻头彻尾的坏事。这类态度在中国法律思想的一些理论中还是可以看出来的。清朝末年的法律专家沈家本就说，"法久弊生，不能不变，变而不善，其弊益滋"[2]。

无论怎样，法律小到可以分家析产，大到可以人命关天，所以，不能不"慎之又慎"。

110　税的减法·小房与大楼

前一小节说了法律变革应"慎之又慎"。讲来，这四个字谁都会说，而且一般人做起事来大抵也是"三思而后行"。对于前一部分说过的"顺势而为"法律变革观念来说尤为如此。当然，"慎之又慎"在这里是"慢慢来"的意思，在"顺势而为"那里大体上是"不要来"的意思。

《孟子》记载过一段对话。对话一方是春秋战国时期宋国大臣

---

1 荀况：《荀子》，第125页。
2 沈家本：《历代刑法考》，第315页。

戴盈之，另一方就是人们屡"说"不厌的孟子了。戴盈之有点"慢慢来"的劲头，而孟子则显得一反顺势而为的常态而要"只争朝夕"。我们看一下再议论。

戴盈之：征税太多不是好事，应该改掉。只是眼下立即开始仅征十分之一的地税，免掉关卡之税和集市之税，尚难做到。所以我们还是慢慢来，先逐步减轻税收，待明年这时再彻底执行新税制。如何？

孟子：我们换种方式来谈这个问题。现在，有个人天天都要去偷邻居家里的小鸡。另有别人告诉他："别再偷鸡了，偷鸡这事太丢人。好人绝对不会做这等事的。"偷鸡者听后觉得在理，便拍拍胸脯说："那我以后就少偷点，不再天天去偷鸡，而是每个月偷一只鸡，到了来年我再彻底绝掉偷鸡的念头。"戴大人，我似乎有些不明白您说的减轻税收之举和这人的逐步减少偷鸡有何区别？其实，大凡一件事情，只要知道它是不合道义的，就应立即予以禁止，为什么非要等到明年呢？[1]

这段对话的结局究竟如何就不得而知了。估计戴盈之是无言以对。大凡读过《孟子》一书的人都知道和孟子议论是非问题是没有什么好下场的。毕竟，孟子能说会道、擅长反讽解构。

1　《孟子注疏》，第175—176页。

　　不过，我们今人还是可以继续说说"偷鸡"和"征税"的问题。这"偷鸡"和"征税"是两件不同的事情，类比起来也许是不当的。在戴盈之和孟子对话的语境中，"偷鸡"是个无可争辩的坏事情，"征税"则是没有交代清楚，不过想象一下的话它应该是复杂的。孟子在议论"偷鸡"之时，已经将其归入了在道德上不折不扣的坏行为行列。这"偷鸡"就是一个"贪"。如果偷鸡者偷鸡是为了其他道德上可以说说的理由，比如为了体弱的老母，或者产儿的妻子，而且自己实在太穷困了以致无法养活一个孩子，那么，问题就复杂了。但是孟子十分精明，硬是将其限定得极为狭窄，让人看去似乎偷鸡者自己已经是偷得不好意思了，所以答应"逐渐"痛改前非。这样一种"偷鸡"怎能和"征税"相比？

　　只要"征税"，总会有个政治理由以及道德理由。一个国家打算存活下去就要有"国家开支"。国家开支的来源无非就是征税了。当然，"开支"偶尔可以来自对邻国的巧取豪夺，可那毕竟是少有的，也是冒险的。征税的政治理由在于社会总要有分工，分工就会有"劳心者"（管理者）与"劳力者"（被管者）之分。"劳心者"自己一般没有时间亲手创造财富，这就需要"劳力者"提供税源了，提供税源的结果自然是"劳心者"更加可以安心地管理国家。这点，孟子自己也说过。[1]道德理由是讲，"劳力者"需要国家的保护，国家也有这个义务，可是国家的保护也不能是"不要钱

1　见前第087小节。

的"，这就需要"劳力者"有义务提供国家保护的钱财来源。"劳力者"只想得到国家保护，不想交钱养活国家，这在道德上当然是自相矛盾的。

如此看去，"征税"要比"偷鸡"复杂多了。"征税"大体来说总和国家的种种需要有着关联。国家需要各类开支，有时甚至需要将钱财征收上来然后再像"家长"一样在贫富不均的"孩子"（国民）之间做个调剂（如现代国家的福利制度）。这样，怎样征法，征收多少，便和国家的当时需求有个对应关系。戴盈之说减税慢慢来，到了明年再彻底减掉，恐怕就有一个"国家情况复杂"的问题放在那里。也许当时的国家"劳心者"很多，也许更多的贫困"孩子"（国民）需要"家长"的调剂，也许当时的国力非常弱……过了一年之后，情况也许就会有些改观，到时再彻底减掉也就水到渠成了。所以，戴盈之说慢慢减税，并不一定像偷鸡者那样明知不对，非要赖皮地从多偷到少偷，然后再从少偷到不偷。

在这里笔者自然无意深说"减税"和"少偷鸡"的问题，而是想借古人这段对话，来讲戴盈之所象征的国人法律思想中"慢慢来"的法律变革观念。

"慢慢来"的观念有个"结构主义"的意思。这是说，法律制度文化里的每个东西和其他东西都是相互联系的。一条法律规定的出现或存在，总是和其他法律规定相匹配的，至少应该是这样。用今人熟悉的语汇来说就是"措施配套"。像刚说的征税规矩就和国家官员的人数规矩、理财规矩、权力规矩等有相互支持的关系。

在前面第 094 小节，我们提过清朝末年的梁启超先生。那时的梁先生似乎异常激进，非说迅速变法、及时学习西方，方能"保国保种"[1]。不过，有趣的是，稍后的梁启超 1903 年巡游了一番美利坚合众国，发现问题好像并不那么简单。他提出了这样一个看法："譬如建筑，先有无数之小房。其营造不同时，其结构不同式。最后乃于此小房之上，为一屋堂皇轮奂之大楼以翼蔽之"，而且，"盖小房非恃大楼而始存在，大楼实恃小房而始存立者也"[2]。在这些话的后面，梁先生又甩出了一句：恰恰小房和大楼之间的相互关系，才是"美国政治之特色，而亦共和政体所以能实行能持久之原因也"[3]。

梁先生的这番言语，讲的就是法律变革"结构主义"的意思。当然，后来的梁启超不大喜欢激进的变革了，甚至对"慢慢来"的观念都有点不以为然，所以，"小房大楼结构"的说法，在他那里，成了国人不应学西方人尤其是美国人的话语借口。

对于"慢慢来"的法律变革观念而言，明晓国家里面的"小房大楼关系"，正是要谨小慎微地找准一个变革切入点，找准一个适合施工者先动手的小房子，一点一滴、循序渐进地将法律大楼来个改换门庭。比如，假设发觉美国人的官司制度在整体上是很有意思的，因而动了"拿来主义"的心思，那么，就不能将其整个官司制

1　梁启超：《饮冰室合集》，第8页。
2　梁启超：《饮冰室合集》，第134页。
3　梁启超：《饮冰室合集》，第134页。

度一次全部端来，而应按部就班，先学一下"小额钱债法庭规矩"
（即设立法庭专管小笔数额债务官司），过了一段时间再学"法庭
对抗诉辩规矩"（即法官不主导庭审，而是"坐山观虎斗"），又
过一段时间再学"律师提前介入规矩"（即有人被官府抓了就可立
即聘请律师）……这些局部规矩就是小房子，整个官司制度就是大
楼了。

　　反过来，如果不是"慢慢来"，而是将大楼整体一次搬移，大
楼的遭遇便是可想而知的。不仅如此，小房的境遇也将是惨不忍睹
的。我们可以这样设想，"对抗诉辩规矩"至少需要对立双方手握
充足的证据材料，英语国家的西方人，尤其那个头戴假发并且能说
会讲的律师，所以能够在法庭旁征博引，也恰是主要因为握足证
据、胸有成竹。怎样才能握足证据？当然，这需要时间，需要律师
在自己的当事人刚被官府抓住时就可以介入过问，立即展开地毯式
的证据收集。但是，"能说会讲"和"提前介入"真要有个显著效
果，自然要靠"法官制度"这一主要方面的有力配合。假设法官喜
欢像中国古代官人那样盛气凌人，极好纠问，懒得听人诉说一二，
那么将前面两个规矩齐齐搬入，就会造成早产畸形、毫无效果，也
会叫原有的官司制度显得里外不是。这样看去，倒是不如悄悄先搬
一个"能说会讲"，或者"提前介入"，慢慢动摇原来的官司制度
"大楼"，叫它一点一滴地自我更替，使人们在原有官司文化的笼
罩下循序渐进地自我反省、自我革命。

111 "烹煎小鱼"

前一小节讲了"慢慢来"在"结构主义"上的意思。现在我们看看它的"功效"上的意思。

典籍《老子》里有这样一句话："治大国若烹小鲜。"[1]《老子》的话语总是微言大义。所以，治理大国为什么要像烹煎小鱼那样偶尔移动，《老子》便没有进一步解说了。《韩非子》倒是有番解说。它讲："烹小鲜而数挠之，则贼其泽；治大国而数变法，则民苦之。是以有道之君贵静，不重变法。故曰'治大国者若烹小鲜'。"[2]

在前面，我们提过《韩非子》是个特别青睐激进变法的话语文本。不过，《韩非子》的作者韩非对玄而又玄同时力主无为而治的《老子》倍感兴趣，故而专写了两章《解老》和《喻老》的小文字，将《老子》按照韩非自己的理解里外梳理了一下。"烹煎小鱼"的解说就在《解老》的文字里面。

《韩非子》对这隐喻还有进一步的发挥。它讲，大凡干起了一个行道，再朝三暮四地改变行道，甚至百"变"不厌，就会一事无成。譬如当上了厨师，最好就踏实稳定地练好厨艺，不要明天想着瓦匠的瓦刀，后天想着花匠的裁剪，大后天想着木匠的斧锯……因为这样下去，不仅瓦刀、裁剪或斧锯无法使用得精熟，就是原来的

1 老子：《老子》，第15页。
2 韩非：《韩非子》，第50、51页。

使用菜刀和炒勺的技艺也会不伦不类。展开来说，如果这种"朝秦暮楚"的人士在国家里大行其道，国家的各类行当也就无从谈起了。这就是"功效"的意思。

放到国家法律身上，"凡法令更则利害易，利害易则民务变……故以理观之，事大众而数摇之，则少成功"[1]。

《老子》的观念极其超脱，特别忌讳人为地干预任何事物。它要比前面说过的"顺势而为"的法律变革观念还要好"清静"。别说法令朝令夕改，就是立下法令一劳永逸，《老子》一般都是觉得有些过分了。"法令滋彰，盗贼多有"[2]，是《老子》的恒言警句。可是《韩非子》喜欢"法治"，而且喜好大兴变法。另外只要出现了时势需要，《韩非子》便会搬出"守株待兔"的寓言来嘲弄抗拒变法的守旧观念。[3]那么，《韩非子》为什么会借《老子》的"烹煎小鱼"做个发挥？

我们可以发觉，将《老子》和《韩非子》调和一下，便会得出一个"中庸"的变革观念。这就如同慢性子掺和了急性子，这人就会变得不紧不慢。兴许《韩非子》偶尔觉得大兴变法，并不一定会给江山社稷带来全面的福音佳讯，而且变法的后果也许包含负面的麻烦，所以，需要说说《老子》的"烹煎小鱼"，来为自己的激进观念做个缓冲调剂。当然，这只是一个表层的解释而已。

1　韩非：《韩非子》，第50页。

2　老子：《老子》，第14页。

3　见前第093小节。

现在，我们试从国家法律的本身机制来理解一下《韩非子》的发挥。

人们常说，国家法律是普遍的规则。这说法有个显眼的意思，一望就可知道。这就是规则对所有人或者所有东西具有约束作用。但是，这个说法还有一个隐蔽的意思不易为人所记住。这又是：规则应该在一段时间之内不可变动。专家喜欢用"法律的稳定性"来表述后一个意思。其实，隐蔽的意思恰好是显眼意思的重要前提。没有隐蔽的意思，显眼的意思也就无从说起了。因为我们可以想象一下，如果国家法律今天规定"小贩子可以沿街叫卖"，时隔数月后又规定"凡沿街叫卖者格罚勿论"，再过数月，又规定"小贩子白天不可叫卖傍晚可以"，而又过数月再规定"任何小贩子在任何时候都是可以叫卖的"，那么，凡是可以冠以"小贩子"称呼的人士就都会不知所措。不仅如此，其他人士也会想到一个问题：国家法律既然可以在"叫卖"上时常变动，在其他事情上当然也会"变动不居"的，如此，怎样的行为才是可以的？接下来的问题便是谁也不知怎样安排自己将来的生活，因为都担心不知哪天就会撞上法网，国家也会因此混乱不堪，规则的"显眼意思"也就无影无踪了。

话说到这里，我们兴许就会觉得，《韩非子》所以借"烹煎小鱼"做个发挥，可能正在于担心法律变来变去自然会使法律本身毫无"功效"。如此看来，国家法律的变革，还是有个内在的"慢慢来"的因素暗藏其中。

当然，《韩非子》毕竟是个喜好激进变革的话语文本，笔者提到这些，是想说明中国法律思想中的一些理论所以青睐"慢慢来"的观念，也许恰恰是与这些思绪理路有着联系。从这些思绪理路，我们可能真是可以得出一个既不"激进"又不"顺势而为"的中庸之道。就像后来唐朝李世民说的："法令不可数变，数变则烦，官长不能尽记。又前后差违，吏得以为奸。自今变法，皆宜详慎而行之。"[1]

112　空间上的一分为二·法律

其实，上一小节说的那些意思，《管子》早已略说一二：

号令已出又易之，礼义已行又止之，度量已制又迁之，刑法已错又移之。如是，则庆赏虽重，民不劝也；杀戮虽繁，民不畏也。故曰：上无固植，下有疑心，国无常经，民力不竭，数也。[2]

所以虽说国家法律应该"随时而变，因俗而动"[3]，然而，"慢慢来"的变法也是一个大道理。

"慢慢来"是个时间上的"慎之又慎"的说明。在时间上，"慎之又慎"显然不同于大刀阔斧的激进观念，也有些不同于"消

1　袁枢：《通鉴记事本末》，改革出版社1994年版，第2663页。

2　《管子》，第56页。

3　《管子》，第148页。

极怠工"的顺势而为观念。当然，"慎之又慎"在空间上还有另外一个意思：有些东西永远变不得，有些东西倒是非变不可。这是讲在国家法律变革上要将事物"一分为二"，看看哪些能变，哪些不能，然后再来个取舍定夺。

沈家本说："当此法治时代，若但证之今而不考之古，但推崇西法而不探讨中法，则法学不全，又安能会而通之，以推行于世？"[1] 这言外之意，自然是在暗示，不能眼睛总是注意现在而不看看古人，也不能只拿西方的法律当真理，而不注意一下国人的精粹传统。古今中外都有各自的过人之处。只要是精妙的东西，保留移植都是可以的。所以"折衷各国大同之良规，兼采近世最新之学说，而仍不戾乎我国历世相沿之礼教民情"[2]。

与沈家本同时，清朝皇室类似地认为，像刑法一类的国家法律，"本乎礼教。中外各国礼教不同，故刑法亦因之而异。中国素重纲常，故于干犯名义之条，立法特为严重。良以三纲五常，阐自唐、虞，圣帝明王兢兢保守，实为数千年相传之国粹，立国之大本"。不过，无论怎样，"今寰海大通，国际每多交涉，固不宜墨守故常，致失通变宜民之意"。所以，"只可采彼所长，益我所短。凡我旧律义关伦常诸条，不可率行变革"。[3]

说来，在清末那个中西碰撞而又人心激荡的岁月，不少人加入

---

1 沈家本：《历代刑法考》，第2223页。
2 《大清光绪新法令》，考正出版社1962年版，第1985页。
3 故宫博物院明清档案部编：《清末筹备立宪档案史料》，第858页。

了"慎之又慎"的队伍。不仅法律大家、皇室家族为此出言，就是一般达官贵人也有出来为此摇旗呐喊的。当时的重臣张之洞说，"夫不可变者，伦纪也，非法制也"[1]，仿佛他耳边正在回响《礼记》这段话语："其不可变革者，则有矣，亲亲也，尊尊也，长长也。"[2]虽说张之洞所说的表面意思是讲"大凡列为法制的东西可以照改不误"，但是，其实质是在讲，贯穿国人伦纪纲常这个根本的法律是动不得的，而那些无关宏旨的角落法律，可以学学西方人。这就是人们常说的"中体西用"在法律思想上的一个真实意思。另有清末大臣张仁黼也说：

中国文教素甲全球，数千年来礼陶乐淑，人人皆知尊君亲上，人伦道德之观念，最为发达，是乃我之国粹，中国法系即以此。特闻立法者，必以保全国粹为重，而后参以各国之法，补其不足，此则以支那法系为主，而辅之以罗马、日耳曼诸法系之宗旨也。[3]

自然，所有这些说法都在表明一个空间上的"慎之又慎"。不奇怪，清末时期，西方法律文化风头正劲，在世界各地备受欢迎，到了国人这里似乎也是耀武扬威。于是，彻底而又顽固地将其拒之门外当然是件非常困难的事情。另外，那时的"顺势而为"的变革

1　张之洞：《劝学篇》，李忠兴评注，中州古籍出版社1998年版，第133页。

2　《礼记》，第457页。

3　故宫博物院明清档案部编：《清末筹备立宪档案史料》，第834—835页。

话语力量也是影响不小，加之国人之中不少人素有随波逐流的惰性，所以，面对难以抵御的西方强势法律文化，产生一种不温不火、"左右皆是"的中庸之道，也就顺理成章了。

对待外来法律文化的态度，和即时情景以及人们的习性有着紧密关联。不过这是事情的一个方面。另外，我们称之为"宏大意识形态"的东西同样是非常重要的。那种东西意指，我们看事物总是有个世界观，总会从一个大的方面看看东西的"是"与"非"，对东西先做个"定性"工作，或者预先旗帜鲜明地站在一个立场上，分清这是"应该的"或者"不应该的"，然后再说说怎样对待具体的法律。这样一种世界观十分容易影响对待外来事物的取舍姿态。

前面说的那些清人言语之所以出现，正是有这类原因。比如，他们显然相信，在道德伦常方面西方人的"行为文化"太过放肆，重则人欲横流，轻则世风日下，在家族关系上也是没大没小、"长幼不分"，以至人人都是以自我为中心、轻视社会。而这些东西的错误之处是绝对不可商量的。国人对此，自然需要是非分明。再有，清朝的政体是祖传的，"祖宗的规矩"不可变，这是大是大非的大问题。不能破此规矩另立西方人的分权邪说。大清政体延续数百年而能够依然屹立，自然又是表现了"生命不息"。凡存在即合理，合理的也就是正确的了。对于一个泱泱大国，自上而下的一体化统治威权当然是不能丢掉的。至于其他方面，属小打小闹，无关宏旨，是对是错本身也是不重要的，所以可以拿来、看看、试试、用用，甚至让其"安家落户"。我们能够看出，所有这些意念都是被宏大意识形态暗中左右的。

空间上的"慎之又慎"还有一个潜在的话语思路：人性本身具有共通的地方，同时具有个性的地方。读者可以想起，在前面我们说过激进的变革观念特别相信人性的特点是普遍的，相信人人都有类似的"趋利避害"品性。[1]而"顺势而为"的观念倒是相信人性是文化的、"语境"的。后者尤其以为，别看人人都想要吃的喝的，那"吃喝"的意思终究是不同的。起码有人想吃这东西，有人想喝那东西，而且"吃法喝法"也是各有所异。所以，吃喝的欲求是浮在表面的现象，吃喝什么以及怎样吃喝才是要害的深层问题。[2]就像有学者说的："问题不是在要的本身，而是在要什么的内容。这内容是文化所决定的。"[3]

与这些不同，到了"慎之又慎"这里，人性被一刀切开了：有的是一样的，有的是不一样的。这里没有什么绝对一样的东西，也没有什么"表面"或者"深层"的问题，有的只是这一部分、那一部分。这些"部分"要么是共通的，要么是个性的。于是，对待西方人或者其他外人的法律文化，便应看清哪些是属于共通的，哪些是属于个性的。个性的东西土生土长、根深蒂固，总是缘于自家流淌不断的文化传统，所以应该"把根留住"。共通的东西随处可见，而且也是没有什么"根底"的，所以搬来搬去也就无所谓了。

---

1 见前第093、096小节。

2 见前第104小节。

3 费孝通：《乡土中国》，第86页。

讲到这里，我们需要注意，“慎之又慎”作为一种思维方式，百年以来在国人这里本身就是流淌不断的。时至今日，意识形态不同了，人民当家作主了，这种方式则是以另种形式表现出来。有书说：“人们不能凭空开拓新生活、创造新制度……在文明时代的各个社会中都把偷盗、杀人、乱伦等行为视为犯罪而予以惩罚。社会关系、生产力等因素的连续性决定了法律调整方面的连续性，这是法的继承性的基本依据。”[1]但是，“每一个民族的社会调整都有其特点，法律调整在社会调整中的地位和作用也各有特色，这与该社会的整个民族文化和生活方式紧密联系。一种新法的建立必须考虑这种文化背景，武断地移植另一种完全陌生的法律制度往往不会收到好的效果”[2]。

还有书讲：

如果两个国家社会政治内容不同，专门法律内容相似，在借鉴其专门法律内容时应注意防止其社会政治内容的影响。同时，无论就社会政治内容和专门法律内容而言，在许多情况下两个国家也不是全部相同或全部不同，而往往是部分相同、部分不同。因此，移植时应区别对待。至于到底哪些内容可以吸取、借鉴、移植……应当做具体分析。总的原则是，必须适应接受国的社会经济发展的需要。[3]

1 孙国华等：《法理学教程》，第138页。
2 孙国华等：《法理学教程》，第139页。
3 朱景文：《比较法导论》，中国检察出版社1992年版，第171页。

当然，今人的类似讲法虽说还是"慎之又慎"，但是毕竟和清末人士的言词不可同日而语。清末人士观念陈腐，立场也很有问题。今人则扔掉了"抽象的"人性论说基础，而且站在了鲜明的"阶级立场"，强调了敏锐的"政治洞察"。

113　"缩小"的激进·"拆开"的激进与顺势而为

前面几小节，笔者在"时间"和"空间"两个方面说了"慎之又慎"的意思。现在，我们深入讨论其中的问题。

先看"时间"这一边。在这边，"慎之又慎"是个"慢慢来"的意思。"慢慢来"又特别暗示了"结构主义"。这意味着如果看准西方人法律制度的某个部分实在不错，进而想搬来，那么就要一点一滴地逐步展开，也像改建一幢大楼里的每个小房子一样一个一个来。这个有点中庸味道的观念以为，自己本身和激进的变革观念有着实质区别，激进的观念属于感情用事，相信了"敢叫日月换新天"不算，还相信了"任何事可以只争朝夕"，而它自己则是不紧不慢、节奏适中。

但是，如果仔细琢磨一下，可以发现这类"慢慢来"倒可能是种变相的"激进观念"，或说是"缩小"的激进观念。

在前面第093小节，我们提过一个比喻的说法，讲激进的变革观念有些类似这种意思：在一个国家里，如果只有几个女性喜欢男式短发，或者在外国那里发现了这样的时髦风尚，那么打算让本国所有女性迅速改变，就可以拿起剪子将所有长发一一剪掉，根本不必等待"个人自觉"。其实，这个观念严格地讲，似乎没有"整体结构革命"的意思。因为可以发觉，一个国家的风俗文化在许多方面是不同于另一国的。在另一国里，不仅会看到女性的男式短发，还可以发现其他的诸如"裙子超短""袒胸露背"之类的东西。这些东西就像男式短发一样，也是整个风俗文化大楼里的小房子。当解决头发变革的问题时，激进的观念有时并没有将"男式短发""裙子超短""袒胸露背"齐齐搬来的意思。这或许是因为改革者对另外两样不感兴趣，或许是根本就没想到这些东西。不论怎样，激进变革观念想要动手的对象，在事实上，往往是风俗文化方方面面里的一个方面，而不是全部。这样说来，假如可以将一个国家的所有风俗文化看作一个整体，一幢大楼，那么就可看到"慢慢来"的观念和激进观念的区别，好像大抵仅仅在于"小"与"大"的不同。

放在法律制度里面来说，激进的变革观念往往也是针对一个条文、某一方面的法律或者一个制度的，不是也不大可能是针对整个的法律大厦。前边，我们提过官司制度问题。[1] 在那里，我们看见西方人的官司制度里面可以包括许多东西，像"小额钱债法庭""诉讼抗辩规矩""律师提前介入"等。如果我们乐意，在这后边还可写出长而又长的一个制度清单："法官选自律师""法

---

1 见前第110小节。

官不与律师会面""法官不外出调查收集证据""最高法院法官可以终身任职""法官薪水优厚充裕"……激进的变革观念在挥舞"拿来主义"旗帜的时候，通常不是想将清单可以列尽的整个官司制度一锅端来，而是像面对"头发"问题时一样，要么对其中一些规矩兴趣有限，要么无暇顾及它们；反正，在事实上不是也不大可能是搬来整个官司制度。即使试图一锅端来，官司制度之外还有许多其他法律制度，就法律大厦而言，它们和官司制度一样，兴许都是可以列入"小房"清单的。如此讲去，"慢慢来"的"先动个别小房"的中庸观念，对比激进的变革观念依然是个"缩小"的同类产品。

说到这里，笔者想进而点出，如果激进的变革观念有何优点，则"慢慢来"的观念也会具有相似的优点。同样，如果前者有何问题，或者力不从心，则后者也是如此。同类产品具有同类问题是件自然的事情。

再看"空间"这一边。在法律变革上，"慎之又慎"的想法将对象一刀切为两部分。它认定一部分是万万不能动的，如果动了，轻则社稷紊乱，重则亡族亡国。同时，它认定另一部分可以进行大刀阔斧的变革，变革可以像风卷残云一样毫不含糊。这是一个有趣的"两面相"。其实，更准确地说，这是激进的变革观念和"顺势而为"的变革观念的一个简单加法的算式结果。它是"1+1=2"的意思，似乎没有也不大可能具有"1+1>2"的味道。

如果真是一个简单加法的算式结果，那么我们将会看到一个景观：两个不同的人站在一起，这两人各自有短处，也各自有长处，而且，短处长处都是自己的，不是也不大可能经过站在一起就变为对方的。接下去的结论，我们可以说，激进变革观念的问题或优点，便是其中一个人的短处或长处，而"顺势而为"观念的问题或优点，也是另外一个人的短处或长处。这些问题或优点不大可能互换，也不大可能互补或说取长补短。因为简单加法的结果正是"1+1=2""2+2=4"的意思。

说了这些，我们可以得出什么结论？刚讲的"慎之又慎"的变革观念是不是的确有别于激进观念和"顺势而为"观念的第三种观念？这些问题，尊请读者自己甄别了。

小　结

这一部分，笔者从一个不大雅致的"裹脚布"问题开始，讨论了一番可能的"第三种态度"。前面说过，某些国人思考问题时常有个"中间取齐"的爱好。在中国法律思想里，这是一个随处可见的有趣现象。看到一个东西有缺点，同时看到与它对立的东西还是有缺点，进而想到一个折中的立场，想到"裹脚布"是个无关宏旨的小问题，而其他才是大而又大的要害问题，这是十分自然的。

问题倒是在于，在法律变革这个大事上第三种态度是否那样"纯粹"，是否可以像一些人想象的那样能够四平八稳、滴水不漏？

我想，经过我们的大致剥离，第三种态度似乎已经表现出

来：要么是"缩小"的激进变革法律观念，要么是隐蔽形式的
"1+1=2"，好像难说是种独特的变革话语。不难理解，大凡落到
一项具体的法律改革，中国法律思想中的任何一个理论最终都要说
出一个"行"字，或者"不"字，不会也不可能自相矛盾地说出
"既行又不"的逻辑呓语。从古到今，法律改革总是中国法律思想
的议题。可是法律具有务实的品格，总是贴近我们国人的具体习性
与生活。所以，关于法律变革的争论必将总是纠缠在具体的法律
问题上。不论是以为要"变"，还是以为要"存"，还是以为大
面上"这些可变那些要存"，最终在具体的问题上，要么是个肯
定的姿态，要么是个否定的姿态。因为，具体问题是不能悬而不
决的，它终究是我们具体过活日子的一种方式。人们可能会讨论
"人是否需要吃饭"，但是这类讨论无论怎样抽象，人们都要在
具体时刻回答具体问题：今天这饭是吃还是不吃？这样，在第三种
态度的背后我们兴许看到的还是两种基本态度：或者人为变革，或
者"顺势而为"。

　　经由这个思路，我们就回到了激进的和"顺势而为"的法律变
革理论的初始地点。

　　只是在那里，我们已经暗示了，一切的一切决定于法律话语采
取的基本姿态和立场。法律话语本身不是、也不大可能叙说一个绝
对的法律思想真理。在编织一种法律思想的时候，我们会关注一些
法律现象、法律事件，而且会关注一些前人已经说过的法律理论。
但是十分重要的是，在关注的同时，我们自己的头脑并非"白板"

一块，我们已有自己的预先存在的观念、想法、姿态，还有预先已存在的对法律利益是与非的基本立场。这些影响我们对"现象事件"的"关注"，最终影响了我们的法律思想的编织。所以，国人的法律思想不是也不可能是"客观""中立"的话语描述。"第三种态度"是这样，激进的和"顺势而为"的变革理论也是这样，更加靠前的我们已经叙述的各类理论，同样是这样。

话说至此，我想写出金岳霖先生的一段言词作为进一步的说明：

> 我以为哲学是说出一个道理来的成见。哲学一定要有所'见'……但何以又要成见呢？哲学中的见，其理论上最根本的部分，或者是假设，或者是信仰，严格地说起来，大都是永远或暂时不能证明与反证的思想。如果一个思想家一定要等这一部分的思想证明之后，才承认他成立，他就不能有哲学。这不是哲学的特殊情形，无论甚么学问，无论甚么思想都有，其所以如此者就是论理学不让我们兜圈子。[1]

有读者会问，既然我们的各类法律思想大抵是姿态立场的表达，而且又是"成见"，那么在中国法律实践中，我们到底应该如何？我想，这个问题就太大了。不过至少我们可以想到这样一些回答：第一是宽容；第二是自由对话式的相互理解；第三是看到，不

---

1 金岳霖：《审查报告二》，载冯友兰《中国哲学史（下册）》，第1页。

仅在法律之外而且在法律之内，民主意识是不能忘记的。当然，法律中的民主对法律实践而言未必就是一个最好的东西，但是它绝对不是一个最糟糕的东西。

这个意思权且当作全书的结束语吧。

参引文献

中文

阿奎那：《阿奎那政治著作选》，马清槐译，商务印书馆1982年版。

埃科：《他们寻找独角兽》，载乐黛云、勒·比松主编：《独角兽与龙》，北京大学出版社1995年版。

柏拉图：《理想国》，郭斌和、张竹明译，商务印书馆2002年版。

柏拉图：《游叙弗伦·苏格拉底的审判·克力同》，严群译，商务印书馆1983年版。

班固：《白虎通义》，上海古籍出版社1992年版。

班固：《汉书》，颜师古注，中华书局1962年版。

伯尔曼：《法律与革命》，贺卫方、高鸿钧、张志铭、夏勇译，中国大百科全书出版社1993年版。

布迪、莫里斯：《中华帝国的法律》，朱勇译，梁治平校，江苏人民出版社1995年版。

采蘅子：《虫鸣漫录》，新文化书社1934年版。

蔡元培：《中国伦理学史》，东方出版社1996年版。

陈独秀：《独秀文存》，亚东图书馆1922年版。

陈顾远：《中国法制史》，第一编总论，商务印书馆 1934年版。

陈顾远：《中国法制史》，第一编总论，载《民国丛书》（第一编第 28 卷），上海书店 1989 年版。

陈亮：《陈亮集》，中华书局 1987 年版。

陈寿：《三国志》，裴松之注，陈乃乾点校，中华书局 1959年版。

陈序经：《中国文化的出路》，中国人民大学出版社 2004 年版。

陈寅恪："审查报告三"，载冯友兰：《中国哲学史（下册）》1984 年版。

程树德：《中国法制史》，第一篇总结，商务印书馆 1935 年版。

《春秋左传正义》，杜预注，孔颖达等正义，上海古籍出版社1990 年版。

《大清光绪新法令》，考正出版社 1962 年版。

邓析：《邓析子》，仲长统校定，陆佃解，上海古籍出版社1990 年版。

董仲舒：《春秋繁露》，卢文弨校，上海古籍出版社 1989 年版。

范晔、司马彪：《后汉书》，李贤等注，中华书局 1965 年版。

房玄龄等：《晋书》，中华书局 1987 年版。

费孝通：《乡土中国》，三联书店 1985 年版。

费正清、赖肖尔：《中国：传统与变革》，陈仲丹译，江苏人民出版社 1992 年版。

冯友兰：《中国哲学史》（下册），中华书局 1984 年版。

傅霖：《刑统赋解》，收于刘俊文编、北京爱如生文化交流有限公司制作：《中国基本古籍库》，黄山书社 2002 年版。

高道蕴："导言"，载高道蕴、高鸿钧、贺卫方编：《美国学者论中国法律传统》，中国政法大学出版社 1994 年版。

高道蕴：《中国早期的法治思想？》，载高道蕴、高鸿钧、贺卫方编：《美国学者论中国法律传统》，中国政法大学出版社 1994 年版。

葛洪：《抱朴子》，中华书局 1954 年版。

公孙龙：《公孙龙子》，逢行珪、谢希深、陶弘景注，上海古籍出版社 2001 年版。

《管子》，房玄龄注，刘续增注，上海古籍出版社 1989 年版。

海瑞：《海瑞集》，陈义钟编校，中华书局 1962 年版。

韩非：《韩非子》，阙名注，上海古籍出版社 1989 年版。

桓宽：《盐铁论》，张之象注，上海书店 1986 年版。

胡长清：《中国民法总论》，中国政法大学出版社 1997 年版。

胡适：《胡适文存》，北京大学出版社 1998 年版。

胡适：《中国哲学史大纲》，上海古籍出版社 1997 年版。

黄仁宇：《万历十五年》，内蒙古文化出版社 1995 年版。

霍布斯：《利维坦》，黎思复、黎廷弼译，商务印书馆 1985 年版。

霍翼编：《军政条例类考》，收于刘俊文编、北京爱如生文化交流有限公司制作：《中国基本古籍库》，黄山书社 2002 年版。

纪昀：《阅微草堂笔记》，吉林文史出版社 1997 年版。

贾谊：《新书》，上海古籍出版社 1989 年版。

金岳霖：《审查报告二》，载冯友兰：《中国哲学史（下册）》，中华书局 1984 年版。

康有为：《大同书》，上海古籍出版社 2005 年版。

康有为：《康有为政论集》，汤志钧编，中华书局 1998 年版。

康有为：《孟子微》，楼宇烈整理，中华书局 1987 年版。

孔安国：《尚书正义》，孔颖达等正义，中华书局 1980 年版。

蓝德彰：《宋元法学中的"活法"》，载高道蕴、高鸿钧、贺卫方编：《美国学者论中国法律传统》，中国政法大学出版社 1994 年版。

蓝鼎元：《鹿洲公案》，收于刘俊文编、北京爱如生文化交流有限公司制作：《中国基本古籍库》，黄山书社 2002 年版。

老子：《老子》，王弼、张湛注，上海古籍出版社 1989 年版。

李昉等：《太平御览》，中华书局 1960 年版。

《礼记》，钱兴奇等注，岳麓书社 2001 年版。

《礼记正义》，郑玄注，孔颖达等正义，上海古籍出版社 1990 年版。

李龙等：《法理学》，武汉大学出版社 1996 年版。

梁启超：《先秦政治思想史》，东方出版社 1996 年版。

梁启超：《饮冰室合集》，中华书局 1989 年版。

梁漱溟：《梁漱溟全集（第 4 卷）》，山东人民出版社 1991 年版。

梁漱溟：《梁漱溟全集（第 1 卷）》，山东人民出版社 1989 年版。

梁治平：《清代习惯法：社会与国家》，中国政法大学出版社 1996 年版。

梁治平：《寻求自然秩序中的和谐——中国传统法律文化研究》，中国政法大学出版社 1997 年版。

《列子》，张湛注，殷敬顺释文，中华书局 1989 年版。

刘安等编著：《淮南子》，高诱注，庄逵吉校，上海古籍出版社 1989 年版。

刘昫等：《旧唐书》，中华书局 1975 年版。

刘歆：《邓析子·序》，载邓析：《邓析子》上海古籍出版社 1990 年版。

柳宗元：《柳河东集》，上海人民出版社 1974 年版。

卢梭：《社会契约论》，何兆武译，商务印书馆 1982 年版。

陆贾：《新语》，上海书店 1986 年版。

罗迪埃：《比较法导论》，徐百康译，上海译文出版社 1989 年版。

罗振玉："王忠悫公别传"，载袁光英、刘寅生编著：《王国维年谱长编》，天津人民出版社 1996 年版。

《论语注疏》，何晏注，邢昺疏，中华书局 1980 年版。

洛克：《政府论》（下篇），叶启芳、瞿菊农译，商务印书馆1983年版。

吕不韦：《吕氏春秋》，高诱注，毕沅校，上海古籍出版社1989年版。

马建忠：《适可斋记言记行》，中华书局1960年版。

马王堆汉墓帛书整理小组编：《经法》，文物出版社1976年版。

毛祥麟：《墨余录》，毕万忱点校，上海古籍出版社1985年版。

孟德斯鸠：《论法的精神》，张雁深译，商务印书馆1982年版。

《孟子注疏》：赵岐注，孙奭疏，北京大学出版社1999年版。

墨翟：《墨子》，毕沅校注，上海书店1986年版。

欧阳询：《艺文类聚》，汪绍楹校，上海古籍出版社1965年版。

皮文睿：《儒家法学超越自然法》，载高道蕴、高鸿钧、贺卫方编：《美国学者论中国法律传统》，中国政法大学出版社1994年版。

丘汉平：《法律教育与现代》，载孙晓楼著，王健编：《法律教育》，中国政法大学出版社1997年版。

邱浚：《大学衍义补》，京华出版社1999年版。

瞿同祖：《中国法律与中国社会》，中华书局1981年版。

商鞅：《商君书》，严万理校，中华书局1954年版。

上海师范大学古籍整理组校点：《国语》，上海古籍出版社1978年版。

申不害：《申子》，学苑音像出版社2004年版。

沈家本：《寄簃文存》，收于刘俊文编、北京爱如生文化交流有限公司制作：《中国基本古籍库》，黄山书社 2002 年版。

沈家本：《历代刑法考》，中华书局 1985 年版。

沈家本：《酌拟法院编制法缮单呈览折》，载故宫博物院明清档案部编：《清末筹备立宪档案史料》，中华书局 1979 年版。

沈宗灵等：《法理学》，高等教育出版社 1994 年版。

慎到：《慎子》，钱熙祚校，上海书店 1954 年版。

《诗经全注》，褚斌杰注，人民文学出版社 1986 年版。

司马光：《资治通鉴》（第 4 册），胡三省音注，"标点资治通鉴小组"校点，中华书局 1956 年版。

司马光：《司马温公文集·乞令六曹删减条贯白札子（卷四〇）》，福州正谊书院清同治五年版。

司马光：《司马温公文集·议谋杀已伤案问欲举而自首状（卷二六）》，福州正谊书院清同治五年版。

司马迁：《史记》，中华书局 1959 年版。

苏力：《法治及其本土资源》，中国政法大学出版社 1996 年版。

孙国华等：《法理学》，法律出版社 1995 年版。

孙国华：《"法治"的提法不要"人治"，值得商榷》，载《法治与人治问题讨论集》，群众出版社 1980 年版。

孙国华等：《法理学教程》，中国人民大学出版社 1994 年版。

孙晓楼著，王健编：《法律教育》，中国政法大学出版社 1997 年版。

谭嗣同：《谭嗣同全集》，三联书店 1954 年版。

王安石：《王临川集》，商务印书馆 1936 年版。

王充：《论衡》，上海古籍出版社 1990 年版。

王夫之：《读通鉴论》，中华书局 1975 年版。

王符：《潜夫论》，汪继培笺，上海古籍出版社 1978 年版。

王铭铭：《村落视野中的家族、国家与社会——福建美法村的社区史》，载王铭铭、王斯福主编：《乡土社会的秩序、公正与权威》，中国政法大学出版社 1997 年版。

韦伯：《儒教与道教》，王容芬译，商务印书馆 1995 年版。

魏徵、令狐德棻：《隋书》，中华书局 1973 年版。

吴炽昌：《续客窗闲话》，时代文艺出版社 1987 年版。

吴兢编著：《贞观政要》，岳麓书社 2000 年版。

吴经熊：《吴序》，载孙晓楼著，王健编：《法律教育》，中国政法大学出版社 1997 年版。

许慎：《说文解字》，徐铉校订，中华书局 1963 年版。

许慎：《说文解字注》，段玉裁注，上海古籍出版社 1981 年版。

荀况：《荀子》，杨倞注，上海古籍出版社 1989 年版。

亚里士多德：《政治学》，吴寿彭译，商务印书馆 1983 年版。

严复：《法意》（卷 19 案语），商务印书馆 1981 年版。

严复：《严复集》，中华书局 1986 年版。

《晏子春秋》，孙星衍、黄以周校，上海古籍出版社 1989 年版。

杨幼炯：《近代中国立法史·自序》，载《民国丛书》（第一编第 29 卷），上海书店 1989 年版。

尹文：《尹文子》，钱熙祚校，上海书店 1954 年版。

袁枢：《通鉴记事本末》，改革出版社 1994 年版。

乐黛云：《序言》，载乐黛云、勒·比松主编：《独角兽与龙》，北京大学出版社 1995 年版。

张国华：《略论春秋战国时期的"法治"与"人治"》，载《法治与人治问题讨论集》，群众出版社 1980 年版。

张金吾：《爱日精庐藏书志》，收于刘俊文编、北京爱如生文化交流有限公司制作：《中国基本古籍库》，黄山书社 2002 年版。

张晋藩、曾宪义："人治与法治的历史剖析"，载《法治与人治问题讨论集》，群众出版社 1980 年版。

张溥编：《汉魏六朝一百三家集》，收于刘俊文编、北京爱如生文化交流有限公司制作：《中国基本古籍库》，黄山书社 2002年版。

长孙无忌等：《唐律疏议》，刘俊文点校本，中华书局 1983年版。

张廷玉等：《明史》，中华书局 1974 年版。

张文显等：《法理学》，法律出版社 1997 年版。

张伟仁：《清代的法学教育》，载贺卫方编：《中国法律教育之路》，中国政法大学出版社 1997 年版。

张之洞：《劝学篇》，李忠兴评注，中州古籍出版社 1998 年版。

《周礼注疏》，郑玄注，贾公彦疏，上海古籍出版社 1990 年版。

周密：《中国刑法史》，群众出版社 1985 年版。

《周易注疏》，孔颖达疏，中华书局 1998 年版。

朱景文：《比较法导论》，中国检察出版社 1992 年版。

朱熹：《晦庵先生朱文公文（第 6 卷）》，商务印书馆 1935 年版。

朱熹：《晦庵先生朱文公文集（第 12 卷）》，商务印书馆 1935 年版。

祝庆祺、鲍书芸：《刑案汇览》，北京古籍出版社 2000 年版。

庄周：《庄子》，郭象注，上海古籍出版社 1989 年版。

外文

Austin, John, *The Province of Jurisprudence Determined.* ed. Wilfirid E. Rumble. New York: Cambridge University Press, 1995.

Ehrlich, Eugen, *Fundamental Principles of the Sociology of Law.* trans. W. L. Moll, Cambridge: Harvard University Press, 1936.

Frank, Jerome, *Court on Trial: Myth and Reality in American Justice.* Princeton: Princeton University Press, 1949.